未成年人法学

WEICHENGNIANREN
FAXUE

主　编◎李红勃

副主编◎苑宁宁

撰稿人◎李红勃　贾卓威　张　翀　张　弛
　　　　苑宁宁　王　佳　张永然　李　程
　　　　王晓华　程　林

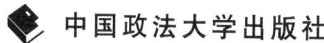中国政法大学出版社

2022·北京

图书在版编目（CIP）数据

未成年人法学/李红勃主编. —北京：中国政法大学出版社，2022.4
ISBN 978-7-5764-0417-3

Ⅰ.①未…　Ⅱ.①李…　Ⅲ.①未成年人保护法－研究－中国　Ⅳ.①D922.183.4

中国版本图书馆CIP数据核字(2022)第056352号

出　版　者	中国政法大学出版社
地　　　址	北京市海淀区西土城路 25 号
邮　　　箱	fadapress@163.com
网　　　址	http://www.cuplpress.com (网络实名：中国政法大学出版社)
电　　　话	010-58908435(第一编辑部) 58908334(邮购部)
承　　　印	固安华明印业有限公司
开　　　本	720mm×960mm　1/16
印　　　张	22.25
字　　　数	352 千字
版　　　次	2022 年 4 月第 1 版
印　　　次	2022 年 4 月第 1 次印刷
定　　　价	69.00 元

作者简介

李红勃：法学博士，中国政法大学法治政府研究院教授，未成年人事务治理与法律研究基地执行主任，负责第一章、第五章的编写以及全书统稿。

贾卓威：法学博士，南开大学法学院讲师，南开大学人权研究中心（国家人权教育与培训基地）专职研究人员，负责第二章的编写。

张翀：法学博士，中国政法大学人权研究院学术编辑，未成年人事务治理与法律研究基地研究员，负责第三章的编写。

张弛：法学博士，杭州师范大学沈钧儒法学院讲师，负责第四章的编写。

苑宁宁：中国政法大学法学院副教授、未成年人事务治理与法律研究基地执行副主任，负责第六章的编写。

王佳：法学博士，外交学院国际法系副教授，国际公法教研室主任，负责第七章的编写。

张永然：法学博士，中国政法大学教授，中国政法大学研究生工作办公室主任，兼研究生院副院长，负责第八章的编写。

李程：法学博士，中国政法大学法治政府研究院学术编辑，未成年人事务治理与法律研究基地研究员，负责第九章的编写。

王晓华：法学博士，华东政法大学讲师、硕士生导师，华东检察研究院办公室主任，负责第十章的编写。

程林：法学博士，杭州师范大学沈钧儒法学院讲师、硕士生导师，浙江省法治教育研究中心办公室主任，负责第十一章的编写。

目录

Contents

第一章 未成年人法学导论

学习提示

　　未成年人法学是一个新兴法学学科，它以涉未成年人法律问题为研究对象，是我国法学体系的重要组成部分。通过本章学习，可以了解未成年人法的历史发展，认识未成年人法学的基本体系。

第一节 未成年人权利与未成年人法学的兴起

一、未成年人权利与未成年人法制

　　未成年人，也叫儿童，根据《中华人民共和国未成年人保护法》（以下简称《未成年人保护法》）和联合国《儿童权利公约》的规定，指未满 18 周岁的人。未成年人法学，是以未成年人相关法律规范为制度基础的，而未成年人法律制度的构建，则要以承认儿童的地位和儿童的权利为前提。在人类政治法律史上，儿童权利及其法律制度的发展演变，经历了一个漫长的过程，大约可以分为以下三个阶段：

　　（一）儿童财产化阶段

　　在古代社会，儿童的独立地位不被认可，长期以来，儿童往往被视为家庭尤其是父亲的财产的延伸。父母生下儿童，抚养儿童，自然也对儿童有处置的权利，儿童在家庭中并没有自己独立的地位和权利。因此，弃婴、杀婴或用婴儿给鬼神献祭的现象，在欧洲等地区屡见不鲜。在古代中国，"君为臣纲、父为子纲"，父母对儿童有绝对的权威，可以任意安排儿童的生活和成长，甚至有"父要子亡，子不得不亡"的极端主张。

以上述思想观念为基础，古代的法律基本将儿童置于父权的支配之下，不承认儿童的独立地位。比如，在古罗马，《十二铜表法》第四表第1-2条规定："对畸形怪状的婴儿，应即杀之。""家属终身在家长权的支配下。家长得监察之、殴打之、使作苦役，甚至出卖之或杀死之。"在古代中国，汉高帝诏令规定："民得卖子。"《大清律例》中也有"父母控子，即照所控办理，不必审讯"的规定。[1]总之，在古代社会，儿童的地位和权利不被认可，他们在法律中被视为父母的财产。

（二）儿童权利受保护阶段

儿童权利得到认可和保护，是近代以来社会发展的产物。在西方，文艺复兴和启蒙运动有力地抨击了宗教对人的主体性地位的抹杀，从而产生了人权观念，也使得社会的儿童观念发生了深刻变化：儿童不是家长任意处分的财产，他们作为未成年个体也享有自己的权利，其权利应该得到尊重和保障。受此观念的影响，儿童与父母、家庭和国家的关系发生了巨大的变化：一方面，父母不再是儿童的主人，而是儿童的监护人，他们负有教育、抚养、保护儿童的义务，要为儿童的健康成长创造条件和提供支持；另一方面，儿童被视为国家的财富和未来，每个儿童不仅是父母的孩子，也是国家的孩子，因此，国家在儿童成长问题上不再是一个消极的旁观者，而是要进行积极的干预，并对监护缺失的儿童提供国家照护。

在此背景下，涉及儿童的立法发生了重大转变，法律认为儿童不成熟、太脆弱，因此强调要依法保护未成年人的权益。1802年，英国通过了历史上第一部保护童工的法律——《学徒健康及道德法案》，该法把儿童视为需要特殊保护的对象，因此限制对童工的剥削，禁止虐待行为，还为儿童提供基本教育和资助。随后，英国在1808年、1874年、1886年、1908年陆续通过了《少年法》《未成年人援助法》《未成年人监护法》《儿童法》等一系列儿童立法，对儿童提供了较为系统的法律保护。1924年，国际联盟通过了《日内瓦儿童权利宣言》，规定所有国家的男女都负有给儿童提供最好的东西的义务。[2]

---

〔1〕《汉书·食货志》《大清律例》。
〔2〕段立章："儿童权利观念：沿革、障碍与培育"，载《甘肃社会科学》2014年第6期。

（三）承认儿童具有独立人格阶段

随着社会的发展，儿童不仅要受到保护，还要被认为是"人"，拥有自己独立的法律地位和独立的人格尊严。在西方思想史上，卢梭和康德是较早认可和主张尊重儿童独立性和主体性的思想家。卢梭倡导"儿童的发现"，要求承认儿童，尊重儿童，珍视儿童，让儿童自然地成长和发展。他声称在人的成长过程中，童年不仅仅是为成年而作的准备，童年本身就有其独特的、不可替代的价值，因此，应该把孩子当作孩子，让他们拥有和享受自己的童年。康德则明确地指出，儿童也是人，有人的人格，并非父母的财产，儿童享有天赋的权利，即应该获得父母悉心抚养的权利。[1]

20 世纪 50 年代以来，儿童作为权利主体的地位开始得到法律的认可。首先是国际公约对儿童权利的认可。1959 年，联合国大会通过的《儿童权利宣言》指出，儿童享有各项基本权利，父母、社会、政府应采取措施承认并竭力维护儿童的权利，"以期儿童能有愉快之童年，并为其自身利益及社会利益而享受本宣言中所载之权利与自由"。[2]1989 年，联合国通过的《儿童权利公约》明确宣布每一个儿童都享受公约所载的一切权利和自由，不因儿童或其父母或法定监护人的种族、肤色、性别、语言、宗教、政治或其他见解、民族、族裔或社会出身、财产、伤残、出生或其他身份而有任何差别。各缔约国应采取一切适当措施确保儿童得到保护。与此同时，各国的宪法也对儿童的法律地位作出明确规定，并出台专门法律保护儿童的权利。比如，在我国，《中华人民共和国宪法》（以下简称《宪法》）第 49 条规定："婚姻、家庭、母亲和儿童受国家的保护……父母有抚养教育未成年子女的义务，成年子女有赡养扶助父母的义务。禁止破坏婚姻自由，禁止虐待老人、妇女和儿童。"为落实宪法相关规定，全国人大常委会在 1991 年出台了《未成年人保护法》，对未成年人的生存权、发展权、受保护权、参与权等权利予以全面保护。

二、未成年人法学的兴起和发展

随着未成年人法律制度的不断完善，以未成年人法律理论与实践为研究

---

〔1〕〔德〕康德：《法的形而上学原理：权利的科学》，沈叔平译，商务印书馆 2009 年版，第 98、101 页。

〔2〕联合国：《儿童权利宣言》，联合国大会 1959 年 11 月 20 日第 1386（XIV）号文件通过。

对象的未成年人法学，得以出现并不断发展。

在美国，伊利诺斯州于 1899 年制定了全世界第一部《少年法院法》（*Juvenile Court Law*），根据该法，在芝加哥柯克郡设立少年法院，独立审理少年案件。少年法院与少年司法制度的建立，深刻影响了美国的未成年人法学研究。未成人法学早期探讨的主题是未成年人犯罪，以芝加哥犯罪学派为代表的研究强调实证主义，为少年法院在芝加哥地区的产生奠定了理论基础。

在中国，自 20 世纪 80 年代以来，未成年人法学研究开始走上正轨，前期研究主要是在刑法领域开展的，以未成年人犯罪问题为主题，代表性学者有北京大学的康树华教授、中国政法大学的皮艺军教授等，其中康树华教授的《青少年法学》就是早期这一领域的代表性作品，[1] 主要关注的问题包括青少年犯罪的原因、类型，以及如何采取措施进行治理，即犯罪论和治理论等。

1991 年，《未成年人保护法》出台；1999 年，《中华人民共和国预防未成年人犯罪法》（以下简称《预防未成年人犯罪法》）出台。这两部未成年人领域重要法律的颁布，进一步推动了未成年人法学的发展，使其研究的领域不断扩展，研究方法不断更新，取得了更丰硕的成果。

当前，我国未成年人法学研究的主要领域和核心命题，主要包括如下方面：

（一）儿童权利

我国学界对儿童权利理论问题的关注，大致始于 20 世纪 80 年代末；整个 20 世纪 90 年代，关注度持续上升。究其原因，在于 1989 年联合国大会通过了《儿童权利公约》，我国也在 1991 年通过了《未成年人保护法》、1999 年通过了《预防未成年人犯罪法》。在这个阶段，学界主要是介绍《儿童权利公约》的基本内容，但是对于其中的理论问题研究不多。伴随着 2006 年、2012 年、2020 年《未成年人保护法》的几次修订以及《中华人民共和国刑事诉讼法》（以下简称《刑事诉讼法》）的修订，儿童权利理论的研究逐步成为研究热点，理论研究的视角也在不断拓宽和加深。

---

〔1〕 康树华：《青少年法学》，北京大学出版社 1986 年版。

（二）儿童福利

广泛意义上的儿童福利，指面向全体儿童的，旨在促进儿童生理、心理及社会潜能全面发展的各种措施和服务，尤其是面向弱势儿童及其家庭的服务，如孤儿、残疾儿童、流浪儿、被遗弃的儿童、被虐待或被忽视的儿童、家庭破碎的儿童、行为偏差或情绪困扰的儿童等，这些处于特殊困难环境中的儿童往往需要获得特别的救助、保护、矫治。我国儿童福利研究与儿童权利研究基本同步：从 20 世纪 80 年代末、20 世纪 90 年代缓慢起步，到 2000 年以后，尤其是 2012 年以后快速发展。早期儿童福利研究的重点在于介绍相关基础理论，近年来，儿童福利研究的重点转移到了儿童福利立法方面，众多学者呼吁国家制定儿童福利法。

（三）未成年人犯罪

未成年人犯罪，一直是未成年人法学研究的重点问题。20 世纪 90 年代到 21 世纪初，尽管研究成果在数量上比 20 世纪 80 年代有大幅的增加，但研究视域、研究深度、基本观点等方面，并没有明显的发展。这一时期，国家强化对大学专业设置的管理，青少年犯罪逐渐边缘化；同时早期研究多采用"青少年"这一模糊的概念，在 20 世纪 90 年代《未成年人保护法》与《预防未成年人犯罪法》颁行后，没有实现从社会术语向法律术语的转变。近年来，未成年人犯罪研究又逐渐升温，尤其是在 2012 年《刑事诉讼法》关于未成年人犯罪特别程序的设置前后形成高峰。总体上看，我国未成年人犯罪研究立足于社会实证调研，在犯罪原因分析方面取得了较多成果，但提出的犯罪预防对策略显笼统，对策的精细化和可操作性需要进一步提升。

（四）未成年人司法制度

我国对未成年人司法制度的研究，从 20 世纪 80 年代初开始，在《未成年人保护法》与《预防未成年人犯罪法》颁行后达到高峰。2012 年《刑事诉讼法》修改，设置未成年人犯罪特别程序后，未成年人司法制度研究热度一直未减。研究热点包括附条件不起诉制度、社区矫正、未成年人犯罪社会调查、前科消灭制度等。2020 年发布的《最高人民检察院关于加强新时代未成年人检察工作的意见》提出，新时代未成年人检察工作，要积极贯彻"教育、感化、挽救"方针和"教育为主、惩罚为辅"原则，进一步更新司法理念，准确把握未成年人司法规律，持续加强专业化、规范化、社会化建设，推动未成年人检察工作更加深入开展，为保障未成年人保护法律全面落实到位，真正形成全社会保护合力，促进国家治理体系和治理能力现代化作出贡献。2020 年发布的《最高人民法院关于加强新时代未成年人审判工作的意见》明确提出，将与未成年人权益保护和犯罪预防关系密切的涉及未成年人的刑事、民事及行政诉讼案件纳入少年法庭受案范围。少年法庭包括专门审理涉及未成年人刑事、民事、行政案件的审判庭、合议庭、审判团队以及法官。有条件的人民法院，可以根据未成年人案件审判工作需要，在机构数量限额内设立专门审判庭，审理涉及未成年人刑事、民事、行政案件。不具备单独设立未成年人案件审判机构条件的法院，应当指定专门的合议庭、审判团队或者法官审理涉及未成年人案件。在此背景下，如何构建和完善中国自己的未成年人司法制度，将成为下一步未成年人法学研究的重大命题。

（五）未成年人矫正

关于未成年人矫正的研究，先后涉及的问题主要包括：①收容教养，此前学界对收容教养的研究主要集中在收容教养的性质、收容教养存在的问题以及如何完善等方面。②未成年犯管教所。从数量上来看，关于未成年犯管教所矫正的专门研究受到的关注还比较低。已有的研究主要集中在未管所矫正的现状、存在的问题及完善路径方面。③社区矫正。早期的研究主要是对外国制度进行介绍，2003 年起，我国进入社区矫正试点的起步阶段，学界上对其研究主要集中在未成年人社区矫正的必要性、可行性、意义以及制度体系构建。④专门学校教育。2020 年修订后的《预防未成年人犯罪法》规定了专门教育与专门学校，理论上对这个问题的研究还非常不足，相信这会成为未来研究的热点话题。

（六）青少年法治教育与校园欺凌

党的十八届四中全会通过的《中共中央关于全面推进依法治国若干重大问题的决定》明确提出，要"把法治教育纳入国民教育体系，从青少年抓起，在中小学设立法治知识课程"。随着青少年法治教育的普及，近年来，学界关于青少年法治教育的研究也逐渐增多，主要集中在青少年法治教育的意义与功能、存在的问题、加强青少年法治教育的方法和途径等方面。同时，从

2002 年以来，随着社会各界对校园欺凌的关注，有关校园欺凌的研究逐渐增多，成为未成年人法学领域的一个焦点问题，校园欺凌的概念、原因、特征、现状、解决路径等问题成为学界研究的重点。[1]

第二节　未成年人法学的体系与内容

广义上的未成年人法，包括一切与未成年人事务相关的法律规范，从内容上看，既涉及公法，也涉及私法，既包括实体法，也包括程序法。与之相对应，未成年人法学，就是以未成年人相关法律问题为研究对象的法学学科，主要研究内容包括未成年人权利、未成年人保护、未成年人犯罪与少年司法等。

一、未成年人权利

未成年人的权利，构成整个未成年人法学的核心和基础。关于未成年人的基本权利，在国际法层面，联合国《儿童权利公约》有清晰而全面的列举，涉及儿童的成长的各个方面，比如生命权、姓名权、国籍权、表达权、隐私权、休息权、游戏权、免于侵害和剥削权等。在国内法层面，我国《未成年人保护法》第 3 条第 1 款规定："国家保障未成年人的生存权、发展权、受保护权、参与权等权利。"据此，可以把未成年人的权利分为生存权、发展权、受保护权、参与权四个方面。

（一）未成年人的生存权

在某种意义上，生存权是人的基础性权利，没有了生存权，其他政治权、文化权、经济权以及人身自由都将失去意义。未成年人的生存权，其核心内容包括两个方面：一是未成年人的生命健康权，包括生命安全权、人格尊严权、卫生健康权、生活水准权等；二是未成年人所享有的福利和社会保障权。在宪法学领域，有的学者也将这种为了获得物质生活条件以满足基本生活需要的权利称为"获得物质帮助权"，而在美国等国家，这类权利又被称为"福利权"。

---

[1]　李程等："未成年人保护与犯罪预防研究"，载李红勃主编：《中国未成年人法治发展报告（1991～2021）》，社会科学文献出版社 2021 年版，第 199～231 页。

（二）未成年人的发展权

未成年人发展权由《儿童权利公约》首次明文规定，即第6条第2款中的"缔约国应最大限度地确保儿童的存活与发展"。联合国希望各国从最广泛的意义上将"发展"作为一个整体概念来理解，包括未成年人的身体、心理、精神、道德、心理和社会发展。根据联合国公约和相关国内法，未成年人的发展权应被理解为未成年人享有的充分发展其全部体能和智能的综合性权利，包括通过接受正规和非正规的教育，参加各类文化、社会、经济、政治活动，享有充分的休闲、娱乐、信息等，从而促进其身体、心理、精神、道德的全面发展。发展权中最重要的内容是儿童的受教育权，它与儿童的健康成长和全面发展密切相关，其次还有休息和闲暇权、游戏和娱乐权、参与文化活动权等。

（三）未成年人的受保护权

未成年人的受保护权，主要指未成年人的人身安全和身体健康免受不法侵害的权利，涉及生理受保护、心理受保护和隐私受保护等方面。未成年人受保护权的主要内容包括：身体健康受保护权，即未成年人的生命和身体健康免受侵害和威胁的权利，包括免受不法侵害权、免受毒品侵害权和免受陋习侵害权；心理健康受保护权，即未成年人的思维意志与精神性格免受不良信息与外部侵害行为的影响，从而保持健康、积极的心理状态的权利；隐私受保护权，即未成年人的隐私权、数据权不受侵害，这在网络数据时代尤其需要得到特别重视和特别保护。

（四）未成年人的参与权

长期以来，未成年人因年龄小、经验少，在家庭生活和社会生活中一直被排斥在决策之外。随着社会进步和儿童权利的兴起，儿童的参与权逐步得到认可和受到重视。简单来说，儿童的参与权，指儿童有权对影响自己的任何事情发表意见，有机会表达想法、影响决策和促成改变。从儿童的生活领域角度看，未成年人的参与权首先是在家庭生活中的参与，即对家庭事务发表意见的权利，父母应听取和尊重其意见；其次是在学校生活中学生对教育活动的参与，教师和学校要尊重其权利；最后还包括未成年人对公共事务的参与，比如在社区管理、国家治理中的知情、表达和监督权，公共机构和国家机关必须为青少年的参与提供条件，倾听其意见和想法，并对合理的部分予以吸收和采纳。

二、未成年人保护

未成年人不同于成年人，他们的身体、心智发育尚不成熟，因而应当受到特殊保护，这是任何一个文明社会都须承担的基本义务。法律上对未成年人的保护，可以从如下两个层面进行归类：

（一）从保护主体和保护机制层面，可以分为国际保护和国内保护

未成年人的国际保护，指以联合国为代表的国际组织，以相关国际公约为基础对儿童开展的保护。以联合国为代表的国际组织，先后出台了《儿童权利宣言》《儿童权利公约》等国际法文件，建立了儿童权利委员会等相关履约机构，推动缔约国承担儿童保护的义务。除了联合国等国际官方组织之外，还有一些国际性民间机构，如国际救助儿童会（save the children），也在儿童权利保护中发挥了重要作用。

未成年人的国内保护，指主权国家对儿童权利的保护，主要可以概括为立法保护、执法保护和司法保护。首先，立法保护要求国家通过立法明确儿童的各项权利，建立保护机制，推动儿童保护的法制化和规范化，形成保护儿童权益的完备的法律体系。比如，在中国，《宪法》第 46 条第 2 款明确规定："国家培养青年、少年、儿童在品德、智力、体质等方面全面发展。"第 49 条规定："……儿童受国家的保护……禁止虐待……儿童。"根据《宪法》、《中华人民共和国民法典》（以下简称《民法典》）、《中华人民共和国刑法》（以下简称《刑法》）、《未成年人保护法》、《预防未成年人犯罪法》、《中华人民共和国义务教育法》（以下简称《义务教育法》）等有关法律对儿童的生命、生存与发展、基本健康和保健、家庭环境和替代性照料、教育、休闲和文化活动以及残疾儿童的特殊保护等作了全面系统的规定，并规定对虐待、遗弃、故意杀害儿童以及偷盗、拐卖、绑架、出卖、收买儿童等犯罪行为予以严厉惩处。其次，执法保护，即政府部门依法承担起保护儿童权益的职能，为儿童的发展提供福利和保障，对侵害儿童权利的行为进行追究和惩罚等。最后，司法保护，即司法机关在涉及儿童的各类案件中，要适用特别程序，采取特别措施，全面维护未成年人的诉讼权利和合法权益。

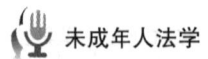

（二）从保护的内容和方式层面，可以分为消极保护和积极保护

消极保护，指儿童受到侵害或者涉嫌犯罪时国家给予的救济和保护，集中体现在司法救济方面。考虑到儿童的特殊性，因此在司法程序中要特别重视保护未成年人的合法权益。比如，对涉及未成年人的案件，一般实行不公开审判，并且要给予法律援助。法院审理离婚案件，涉及未成年子女抚养问题的，应当尊重已满8周岁未成年子女的真实意愿，根据双方具体情况，按照最有利于未成年子女的原则依法处理。司法机关办理未成年人遭受性侵害或者暴力伤害案件，在询问未成年被害人、证人时，应当采取同步录音录像等措施，尽量一次完成；未成年被害人、证人是女性的，应当由女性工作人员进行。对违法犯罪的未成年人，要实行教育、感化、挽救的方针，并坚持教育为主、惩罚为辅的原则。司法机关在办理未成年人犯罪的案件时，要充分考虑未成年人的身心特点，尊重违法犯罪的未成年人的人格尊严，保障他们的合法权益。对未成年人犯罪案件，新闻报道、影视节目、公开出版物不得披露该未成年人的姓名、住所、照片，司法机关还要对其犯罪记录进行封存等。

积极保护，指国家主动给予未成年人的各种帮助和保护，集中体现在儿童福利方面。在法律史上，美国是较早提出"儿童福利"概念的国家，儿童福利的范围非常广泛，涉及"收入补助、营养、社会服务、教育和训练、保健和住宅"等方面。瑞典在20世纪30年代开始关注与儿童福利相关的女性员工怀孕或结婚应享有的政策照顾，1960年制定《儿童及少年福利法》，1961年颁布《儿童照顾法》，瑞典由于在儿童福利制度方面的努力与成效，曾被有关国际组织评选为"世界上最适合母亲居住的国家"。日本儿童福利制度的发端也较为久远，1947年制定颁行了《儿童福利法》，至今已经过多次修订，内容涉及国家和社会对障碍儿童的治疗与援助义务，对儿童心理问题的配套商谈设施建设，基层民生委员会配置专职的儿童委员，专职保育员的配置等涉及儿童福利保障的实际问题。[1]相比而言，我国在儿童福利方面虽然出台了大量政策，但尚未有专门的国家层面的立法，因而，制定儿童福利法需要被尽快纳入国家立法机关的议事日程。

---

〔1〕 吴海航："儿童权利保障与儿童福利立法研究"，载《中国青年研究》2014年第1期。

三、未成年人犯罪与少年司法

（一）少年犯罪与矫正

未成年人犯罪，是当今社会的严峻问题。关于未成年人犯罪的研究，主要聚焦在如下方面：

1. 未成年人犯罪的原因。未成年人之所以走上犯罪的道路，既有自身方面的原因，比如未成年人法律知识、道德观念的缺乏；还有家庭层面的原因，比如家庭的不完整、父母关照的缺失；同时还有社会层面的原因，比如社会诚信缺失、暴力色情刊物以及网络游戏等的负面影响等。只有运用科学方法准确找到未成年人犯罪的原因，才能提出对应的预防措施和矫正措施。

2. 犯罪的预防。在我国，未成年人犯罪预防，要在各级人民政府组织下，实行综合治理。国家机关、人民团体、社会组织、企事业单位、居民委员会、村民委员会、学校、家庭等各负其责、相互配合，共同做好预防未成年人犯罪工作，及时消除滋生未成年人违法犯罪行为的各种消极因素，为未成年人身心健康发展创造良好的社会环境。犯罪行为往往是由不良行为引发的，因此，对于未成年人的不良行为，家庭、学校、政府部门要早发现、早干预，根据不良行为的类型、性质和程度，采取针对性的教育、矫治措施，尽最大努力防止未成年人滑向犯罪的深渊。

3. 犯罪的矫正。根据《预防未成年人犯罪法》的相关规定，对被拘留、逮捕以及在未成年犯管教所执行刑罚的未成年人，应当与成年人分别关押、管理和教育。对未成年人的社区矫正，应当与成年人分别进行。对没有完成义务教育的未成年人，公安机关、人民检察院、人民法院、司法行政部门应当与教育行政部门相互配合，保证其继续接受义务教育。未成年犯管教所、社区矫正机构应当对未成年犯、未成年社区矫正对象加强法治教育，并根据实际情况对其进行职业教育。同时，为了给未成年人改过自新留下最大程度的机会，未成年人的犯罪记录实施封存，公安机关、人民检察院、人民法院和司法行政部门不得向任何单位或者个人提供。

（二）少年司法

广义的少年司法，不仅包括少年犯罪的刑事审判，也包括涉及少年的其他民事、行政案件审判。自美国1899年第一部少年法颁布以来，由于其效果显著，世界各国也竞相仿效，如英国于 1908 年公布《儿童法》（*The Children Act*），法国于 1912 年制定《青少年保护观察法》，日本于 1922 年公布《少年法》。20 世纪以来，联合国有关机构也十分重视对过错少年的司法保护，联合国预防犯罪和罪犯待遇大会专门制定了三部少年司法文件：一是 1985 年的《联合国少年司法最低限度标准规则》（以下简称《北京规则》），另外两个是 1990 年通过的《联合国预防少年犯罪准则》（以下简称《利雅得准则》）及《联合国保护被剥夺自由少年规则》（以下简称《东京规则》）。这三部文件分别从少年犯罪的预防、处罚及监禁待遇等方面对少年司法进行了规定，其中《利雅得准则》着重于预防和减少少年犯罪，少年犯罪后如何进行处置则由《北京规则》来规定，《东京规则》关注的是对被实行监禁处置的犯罪少年的权利的保护，三部文件相互配合，形成了一个较为完整的少年法体系。[1]

在我国，关于少年司法，刑事诉讼法、未成年人保护法作了原则性规定。2020 年，为指导各级法院组建少年法庭、开展少年司法，最高人民法院发布了《最高人民法院关于加强新时代未成年人审判工作的意见》，其中对少年法庭的受案范围作了详细规定：①刑事案件。被告人实施被指控的犯罪时不满 18 周岁且人民法院立案时不满 20 周岁的刑事案件，应当由少年法庭审理。下列刑事案件可以由少年法庭审理：人民法院立案时不满 22 周岁的在校学生犯罪案件；强奸、猥亵等性侵未成年人犯罪案件；杀害、伤害、绑架、拐卖、虐待、遗弃等严重侵犯未成年人人身权利的犯罪案件；上述刑事案件罪犯的减刑、假释、暂予监外执行、撤销缓刑等刑罚执行变更类案件；涉及未成年人，由少年法庭审理更为适宜的其他刑事案件。②民事案件。下列民事案件由少年法庭审理：涉及未成年人抚养、监护、探望等事宜的婚姻家庭纠纷案件，以及适宜由少年法庭审理的离婚案件；一方或双方当事人为未成年人的人格权纠纷案件；侵权人为未成年人的侵权责任纠纷案件，以及被侵权人为未成年人，由少年法庭审理更为适宜的侵权责任纠纷案件；涉及未成年人的人身安全保护令案件；涉及未成年人权益保护的其他民事案件。③行政案件。当事人为未成年人的行政诉讼案件，有条件的法院，由少年法庭审理。在上述法律、政策文件指引下，各级司法机关积极开展未成年人检察和审判工作，

---

〔1〕 刘娥："论少年法的主要特征"，载《中国青年政治学院学报》2005 年第 5 期。

为中国少年司法制度的进一步完善积累了经验，提供了方案。

课后学习

一、思考题

1. 查阅相关资料，了解儿童权利概念的兴起过程及其法治意义。

2. 查阅相关资料，观看纪录片《呵护未来，以国家的名义》，了解中国未成年人保护和少年司法的发展历程。

二、推荐阅读

1. 李红勃主编：《中国未成年人法治发展报告（1991～2021）》，社会科学文献出版社2021年版。

2. ［美］巴里·C. 菲尔德：《少年司法制度》，高维检等译，中国人民公安大学出版社2011年版。

第一编

未成年人权利

第二章　未成年人的生存权

　　未成年人的生存权是未成年人所享有的基本人权。它与发展权、受保护权、参与权等四项权利一起，共同构成了未成年人权利法律保护体系的核心内容。本章的主题是未成年人的生存权。在生存权制度和理论的基础之上，主要围绕着未成年人生存权以及作为其主要内容的未成年人生命健康权和未成年人福利与社会保障权展开论述。本章学习的重点内容是在生存权理念和视角的指引之下，认识到作为权利主体的未成年人在其自身个体需要和社会需要层面所享有的与生存相关联的各项基本权利，同时结合《儿童权利公约》及《未成年人保护法》等法律文件的相关规定，明确权利的内容、权利的实现、权利对应的义务主体及其法定义务等各项内容。

　　20 世纪伊始，瑞典著名的社会改革家、以儿童为中心的养育和教育方式的积极倡导者爱伦·凯（Ellen Key）就曾在其教育科学领域的名著中对 20 世纪寄予厚望，称之为"儿童的世纪"（*The Century of the Child*，1909）[1]，是儿童自然本性充分发展、自由发展的时代。[2]在过去一百多年时间里，伴随着两份儿童权利宣言的诞生以及 1989 年《儿童权利公约》这部具有法律约束

---

　　〔1〕　爱伦·凯于 1900 年出版了她的瑞典文著作 *Barnets århundrade*。此书于 1909 年被翻译为英文 *The Century of the Child* 出版发行。

　　〔2〕　庞德禄："爱伦凯的教育思想评述"，载《辽宁教育学院学报》1992 年第 4 期。

力的专门性国际人权条约的通过和生效[1]，诚如被称为"发现孩子第一人"的卢梭在二百年前之所愿，"在人生的秩序中，童年有它的地位；应当把成人看作成人，把孩子看作孩子"，[2]包含了"童年概念"（the Concept of Childhood）和"儿童对待"（the Treatment of Children）两大主题的"儿童"与"儿童权利"的现代文明观念在一个渐进的、漫长的历史演变过程之中[3]逐渐地脱颖而出、建构雏形并且淬炼成型。[4]儿童权利不仅获得了国际社会的一致肯认，而且在主权国家的范围之内普遍获得了政策与法律的有力保障。仅以我国为例，中国自 1990 年签署、1991 年批准加入《儿童权利公约》以来，在吸收和转化国际公约标准的同时，还以制定和实施《未成年人保护法》等法律法规的形式来努力履行缔约国义务、具体落实公约的要求[5]，同时积极保护包括儿童在内的未成年人的身心健康、保障未成年人的合法权益。[6]

---

〔1〕 从 1919 年 5 月英国人埃格兰泰恩·杰布（Eglantyne Jebb）和她的妹妹在英国伦敦创建了世界第一个儿童救助组织"英国救助儿童会"以来，"在世界范围内保障儿童权利"作为一种全新理念和国际运动被广泛传播和逐渐认可。1920 年 1 月，国际救助儿童联盟（International Save the Children Union）成立；1923 年 2 月，国际救助儿童联盟颁布了自己的《儿童权利宣言》；1924 年 9 月，第一部保护儿童权利的国际文书《日内瓦儿童权利宣言》由国际联盟通过（国际联盟所采纳的就是前述国际救助儿童联盟的《儿童权利宣言》），这是第一份儿童权利宣言；1959 年 11 月 20 日，联合国《儿童权利宣言》获得通过，这是第二份儿童权利宣言；1979 年被联合国确定为"国际儿童年"，而《儿童权利公约》也自此开始起草；1989 年 11 月 20 日，《儿童权利公约》获得一致通过并于 1990 年 9 月 2 日开始生效。从 1990 年开始，联合将每年的 11 月 20 日作为"世界儿童日"来纪念前述文件的通过。

〔2〕 〔法〕卢梭：《爱弥尔：论教育》上卷，李平沤译，商务印书馆 1978 年版，第 71 页。

〔3〕 参见夏勇主编：《走向权利的时代 中国公民权利发展研究》，中国政法大学出版社 2000 年版，第 4 页。

〔4〕 维舟："《儿童的世纪》：观念变迁下'儿童'的概念构建"，载《南方都市报》2013 年 8 月 14 日，第 2 版。

〔5〕 一方面，中国于 1990 年 8 月 29 日签署《儿童权利公约》，成为第 105 个签约国。1991 年 12 月 29 日，第七届全国人民代表大会常务委员会决定批准中国加入《儿童权利公约》，成为第 110 个批准国。该公约于 1992 年 4 月 2 日对中国生效。另一方面，1991 年 9 月 4 日，第七届全国人民代表大会常务委员会通过《未成年人保护法》并于 1992 年 1 月 1 日起生效施行。此后，这部法律还经过了2006 年、2012 年和 2020 年三次修订。

〔6〕 周汉平："中外儿童权利保护法之比较——基于《未成年人保护法》与《儿童权利公约》的研究"，载《学理论》2019 年第 12 期；王雪梅："从《儿童权利公约》的视角看中国儿童保护立法"，载《当代青年研究》2007 年第 10 期。需要说明的是，《儿童权利公约》第 1 条规定"儿童系指 18 岁以下的任何人"，而《未成年人保护法》第 2 条规定："本法所称未成年人是指未满十八周岁的公民"；从权利主体的角度来看，尽管"儿童"和"未成年人"两个术语在医学年龄分期的角度来看具有不同的含义而且"儿童"的范围相较于"未成年人"的范围更为狭窄，但是从法律规范的层面而言，除去"任何人"和"公民"的区别暂且不论，"儿童"和"未成年人"具有相同的法律意涵。

作为生理和心理需要被特殊照顾和保护的特定权利主体[1]，未成年人所享有的权利问题在人权领域中具有特殊意义。为此，《未成年人保护法》在第3条第1款就明确宣示："国家保障未成年人的生存权、发展权、受保护权、参与权等权利。"可见，对包括生存权——这一"中国人民长期争取的首要人权"[2]在内的一系列未成年人的权利进行系统研究，是新时代中国人权理论探讨的重要组成部分，同时也是未成年人法学研究的应有之义。

第一节　未成年人生存权概述

"人权"，是一个伟大的名词；享有充分的人权，是长期以来人类所追求的理想。中国人民从自己的历史和国情出发，把人权普遍性原则同本国实际相结合，根据长期实践经验，对人权问题形成了自己的观点并且制定了相应的法律和政策。[3]"生存权是中国人民的首要人权"[4]，这是中国人权观的基本观点[5]、基本立场和基本政策；这在1991年国务院新闻办公室发表的题为《中国的人权状况》这份中国第一部政府白皮书中得到了庄严宣告。作为需要特殊照顾和保护的特定权利主体，我国的广大未成年人承载着国家的希望和民族的未来，他们所享有的生存权，不仅在这份文件中得到了充分肯认和详细介绍，而且在此后发表的人权领域各份政府白皮书中也都以不同的形式有所述及。[6]除

---

〔1〕　参见徐显明、曲相霏："人权主体界说"，载《中国法学》2001年第2期。

〔2〕　国务院新闻办公室编：《中国的人权状况》，中央文献出版社1991年版。

〔3〕　参见中华人民共和国国务院新闻办公室编：《中国的人权状况》，中央文献出版社1991年版。

〔4〕　董云虎："生存权是中国人民的首要人权"，载《科学社会主义》1991年第5期。

〔5〕　李步云："坚持生存权、发展权是首要人权——'首要人权'观对人类可持续发展有极其重要意义"，载《北京日报》2015年12月7日，第18版。

〔6〕　这些政府白皮书包括但不限于《中国人权事业的进展》《1996年中国人权事业的进展》《中国的儿童状况》《1998年中国人权事业的进展》《中国人权发展50年》《2000年中国人权事业的进展》《2003年中国人权事业的进展》《2004年中国人权事业的进展》《中国的社会保障状况和政策》《2009年中国人权事业的进展》《2012年中国人权事业的进展》《2013年中国人权事业的进展》《2014年中国人权事业的进展》《中国的减贫行动与人权进步》《中国健康事业的发展与人权进步》《改革开放40年中国人权事业的发展进步》《平等 发展 共享：新中国70年妇女事业的发展与进步》《全面建成小康社会：中国人权事业发展的光辉篇章》等。在这些相关政府白皮书中，关于未成年人生存权的表述，有的是从权利内容角度展开、有的是从权利主体的角度进行、有的是集中介绍、有的是分散表达，表述的形式和体例并不完全一致。

此以外，由中共中央、国务院印发的中长期青年发展规划[1]，由国务院新闻办公室和外交部牵头编制的三期国家人权行动计划[2]、由国务院妇女儿童工作委员会制定的五份中国妇女儿童发展纲要[3]也都将未成年人的生存权作为一项重要的内容纳入其中并予以政策性的规划和考量。

以人权的本位为标准，理论上从人权运动发展史的角度来看，现在仍被注重的生存权本位时期不过才经历并发展了一百多年的时间。[4]伴随着生存权原理在世界范围之内获得普遍接受，未成年人的生存权作为特定主体所享有的具有特定意涵的特定权利才开始进入人们的视野之中。

一、生存权的历史演进

"生存还是毁灭，这是一个值得考虑的问题。"无论是对人类社会整体而言，还是对某一个体的具体的自然人来说，"生存"都不仅是人的原始本能，而且也是人之所以成为人、人之所以被称作人的一个前提性和基础性的构成要件。也正因为如此，"没有生存，人类就不可能进行任何活动；没有生存权，人权也就无从谈起"[5]。如果说权利的存在表现着人类社会文明秩序的存在，那么，关于权利的思想观念和制度实践的存在，就表现着权利的存在。由此，生存权的形成发展和权格定型，也就是生存权的历史及其内涵，实际上就是在观念和制度这两个层面上大致沿着历史的空间直角坐标系向未来无限延展。随着时间的推移，生存权的理论内涵就会日渐丰富，同时它的保护机制也就会随之愈加完备和健全。当然，思想观念和制度实践这二者往往并不是判若鸿沟、泾渭分明的；在很多情况下，抽象的思想观念

---

[1] 参见中共中央、国务院于2017年4月13日印发的《中长期青年发展规划（2016~2025年）》。

[2] 这些国家人权行动计划包括《国家人权行动计划（2009~2010年）》《国家人权行动计划（2012~2015年）》《国家人权行动计划（2016~2020年）》《国家人权行动计划（2021~2025年）》。在前述这四期国家人权行动计划中，未成年人的生存权主要是在关于儿童权利的专门章节中有所阐述，同时散见于经济、社会和文化权利的章节之中。

[3] 这些中国妇女儿童发展纲要包括《90年代中国儿童发展规划纲要》《中国妇女发展纲要（1995~2000年）》《中国儿童发展纲要（2001~2010年）》《中国儿童发展纲要（2011~2020年）》《中国妇女发展纲要（2011~2020年）》《中国妇女发展纲要（2021~2030年）》。其中，中国妇女发展纲要包含了女童权利保护相关内容。

[4] 参见徐显明主编：《人权法原理》，中国政法大学出版社2008年版，第133~134、249~268页。

[5] 李龙："论生存权"，载《法学评论》1992年第2期。

和具体的制度实践彼此交织在一起，要么是横向共时性的，要么是纵向历时性的，要么紧密相连，要么间或断裂。也正是在这种认识的基础之上，我们对于生存权稽古钩沉在保持必要历史感的同时，也力求追寻其内在的结构性和普遍性[1]，而上述这些则共同奠定并且构成了未成年人生存权的理论基础。

（一）生存权的萌芽初始

"权利是一种观念（idea），也是一种制度（institution）。"[2]生存权的观念萌芽和制度雏形或可追溯到原始共产主义社会。[3]当原始人类逐渐脱离动物世界这个受盲目因果必然性统治的必然王国[4]，较为复杂的自然分工与合作在日常的群体生活和劳动中得以成为可能，以原始共产制度为形式、以生产关系和血缘关系为内容的原始社会关系在早期人类实践活动中得以结成[5]，囊括了自我意识和社会意识并在此基础上统一而成的粗浅的权利义务意识在塑造了"个体人"的同时，也相应地构筑起了人类社会。[6]与生存有关的一系列现实需求与主观欲望，就成为朴素生存权观念初萌生发的基质和沃壤，正如马克思、恩格斯在《德意志意识形态》中所指出的那样："我们首先应该确立一切人类生存的第一个前提也就是一切历史的第一个前提，这个前提就是：人们为了能'创造历史'，必须能够生活，但是为了生活，首先就需要衣、食、住以及其他东西。"[7]而与之相契合，生产资料原始社会公有制基础上劳动成果和社会产品共同所有、按需平均分配的社会制度[8]以及"无知之幕"（the veil of ignorance）下面原始状态（original position）的主体平

〔1〕 夏勇主编：《走向权利的时代　中国公民权利发展研究》，中国政法大学出版社2000年版，第4页。

〔2〕 夏勇主编：《走向权利的时代　中国公民权利发展研究》，中国政法大学出版社2000年版，第1页。

〔3〕 胡大伟："生存权的法理学分析——法治视野中的人权"，苏州大学2004年硕士学位论文。

〔4〕 陈刚："实践与自由——论马克思的自由观"，载《中国社会科学》1986年第3期。

〔5〕 夏勇：《人权概念起源——权利的历史哲学》，中国政法大学出版社2001年版，第8页。

〔6〕 需要说明的是，自我意识不等于权利意识，社会意识不等于义务意识，权利意识和义务意识都各自分别是自我意识和社会意识的统一。夏勇：《人权概念起源——权利的历史哲学》，中国政法大学出版社2001年版，第7~8页。

〔7〕 《马克思恩格斯全集》（第3卷），人民出版社1960年版，第31页。

〔8〕 吴建斗："原始社会分配制度之我见"，载《吉林财贸学院学报》1987年第1期。

等地位和原始正义观念等所滋养的互相依存、相互应援乃至对于鳏寡孤独老幼病残"损有余而补不足"的原始习惯，其所展现的内容和具有的含义之一恐怕就是氏族部落及其成员所天然享有的与生俱来、不证自明、先于国家和法律的固有权利。

"私有制的确立，使关心集体能否生存下去的意识仅存在于失去了生存条件的那部分人中，有产阶级则不再关心他们的死活。后者甚至为了满足自己某些欲望的时候把他们杀死也不被认为违背按照他们的标准所确立的道德。"[1]卢梭在其对人间不平等的抗议书中就直斥私有制是人类不平等的根源[2]，私有财产的出现不仅产生阶级分化而且愈发加剧了阶级对立和社会矛盾，并且在生产资料其本身就具有的社会属性和私有属性这对矛盾之中无情地将处于弱势的一方推向整个社会共同体生与死的边缘。伴随社会生产力的发展，从奴隶时代的人身依附，到封建家国的土地依附，再到资本社会的金钱依附，被剥削、被压迫阶级人民的生存问题不仅在生或死的现实选择之中反复地被拷问，而且还在权利与义务的道德和法律的维度上被无数次地追寻，无分南北，无问东西。

在以中华法系为代表的东方社会，养济保民的思想源远流长，甚至可以上溯至奴隶制相当发达的殷商时代[3]；此后，周公"以德配天""敬天""保民"，孔丘纳"仁"入"礼""仁者爱人"，孟轲"民贵君轻"施行仁政，直至秦汉以后封建正统法律思想在儒法合流后重德轻刑、重义轻利[4]。与这些保民生存的政治主张相互呼应，一系列以扶持老幼、救灾济民为宗旨的社会政策或机构设施也纷纷地被制定或被设立，其中具有代表性的比如春秋管仲"九惠之教"[5]，又比如两宋时期居养院、养济院等。

在日耳曼法和罗马法并存融合的西欧封建国家，鉴于教会神权和封建

---

〔1〕 徐显明："生存权论"，载《中国社会科学》1992 年第 5 期。

〔2〕 [法]卢梭：《论人与人之间不平等的起因和基础》，李平沤译，商务印书馆 2015 年版，第 85~93 页。

〔3〕 王保国："殷商时期重民保民思想刍议"，载《史学月刊》2002 年第 7 期。

〔4〕 张国华：《中国法律思想史新编》，北京大学出版社 1998 年版，第 186 页。

〔5〕 九惠之教，出自《管子·入国》："入国四旬，五行九惠之教。一曰老老，二曰慈幼，三曰恤孤，四曰养疾，五曰合独，六曰问疾，七曰通穷，八曰振困，九曰接绝。"这指的是管仲主持国政之后实施的九种惠民措施，即政府设置专职官员对社会弱势群体进行管理照顾。

王权围绕统治合法性而展开的教俗之争，生存权的灵光闪现就不可避免地蒙上了一层宗教神学色彩。以托马斯·阿奎那为代表的经院哲学家甚至主张："如果存在着迫切而明显的需要，因而对必要的粮食有着显然迫不及待的要求，那么他就可以公开地或者用偷窃的办法从另一个人的财产中取得所需要的东西。"[1]财产是为了保证必需的生存，而为了基本生存需要甚至可以重新界定财产秩序的传统观念直至今日还在意大利、美国等地有所保留。

（二）生存权的发展成熟

伴随着 17 世纪开始兴起的资产阶级启蒙运动，脱胎于自然权利的人权思想在西方世界开始走向了系统化和成熟化。当人权理念最终被付诸实践，并且进而形成影响世界历史进程的一份份人权文献的时候，包括生存权在内的一系列类型化的基本权利，通过欧美主要国家资产阶级革命的洗礼以及资产阶级启蒙思想家们体系化的论证，获得了从依据人之本性而固有的自然权利向由国家和法律承认与保护的法律权利转变的关键性理论依据，并且依循着前述相关国家政治制度的变迁，从而不再仅仅驻足停留于理论或者是道德层面，反而跃升为近现代国家的政治理念乃至宪法原则，逐步地落实于具体的法律规则和法律权利之中，并慢慢积淀成为现代文明国家的基础。[2]由此可见，"生存权"的概念最初是资产阶级针对封建专制制度而提出来的。它从一开始便被包含在资产阶级的"天赋人权"概念之中，并成为其中最基本的内容之一。[3]

生存权的发展成熟阶段，从"生存权"本身的权利内容及其理论内涵的角度来看，大致可以分为两个不同的时期：以自然权利形式出现的生存权时期和以社会权利形式出现的生存权时期。

1. 自然权利形式。以自然权利形式所出现的生存权思想，主要归功于霍布斯、洛克、托马斯·潘恩等诸多启蒙思想家所作出的理论贡献；尤其是洛克的自然权利思想就曾被直接平移转化为早期的人权规范，并对后世产生深远影响。面对着宗教神权和封建王权的双重压迫，功利主义进路下人权的首要价值就是承认个性发展和促进自我实现；由此，精神自由、人身自由以及

---

〔1〕　［意］阿奎那：《阿奎那政治著作选》，马清槐译，商务印书馆 1963 年版，第 142～143 页。
〔2〕　徐显明主编：《人权法原理》，中国政法大学出版社 2008 年版，第 9 页。
〔3〕　董云虎、刘武萍编著：《世界人权约法总览（续编）》，四川人民出版社 1993 年版，第 15 页。

作为前面二者之必要保障的经济自由、财产不受侵犯等相汇成就了自由资本主义。而这个时期的人权，无论是思想观念还是制度实践都紧密地围绕着自由权来展开；自由权本位，就是这个时代的鲜活烙印。自由权本位下的生存权，其首要的内容就是生命权；生命的存活和延续是人之生存最为基本的形式，而人身和精神的不被强制禁锢、财产的不被任意剥夺，又是每一个人实现其生存可能、生命质量、个人价值、个性自由的重要途径。因此，包括人权运动史上最早的人权规范——1776 年美国《弗吉尼亚人权法案》、被马克思誉为"第一个人权宣言"的美国《独立宣言》以及 1789 年法国《人权和公民权利宣言》都曾以各自不同的方式，要么直接明确宣示，要么间接隐含保护，把生命权、自由权、财产权纳入政治宣言或是法律制度之中，并且从个体生存的意义上赋予其生存权的早期意涵。

2. 社会权利形式。以社会权利形式出现的生存权，则是伴随着资本主义工业化进程的不断加速而提出和展开的。与前面的自然权利不同，社会权利的登台是建立在个人与国家二者关系范式发生转变这个基础之上的。在耶利内克看来，传统的个人对于国家的被动服从关系就意味着个人对于国家的给付，这包括纳税和服兵役的义务等；而近代所发展出来的公民个人对于国家权力的消极拒绝排斥关系所产生的就是免于国家支配的自由权利；和"天赋人权""社会契约"一同被推导出来的"人民主权"意味着个人对于国家的能动地位，这种为了国家的给付最终的表现则是公民的参政权；但社会权利的理论基础与前面三者都不一样，它建立的依据是个人相对于国家的积极地位，亦即公民对于国家的请求关系。[1]在这种关系中，国家角色发生了重大转型，传统的被视为根本性的国家对自由权利的消极不干涉的义务，在社会权本位的人权法制下开始和另外一种积极干预和提供保障的国家义务相互调和。[2]尽管理论歧见依旧存在，但在具体的实践中，社会权利形式的生存权从社会弱者的立场出发，为需要得到扶助和救济的人设定权利，用以维持社

---

〔1〕 ［德］格奥格·耶利内克：《主观公法权利体系》，曾韬、赵天书译，中国政法大学出版社 2012 年版，第 77 页。

〔2〕 "有些学者认为从近代宪法到现代宪法，经历了由'以自由权为主'到'以社会权为主'的发展历程。这个说法实际上是有一些问题的，应该看到，现代宪法只是补充了社会权，但是其保护的重点仍然是自由权。"林来梵：《宪法学讲义》，清华大学出版社 2018 年版，第 326 页。

会化大生产条件下不具有生存条件的人的基本生存。这在 1601 年英国《济贫法》、大革命初期 1791 年法国《宪法》之第一篇"宪法所保障的基本条款"[1]、1848 年法兰西第二共和国《宪法》第 8 条和第 13 条之规定[2]以及德国于 1883 年在宰相俾斯麦领导下制定的《疾病社会保险法》、1884 年相继出台的《意外事故保险法》、1889 年通过的《老年与伤残者保险法》等社会保障相关立法[3]之中都有所具体体现。

（三）生存权的定格成型

以社会权利形式出现的生存权，其主要内容就是普通劳动者劳动就业的权利以及失业者、老年人、残疾人、孤儿等社会弱势群体获得救济、受到救助以达到基本生存条件、满足基本生活需求的权利。简而言之，劳动权和社会保障权就成为生存权本位时期人权所指向的最为主要的意涵。尽管权利的主体从所有的人指向了不特定的社会弱者[4]，权利的保障方式从消极不干涉扩展为积极干预保障，权利的属性也从过去单纯的消极权利延伸到了需要依赖国家保障的积极权利[5]，但这一系列权利本身所要解决的核心问题并没有发生变化，这就是人的生存问题；这一系列权利本身所具有的价值指向和终极关怀也没有发生变化，这就是人之生存。甚至有的学者干脆就把生存权与社会权二者等同起来[6]，毕竟在现代社会，人之生存已经越来越依赖于一国

---

[1]　1791 年法国《宪法》之第一篇"宪法所保障的基本条款"之中规定："应行设立或组织一个公共救助的总机构，以便养育弃儿、援助贫苦的残废人，并对未能获得工作的壮健贫困人供给工作。"

[2]　1848 年法兰西第二共和国《宪法》第 8 条规定："共和国根据友爱和互助的精神，将使贫困公民获得劳动，使不能劳动或无法从家属处获得帮助者得到救助，以确保他们的生存"；第 13 条规定："社会对弃儿、病弱者或无产阶级的老人给予救济。"

[3]　经过一系列的国会立法，在 19 世纪末的德国，劳动者可以因为疾病、年老、伤残而获得社会保障。到了 1911 年，上述一系列的社会保障立法被汇总为《帝国保险法》。此后，在魏玛共和国时期，德国又建立了失业保险制度。自此，在第二次世界大战之前，以健康、养老、事故、失业四大保险为支柱的社会保障制度在德国就已经建成。孙鸿亮："导读德国《德国社会法典》第五编：《法定健康保险》编"，载武大健康法，https://mp.weixin.qq.com/s/Wi5Yr0P9OSH4e4a113GTJQ，最后访问日期：2020 年 12 月 24 日。

[4]　需要说明的是，我们并不认为生存权主体的范围发生了缩限，生存权既是一种个人权利，也是一种集体性的权利。每个人都可能成为强者，也可能变为弱者，这是个人主体多样性的体现。徐显明、曲相霏："人权主体界说"，载《中国法学》2001 年第 2 期。

[5]　林来梵：《宪法学讲义》，清华大学出版社 2018 年版，第 319~320 页。

[6]　徐显明主编：《人权法原理》，中国政法大学出版社 2008 年版，第 167 页。

经济发展的现实状况。由此看来，以人的生存为切入点来界定的"生存权"，伴随着社会发展从自由资本主义时期向垄断资本主义时期的过渡，它所包含的内容则是根据人的社会需要不断发生变化的。

生存权，作为近现代市民宪法所保障的人权宣言体系中一种前所未有的独立的基本人权，[1]其最终定格成型则还需要从两个方面来加以考察和界定。从学术概念的角度来看，"生存权"（the Right to Subsistence）这一术语最早还是由奥地利具有空想社会主义思想倾向的法学家安东·门格尔在其于1886年所写就的《全部劳动权史论》一书中提出来的。[2]他认为，社会财富的分配应确立一个一般客观标准，使得所有人都能获得与其生存条件相适应的基本份额，而社会成员根据这一标准具有向国家提出比其他具有超越生存欲望的人优先的、为了维持自己生存而必须获得的物和劳动的要求的权利，也就是生存权。[3]根植于人活下去的本能需求，经过生命权、自由权、财产权等自然权利的雏形建构，最终又落脚于人类社会经济发展的现实需求，以劳动权、社会保障权等社会权利的形式淬炼成型；一个较为科学、系统且完整的生存权的人权理论体系自此走向了现代人权运动史的舞台中央。从制度规范的层面而言，1919年德国《魏玛宪法》的制定及其相关条款一般被认为是生存权在世界上第一次受到宪法的明文保障。[4]《魏玛宪法》在其第二编第二章"共同生活"、第五章"经济生活"两部分以若干具体条款和具体权利的形式将生存的人权规范法律化，而这也就标志了生存权在法律权利的规范意义上完成了全面的定型。[5]

最后，我们需要说明的是，资本主义社会的基本矛盾其实是生存权形式发生转变的一个重要原因。当资本垄断取代了自由竞争，人们对平等的诉求就会愈加强烈，甚至可以说，生存权就是"以自由权叛逆的身份出现的平等权的附属品"[6]。区别于资本主义的生存权，社会主义的生存权则更加关注劳动者权利的保障；这不是单纯的劳动自由，而是包括劳动权和劳动基本权

---

〔1〕 ［日］大须贺明：《生存权论》，林浩译，法律出版社2001年版，第3页。

〔2〕 ［日］杉原泰雄编：《宪法学的基本概念（1）》，（日本）劲草书房1983年版，第39页。

〔3〕 徐显明："生存权论"，载《中国社会科学》1992年第5期。

〔4〕 ［日］大须贺明：《生存权论》，林浩译，法律出版社2001年版，第3页。

〔5〕 徐显明主编：《人权法原理》，中国政法大学出版社2008年版，第256页。

〔6〕 徐显明主编：《人权法原理》，中国政法大学出版社2008年版，第264页。

在内的维护劳动者利益的一系列权利。[1]不仅如此，社会主义的生存权所追求的价值目标及其保障的标准也明显高于前者，它不仅仅关注生命、自由平等和人身安全，也更加关注"一个符合人的尊严的生活条件"，以及"享受为维持本人和家属的健康和福利所需的生活水准"。[2]

二、未成年人生存权的内涵与特征

所谓"内涵"，从逻辑学角度来看，指的就是某一概念所概括的思维对象在其本质上所特有的各项属性的总和。而所谓"特征"，指的是人或事物可供识别的象征或标志，换而言之，也就是指人或事物不同于其他人或事物的特点。由此可见，未成年人生存权的内涵与特征在这里实际上所要讨论的就是未成年人所享有的生存权本质特性之所在。我们认为，未成年人生存权的本质特性主要还是由两个方面来决定的：一是作为一类特定人权的生存权所具有的本质特性，二是由特定的权利主体亦即未成年人所享有的未成年人权利所具有的本质特性。

（一）生存权的本质特征

生存权本身既是一类归属于个人的权利，同时也是一类集体性的权利[3]。在集体人权与个人人权之间的这道界限，并不是绝对的而是相对的。[4]尤其是对于一个国家和民族来说，人权首先就是人民的生存权；没有生存权，其他的一切人权均无从谈起。这一最为简单明了的道理在《世界人权宣言》中的第3条"人人有权享有生命、自由和人身安全"就已经得到了确认[5]；这也在1991年《中国的人权状况》白皮书中也得到了中国政府的庄严重申。由此可见，就生存权而言，尽管在其所特有的权利定义、权利的外延和内容、权利的制度保障和实现方式等方面存在不同之处，但无论人权依据什么样的标准、采取什么样的方法、选取什么样的角度进行分类划分，

---

〔1〕　在人权理论中，劳动权和劳动基本权存在区别。劳动权指的是劳动者在生产过程中所享有的权利，比如就业权、休息权、获得报酬权等；劳动基本权则指劳动者在生产过程以外的权利，比如罢工权、集体谈判权等。

〔2〕　董云虎、刘武萍编著：《世界人权约法总览（续编）》，四川人民出版社1993年版，第18页。

〔3〕　徐显明、曲相霏："人权主体界说"，载《中国法学》2001年第2期。

〔4〕　李步云主编：《人权法学》，高等教育出版社2005年版，第51页。

〔5〕　国务院新闻办公室编：《中国的人权状况》，中央文献出版社1991年版。

生存权作为一类人权，它具备了人权本身这类社会历史产物所具有的一切特征，这也是各类人权的共同性之所在。

申而言之，生存权所蕴含着的各类人权都具有的共同性特征，可以从国际和国内两个维度来理解。一方面，1993年6月14日至25日联合国在维也纳召开了第二次世界人权大会，这次会议的成果性文件《维也纳宣言和行动纲领》作为现代人类为了加强人权保障而奋斗的历史进程中的一个新的里程碑[1]，于第一部分明确宣告："一切人权均为普遍、不可分割、相互依存、相互联系。国际社会必须站在同样地位上、用同样重视的眼光、以公平、平等的态度全面看待人权。固然，民族特性和地域特征的意义，以及不同的历史、文化和宗教背景都必须要考虑，但是各个国家，不论其政治、经济和文化体系如何，都有义务促进和保护一切人权和基本自由。"由此看来，作为人权之生存权的普遍性属性，以及普遍人权基础上对于生存权认识理解、实现途径和保障方式的具体性、特殊性与差异性，还有生存权自身与其他类别人权之间不可分割、相互依存、相互联系等属性，就是生存权的本质特征；它们在国际人权文书之中获得了广泛支持和明确肯认并且被反复强调。

另一方面，从国内维度来看，我国法律意义上的人权自《宪法》制定之时即以"公民的基本权利"条款在国家宪法层面予以表现。[2]作为一类综合性的权利，生存权在我国《宪法》第33条第2款"中华人民共和国公民在法律面前一律平等"和第3款"国家尊重和保障人权"的统合之下，无论是以人身自由与人格尊严的权利为内容，还是以精神文化活动的自由权利为面向，又或是以社会经济权利为旨归，尽管它的具体内容是变化发展的，但是生存权作为基本权利的属性是毋庸置疑的。也正因为如此，在争取、发展和保障人权的具体实践之中，中国人民和政府一直把生存权放在首要位置。同时，也正是因为生存权自身的宪法基本权利属性，基本权利之"基本"所意指的不可或缺性、不可取代性、不可转让性、持久稳定性、母体性以及前述普遍性[3]等六项基本属性也就自然而然地为

---

〔1〕 李步云主编：《人权法学》，高等教育出版社2005年版，第51页。
〔2〕 张文显主编：《法理学》，高等教育出版社、北京大学出版社2018年版，第345页。
〔3〕 张文显主编：《法理学》，高等教育出版社、北京大学出版社2018年版，第345~346页。

生存权所具有。

（二）未成年人权利的本质特征

转过头来，我们再看一看未成年人权利所具有的本质特性。就如同 1994 年在北京召开的联合国第四届世界妇女大会上所提出的口号"妇女的权利也是人权"（Women's rights are human rights.）那样，我们承认未成年人的权利是一种人权。这不仅是因为在国际人权宪章之中所包含的每一项权利内容都为每一个人所无差别地平等享有；这也不仅是因为联合国 9 个核心国际人权公约之中除了《禁止酷刑和其他残忍、不人道或有辱人格的待遇或处罚公约》以外的其他所有的人权公约之中都或多或少地包含了未成年人权利的相关内容，并且有些专门性的人权公约还从自身专业性角度出发关注了残疾儿童、女童等特定群体的未成年人所应享有的权利；这还不仅是因为专注于未成年人权利的《儿童权利公约》本身就是一部核心人权公约，而且也是缔约国最多的一部核心人权公约[1]；这更是因为在我国签署并且批准加入《儿童权利公约》的几乎同时，我们不仅制定了《未成年人保护法》以便与公约的人权标准相衔接，而且还通过第一部政府白皮书的形式，阐明了中国在人权领域的基本观点、基本立场和基本政策。无论是我国国内法的具体规定，还是人权政策首次的官方正式表态，都表明了我国未成年人所享有的包括生存权在内的各项权利都属于人权的范畴。"生存权是中国人民的首要人权"，更是我国未成年人所享有五大权利中的重要一项。

既然包括生存权在内的各类特定人权彼此之间具有共同性，那么，由特定主体所享有的特定主体之权利是否具有其特殊性呢？换言之，未成年人权利是否具有特殊性呢？答案是肯定的，毕竟这是由权利的主体亦即未成年人身心发展的规律和特点所决定的。由此，我们可以得出结论："未成年人权利"和"生存权"是建立在不同划分标准的基础上而得出的权利类型；前者的分类标准是主体，后者的划分依据是内容。那么，在充分考虑到"内容权利"所蕴含的人权共同性以及"主体权利"所具有的人权

---

［1］ 根据最新数据显示，《儿童权利公约》共有 196 个缔约国。世界上只有一个国家只签署了公约而并没有批准，这就是美国。载联合国人权高级专员办事处官网，https://indicators.ohchr.org/，最后访问日期：2020 年 8 月 6 日。

特殊性[1]的基础上，对于"未成年人的生存权"这样一种主体特定、内容有限的人权类型，我们认为，它的内涵与特征主要体现在如下几个方面：

1. 未成年人的生存权应该以"儿童最大利益"[2]为一种首要考虑；在与生存权各项权利内容有关的一切活动中，有利于未成年人，给予未成年人特殊、优先保护。[3]

2. 未成年人的生存权离不开未成年人的意见；在与生存权各项权利内容有关的一切活动中，对未成年人的意见应按照年龄和成熟程度给以适当看待。[4]

3. 未成年人的生存权应在最大限度上被国家确保[5]；国家保障未成年人的生存权。[6]

4. 未成年人的生存权应适应未成年人身心发展的一般规律和年龄特点。

除此之外，我们需要说明的是，作为一般意义上的人权，生存权的享有和行使也具有其他一般基本人权和公民基本权利所具有的共同特征，这包括了在《维也纳宣言和行动纲领》第一部分第5段中所明确的"一切人权均为

---

[1]《儿童权利公约》第3条第1款规定："关于儿童的一切行动，不论是由公私社会福利机构、法院、行政当局或立法机构执行，均应以儿童的最大利益为一种首要考虑。"除此之外，公约第18条第1款规定："缔约国应尽其最大努力，确保父母双方对儿童的养育和发展负有共同责任的原则得到确认。父母、或视具体情况而定的法定监护人对儿童的养育和发展负有首要责任。儿童的最大利益将是他们主要关心的事。"公约第21条规定："凡承认和（或）许可收养制度的国家应确保以儿童的最大利益为首要考虑……"作为未成年人权利保护的一项基本原则，公约对不同的义务主体明确了以"儿童最大利益"为首要考虑的义务。何海澜：《善待儿童 儿童最大利益原则及其在教育、家庭、刑事制度中的运用》，中国法制出版社2016年版。

[2] 需要说明的是，这里的"人权共同性"和"人权特殊性"指的是各类人权的共性和某类人权的特性。这和我们所说的"人权的普遍性"与"人权的特殊性"是不一样的概念。后者主要是从规范的角度强调人权普遍性原则以及从文化人类学、文化相对主义的角度强调人权的多样性差别。参见徐显明主编：《人权法原理》，中国政法大学出版社2008年版，第90~95页。

[3]《未成年人保护法》第4条规定："保护未成年人，应当坚持最有利于未成年人的原则。处理涉及未成年人事项，应当符合下列要求：（一）给予未成年人特殊、优先保护；（二）尊重未成年人人格尊严；（三）保护未成年人隐私权和个人信息；（四）适应未成年人身心健康发展的规律和特点；（五）听取未成年人的意见；（六）保护与教育相结合。"

[4]《儿童权利公约》第12条第1款规定："缔约国应确保有主见能力的儿童有权对影响到其本人的一切事项自由发表自己的意见，对儿童的意见应按照其年龄和成熟程度给以适当的看待。"

[5]《儿童权利公约》第6条第2款规定："缔约国应最大限度地确保儿童的存活与发展。"

[6]《未成年人保护法》第3条第1款规定："国家保障未成年人的生存权、发展权、受保护权、参与权等权利。"

普遍、不可分割、相互依存、相互联系"。除此之外，生存权作为人之基本需求的不可或缺性，作为依存于每一个特定权利主体而专属享有的不可取代性和不可转让性，伴随着权利主体生命始终而存在的永久性和稳定性，作为发展权、参与权等其他后续权利之基础而呈现出来的母体性等权利内涵和特征也是普遍存在的，其也并不会因为权利的主体是特定年龄阶段的未成年人而产生丝毫的减损和变更。

不过，如若考虑到未成年人这个年龄阶段是每一个人人生成长都会度过的必要阶段，对未成年人之权利特别是关系到生存与生活之基本需要的生存权予以最大限度的特殊保护，这其实就是每一个人给予每一个未满18岁的自己的权利予以最大限度的特殊保护，其所表达的内涵也就会丰富许多。此外，从代际理论的角度来考虑，人类社会的繁衍延续是一个永不停歇的过程，未成年人其实也就是未来世界的主人翁。世代赓续，传承的是资源财富也是义务责任，其中最重要的一项就是保护下一代、保护以未成年人的生存权为代表的各项基本人权，这不仅仅是人权理论和制度社会性和现实性的一种体现，同时也是面向未来、前瞻性的一种选择。

三、未成年人生存权的外延及内容

通过追溯生存权在人类社会中漫长的历史发展进程，尤其是对它的思想观念之嬗变以及制度保护之实现进行细致的梳理和分析，考察它的理论学说渊源以及法律规范基础，我们不难发现，对于既是一种个体性权利，同时也是一种集体性权利的生存权，要想去厘清并且去界定它的内容，这确实是一个非常复杂棘手的难题，不仅是因为它所涵盖的权利内容本来就非常广泛，至今在学术界仍存在着普遍的争论，而且还因为生存权其含义本身就随着人类社会历史的前行而不断地发生着变化。也正如新分析法学的开山之人哈特所认为的那样，人类的日常语言如同湖中水纹一般同时具有相对确定的"意思中心"和变动不居的"开放结构"，而这样一种兼具确定性和模糊性的双重特征，在我们所要分析思考的研究对象"生存权"的身上就最为明显不过了。考虑到生存权提出的本质诉求是满足特定主体的基本生存需要，以及在基本生存需要达成之后对更高标准的生活的进一步的追求；又考虑到未成年人的生存权相较于成年人生存权来说具有一些与其年龄、身心发展状态相联系的特殊需求；并且结合我国所加入的《儿童权利公约》和以

《未成年人保护法》为核心的一系列与未成年人权利保护相关联的法律法规的具体规定，我们主要从以下两个方面来探讨未成年人所享有的生存权：

（一）生命健康权的角度

未成年人的生命健康权是未成年人生存权的应有之义，是第一性的未成年人的生存权。生命是生存权的自然形式；健康是生存权的当代内容[1]；人的身心是生命的物质载体，而健康又是人们对身心的基本要求。[2]就这样，伴随着人格权领域——无论是公法人格权，还是私法人格权——对于身体之人格价值的高度重视，生命权、身体权、健康权等都成为人之生命健康权所广泛容纳的丰富意涵。第二次世界大战之后，随着人们对法西斯主义践踏人的尊严的恶劣行径的深刻反省与思考，人的尊严权开始登上历史舞台，并且逐渐地与生命健康权相融合。由此，在对人的生存问题之认识不断深化的基础上，生命健康权所蕴含的丰富内容也在不断地增加。直至今日，生命健康权已经像其母体生存权一样，已经不再是一项纯粹的单一性的权利，而已然逐渐地成为由一系列权利相互联系、相互补充、彼此融合、共同构成的权利集合。

由未成年人作为权利主体所享有的生命健康权，基于它的主体特征，也就是其身心特点和成长规律所决定的身体的脆弱、经验的缺乏、意思能力和行为能力尚不成熟等因素，相较于普通成年人来说，未成年人的生命健康权具有自己独特的权利内容和权利保障方式。在后文，我们将以专门一节内容对未成年人生存权项下的身体健康权展开分析和思考。

（二）福利和社会保障权的角度

在生命尊严和生命安全的基础之上，未成年人的生存权所蕴含的第二层含义就是未成年人所享有的福利和社会保障权。在宪法学领域，有的学者也将这种为了获得物质生活条件以满足基本生活需要的权利称为获得物质帮助权[3]，而在美国等国家，这类权利又被称为福利权。[4]

对于一般社会主体而言，财产是实现人的生存权所须臾不可或缺的物质

---

〔1〕 徐显明主编：《人权法原理》，中国政法大学出版社2008年版，第257~259页。

〔2〕 柳春光：《身体权研究》，中国社会科学出版社2019年版，第16、152页。

〔3〕 林来梵：《宪法学讲义》，清华大学出版社2018年版，第413页。

〔4〕 林来梵：《宪法学讲义》，清华大学出版社2018年版，第413页。

条件,而获取这种物质生活条件的一般途径就是劳动。[1]通过保证广大劳动者的劳动权和劳动基本权,不仅实现了一般的社会主体满足吃饱穿暖等自然生理需求,而且获得了得以在社会生活中维持合理标准体面生活需要的必需的物质生活条件。但是,对于未成年人而言,基于前述未成年人具有的身心特点和成长规律,在物质生活条件的获取等方面,未成年人处于较为明显的弱势不利地位,其在这个领域的各方面能力都有所欠缺。不仅如此,现代社会大多数国家从保护未成年人权利的角度出发,对未成年人通过劳动和工作等途径获取物质财富的机会有所限制,这又在一定程度上导致了未成年人在经济、在物质资料的获取等方面的处境更加不利。

尽管未成年人的父母或法定监护人是对未成年人养育和发展负有首要责任的第一责任人,但是在家庭之外、由国家和社会所构筑的以物质保障和社会服务的提供为内容的社会保障和社会福利制度等[2],也是未成年人这一天然特定弱势群体所不可或缺的重要物质经济来源和生存生活保障。尤其是对于孤儿、女童、残疾儿童、留守儿童、贫困儿童,这种建立在未成年人社会保障权基础上的制度设计和义务责任安排,在未成年人权利越来越获得关注、其保障和实现也越来越加大力度的今天,具有重要的社会价值和人权意义。

第二节　未成年人的生命健康权

生命健康权,是指自然人所享有的维持生命存续、维护生命安全利益、维持生理机能正常、维护健康利益的一种基本权利。生命是自然人的最高人格利益,是其他人格权和人格利益的基础。健康以身体为物质载体,以心理为精神指向,破坏身心的完整性,通常会导致对健康的损害。给生命健康权造成侵害的,侵害人应给予受害人或其家属财产和精神赔偿。

由于所处年龄阶段所决定的特定身心状态以及发育成长规律所需要的特殊照顾和保护,未成年人的生命健康权相较于成年人而言,受到他人以及不确定因素侵害的风险更大。与此同时,一是因为未成年人所具有的脆弱性的身体年龄和心理年龄特征;二是因为人类社会延续的需要,对于未来社会的

---

〔1〕　徐显明主编:《人权法原理》,中国政法大学出版社2008年版,第257~259页。
〔2〕　郭曰君:《社会保障权研究》,上海人民出版社2010年版,第15页。

主人翁，也就是未成年人的权利保护特别是生命健康权予以倾斜性的特殊保护，无论是从横向的社会弱势群体保障的平等理论而言，还是从纵向的人类社会代际理论来说，都具有非常重要的理论价值和现实意义。

案 例

"著名哲学家周国平在其以第一人称所著的书《妞妞：一个父亲的札记》中，非常详细地记载了妞妞从出生到死亡的全过程：新生儿妞妞被诊断为双眼多发性视网膜母细胞瘤，根据医嘱，通过手术和治疗，有可能维持生命，但是会不可避免地失明，同时，在30岁之前罹患癌症的概率很高。妞妞的父母放弃了对女儿的治疗和对她生命的挽救，使她在一岁多的时候不治而亡。在这个过程中，父母因为担心女儿残疾而放弃治疗的过程、动机、思考和事后的悔恨都被详细写进了该书，并做了深入的剖析。"[1]周国平先生所著并于1996年初版后来又再版14次的长篇纪实文学——《妞妞：一个父亲的札记》一书，是使我们完整认识并且深刻理解未成年人生命健康权的具体含义、主要内容、整体保障状况和个体境遇体验的最为典型的一个例证。

我们之所以在这里将其作为典型案例进行思考和讨论，其一，因为此书的真实性，正如作者在前言（有的版本是后记）所述"我不知道这本书该怎样归类。它不像小说，因为缺乏小说的基本要素——情节的虚构。它也不像散文，因为篇幅太长。它好像也不能归入报告文学一类，因为它的主角只是一个仅仅活到1岁半的婴儿，并无值得报告的事迹。最后我对自己说：就让它什么也不像吧，它只是我生命中的一段历程，这段如此特殊的历程本来就是无法归类的"。其二，此书是父亲为女儿所写的一部书，副题是"一个父亲的札记"；同时，这也记述了作者自己的艰难心路历程。作为亲身经历和切身感受，相较于新闻报道或法律文书等第二手的传来材料，这部著作更为直接也更为真实。其三，由于这部书已经出版并且多次再版，基于公开性的考量，我们也认为作为未成年人生存权的典型事例，这部著作值得我们去认真对待。最后，在这里我们也想籍此案例表达对妞妞的哀挽、对亲属的慰问，以及我

---

[1] 尚晓援："残疾儿童生命权保护的个案研究"，载《山东社会科学》2011年第4期。

们对于未成年人生命健康权这一话题的现实关注和理论关切。

一、生命健康规范意义和权利界定

（一）规范基础与制度意义

《民法典》是中国第一部以法典来命名的法律，也是中国截至目前条文数量最为庞大的一部法律；由于它所调整的是平等民事主体的人身权利、财产权利以及其他合法权益，更是民事主体私法权利的法律汇总，因此它不仅是公民社会生活的百科全书，更是民事权利的宣言书和保障书。其中，《民法典》不仅在第一编总则第五章民事权利之中以专条列举的形式宣告自然人享有生命权、身体权、健康权[1]，而且在独立成编的人格权体系中又以专章专条的形式对这三项权利分别予以进一步的确认。[2]这是目前在我国法律制度之中，生命健康权作为民事人格权利而存在的规范性基础。需要补充的是，尽管生命健康权在我国《宪法》之中并没有作为公民的基本权利而予以明确规定，但是，《宪法》第 33 条人权条款、第 37 条人身自由权条款、第 38 条人格尊严权条款可以作为公民生命健康权的权利推定依据并通过合宪性解释来予以一定的保障。[3]

从最早的《中华人民共和国民法通则》（以下简称《民法通则》，现已失效）第 98 条概括确认了"公民享有生命健康权"，到后来《中华人民共和国民法总则》（以下简称《民法总则》，现已失效）第 110 条对自然人享有生命权、身体权、健康权的专条宣告和明确列举，再到现如今的《民法典》专条宣告、明确列举以及专条确认三者相结合；初始的"生命健康权"的法律意涵在民事法律制度之中伴随着社会经济的发展不断地得以进一步的丰盈和充实，诚如有些学者所认为的那样，尊重和保障人权的现代精神在《民法典》

---

〔1〕《民法典》第一编总则第五章民事权利第 110 条第 1 款规定："自然人享有生命权、身体权、健康权、姓名权、肖像权、名誉权、荣誉权、隐私权、婚姻自主权等权利。"

〔2〕《民法典》第四编人格权第二章生命权、身体权和健康权第 1002 条规定："自然人享有生命权。自然人的生命安全和生命尊严受法律保护。任何组织或者个人不得侵害他人的生命权。"第 1003 条规定："自然人享有身体权。自然人的身体完整和行动自由受法律保护。任何组织或者个人不得侵害他人的身体权。"第 1004 条规定："自然人享有健康权。自然人的身心健康受法律保护。任何组织或者个人不得侵害他人的健康权。"

〔3〕韩大元：《生命权的宪法逻辑》，译林出版社 2012 年版，第 12 页。

这部典型的权利本位法之中得到了充分的体现。[1]更为重要的是，通过民事立法保护人格权的方式将生命权、身体权、健康权这些我国《宪法》还并未列举的公民基本权利不仅明确地列举出来并且还予以颇为充分的制度保护，这具有重要的制度意义：其一，充分肯认了公法和私法二者对于人的尊严和人权保护所共同肩负的重要制度使命以及二者之间不可分割的密切关联，有利于公法和私法在价值理念一致基础上的制度规范衔接；其二，充分肯定了宪法基本权利价值的辐射作用[2]，同时也充分发挥了民法主体人格制度的现实功用；其三，有利于在未来进一步推动民事主体的人格向宪法人格权转化的可能性[3]，进一步推进我国人权法治事业的前进和发展。

除此之外，由于我国宪法中的公民基本权利无法在司法审判的过程之中被直接援引，通过民事权利的形式来在具体个案的司法审判过程之中直接保护自然人的生命权、身体权和健康权，这种处理方式既考虑到了我国司法诉讼制度的特殊之处，保证了法律制度和诉讼制度的统一衔接，保持了法律创制和法律适用的契合协调；也在充分彰显和保证宪法权威性的同时，在最大程度上发挥了民事法律制度的操作性和实效性；此外，还能够在具体个案的司法审判过程之中避免法官进行合宪性解释所带来的司法技术难题及其所可能导致的论证缺失、说理不足等现实困境[4]；最为重要的是，通过这种对民法人格权来进行全面保护的最现实、最快速、最高效的途径和方法[5]，生命安全和生命尊严、身体完整和行动自由、身心健康这三类与人的生存紧密联系的最为重要的利益得到了实实在在的法律保障，生存权的主旨由"民"又回归到了"人"，不仅彰显了"人民至上"，更是做到了"以人为本"。包括未成年人在内的我们每一个人的生存权将会得到标准更高、覆盖更广、品质更好的法治保障，这在不远的将来是可以预见的。

（二）权利界定和语义辨析

从曾经的《民法通则》一个法律条款对一种人格权的概括宣示，到如今

---

〔1〕 徐显明："民法典应充分体现'尊重和保障人权，"，载《中国人大》2016年第14期。

〔2〕 张翔："民法人格权规范的宪法意涵"，载《法制与社会发展》2020年第4期。

〔3〕 刘志刚："民法人格权理论的宪法学分析"，载《人权》2019年第4期。

〔4〕 余军：《未列举宪法权利：论据、规范与方法——以新权利的证成为视角》，中国政法大学出版社2017年版，第272～273页。

〔5〕 王利明："论人格权独立成编的理由"，载《法学评论》2017年第6期。

的《民法典》通过 9 个法律条文对生命权、身体权、健康权这三种人格权作出专门的规定，这就在全面规范创新的基础上，重新固定了相关权利的具体类型和确切内容[1]：

1. 生命权指的是自然人所享有的生命安全和生命尊严不受第三人侵害的权利。生命是生存的自然样态，尊严是生存的社会形式。生命安全满足的往往是人的生物性、本能性需求，而生命尊严满足的则是人的精神性、社会性需求。"与早期的人权规范中作为自然权的生命权不同，现代作为生存权的生命权已增加了尊严权的内容。"[2]如果说生命安全是保证人活着的权利，那么作为二战之后新出现的人权子族，尊严权则提出了人"体面地生活"的需求。尽管尊严权的出现要晚于生命安全权，但是在经历一次又一次的人间悲剧之后，尊严权对人而言，从某种程度来说，不仅具有最高的价值，还具有绝对的价值，即在任何时间和地点、任何情况之下，人的尊严都绝对不能克减。[3]

2. 身体权指的是自然人所享有的身体完整和行动自由不受第三人侵害的权利。我国《民法典》将身体权作为一种独立的人格权纳入制度保障之中，这也和大多数国家立法将其与生命权并列保持了一致。[4]目前，民法学界大多将身体权视为一种物质性的人格权[5]，因而在其项下设置了身体完整和行动自由两大权能来确定权利内容。[6]身体完整性，主要强调的还是身体组织器官的完整，它所对应的是人身损害案件可能导致损害赔偿责任的发生。[7]行动自由权，也被称为身体支配权，主要指的是自然人对于自己身体组织器官在法律允许的情况下加以处置的权利。[8]

〔1〕　杨立新："从生命健康权到生命权、身体权、健康权——《民法典》对物质性人格权规定的规范创新"，载《扬州大学学报（人文社会科学版）》2020 年第 3 期。

〔2〕　徐显明主编：《人权法原理》，中国政法大学出版社 2008 年版，第 257 页。

〔3〕　龚艳："论生存权的法律保护"，山东大学 2008 年硕士学位论文。

〔4〕　施天涛："生命健康权的损害赔偿新论"，载《政治与法律》1991 年第 5 期。

〔5〕　杨立新："从生命健康权到生命权、身体权、健康权——《民法典》对物质性人格权规定的规范创新"，载《扬州大学学报（人文社会科学版）》2020 年第 3 期。

〔6〕　沈建峰："具体人格权立法模式及其选择——以德国、瑞士、奥地利、列支敦士登为考察重点"，载《比较法研究》2011 年第 5 期。

〔7〕　施天涛："生命健康权的损害赔偿新论"，载《政治与法律》1991 年第 5 期。

〔8〕　柳春光：《身体权研究》，中国社会科学出版社 2019 年版，第 33 页。

3. 健康权指的是自然人所享有的身心健康不受第三人侵害的权利。所谓健康，"就是没有病，也因此没有作为病症之一的所有各种病痛，一个人如果不觉得有任何不适感，那就可说是处于健康状态。"[1]人们对于健康的认识和需求也是伴随经济社会的发展、生活水平的提高、科学技术的进步而不断变化的。以往几个世纪以来被关注颇多的生理健康逐渐和精神心理健康相融合，构成了崭新的健康观。[2]而近一个世纪以来，随着大规模公共卫生、环境健康事件的频繁发生，工业化和现代化过程之中的公共健康、环境健康问题也愈发引起世人的关注。

综合上述三点，生命权、身体权、健康权三者都各具独特的法律价值和意涵。既然《民法典》已经将生命权、健康权和身体权作为三种独立人格权来加以规定，那么为什么我们在这里依旧使用"生命健康权"这样一种单一人格权的概念来描述未成年人生存权项下这一系列重要的权利呢？

1. 从形式意义上讲，无论用一种独立的人格权概念容纳三个不同层面的意涵也好，还是用三种各自独立的人格权概念来分别阐释各自的含义也罢，其所表达的意思还是始终如一的，并没有发生实质性变化，这只不过是在法律规范的形式表达层面有了创新和改善。[3]

2. 从概念内涵来看，不管是生命还是健康，它们全都既包括了人的物质身体，也包含了人的精神心理这两个不同的维度。生命是一种事实状态，健康是一种价值期许，身体完整与行动自由完全可以被纳入生命健康权的权利内容之中。更何况因故身体组织器官不完整或者是因故行动自由无法实现，这些都不能完全成为生命健康权的实现受到减损的理由，但相反的论证却并不能够证成。从人权特别是生存权的角度来考虑，生命和健康能够更加切近生存这一人之本能的原旨。

3. 在前文基础之上，我们认为民法人格权规定所排除的只是来自第三人的非法侵害，这只具有水平的效力而并不具有全面的效力。相较于生命权之中的生命尊严和健康权之中的身心健康，身体完整和行动自由二者的外部限

---

[1] [英] 边沁：《道德与立法原理导论》，时殷弘译，商务印书馆 2000 年版，第 101 页。

[2] 《世界卫生组织法》在序言中宣示："健康是指人的躯体、精神、社会适应能力的良好状态，而不仅仅是没有疾病或虚弱。"

[3] 施天涛："生命健康权的损害赔偿新论"，载《政治与法律》1991 年第 5 期。

制因素也可能更多。换而言之，相较于身体权，生命权、健康权以及生命健康权的容纳性更广、覆盖性更宽、内涵也更加丰富。

4. 身体完整权和行动自由权的普遍认知、实务界定和学术理解尚存在进一步提升的空间。联合国《残疾人权利公约》所确立的国际标准之中所使用的则是"身心完整性"[1]和"尽可能独立地享有个人行动能力"[2]两种表述方式，其表意的精密和逻辑的周延似乎要比我国《民法典》有关身体权的相关条款本身略胜一筹。

5. 从文字表达来说，考虑到表达的通俗和简约以及含义的精准而全面，我们决定在这里继续使用"生命健康权"这个既存多年的法律概念。

二、未成年人生命健康权主要内容

人类对于生存权的需求随着社会经济的发展以及时代潮流的变迁不断发生着变化。当人民"吃得饱""穿得暖"的问题逐步被解决之后，"吃得好""穿得美"的问题又开始被提上了议事日程；由此，生存的基本需求也逐渐变成了生活的更高要求。生存的底线提高，这意味着生活的质量越来越好。在生命存在的基础上，如果生命安全得到了保障，那么身心健康的需求就会进入人们的视野中，进而成为实现生命尊严这一更高阶层目标的必要条件。除此之外，进入21世纪以来，重大公共环境卫生风险的普遍存在以及人类自身科学技术发展的局限性，也使得人们对于生命健康权的关注不仅没有减弱，反而提出了一种更高、更迫切、更现实的要求。也正因为如此，我们认为，生命健康是生存权的当代内容。

未成年人的生命健康权是未成年人生存权项下一项重要的基本人权。它不仅建立在生命权、身体权、健康权等每一个人都享有的生命健康权基础之上，而且还基于"儿童因身心尚未成熟，在其出生以前和以后均需要特殊的保护和照料，包括法律上的适当保护"[3]而需要充分考虑未成年人身心发展的规律和特点，同时还要遵循《儿童权利公约》和《未成年人保护法》关于

---

〔1〕《残疾人权利公约》第17条"保护人身完整性"规定："每个残疾人的身心完整性有权在与其他人平等的基础上获得尊重。"

〔2〕《残疾人权利公约》第20条"个人行动能力"规定："缔约国应当采取有效措施，确保残疾人尽可能独立地享有个人行动能力……"

〔3〕《儿童权利公约》序言。

未成年人身心健康保护和合法权益保障所确立的各项一般原则，比如"儿童最大利益"原则、"对未成年人的意见应按照年龄和成熟程度给以适当看待"的原则等。未成年人生命健康权的提出，是从人格尊严、生命安全、生存质量等多个不同的维度将未成年人的生存权进一步地细化和落实，将其权利外延和具体内容进一步地分解萃取；它不仅是建立在有关未成年人保护的国际人权标准和国内法律制度的基础之上，更是以契合未成年人自身的身心特点和成长规律为旨归，以切实满足未成年人各种现实需要为基本目标，在保证未成年人的权利主体地位、明确义务主体的义务和责任的同时，对未成年人所享有的各项权利予以更加细致和全面的照顾和保护。

传统法学往往采取"客体＋权能"的模式来确定权利，特别是还将客体作为认识权利的基本起点。[1]作为上位概念的生存权其实就是这样的一个例证。因而，在未成年人权利保护领域和生命健康权保护领域的国内外相关制度规范的基础上，我们认为，从一般意义上来说，作为生存权项下的一类综合性的权利，未成年人所享有的生命健康权主要包括如下几个方面内容：

（一）生命安全权

未成年人的生命安全权指的是未成年人免受生命安全风险的影响和侵害，其生命安全受到国家、社会、学校和家庭的保障，不仅可以良好地维持其生命状态，还可以获得健康成长机会的一系列的权利。从一般意义上而言，它包含了传统的生命权和人身安全权两大部分内容。前者承认生命权是生存权的重要内容，活着是享有其他各项权利和自由的前提；后者明确人身安全是仅次于生命的重要人身利益，是从事一切活动的前提条件和基本要求。[2]

无论是国际公约还是国内法律，它们都对未成年人的年龄上限作出了明确的规定。因而，凡是未满18周岁的自然人都可以被纳入相关法律制度的保护之中。相较于成年人来讲，由未成年人的身体心理的成长发育等诸多因素所决定的意思能力、行为能力等各个方面还处于尚未成熟的阶段，无论是能力还是经验，面对现实生活中各式各样的风险和错综复杂的挑战，未成年人

---

〔1〕 沈建峰："具体人格权的立法模式及其选择——以德国、瑞士、奥地利、列支敦士登为考察重点"，载《比较法研究》2011 年第 5 期。

〔2〕 李步云主编：《人权法学》，高等教育出版社 2005 年版，第 122～129 页。

都处于明显的不利地位，呈现出一种由年龄所标识的成熟程度上的脆弱性。这种脆弱性首先就体现为生命健康的脆弱，也就是说未成年人应对来自外界环境、疾病以及第三人侵害的抵抗能力和复原能力都比较弱。因而，赋予未成年人以生命安全权的保障，最大限度地确保未成年人的存活，同时与生命健康权项下其他各项子权族紧密结合、相互融合，这是未成年人生存权的第一要义。其实，未成年人的生命安全权不仅涉及死刑、堕胎、预防未成年人犯罪等颇具争议的社会焦点问题，也会涉及生态环境的安全、食品药品的安全、校园安全以及避免意外伤害事件的发生等社会经济生活中的现实难题[1]；它不仅会涉及未成年人自己，也会涉及她/他的父母、监护人、与之发生关系的任何其他组织和个人、社会和国家等。因此，未成年人的生命安全权迫切地需要每一个利益攸关方的认真认识和对待。

（二）人格尊严权

"人格一般包含着权利能力，并且构成抽象的从而是形式的法的概念，且这种法本身也是抽象的基础。所以法的命令是：'成为一个人，并尊敬他人为人。'"[2]未成年人的人格尊严权指的是未成年人的人格尊严受到尊重、个体价值受到承认的一系列权利。尊重和保障未成年人的人格尊严，对于未成年人自身的个体和社会意识的萌发、独立人格的养成、人格魅力和力量的提升以及人格自由的最终实现都具有重要意义。人格尊严所表征的人的主体地位源自于人之本身，而每一个人关于人格尊严的权利义务意识又都是从其出生以后尤其是在其未成年阶段所后天形成的。也正因为如此，未成年人的人格尊严权，其重要价值所指向的不仅是每一个特定未成年人权利主体，也指向作为特定群体的所有未成年人，甚至还指向无论成年与否的每一个人，以及整个社会和整个国家；所以，我们不仅仅在《民法典》中专门设立第四编人格权来调整平等主体之间的人身关系，同时更为重要的是，我国《宪法》在第38条以及其他关联条款之中明确对公民的人格尊严予以保护。[3]

---

〔1〕 王雪梅：《儿童权利论 一个初步的比较研究》，社科文献出版社2018年版，第114页。

〔2〕 ［德］黑格尔：《法哲学原理》，范扬、张企泰译，商务印书馆1961年版，第46页。

〔3〕 《宪法》第38条规定："中华人民共和国公民的人格尊严不受侵犯。禁止用任何方法对公民进行侮辱、诽谤和诬告陷害。"

"人格权从来就不是一种由《民法典》创制的权利，而是由《宪法》直接创制并具有宪法性质的权利。"[1]未成年人人格尊严权的义务主体包括了她/他的父母、监护人、与之发生关系的任何其他组织和个人、社会和国家等；而受到尊重和保护的人格尊严，不仅关系未成年人的身心健康，也关系未成年人自身的发育成长，以及其对于家庭、社会、国家的融入和参与。

人格，并不仅仅是做人的资格[2]；它是一个包含法律、道德、心理因素等方面特征的道德意识的综合体。[3]当然，法律意义上的人格主要涉及法律主体资格和法律主体地位。其实，人格和与之相并列的尊严一样，其最初所要表达的是一种随着人类社会实践的发展和自我意识的萌发，进而认识到自己具有最高生命价值而产生的一种族类的优越感和自我意识。[4]我们之所以要对未成年人的人格尊严权予以特殊的保护，是因为每一个人的这种自我意识往往都是从人生经历的初始阶段萌发起来并且塑造成型的，因而对于未成年人人格尊严的特殊保护，不仅有利于每一位未成年人身心的良好成长和生理心理的健康发育，逐步锻造出能够自如适应社会生活的身体素质与体质条件、心理素质和精神状态，也有利于他们在可以想见的未来能够更好地融入社会，更好地投入生活和工作。

一般意义上来说，人格尊严权的具体内容主要包括姓名权、肖像权、名誉权、荣誉权和隐私权等。《未成年人保护法》第4条通过法律规范明确规定的形式明确了未成年人的人格尊严权受到法律保护。除了原则性的宣誓规定之外，第27条直接明确了学校、幼儿园的教职工为义务主体，强调了学校保护对于未成年人的人格尊严权的重要意义。然而，我们知道未成年人的人格尊严权可能会涉及她/他的名誉、荣誉、隐私，她/他的家庭、住宅、通信、私生活，她/他的言谈话语、行为举止，她/他的思想观念、宗教信仰等。所以，《儿童权利公约》围绕着前述方方面面作出规定，不仅保障了与之相应的各项人权，而且更是通过它们来保障未成年人的人格尊严获得应有的尊重。毕竟，"一切人权均为普遍、不可

---

〔1〕 尹田："论人格权的本质——兼评我国民法草案关于人格权的规定"，载《法学研究》2003年第4期。

〔2〕 陈云生："公民的人格尊严不受侵犯"，载《法学研究》1983年第1期。

〔3〕 陈建中："人格的本质及其它"，载《山西师范学院学报》1984年第4期。

〔4〕 肖雪慧："论尊严"，载《伦理学与精神文明》1984年第5期。

分割、相互依存、相互联系"[1]，而人格尊严与价值和各项基本人权同等重要，甚至"一切人权本身就源于人与生俱来的尊严和价值"[2]，而这在《联合国宪章》和《世界人权宣言》中都得到了确认。

（三）卫生健康权

所谓健康，是指人体发育良好，机理正常，有健全的心理和社会适应能力。而我们所讲的卫生，则是指能够防止疾病，有益于健康。因此，未成年人的卫生健康权指的是未成年人依据国际人权标准和我国法律法规规定所享有的与其个人的身心健康相关联的、由国家和社会的医疗保健福利和服务所保障的一系列的权利。根据《儿童权利公约》等国际人权标准的规定，未成年人有权享有可达到的最高标准的健康，并且有权享有医疗和康复设施；而对于新修订的《未成年人保护法》，"卫生"和"健康"也成为这部法律之中的核心高频词汇，分别达到了 16 次和 45 次之多。卫生健康不仅成为国际人权标准之中未成年人所享有的一项至为重要的基本权利，而且在我国国内立法之中，"未成年人身心健康"[3]也开宗明义地成为立法宗旨之中首要的立法目的。

宪法和民法人格权意义上的卫生健康权，是排除国家、任何组织和个人对于权利主体身心健康之侵害的一种权利。与一般意义上的生命权相类似，卫生健康权首先是一种健康的保护请求权，也就是当来自第三人的不法侵害发生的时候，受害人有权利向国家提出保护的请求并且得必要的救济，而这也是从我国《民法典》第四编人格权的角度来对卫生健康权加以理解的应有之义。其次，它是一种主体享受自己身心健康之利益、身心健康之品质生活的权利，也就是卫生健康利益的支配权。最后，健康权也可以从公民基本权利或是主观公法权利的角度来加以理解。健康权对应的是国家"尊重、保护和实现"义务："尊重"对应健康权的自由权属性；"保护"对应的是健康保护请求权亦即请求国家提供救济避免第三人侵害；"实现"对应国家承担相应

---

〔1〕《维也纳宣言和行动纲领》第一部分第 5 段。

〔2〕《维也纳宣言和行动纲领》序言。

〔3〕《未成年人保护法》第 1 条规定："为了保护未成年人身心健康，保障未成年人合法权益，促进未成年人德智体美劳全面发展，培养有理想、有道德、有文化、有纪律的社会主义建设者和接班人，培养担当民族复兴大任的时代新人，根据宪法，制定本法。"

·43·

义务，竭尽能力、采取步骤确保权利得以实现[1]，这其实也就是基本权利的受益权功能和分享权功能。[2]

对于未成年人所享有的最高标准的卫生健康权，这不仅是《儿童权利公约》相关条款对于未成年人享有的医疗保健服务的明确要求，同时在《未成年人保护法》中也存在与前者价值目标相一致的原则性规定。未成年人享有的最高标准的卫生健康权的义务主体是国家；之所以要明确未成年人有权享受最高标准健康服务，主要是希望国家在发展其自身社会经济的同时，不要忘记其所肩负的社会权利的道德和法律义务，要求和鼓励国家和政府在依据市场效率原则完成一次分配的基础之上，按照效率和公平兼顾、侧重公平的原则，通过税收和社会保障支出等手段进行财政再分配，进而使得以未成年人权利为代表的社会弱势群体或特定群体权利[3]能够有机会得到倾斜性的特殊保障。

（四）生活水准权

未成年人的生活水准权指的是未成年人所有权享有的一系列满足基本物质需要和精神生活需要的权利。在《儿童权利公约》第27条第1款的规定中，它特指"足以促进儿童的生理、心理、精神、道德和社会发展的生活水平"。未成年人的基本生存以及更高的生活水平必然需要一定的生活条件作为支撑，它主要包括了未成年人在衣食住行等各个领域的基本需求以及适足的卫生保健、疾病控制、身心照料等主要内容。一般意义上来说，未成年人的生活水准以其父母的能力和经济条件为限，在其范围之内，每个未成年人均有权享有足以促进其生理、心理、精神、道德和社会发展的生活水平。由此可见，父母或监护人是未成年人生活水准权的首要义务主体。而作为次级义务主体的国家，则承担着对未成年人的父母提供支持和补足的义务。对于缺乏家庭照顾或是生活在极端困难条件下的未成

---

〔1〕 参见《经济、社会及文化权利国际公约》第二编第2条。

〔2〕 于文豪：《基本权利》，江苏人民出版社2016年版，第60~74页；韩大元：《生命权的宪法逻辑》，译林出版社2012年版，第15~16页。

〔3〕 需要注意的是，与《儿童权利公约》所规定的未成年人最高标准相类似，《残疾人权利公约》也在第25条"健康"中规定了对于国家义务相同的要求。国际人权条约对于社会弱势群体权利的保障由此可见一斑。

年人，国家和社会通过社会保障等措施来确保未成年人享有适足的生活水准权。

　　所谓的生活水准权和前面的最高标准健康权一样，其实在本质上都应该属于社会权利的范畴，它们所面向的权利主体起初都是社会的弱势群体，从规范层面而言，这包括未成年人和残疾人；因而，这项特定主体的特定内容的生存权也和前述之最高标准健康权一样，分别在《儿童权利公约》和《残疾人权利公约》的相关条款之中作了明确的规定。[1]此外，这不仅仅是倾斜性的权利保护，而且更是对于不同义务主体应担负之道德和法律义务的明确要求。尤其是对于未成年人所享有的生活水准权，国家所肩负的是确认性的政治宣示义务以及次级的提供帮助、援助和资助的义务。还需注意的是，"适足生活水准"和"适当生活水准"二者的含义不同，前者需要考虑到未成年人身心发展的规律和特点，并以"足以促进其生理、心理、精神、道德和社会发展"为基本要求和终极目标；而后者由于受其父母和监护人能力和经济条件所限，故而也可能存在着一定的标准的降格，而对于这种相较而言的较低标准，父母和监护人承担的是首要责任。这是未成年人生活水准权的独特之处，它既考虑到了未成年人与父母、监护人的亲子或监护关系，同时也考虑到了社会权利性质基本人权的国家义务责任。

　　还有一点需要说明的是，对于这类权利的具体表述，比如"适足生活水准"[2]、"适当生活程度"[3]、"合理生活水平"[4]、"最低生活标准"[5]等，这一系列容易混淆的概念术语所表达的具体含义并不是完全不一样的。因此，我们需要以相应规范性文件为标准，通过法律解释学的技术操作来一一确定

　　　〔1〕　《儿童权利公约》第27条第1款规定："缔约国确认每个儿童均有权享有足以促进其生理、心理、精神、道德和社会发展的生活水平。"这是一条关于未成年人享有适足生活水准权的规定。与之相类似，《残疾人权利公约》第28条"适足的生活水平和社会保护"第1款规定："缔约国确认残疾人有权为自己及其家属获得适足的生活水平，包括适足的食物、衣物、住房，以及不断改善生活条件；缔约国应当采取适当步骤，保障和促进在不受基于残疾的歧视的情况下实现这项权利。"

　　　〔2〕　比如《儿童权利公约》第27条第1款和《残疾人权利公约》第28条"适足的生活水平和社会保护"第1款。

　　　〔3〕　比如《经济、社会及文化权利国际公约》第11条。

　　　〔4〕　比如《经济、社会及文化权利国际公约》第7条。

　　　〔5〕　比如中华人民共和国国务院制定的行政法规《城市居民最低生活保障条例》。

其所表达的具体含义，同时也要充分地认识到不同法的渊源的规范性文件之间的距离和殊异。

第三节　未成年人的福利和社会保障权

未成年人所享有的福利和社会保障权是基于未成年人权利主体自身的特殊性[1]而在生存权项下需要被着重强调并予以制度保护的一项基本人权。这在我国1991年所加入的《儿童权利公约》以及我国与保护未成年人权利相关的一系列社会保障法律制度之中都有明确的规定，比如《未成年人保护法》第91条至第96条[2]、《中华人民共和国劳动法》（以下简称《劳动法》）第15条[3]、《中华人民共和国社会保险法》（以下简称《社会保险法》）第25条[4]等。在我们看来，未成年人所享有的各项权利归属于特定社会群体或社会弱势群体的权利，它们都被纳入到社会法这一法律部门来加以保障，除了《未成年人保护法》以外，其还散见于与未成年人这类权利主体相联系的前述其他各个部门法律之中。

公民的福利和社会保障权具有双重性质。一方面，福利和社会保障权是一项经济权利，它给予生活困难者以物质帮助，要求国家和社会通过各种措

---

[1]　未成年人权利的特殊性主要表现为权利主体脆弱易受伤害、权利享有需要成年人加以保护、权利行使的能力受到年龄的限制等若干方面。徐显明主编，张爱宁、班文战副主编：《国际人权法》，法律出版社2004年版，第394页。

[2]　其中，《未成年人保护法》第91条规定："各级人民政府及其有关部门对困境未成年人实施分类保障，采取措施满足其生活、教育、安全、医疗康复、住房等方面的基本需要。"第92条规定："具有下列情形之一的，民政部门应当依法对未成年人进行临时监护：（一）未成年人流浪乞讨或者身份不明，暂时查找不到父母或者其他监护人；（二）监护人下落不明且无其他人可以担任监护人；（三）监护人因自身客观原因或者因发生自然灾害、事故灾难、公共卫生事件等突发事件不能履行监护职责，导致未成年人监护缺失；（四）监护人拒绝或者怠于履行监护职责，导致未成年人处于无人照料的状态；（五）监护人教唆、利用未成年人实施违法犯罪行为，未成年人需要被带离安置；（六）未成年人遭受监护人严重伤害或者面临人身安全威胁，需要被紧急安置；（七）法律规定的其他情形。"

[3]　《劳动法》第15条规定："禁止用人单位招用未满十六周岁的未成年人。文艺、体育和特种工艺单位招用未满十六周岁的未成年人，必须遵守国家有关规定，并保障其接受义务教育的权利。"

[4]　《社会保险法》第25条规定："国家建立和完善城镇居民基本医疗保险制度。城镇居民基本医疗保险实行个人缴费和政府补贴相结合。享受最低生活保障的人、丧失劳动能力的残疾人、低收入家庭六十周岁以上的老年人和未成年人等所需个人缴费部分，由政府给予补贴。"

施来承担提高全体人民的基本生活水准的义务和职责，使得他们有限的生活水平能够尽最大可能得到提升进而达到前述适足生活水准的要求。在这里，这类权利体现了其所具有的社会保障的基本功能。另一方面，福利和社会保障权是一类社会权利，它旨在对社会上的特定群体或者弱势群体成员，比如老年人、残障人士、妇女、未成年人等，通过带有倾斜性权利保护特点的社会保障法律法规以及提供完善的民政或社区服务等手段，改善他们基于自身生理、心理或社会结构等原因而在社会上形成的弱势地位或者不利处境。[1]总而言之，无论强调的是提供物质经济帮助，又或强调的是提供倾斜性权利保护，福利和社会保障权作为一类针对特定主体、具有普遍性价值和意义的综合性的基本权利，是生存权的应有之义。

作为受到倾斜性保护的一类特定的社会弱势群体，未成年人的生存权也要求国家、社会根据未成年人的身心特点和成长规律对其利益和需求予以特别的保护和更加完备的考虑。尤其是在福利和社会保障权等领域，因为它和未成年人保持生存的基本要求相联系，与未成年人在家庭之外的社会抚育和社会成长相联系，因此也就具有了更加特殊的意义。

案 例

2014 年 5 月 20 日，福建省莆田市警方抓获一名行窃并涉嫌吸毒的湖南籍妇女胡某。据胡某供述，她的贵州籍丈夫 2013 年因抢劫罪被判刑入狱，她带着一个 5 岁的儿子来到莆田市生活。她在染上毒瘾之后，为了筹集毒资需要外出盗窃，把儿子反锁在某村庄一处地下出租屋内，儿子没有食物，仅靠饮料等充饥。莆田警方得知情况之后，立即解救了胡某的儿子，并通过和民政部门建立的 110 联动工作机制将胡某的儿子送到了莆田市救助管理站。救助管理站积极寻找具有抚养意愿和抚养能力的男孩亲属，同时也积极联系社会福利院寄养或爱心家庭收养。最后男孩被跨省护送至男孩父亲贵州原籍，由男孩的爷爷和奶奶抚养。[2]《未成年人保护法》第 91 条规定："各级人民政府

---

〔1〕 李步云主编：《人权法学》，高等教育出版社 2005 年版，第 242 页。
〔2〕 杨铁军、林文瑞："困境家庭未成年人救助保护策略：基于福建莆田市救助管理站施救案例"，载《社会福利》2014 年第 9 期。

及其有关部门对困境未成年人实施分类保障，采取措施满足其生活、教育、安全、医疗康复、住房等方面的基本需要。"第 92 条规定："具有下列情形之一的，民政部门应当依法对未成年人进行临时监护……（三）监护人因自身客观原因或者因发生自然灾害、事故灾难、公共卫生事件等突发事件不能履行监护职责，导致未成年人监护缺失；（四）监护人拒绝或者怠于履行监护职责，导致未成年人处于无人照料的状态……"本案之中，胡某及其丈夫因为主客观等原因无法照料自己的儿子，父母作为首要义务主体无法履行自己对于子女的监护义务，作为次级义务主体的社会救助部门和儿童福利机构承担了临时性的监护职责，并且最终找到了男孩的爷爷、奶奶等具有监护能力的未成年人的法定监护人承担相关监护义务。

一、福利和社会保障权的含义和界定

（一）相关概念辨析

在未成年人生存权的基础上，我们探讨未成年人获得物质生活资料的途径和权利。这种权利回归了生存权的本质，是未成年人生存权的应有之义。但是我们会发现，随着物质资料的增多和社会生活的丰富，在这一领域当中，有很多相似易混的概念。为此，在深入探讨未成年人的福利和社会保障权之前，我们有必要对相关的概念作一个简单的辨析和区分。

1. 福利权。福利权建立在福利（welfare）的基础之上，是一个含义非常驳杂广泛的术语。它在欧美一些国家得到了普遍的应用，指的是一系列与个人需求的满足相关联的权利。特别是在 20 世纪 50 年代以后，伴随英国和北欧等西方发达国家福利事业的发展，特别是后来福利国家的成型[1]，"从摇篮到坟墓"（from the cradle to the grave）的福利政策使得福利权的物质生活资料以及精神生活需求的受益权的色彩更得彰显。[2]也正是因为福利权这种受益权能日益显现并获得重视，它极大满足了人民生活的需求；同时它的权利

---

〔1〕 第二次世界大战之后，英国从 1946 年至 1948 年制定实施了一整套社会保障法规，随着社会保障水平的提高，原本兜底的社会保障制度日益具有福利化的倾向。1948 年，英国建立成为世界上第一个"福利国家"。李步云主编：《人权法学》，高等教育出版社 2005 年版，第 245 页。

〔2〕 程亚萍、陈彪编：《人权视域下的社会权研究》，中国社会科学出版社 2019 年版，第 86 ~ 89 页。

主体也不仅仅局限于社会弱势群体[1]，这就使得后来"福利权"以及"福利"这个术语在社会生活各个方面被广泛地使用，甚至被扩张使用，还可能存在误用和滥用。

2. 社会保障权。公民社会保障权的实现以国家建立的社会保障制度为前提。而社会保障制度的建立则是为了满足社会弱势群体实现基本生活要求的需要而建立的。诚如前文所述，社会权利形式的生存权的主要内容就是与劳动者劳动相关的权利以及针对老年人、困境未成年人（比如孤儿）、残障人士等社会弱势群体维持最基本生存需求而衍生出来的社会保障权。因此，社会保障权往往也就被视为社会弱者的生存权。评价一个国家的生存权制度是否完备，其中的一个标准就是它的社会保障制度。[2]正是由于现代社会生活中的风险具有不确定性，每个人可能成为强者，同时也可能沦为弱者。普惠化的社会保障制度之建立，肇始于保障弱势社会群体之生存权的制度与普惠化的社会保障制度相互融合；此后，生存权的保障在各个国家都达到了一个新的阶段。

需要指出的是，普惠化的社会保障制度的核心是社会保险制度，它主要包括失业保险、医疗保险、养老保险、生育保险、工伤保险等。除此之外，社会保障制度还包括社会优抚制度、社会救助制度等。

3. 获得物质帮助权。社会主义国家的宪法，将社会保障权称为物质保障权，以苏联宪法为代表。我国1954年《宪法》参考苏联宪法的规定，同时也考虑到我国的经济发展水平，因此将其改称为"获得物质帮助权"。[3]在宪法学者们看来，宪法上所说的生存权指的就是获得物质帮助权，也就是老年人、残障人士、困境未成年人（比如孤儿）等社会弱势群体，为了维持最低限度的生活水平而需要获得倾斜性保护的生存权。[4]由此可见，我们在探讨未成年人所享有的福利和社会保障权的时候，最基本含义就是未成年人享有获得必要的物质帮助和生活资料的权利，它与前述未成年人的生活水准权紧密相连，但是更加强调了国家、社会以及第三方主体对于孤儿等困境未成年人以提供国家救济、

---

〔1〕 郭曰君：《社会保障权研究》，上海人民出版社2010年版，第17~19页。

〔2〕 徐显明主编：《人权法原理》，中国政法大学出版社2008年版，第257~258页。

〔3〕 郭曰君：《社会保障权研究》，上海人民出版社2010年版，第23页。

〔4〕 林来梵：《宪法学讲义》，清华大学出版社2018年版，第416页。

社会保障、他人帮助等方式或途径来保证其福利和社会保障权利的具体实现。

（二）未成年人福利和社会保障权的界定

也正是由于前面所提到的"福利""福利权"这两个术语被泛化使用，同时伴随普惠化的社会保障制度在各个国家的建立和开展以及"获得物质帮助权"在我国《宪法》获得了明确的规定；上述的"社会保障权""获得物质帮助权""社会救助权""福利权""福利"等相似概念，在各自的含义本来就不那么清晰明了的情况下，彼此间或混杂使用。语义的混乱，语用的混杂，最终导致他们的含义更加具有不确定性。有鉴于此，考虑到"儿童福利"一词在我国现实语境中的广泛应用并且结合国内学界通说，我们决定采用的是"福利和社会保障权"这个概念来指称未成年人依据《儿童权利公约》等相关国际人权标准以及《未成年人保护法》《劳动法》《社会保险法》之规定所享有的由国家和社会所提供的以获得必要生活资料和物质帮助为基础，具有受益权能和分享权能并且与我国的社会保障制度相联系的一系列的权利。

二、未成年人福利和社会保障权内容

在中国特色社会主义法律体系之中，保护未成年人权利的职能主要是由以《未成年人保护法》为核心规范的社会法这一法律部门来承担的。"社会法的产生源于社会矛盾使特殊社会群体和社会集团的生存权受到威胁，而社会法正是为了维护其生存权而产生，因此，弱势群体尤其是经济上的弱势群体是社会法关注的焦点。"[1]社会法以保护社会弱势群体的利益为目标，以保护公民生存的基本人权为自己的价值追求。从社会作为保障未成年人权利实现义务主体的角度，我们认为未成年人所享有的福利和社会保障权主要包含以下内容：

（一）替代性照料权

英国学者米尔恩在其《人的权利与人的多样性——权利哲学》一书之中，将人权视为一种道德权利而非政治权利；而作为最低限度的人权，它包含了儿童受照顾权等7项基本内容。[2]《世界人权宣言》第25条也明确了未成年

---

〔1〕 谢增毅："社会法的概念、本质和定位：域外经验与本土资源"，载《学习与探索》2006年第5期。

〔2〕 [英] A. J. M. 米尔恩：《人的权利与人的多样性——人权哲学》，夏勇、张志铭译，中国大百科全书出版社1995年版，第170～171页。

人有权享受特殊的照顾和协助。对于未成年人权利而言，父母以及其他法定监护人对于未成年人的抚养、抚育、成长、发展等负有毋庸置疑的首要责任；但是对于孤儿等由于主客观原因不得不脱离了家庭环境和父母照护的困境的未成年人来说，他们获得国家、社会以及他人的特殊保护，进而充分保证其享有父母或家庭之外的替代性照料权就显得颇为必要而且重要。

未成年人的替代性照料权，主要指的是在家庭照料无法实现的情况下，由寄养、监护、育儿机构、托儿服务部门等符合相关主管部门所规定的标准的义务主体来承担照料的义务，提供相应的照料服务。[1]

所谓照料，就是照顾、关心和料理。由于尚未成年、身心也尚未成熟，未成年人需要父母、法定监护人或是相关负责照料未成年人的机构来对其日常生活中的饮食起居、学习娱乐等进行照护管理；一般来说，未成年人的社会照料权包括人身和财产两个方面的内容。

由于承担照料义务的主体不同，其所承担的照料义务也是不同的。社会照料与家庭照料相比，由于其义务主体并不享有亲权，只是提供社会保障服务，因此其所受到的限制就比较多。比如，父母在其能力和经济条件许可的范围内在未成年人的人身和财产两个方面享有更多主动权利，比如教育权、姓名的决定权、日常事务决定权、法定代理权等，同时根据未成年人的具体的年龄情况和身心成长发育情况等在未成年人的财产方面享有管理权、收益使用权等。[2]而替代性照料权的义务主体，无论是育儿机构还是托管场所等，其享有照料的权利都是在维持未成年人的物质需要和精神需求的范围之内提供相应的服务，并不具有未成年人父母基于其亲权所享有的绝大部分权利。

无论是未成年人的父母承担照料义务，还是其他监护人或是其他社会服务机构来对未成年人进行照料，我们需要明确的是，未成年人所享有的替代性照料权也是一项纯粹的受益权，这也就是说，在接受照料的过程之中，相关的各类义务主体应该遵循最大地有利于未成年人这个原则，最大限度和程

---

〔1〕　我国关于社会照料权的讨论主要还是集中于老年人的社会化养老等领域。关于未成年人的社会照料等，笔者掌握有限。翟宁："社会照顾理论视角下中国的早期儿童照顾模式研究"，吉林大学2019年博士学位论文。

〔2〕　王丽萍："论家庭对未成年人的保护——以父母照顾权为中心"，载《法商研究》2005年第6期。

度地保护未成年人的利益，同时尊重未成年人的人格尊严，并且对于未成年人的意见应该予以适当的重视。

此外，在未成年人替代性照料权的实现过程之中，按照相关国际人权标准的要求，国家所承担的乃是替代性照料的监督义务、家庭照料的补足义务，以及加大财政投入、进一步完善未成年人接受照料权的保障等。[1]

（二）社会福利权

"社会福利权"本身也是一个具有不同指向的术语。狭义的理解是把"社会福利"等同于"社会救助"[2]，因此社会福利权也就是社会救助权，亦即从国家和社会获取满足其最低生活需要的物质援助和社会服务的权利。[3]这也就和我国宪法规定的公民所享有的获得物质帮助权的内涵是完全一致的。与之不同，广义的"社会福利"则指的是一种社会福利状态，国家和社会为了实现这种与"社会病态"相对立的社会福利状态，会作出一系列的制度安排，既包括普惠性的社会保障制度，也包括一些专门性的、特殊性的帮扶措施或倾斜性保护的措施等。由此，"社会福利权"是公民接受国家和社会提供的物质文化设施服务，以提高其物质精神生活水平的权利。[4]

对于未成年人的社会福利权，我们采取的是中观意义上的理解。究其原因，一是从最广泛的意义上来理解"福利"，这与未成年人权利的国际人权标准相一致。在《儿童权利公约》中，"福利"这个术语总共出现6次。在公约序言和第36条兜底条款之中，只有从最广泛的意义来理解"福利"或"儿童福利"，才能涵盖公约文本所表示的与未成年人有关的一切利益。二是《儿童权利公约》第26条是关于儿童福利和社会保障权的专门条款，由两个条款组成，采取的也是具体和概括相结合的表述方式。在我们看来，其中的"福利""社会保障""社会保险"是层层递减的包含关系，而这里的"福利"显然属于由家庭以外的国家和社会所提供的"社会福利权"。三是依据我国的国内法和国内通说[5]，

---

〔1〕 郑智航、张杨："作为人权的未成年人适当照顾权及其结构"，载《北京理工大学学报（社会科学版）》2013年第4期。

〔2〕 王雪梅：《儿童福利论》，社会科学文献出版社2014年版，第12页。

〔3〕 参见郭曰君：《社会保障权研究》，上海人民出版社2012年版，第27~28页。

〔4〕 郭曰君：《社会保障权研究》，上海人民出版社2012年版，第27页。

〔5〕 王雪梅：《儿童福利论》，社会科学文献出版社2014年版，第12~13页。

社会作为未成年人权利的义务主体，其所提供的制度安排和服务体系是最为普遍的，既包括物质的基本满足，也包括精神心理的满足。

未成年人社会福利权的具体内容包括物质福利权、教育文化福利权、卫生健康福利权以及在社会救助意义上由特定的未成年人群体，比如残疾儿童、孤儿、女童、农村留守儿童所享有的最为狭义的社会福利权。

（三）社会保障权

未成年人的社会保障权在《儿童权利公约》第26条第1款的规定之中有明确的提及。根据相关的条款，未成年人的社会保障权包括了未成年人的社会保险权，而后者专门指的是从国家或社会强制建立的社会保险基金获取津贴用以维持基本生活水平的权利。一般意义上来说，社会保险包括的范围比较广泛，而和未成年人相关的主要是疾病保险和医疗保险权。其他的社会保险则主要和其他的特定主体，比如老年人、残疾人等相联系；而社会保险制度最为主要的目的还是保障劳动者的劳动权利，比如工伤保险权、失业保险权等。尽管对于未成年人的就业和工作的权利，无论是国际人权标准还是国内法律规范，都从保护未成年人的最大利益的角度出发而予以明确的限制；但是，对于那些达到了一定的受雇年龄标准，合法地通过自己的劳动来获得报酬的未成年人来说，与其劳动者身份相联系的工伤保险权、失业保险权等，未成年人也是它们的权利主体。同时，从《儿童权利公约》的角度来说，即使其具有劳动者的身份，即使其有权利从事法律所允许的相关工作，"儿童最大利益原则"也应该得到最大限度地遵循和认真对待，并且未成年人应该享有受到国家和社会保护的自由权，免于受到经济剥削，免于从事任何可能妨碍或影响其受到教育的工作，免于从事任何可能有害于自身健康或身体、心理、精神、道德和社会发展的工作。这在《儿童权利公约》第32条中作出了明确的规定。

在《未成年人保护法》之中，未成年人的社会保障权则是从广泛的社会福利权的意义上来予以确认和规定的，其中缺乏与社会保险相关的专门内容，而未成年人享有的社会保险则分别被纳入了新型农村合作医疗制度和城镇居民基本医疗保险制度之中，在《社会保险法》之中予以明确的保障。需要注意的是，在未成年人权利保护领域中，我国的城乡二元结构体制造成了一定的现实制度壁垒，对于未成年人相关社会保障权利的保护可能会产生一定的问题，这值得我们在实践过程中遵循"儿童最大利益"原则来妥善地处理和解决。

课后学习

一、推荐阅读：

1. 徐显明、曲相霏："人权主体界说"，载《中国法学》2001 年第 2 期。

2. 徐显明："生存权论"，载《中国社会科学》1992 年第 5 期。

3. 谢增毅："社会法的概念、本质和定位：域外经验与本土资源"，载《学习与探索》2006 年第 5 期。

4. 郑智航、张杨："作为人权的未成年人适当照顾权及其结构"，载《北京理工大学学报（社会科学版)》2013 年第 4 期。

5. 徐显明主编：《人权法原理》，中国政法大学出版社 2008 年版。

6. 韩大元：《生命权的宪法逻辑》，译林出版社 2012 年版。

7. 林来梵：《宪法学讲义》，清华大学出版社 2018 年版。

8. 王雪梅：《儿童福利论》，社会科学文献出版社 2014 年版。

9. 王雪梅：《儿童权利论　一个初步的比较研究》，社会科学文献出版社 2018 年版。

10. 郭曰君：《社会保障权研究》，上海人民出版社 2010 年版。

二、电影赏析：

1. 《熔炉》，2011 年，导演：［韩］黄东赫。

2. 《素媛》，2013 年，导演：［韩］李俊益。

3. 《七号房的礼物》，2013 年，导演：［韩］李焕庆。

4. 《神秘河》,2003 年，导演：［澳］克林特·伊斯特伍德。

5. 《过春天》，2018 年，导演：白雪。

第三章　未成年人的发展权

学习提示

　　发展权不仅是一项重要人权，也是全面实现所有其他人权的必要基础。对于未成年人来说，发展是其最本质的特征。未成年人发展权既是发展权的一类特殊而重要的内容，也是未成年人基本权利的主要组成部分，亦是《儿童权利公约》的四项指导原则之一。未成年人发展权是指未成年人享有的充分发展其全部体能和智能的综合性权利，包括通过接受正规和非正规的教育，享有充分的休息、娱乐，自由参加文化艺术活动等，从而促进其身体、心理、精神、道德等全面发展。未成年人的发展权具有纲领性、复合性、动态性、依赖性和均衡性等特点。

第一节　未成年人发展权概述

一、发展权的基本内涵

（一）发展权的定义

　　发展权（the right to development，缩写为 RTD）是现代法治社会的一项基本人权。与第一代人权的自由权、财产权和第二代人权的生存权相比，发展权是 20 世纪中期开始出现的一种新兴权利，被定位为第三代人权的核心内容。[1]

---

　　〔1〕　三代人权理论由著名法学家、联合国教科文前法律顾问卡雷尔·瓦萨克于 20 世纪 70 年代提出，已经成为理解人权发展史的基本分析框架之一。

要想理解和把握发展权，首先应对"发展"这一概念有所了解。根据《辞海》的解释，"发展是指事物从小到大，由简到繁、从高级到低级、由旧质到新质的运动变化过程"。[1]可见，发展首先是一个哲学概念，描述的是一种主体的演化过程和进步状态。发展既可以是事物独立自在的发展，也包括了在人为计划和控制下的发展。[2]前者的含义与"进化"相近，而在现代社会的语境中，发展更为强调后一层面上的主动追求进步状态的意义，这一术语在经济和社会领域应用尤为广泛。

发展权作为一种权利，需要具有一般权利所必备的三个基本要素：一是权利主体，即什么人享有权利；二是权利内容，即权利主体的具体诉求；三是义务主体，即对这项诉求负有义务和责任的个人或组织。[3]根据联合国《发展权利宣言》第1条第1款的规定："发展权利是一项不可剥夺的人权，由于这种权利，每个人和所有各国人民均有权参与、促进并享受经济、社会、文化和政治发展，在这种发展中，所有人权和基本自由都能获得充分实现"。由此可以看出，发展权的最终目的是实现所有人的平等自由发展以及世界各国的共同繁荣，这就是发展权的权利内容所在。发展权的意义在于倡导和保护个人参与、促进和享受发展的能力——其中包括经济、社会、文化或政治层面的发展。根据该倡议，"人"应该是发展过程中的中心主题、中心参与者兼受益者，其要求公平分配源于发展的利益。因此，发展权不仅是一项人权，同时也是全面实现所有其他人权的必要基础。[4]

发展权的权利主体既是个人，也包括各国人民。《发展权利宣言》第1条的表述是"每个人"（every human person）和"所有各国人民"（all peoples），这意味着集体（即国家、种族、民族和组织）也是发展权的受益者。发展权与民族自决权、各民族对其所有天然财富和自然资源行使完整主权的权利密切相关。[5]因此，

---

〔1〕 徐显明主编：《法理学教程》，中国政法大学出版社1994年版，第376页。

〔2〕 徐显明主编：《人权法原理》，中国政法大学出版社2008年版，第269页。

〔3〕 李步云："发展权的科学内涵和重大意义"，载《人权》2015年第4期。

〔4〕 "联合国发展权特别报告员任务简介"，载联合国人权高专办网站，https://www.ohchr.org/Documents/Issues/Development/SR/SRRightDevelpment_IntroductiontoMandate_CH.pdf.，最后访问日期：2020年8月15日。

〔5〕 参见发展权问题独立专家阿尔琼·桑古塔先生在1999年根据人权委员会第1998年第72号决议提交的第一份报告，第37段。

发展权的权利主体是人，同时也是由人所构成的集体，特别是民族国家也是发展权的权利主体，这一点尤其体现在民族自决权方面，正如《发展权利宣言》第1条第2款所规定的"人的发展权利这意味着充分实现民族自决权，包括在关于人权的两项国际盟约有关规定的限制下对他们的所有自然资源和财富行使不可剥夺的完全主权"。发展权的义务主体也是由单独的人和人的集体共同构成，《发展权利宣言》第2条第2款规定"所有的人单独地和集体地都对发展负有责任"。

作为人权意义上的发展权是将人权和发展问题相结合的产物，"将人的发展这一角度融入以人权为基础来实现发展这一原则。它不仅仅是接受将人的发展作为发展目标以及用这样的目标来评估有利于实现这些结果的不同形式的社会安排。它将这些目标转化为个人的权利，并按人权标准确定所有责任者的责任"。[1]

（二）发展权的概念演进

1. 理念萌芽期（二战之后至20世纪60年代中期）：发展权的理念根基可以追溯至《联合国宪章》的规定，在《联合国宪章》第1条、第13条和第76条中均出现过"发展"的表述。这些条文表明，国与国之间建立友好、和平的关系需要稳定和安康的状态——它们明确强调了发展权的重要性。《联合国宪章》中明确禁止歧视，要求联合国倡导更高的生活标准、全面就业、经济和社会层面的进步与发展以及在全球范围内尊重人权等事项。此后，1948年《世界人权宣言》明确承认所有人权的统一性，这一原则和精神在1966年的《公民权利和政治权利国际公约》序言部分再次得到体现："只有在创造了使人人可以享有其公民和政治权利，正如享有其经济、社会、文化权利一样的条件的情况下，才能实现自由人类享有公民及政治自由和免于恐惧和匮乏的自由的理想"，并且与该公约第1条所规定的"人民自决权"密切相关："所有人民都有自决权。他们凭这种权利自由决定他们的政治地位，并自由谋求他们的经济、社会和文化的发展。"

2. 权利生成期（20世纪60年代中期至20世纪70年代中期）：发展权明

---

〔1〕　发展权问题独立专家阿尔琼·桑古塔先生根据人权委员会第2001年第9号决议提交的第四份报告，第8段。

确作为一项集体权利最早由非洲国家所提出。1966 年，时任塞内加尔外交部部长的杜杜·蒂亚姆（Doudou Thiam）在联合国大会上提出了发展权的概念，并首次表示它是一项独立的权利。蒂亚姆认为，联合国发展目标之所以未能达成，和刚刚脱离殖民的国家未能解决发展中国家和发达国家之间日益增长的经济不平衡这一事实密不可分。1969 年，阿尔及利亚正义与和平委员会发表了一份《不发达国家发展权利》的报告，再次提出不发达国家享有"发展权"。[1]之后，发展权这一概念逐渐为国际社会所关注。这一阶段产生了有关发展权的第一个重要国际文书——1969 年的《社会进步和发展宣言》。

3. 权利定型期（20 世纪 70 年代中期至 20 世纪 80 年代中期）：联合国人权委员会委员、塞内加尔第一任最高法院院长卡巴·穆巴耶（Keba M'Baye）于 1972 年正式将发展权作为一项个人的人权："发展，是所有人的权利，每个人都有生存的权利，并且每个人都有生活得更好的权利，这项权利就是发展权，发展权是一项人权。"[2]随后，发展权这一概念得到了一系列国际人权文件的认可。1977 年，联合国人权委员会对发展权概念展开了讨论，并通过一项决议，要求联合国秘书长将发展权作为一项人权，与其他各项人权包括和平权等结合起来加以研究，反复审查和讨论发展权的不同方面，同时要求研究中应考虑到新的国际经济秩序和人的基本需求。1979 年 3 月，联合国人权委员会通过第 4（XXXV）号决议，重申发展权是一项人权，并指出发展机会均等，发展权既是所有国家和人民的权利，也是每个人的权利。[3]这项决议通过后，在联合国秘书长的组织下，一些专家学者撰写了若干有关所有人民和个人如何切实享有这项权利的报告，为《发展权利宣言》的诞生作了充分准备。

1986 年 12 月 4 日，联合国第四十一届大会第 41/128 号决议通过了《发展权利宣言》，发展权由此获得了正式承认，并被宣布为神圣不可侵犯。《发展权利宣言》以《世界人权宣言》为基础，于第 1 条第 1 款郑重宣称："发展权利是一项不可剥夺的人权，由于这种权利，每个人和所有各国人民均有权

---

〔1〕 朱炎生："发展权概念探析"，载《政治学研究》2001 年第 3 期。

〔2〕 徐显明主编：《法理学教程》，中国政法大学出版社 1994 年版，第 377 页。

〔3〕 参见发展权问题独立专家阿尔琼·桑古塔先生在 1999 年根据人权委员会 1998 年第 72 号决议提交的第一份报告，第 11 段。

参与、促进并享受经济、社会、文化和政治发展，在这种发展中，所有人权和基本自由都能获得充分实现。"《发展权利宣言》系统阐明了发展权的思想框架，不仅极大丰富了发展的基本概念，还"起到了澄清发展的规范内容的作用"：发展既是结果问题，也是一个过程问题。与"进化"或"变化"等纯粹描述性概念相比，"发展"意味着对发生的变化进行规范性的评价。"在发展过程的每个阶段，对结果的评价都取决于是否导致全体人民和每个个人的福利的改善。"同时，还要对发展所采取的手段进行评价，这些评价原则或标准包括："个人积极、自由和有意义地参与发展过程本身并且参与对发展利益的公平合理的分配。"[1]

在发展权这一概念框架下，所有人权和自由都是不可分割和相互依存的，这些权利有一个特定的经济、社会、文化和政治发展过程，在这个过程中，所有人权和基本自由都能得到充分实现；各国应采取措施扫除发展的障碍，确保所有人平等地享有社会发展的成果及参与社会的发展。[2]发展权将公民权利和政治权利与经济、社会和文化权利结合成一套不可分割和相互依存的人权和基本自由，人人"不分种族、性别、语言或宗教"地享有这些权利。

《发展权利宣言》在国际社会的通过，主要体现了发展中国家的要求与主张。针对该宣言仅有的1张反对票来自美国，8张弃权票也都来自主要的发达国家。发达国家之所以对承认发展权存在顾虑，主要是担心这一权利的提出会把发达国家对于发展中国家的援助行为变为一项国际法义务，由此发展中国家会对资源所有提出权利主张，同时也担心由西方国家所主导的人权理念和话语被淡化。[3]这一分歧虽然至今仍未完全消弭，但是并不影响发展权迅速成为多项国际宣言和框架的价值导向，其所引导的宣言和框架包括《里约环境与发展宣言》《维也纳宣言和行动纲领》《2030年可持续发展议程》《2015 - 2030年仙台减少灾害风险框架》《亚的斯亚贝巴行动议程》《巴黎协定》以及一系列人权理事会决议。另外，它还在美洲、非洲、亚洲的多项主要区域性

---

〔1〕 ［瑞典］格德门德尔·阿尔弗雷德松、［挪威］阿斯布佐恩·艾德编：《〈世界人权宣言〉：努力实现的共同标准》，中国人权研究会译，四川人民出版社1999年版，第637~638页。

〔2〕 徐显明主编：《人权法原理》，中国政法大学出版社2008年版，第273页。

〔3〕 ［挪威］艾德等：《经济、社会和文化的权利》，黄列译，中国社会科学出版社2003年版，第138页。

公约和《阿拉伯人权宪章》中被反复引用。虽然《发展权利宣言》不具备法律效力，但它的核心原则——例如平等和非歧视、自决、经济与社会发展、更高的生活标准、参与、包容等都以具有法律约束力的国际法为基础，其中包括《联合国宪章》和其他核心国际人权公约，而且非歧视和国家主权等原则也是对所有成员国具有约束力的国际惯例法中的一部分。《发展权利宣言》的关键意义在于突出强调了追求经济发展不是终点，发展应该是一个致力于"在全体人民和所有个人积极、自由和有意义地参与发展及其所带来的利益，在实现公平分配的基础上，不断改善全体人民和所有个人的福利"的全面过程。[1]

4. 权利成熟期（20 世纪 80 年代末至今）：这一时期，对于发展权概念的进一步丰富发展产生了重大影响的事件是《儿童权利公约》的通过。《儿童权利公约》反映了国际社会对于保障未成年人在公民、经济、社会和文化领域的健康生存和发展的强烈愿望，不仅提出了保护和促进未成年人整体性的发展和福利目标，还规定了为未成年人提供保护和救济的普遍法律标准。该公约对于重新形成发展概念所产生的影响超越了其他任何国际人权文件。[2] 1990 年，在联合国儿童基金会和世界卫生组织的倡议下，世界儿童首脑会议在联合国总部召开，联合国 159 个成员国均派代表团参加会议，其中包括 71 位国家元首或政府首脑。会议通过的《儿童生存、保护和发展世界宣言》和《执行"九十年代儿童生存、保护和发展世界宣言"行动计划》是世界各国政治领袖对解决儿童发展问题作出的承诺，这次会议提出了著名的"20/20 倡议"，建议发展中国家至少把 20% 的国内预算用于基本的社会服务，发达国家要把对外发展援助的 20% 专门用于基本社会服务和发展。这个倡议和随后的国际行动对于发展权特别是未成年人发展权都产生了较大的推动作用。1991 年以来，联合国开发计划署又相继提出了"人类发展""可持续发展""发展与良好治理"等概念及议题，并把这些议题与人权融合在一起。[3] 这些事件

---

〔1〕 "联合国发展权特别报告员任务简介"，载联合国人权高专办网站，https://www.ohchr.org/Documents/Issues/Development/SR/SRRightDevelpment_IntroductiontoMandate_CH.pdf.，最后访问日期：2020 年 8 月 17 日。

〔2〕 ［瑞典］格德门德尔·阿尔弗雷德松、［挪威］阿斯布佐恩·艾德编：《〈世界人权宣言〉：努力实现的共同标准》，中国人权研究会译，四川人民出版社 1999 年版，第 634、647 页。

〔3〕 ［瑞典］格德门德尔·阿尔弗雷德松、［挪威］阿斯布佐恩·艾德编：《〈世界人权宣言〉：努力实现的共同标准》，中国人权研究会译，四川人民出版社 1999 年版，第 634~635 页。

标志着发展权概念走向成熟和丰富，随之而来的是人权体系的不断完善和人权视野的不断拓展。发展权这一概念突破了传统自由主义人权观的局限，促使人们从更高层次和更具协调性的视角看待人权的本质和处理各项人权之间的冲突，深化了对人权的整体理解。[1]

（三）发展权的特征

1. 发展权具有纲领性、复合性的特点。发展权并不是一项具体的权利，而是一个"伞状概念和纲领"，该权利的真正诉求是希望通过赋予每一个人平等的发展权利和均等的发展机会，保障其最广泛、最深刻的发展自由，而这一概括性的权利也是其他权利得以派生的核心所在。[2]正如联合国各类人权文件中始终强调的：所有人权都是密不可分、互为关联的整体。发展权与自由权、生存权等其他人权有着密切的关联。自由权和生存权是发展权的基础和保障，发展权是自由权和生存权的延伸与升华。如果说生存权确定的是人在自然意义上的生存最低标准，那么要使人的社会性充分展开和得到实现，还应从人的生存本能需求提升到追求"人生质量"和意义的层面上来，使人的精神性和社会属性得到不断发展。

2. 发展权具有动态性的特点，是一类渐进实现的权利。发展权以人类自我潜力和价值的实现为目的，而这一目标的达成需要国际社会和各国政府与人民的不断努力，也受制于一定阶段的经济、政治、社会和文化的发展水平。发展权的本质是不断提升各类人权质量的权利。在发展权视角下审视人权，无论是公民权利、政治权利，还是经济、社会和文化权利，都应当是动态的权利，而不是一套僵化的既定模式。发展权的逐步实现标志着人类社会的高度进步和文明。

3. 发展权的关注重点是弱势群体。发展权尤为关注每个社会中的弱势群体，如儿童、老年人、女性、残疾人、贫困者、农民等的权利保障问题，常被学界称作是一项"弱者的权利"。平等问题始终贯穿发展权的思想演进和国际认同过程，"发展权的历史进程始终包含着发展机会均等的思想"。[3]《发展

---

〔1〕　常健："发展权对传统人权视野的扩展"，载《人民日报》2017年1月26日，第11版。

〔2〕　参见［挪威］艾德等：《经济、社会和文化的权利》，黄列译，中国社会科学出版社2003年版，第141~143页。

〔3〕　汪习根主编：《平等发展权法律保障制度研究》，人民出版社2018年版，第4页。

权利宣言》强调了公平分配发展所带来的利益（序言第 2 段，第 2 条第 3 款），在这一语境下，减少和消除极端贫困人口、尽可能公平的收入分配、社会保障和福利等问题都与发展权息息相关。

4. 发展权强调个体的参与。发展权的终极价值是实现个体的潜能开发和个性的充分发展。虽然发展权及发展问题是由发展中国家和不发达国家所提出并主导倡议的，在国际人权层面，发展权议题也主要围绕国家而展开，但是不管是民族、国家还是区域合作组织，发展权的最终指向都是个人的发展，绝不能以集体发展的名义牺牲个人的自由和权利。因此《发展权利宣言》始终强调个体参与的重要性：所有个人"积极、自由和有意义地参与发展"（序言第 2 段和第 2 条第 3 款），每个个人和所有各国人民有权"参与、促进并享受……发展"（第 1 条第 1 款），人应当成为发展权的"积极参与者和受益者"（第 2 条第 1 款）。

综上，个人是发展权的核心主体。个人发展权是民族、国家等集体发展权的落脚点，构成了集体发展权的合法性根据。[1]无论是国际社会还是民族国家，所有努力的最终目标应当都指向个人发展权的全面实现。

二、未成年人发展权的内涵

未成年人是国家的和民族的未来，承载着延续人类文明的希望，因此，作为核心人权之一的发展权对于未成年人的意义尤为重要。未成年人发展权由《儿童权利公约》首次明文规定，即第 6 条第 2 款"缔约国应最大限度地确保儿童的存活与发展"。该公约还在多个条款中详细规定了缔约国、家庭和社会的义务，要求这些主体为未成年人的健康发展提供条件和给予保障。

未成年人发展权既是发展权的一类特殊而重要的内容，也是未成年人基本权利的主要组成部分。同时，发展权不仅是未成年人的一项独立权利，也是《儿童权利公约》的四项指导原则之一。

（一）未成年人发展权的含义

1. 如何理解未成年人的发展。发展是未成年人最本质、最突出的特征。[2]从婴儿到幼儿再到青春期，这一生长过程是人的身体、心理、认知能

---

〔1〕 参见徐显明主编：《人权法原理》，中国政法大学出版社 2008 年版，第 285 页。

〔2〕 参见陆士桢等编著：《中国儿童政策概论》，社会科学文献出版社 2005 年版，第 6 页。

力和社会意识等各方面要素迅速变化的时期。正是在不断发展中，未成年人逐渐地形成、具备成年人行为和能力，承担须掌握新知识和新技能的新责任。[1]成年人的认知状况、行为模式和素质能力都可以追溯至儿童时期的发展状况。未成年阶段的发展不仅决定了个人未来一生的发展和生活质量，还影响着一个社会和国家的整体实力和发展水平。

根据联合国儿童权利委员会在 2003 年发布的第 5 号一般性意见，儿童权利委员会希望各国从最广泛的意义上将"发展"作为一个整体概念理解，包括未成年人的身体、心理、精神、道德、心理和社会发展。缔约国执行措施应以实现所有儿童的最佳发展为目标。为最大限度地确保儿童的生存和发展，国家应当尽可能地创造条件，使各自管辖范围内的所有儿童成长在一个健康和安全的环境中，不仅摆脱恐惧和免于匮乏，并且有机会使自己的个性、才能、精神和身体能力获得不断发展，发挥个体的最大潜力。[2]此外，在迅速全球化的背景下，国际社会有义务为各国特别是贫穷和发展中国家的儿童的健康发展提供国际合作和援助。

2. 未成年人发展权的概念界定。发展权虽然被国际社会确认为未成年人的一项基本人权，但是关于未成年人发展权的定义却仍有不同观点。比如国外有学者将未成年人发展权定义为"旨在确保未成年人从婴儿到青少年期间，能够使其潜能得到最大限度发挥的一项复合型权利"。[3]国内个别学者也持类似观点，如认为未成年人发展权是指"儿童拥有充分发展其全部体能和智能，保障其健康成长的各种权利"。[4]这种定义虽然结合了联合国儿童权利委员会有关发挥个体潜能的观点，但是没有体现出发展权的具体内容，含义不够明确。

多数学者对未成年人发展权的概念界定不仅强调了受教育权对于未成年

---

〔1〕 引自联合国儿童权利委员会第 4 号一般性意见（2003 年）：《在〈儿童权利公约〉框架内青少年的健康和发展》。

〔2〕 See Manfred Nowak, "Article 6 The Right to Life, Survival and Development", in *A Commentary on the United Nations Convention on the Rights of the Child*, ed. by André Alen, Johan Vande Lanotte, etc., Martinus Nijhoff Publishers, 2005, p. 2.

〔3〕 Noam Peleg, *The Child's Right to Development*, Oxford University Press, 2019, p. 89.

〔4〕 南京大学法学院《人权法学》教材编写组编：《人权法学》，科学出版社 2005 年版，第 297 页。

人发展权的重要性，并且注意到了发展权内容的丰富性。譬如"儿童拥有充分发展其全部体能和智能的权利，包括有权接受一切形式的教育（正规的和非正规的教育），有权享有促进其身体、心理、精神、道德和社会发展的生活条件"，[1]"儿童的发展权是指儿童拥有受教育的权利（包括正规和非正规教育），充分发展其全部体能、智力、精神、道德、个性和社会性的权利"[2]。还有观点强调"发展"一词应采广义的解释，不仅指身体的健康发展，而且包括精神、情感、认知、社会、文化方面的发展，而发展权是指儿童拥有充分发展全部体能和智能的权利，包括受教育权、文化和社会生活的参与权、娱乐权、信息权、个性发展权等。[3]

综合以上观点，未成年人发展权应被理解为未成年人享有的充分发展其全部体能和智能的综合性权利，包括通过接受正规和非正规的教育，参加文化、社会、经济、政治等活动，享有充分的休闲、娱乐、信息等，从而促进其身体、心理、精神、道德等全面发展。

（二）未成年人发展权的特点

未成年人是充满活力、朝气蓬勃的，同时也是在能力方面较为脆弱的群体，因此，未成年人发展权除了具备一般发展权所具备的复合型、动态性等特点，还呈现以下两个重要特点：

1. 依赖性。未成年人在身体和精神上都处于相对弱势的地位，因此其发展权利的享有和实现均依赖于家庭、学校、政府和社会的保护。[4]由于未成年人的成长是一个循序渐进的过程，无论是从生理角度还是从心理角度来看，体力和智力等各系统的功能尚未完全，认知水平、情绪控制能力、心理承受能力和权利意识都较为薄弱，无法离开家庭的抚育和社会的帮助。他们不仅不具备成年人一样的认知和自我保护能力，还十分容易受到外在环境和事件的不良诱导甚至侵害。因此，为了平衡弱势的未成年人与强势的成人世界的利益冲突与对抗，保证未成年人实现健康、全面的发展，国家、社会和家庭都必须承担起照顾和保护未成年人的责任，为其提供身心发展所需的各种资

---

〔1〕 陆士桢等编著：《中国儿童政策概论》，社会科学文献出版社 2005 年版，第 175 页。

〔2〕 卜卫：《媒介与儿童教育》，新世界出版社 2002 年版，第 67 页。

〔3〕 参见徐显明主编：《国际人权法》，法律出版社 2004 年版，第 397 页。

〔4〕 参见王雪梅：《儿童权利论 一个初步的比较研究》，社会科学文献出版社 2005 年版，第 3 页。

源。[1]尤其是在现代社会，科技、社会发展的日新月异和激烈的竞争对于人的综合素质要求日益提高，孩子们需要培养不同领域的能力和特长，这也在客观上加剧了未成年人发展权对于父母和家庭环境的依赖。

2. 均衡性。未成年人在 18 年的成长过程中，其身体、心理、智力、精神、道德和个性层面的需求是多方面的，而且这些发展需求是动态变化的，会根据成长阶段不同而呈现不同的侧重内容。因此，国家、社会和家庭应保证儿童能够在特定社会条件下获得个人潜质的最全面的发展，"任何层次和任何方面的发展的不健全，势必导致片面、畸形的发展甚至导致最终的窒息发展"。[2]此外，由于不同地区的经济发展、社会文化状况存在差异，特别是发达地区和落后地区之间、城市和偏远农村之间在未成年人的教育、医疗、文化设施方面的经费投入不平衡，因此国家在资源配置上应采取向落后和欠发展地区适度倾斜的政策，从而实现不同区域之间的未成年人权利均衡发展。

三、未成年人发展权的内容分类

联合国《儿童权利公约》是一部具有法律约束力的专门保护未成年人权利的综合性条约，该公约中的各项未成年人权利可归纳为四种基本权利，即生存权、发展权、受保护权和参与权。这种分类为许多国家的儿童保护立法所采纳，我国《未成年人保护法》自 2006 年修订之后也开始采用这种通行的分类方法，在第 3 条第 1 款规定未成年人享有生存权、发展权、受保护权、参与权等权利，国家根据未成年人身心发展特点给予特殊、优先保护，保障未成年人的合法权益不受侵犯。这一规定将未成年人发展权这项人权确立为一项法定权利。但是对于未成年人发展权项下包含了哪些具体权利，《儿童权利公约》和我国相关立法及立法机关并没有给出说明，联合国儿童权利委员会的一般性意见中也没有明确指出。因此，国内外学者对此持有多种观点。

《儿童权利公约》规定了多项旨在促进未成年人发展的权利，首先第 6 条作为发展权的总括条款规定了"缔约国应最大限度地确保儿童的存活与发展"，随后在第 17、26、27、28 和 31 条等条款中对于未成年人享有信息权、社会保障权、受教育权、休息、娱乐和文化艺术活动权等广泛的发展权作出

---

[1] 参见汪习根主编：《平等发展权法律保障制度研究》，人民出版社 2018 年版，第 208～211 页。
[2] 参见汪习根："发展权的后现代法学解读"，载《法制与社会发展》2005 年第 6 期。

了规定。因此，从最广义的角度来看，未成年人发展权涵盖了未成年人在经济、政治、文化和社会生活各方面发展的全部内容，故而有学者将未成年人发展权划分为经济、政治、文化、社会和可持续发展权五大权利。[1]有一些学者主张把未成年人的发展权理解为参与权等权利的上位权利、属于位阶更高的"基本权利"，从而将参与权、受保护权等都纳入发展权范围，"未成年人发展权和未成年人受教育权、生存权、参与权、受保护权不是并列关系，而是未成年人发展权包含其他具体权利。未成年人发展权在众多权利当中应处于中心地位，借其他具体权利的落实实现其自身。所谓受保护权包括的诸如儿童免受各种形式的剥削等内容，可以归纳到生存权利中儿童享有过快乐而有尊严的生活的权利中去，而参与权也是全面发展儿童潜能所必需的，也可以归到发展的权利当中。故而儿童权利可归结为两大方面的内容，一方面是国家、家庭和社会对儿童个体生命和生存权利的特别保护；另一方面涉及儿童在特定社会条件下能获得个人潜质的最全面的发展。简言之，就是生存的权利和发展的权利"。[2]按照这类广义的观点，儿童发展权包括了受教育权、适当生活水准权、参与文化活动的权利、享受咨询和信息的权利、发表意见的权利、休息和娱乐的权利、个性发展的权利、享受和睦家庭的权利、劳动和社会保障权利以及身份、国籍、宗教信仰权利等一系列非常广泛的权利。还有学者将未成年人发展权界定为"拥有充分概括为主要包括受教育权、文化权、娱乐权、信息权等权利"。[3]

综合考察联合国儿童权利委员会的一般性意见和国内外学者的见解，本章认为由于有关儿童之公约中的几乎所有权利事实上都与未成年人的健康发展息息相关，未成年人发展权本身就是指导未成年人各项权利的基本原则之一，同时联合国儿童权利委员会也倡议对未成年人发展权给以整体性理解，因此理应对未成年人发展权作广义的解释，主要包括受教育权、健康和福利权、享有休息、娱乐和文化生活的权利、获得信息和咨询的权利等。不过，由于本书采取的是通说的四分法，而且这一细分更有利于从不同的视角对于各项权利给予保护，鉴于健康权、社会福利权在很大程度上也属于生存权的

---

〔1〕 参见汪习根主编：《平等发展权法律保障制度研究》，人民出版社 2018 年版，第 213 页。

〔2〕 王雪梅：《儿童权利论 一个初步的比较研究》，社会科学文献出版社 2005 年版，第 114 页。

〔3〕 参见赵霞："我国儿童发展权保护的进步与思考"，载《少年儿童研究》2019 年第 2 期。

范围，前一章对此已有讲述，本章不再赘述，信息权的内容与广义的文化活动权有部分重合，因此本章后两节将重点介绍未成年人的受教育权和休息、娱乐、文化活动权。

第二节　未成年人的受教育权

受教育权是公民的一项重要人权，也是未成年人发展权中最核心的一项权利。受教育权本质上是实现受教育者身心全面发展的权利，因此是未成年人享有其他人权的必要前提和手段。对于未成年人的受教育权在法律上予以确认并进行充分的保护，对于每一个未成年人和整个人类社会都具有不可估量的价值和意义。

一、受教育权的基本内涵

（一）教育的含义

1. 教育的定义。教育，在最广泛的意义上，意味着"人类群体向其后代传递知识、技能和道德准则的所有活动"。[1]根据联合国教科文组织 1974 年《关于促进国际了解、合作与和平的教育以及关于人权与基本自由的教育的建议书》中对于"教育"的阐释，教育意味着"个人和社会群体通过这种方式学会在国家和国际社会内部有意识地发展，并为了国家和国际社会的利益，了解他们个人的能力、态度、才能和知识"。

2. 教育的价值和功能。教育的重要性不言而喻，在现代社会，教育被视为个体发展所必需的基本手段和社会发展的重要条件，担负着开启心智、赋予技能、陶冶心灵、培育品格、丰富精神、塑造灵魂的重要功能。美国最高法院在著名的布朗诉托佩卡教育委员会（*Brown v. Board of Education of Topeka*）[2]一案中这样强调教育的价值：

"今天，教育也许是国家和地方政府最重要的职能。义务教育法和教育支出都表明我们认识到教育对民主社会的重要性……这是良好公民意识的基础。

---

〔1〕　Kllaus Dieter Beiter, *The Protection of the Right to Education by International Law*, Martinus Nijhoff Publishers, 2006. p. 18

〔2〕　347 U. S 483（1954）.

教育作为一个主要的工具，可以使儿童认识到社会的文化价值观，为他准备以后的专业培训，并帮助他正常适应他所处的环境。在当下，任何儿童如果被剥夺接受教育的机会，是否有理由期望他在生活中取得成功，这是值得怀疑的。在国家承诺提供这种机会的情况下，这种机会是一项必须平等地向所有人提供的权利"。

教育的作用体现在多个方面：其一，教育可以传授知识和技能、解决生活和工作中的问题，改善人的经济生活环境和社会地位；其二，教育传递着各民族和国家的文化、价值观念，起着传承文明、培育现代公民意识的作用；其三，教育是充分行使公民权利和义务的先决条件，可以从根本上实现人的身心潜能发展，使人获得自由，充分享有各项人权；[1]其四，教育还有助于保护环境、控制或维持人口增长、推动经济发展和增进民主。[2]以至于英国思想家洛克认为教育与宪政制度同等重要，教育的根本目的就是自由，儿童的个性、才智和身心能力的发展不过是获得自由的基础。[3]

3. 教育的目的和方式。教育的目的与教育的价值、功能紧密联系。《世界人权宣言》第26条第2款把教育的目的阐述为：充分发展人的个性；加强对人权和基本自由的尊重；促进各国、各种族或宗教集团间的了解、容忍和友谊；促进联合国维护和平的各项活动。《儿童权利公约》中关于教育目的的内容更加丰富，该公约第29条第1款宣称教育的目的应当是：①最充分地发展儿童的个性、才智和身心能力；②培养对人权和基本自由以及《联合国宪章》所载各项原则的尊重；③培养对儿童的父母、儿童自身的文化认同、语言和价值观、儿童所居住国家的民族价值观、其原籍国以及不同于其本国的文明的尊重；④培养儿童本着各国人民、族裔、民族和宗教群体以及原为土著居民的人之间谅解、和平、宽容、男女平等和友好的精神，在自由社会里过有责任感的生活；⑤培养对自然环境的尊重。这一条的内容全部与实现儿童的人的尊严和权利直接相联，同时考虑到了儿童的特殊发展需要和不同的

---

〔1〕 参见［挪威］艾德等：《经济、社会和文化的权利》，黄列译，中国社会科学出版社2003年版，第279～280页。

〔2〕 参见联合国经济、社会、文化权利委员会第13号一般性意见（1999年）：《受教育的权利》，第1段。

〔3〕 ［美］纳坦·塔科夫：《为了自由 洛克的教育思想》，邓文正译，生活·读书·新知三联书店、牛津大学出版社2001年版，第9页。

发展能力，为我们理解教育和受教育权提供了基本的框架。

在此还需补充一点，广义上的教育有两种基本方式：家庭教育和包括学校教育在内的由国家和社会提供的公共教育。《儿童权利公约》等国际人权法文本中所规定的受教育权主要是指学校教育，主要涉及初等教育（义务教育）和中等教育（高中、中等职业教育等），但是同时也注意到"每个儿童有权享有的教育是为了培养儿童的生活技能，增强儿童享有全面人权的能力和促进渗透着适当人权价值观的文化。这一目标是要通过培养儿童的技能、学习和其他能力、人的尊严、自尊和自信来扶助儿童。这种'教育'远远超过了正规学校教育的范围，包含着广泛的生活经验和学习过程，使儿童能够个人和集体发展自己的个性、才智和能力，在社会中全面和满意地生活"。[1]

联合国儿童权利委员会的一般性意见正是从发展的角度看待受教育权，教育的目的和受教育权的价值又得到了新的阐发。因为发展的重要途径之一是受教育，尤其是在现代社会，每个人不仅需要基本的知识和谋生技能以实现生存，而且要适应和参与社会的快速发展、追求更好的生存状态，终其一生都离不开受教育。"受教育权的实现况状由此成为评价一国人权状况的重要标准。"[2]

（二）受教育权的权利形态演进

尽管教育的历史与人类的文化历史一样源远流长，但是受教育作为一项人权和公民基本权利乃是近代以来社会发展的结果。受教育权的权利内容和保障方式的获得是一个逐步演进的过程，从三代人权框架来看，受教育权"大概是唯一显示了所有三代人权特点的权利"。[3]按照当代人权理论，受教育权的核心内容是"由法律所规定的、公民要求国家作一定行为的权利，即公民从国家那里获得均等的受教育条件和机会的权利。"[4]

从世界范围来看，在欧洲 18 世纪和 19 世纪启蒙时代之前，教育主要是父母和教会的责任。在法国大革命和美国革命的推动下，近代西方国家形态

---

〔1〕　联合国儿童权利委员会第 1 号一般性意见（2001 年）：《教育目标》，第 2 段。

〔2〕　曲相霏："受教育权初探"，载《政法论坛》2002 年第 3 期。

〔3〕　［挪威］艾德等：《经济、社会和文化的权利》，黄列译，中国社会科学出版社 2003 年版，第 285 页。

〔4〕　曲相霏："受教育权初探"，载《政法论坛》2002 年第 3 期。

逐渐形成,国家与公民的关系得到了重塑,教育成为国家的一种公共职能。[1]在古代中国,教育的主要作用是以礼教维持等级制度的秩序,夏、商、周各代就已经产生了官办的学校,并逐步形成了多等级的学制系统,包括国家学校、私学、自学等多种形式。但是中国古代的教育体系,基本上只是为科举等选官制度服务的。直到清末戊戌变法,中国近代教育体制改革才拉开帷幕。[2]受教育作为公民的权利和国家的义务的现代观念日益深入国人之心。

从近代以来各国的国内法变迁来看,人们对受教育权性质的认识发展大致经历了三种形态,即义务论、权利义务论和权利论。

1. 义务论形态下的受教育。西方资产阶级启蒙运动之后,世界各国对教育的重视程度加强了。不过按照19世纪的自由主义人权观,父母是子女接受教育的首要责任人,国家的义务则是确保父母遵守和履行他们的义务,同时国家还要通过世俗政权介入教育来减少教会的传统统治地位。[3]大多数欧洲国家都开始通过制定教育法令,来规范儿童、父母、教会和其他教育机构的所有者在教育方面的权利义务关系,如德国魏玛邦1619年公布的《学校法令》规定,父母必须送6~12岁的子女入学,否则"应以俗界政权之手,强迫其履行这不能改变的义务"。1717年普鲁士国王腓特烈·威廉一世所颁布的《普鲁士义务教育令》规定凡为父母者,必须送其4~12岁的子女入学,否则对其家长实行严厉惩罚。1889年日本《明治宪法》把受教育和纳税、服兵役并列为公民的三大义务之一。[4]

2. 受教育作为权利和义务的复合形态。以1918年苏俄宪法和1919年德国《魏玛宪法》为标志,受教育权开始被视为权利和义务的复合体。1918年苏俄宪法在人类历史上第一次宣布社会主义国家的诞生,对于广大劳动人民的经济、社会、文化、政治等权利给予了全面的保护,其中第17条规定:"为保障劳动者能够真正获得知识,俄罗斯社会主义联邦苏维埃共和国的任务

---

〔1〕 Kllaus Dieter Beiter, *The Protection of the Right to Education by International Law*, Martinus Nijhoff Publishers, 2006. p. 21.

〔2〕 参见沈骊天:"中国古代教育制度的历史反思",载《南京大学学报(哲学·人文科学·社会科学版)》1996年第1期。

〔3〕 See Kllaus Dieter Beiter, *The Protection of the Right to Education by International Law*, Martinus Nijhoff Publishers, 2006. p. 22.

〔4〕 参见龚向和:《受教育权论》,中国人民公安大学出版社2004年版,第7~8页。

为给予工人与贫农各方面的完全的免费的教育。"《魏玛宪法》首创社会权利入宪之先河，专辟一章对"教育及学校"作出全面规定，其中明确规定国家有义务通过免费和强制入学来保障受教育权的实现，而且于第 145 条规定，"受国民小学教育为国民普通义务"。这种立法模式在 20 世纪以来"福利国"理念和社会主义思潮的大背景下迅速传播，许多国家宪法和法律规定了公民受教育的权利与义务。随着工业革命引起的教育对个人生存的发展和对国家繁荣富强的作用的增强，受教育被赋予立身与立国之根本的功能和意义，受教育的权利和义务观也成为长期以来最具影响力的教育理念。[1]我国的宪法和法律由于受苏联影响较大，因此对于受教育权也是采取了权利和义务复合的立法模式。

3. 受教育权成为一项人权和公民基本权利。第二次世界大战以后，随着《世界人权宣言》的面世，受教育权开始正式进入国际法领域，作为最基本的一项人权得到承认和保护。《世界人权宣言》《公民权利和政治权利国际公约》《经济、社会及文化权利国际公约》都把教育看作是不可剥夺的基本人权。比如 1948 年的《世界人权宣言》第 26 条，该条由 3 款组成，其中第 1 款规定："人人都有受教育的权利，教育应当免费，至少在初级和基本阶段应如此。初级教育应属义务性质。技术和职业教育应普遍设立。高等教育应根据成绩而对一切人平等开放。"第 26 条的第 2 款、第 3 款强调了教育在儿童全面发展中的重要性，以及父母在选择儿童受教育的形式上的权利。

特别需要指出的是，在《世界人权宣言》起草的过程中，受教育权得到了来自资本主义和社会主义两大阵营的所有国家的赞同，人人享有受教育的权利的表述没有引起任何争议。宣言诞生后的一系列国际人权法律文件也将受教育权一致表述为受教育者应该享有的一项权利，且均未为受教育者附设义务。因此，以国际人权法为标准，受教育权是一项绝对的权利，而不是一项义务，更不是权利和义务的复合体。[2]

1959 年联合国大会通过的《儿童权利宣言》首次专门规定了未成年人的受教育权，原则七第 1 款这样宣示："儿童有受教育之权，至少在初等阶段应

---

〔1〕 杨成铭："从国际法角度看受教育权的权利性质"，载《法学研究》2005 年第 5 期。

〔2〕 参见杨成铭：《受教育权的促进和保护：国际标准与中国的实践》，中国法制出版社 2004 年版，第 66 页以下。

为免费强迫制……"在随后的几十年中，《取缔教育歧视公约》《儿童权利公约》《消除一切形式种族歧视国际公约》《消除对妇女一切形式歧视公约》《关于难民地位的公约》《儿童生存、保护和发展世界宣言》等一系列国际人权文件以及大部分区域性人权文件，如《欧洲保护人权与基本自由公约》《欧洲社会宪章》《美洲人权公约》《非洲人权和民族权宪章》《圣萨尔瓦多议定书》等都对受教育权作出了规定。这些文件中关于受教育权的内容虽各有侧重，但其精神原则都是与《世界人权宣言》一脉相承的，受教育权保障的国际标准已经确立，反过来又促进了各国将受教育权作为公民的基本权利而给予本国宪法和法律的保障。[1]在众多的国际人权文件中，对于未成年人受教育权作出最详尽规定的还是《儿童权利公约》，未成年人受教育权的目的、宗旨、内容和实施方式在该公约中得到了全面的阐述。

二、未成年人受教育权的内容

根据《儿童权利公约》和其他国际人权文件的规定及人权条约机构所作的解释，未成年人受教育权的内容包括接受教育的权利、平等开放和平等利用教育设施、选择教育自由、建立和指导教育机构的自由、保护学生免受不人道的惩戒措施和学术自由等。[2]由此可以大致将其概括为如下三方面内容：平等接受教育的权利、选择教育的自由和其他与受教育权相关的权利。

（一）平等接受教育的权利

受教育权首先是一项典型的社会和文化权利，具有积极权利的基本属性，国家应承担和履行提供教育的积极义务。因此接受教育的权利是受教育权的核心，"指的是个人通过国家和社会设立的学校和其他教育机构接受教育、获得知识和技能从而身心、能力和人格得到发展的权利"。[3]平等（非歧视）是现代法律的基本精神和人权的本质要求，因此接受教育的权利同时意味着平等接受教育的权利，这既包括获得教育机会的平等，也包括教育过程的平等、获得和享有教育设施的平等。

1. 平等接受教育机会。所谓教育机会平等，是指国家以最公平的方式使

---

〔1〕 曲相霏："受教育权初探"，载《政法论坛》2002 年第 3 期。
〔2〕 吴鹏飞：《儿童权利一般理论研究》，中国政法大学出版社 2014 年版，第 198 页。
〔3〕 徐显明主编：《国际人权法》，法律出版社 2004 年版，第 313 页。

人人凭其禀赋及能力而受到一种适合其才能与需要的教育，即使受教育者站在平等的立足点上，不受社会地位、经济条件、男女性别、宗教信仰、种族地域等的限制，均有机会接受一种适当的教育，使个人的天赋才智都能够获得最大限度的发展，因而教育的主要目标是人的最佳发展，而不是人的最高生产率。[1]促进未成年人教育机会平等的方法之一是使教育在特定年龄阶段成为免费和强制性的，主要包括：初等教育应属义务性质并且一律免费；各种形式的中等教育（包括中等技术和职业教育）应以一切适当方式普遍设立，并对一切人开放，特别是要逐渐做到免费。

2. 义务教育的内容。初等教育对于未成年人而言尤为重要，因为低龄的未成年人正处于通过学习获得身心发展和提高能力的关键时期。为了保障这一阶段的未成年人接受教育的权利，现代各国大多实行强制性的免费义务教育，以确保义务教育制度的普遍可实施性。根据国际人权法的相关要求和当前各国的基本实践，义务教育主要包括三个方面的内容：一是国家必须建立起宪法或法律规定的义务教育体系和提供该阶段教育所需的学校、教师和相应的教学设施和设备；二是父母等监护人必须将适龄儿童送往学校接受该阶段的教育；三是社会组织和个人不得使用接受义务教育的适龄儿童作童工。由此可见，义务教育不能被理解为是未成年人的义务，不应被视为对受教育者设定的义务。因为处于义务教育年龄阶段的往往是未成年人，他们没有完全的承担法律义务和责任的能力，因此法律不应该且不可能为受教育者规定接受教育的义务。[2]义务教育的责任承担者应为国家和父母以及其他社会组织、个人。

案　例

2017 年 7 月，由有关媒体在网络曝光的一段"格斗儿童"商演视频引起人们关注，据了解，视频中的两名儿童均来自成都的一家格斗俱乐部，俱乐部中还有许多和他们一样的"格斗儿童"，平时主要练习综合格斗，偶尔参加商业演出。"格斗儿童"事件引起了社会与公众极大的关注。在事件曝光后，

---

[1] 参见曲相霏："受教育权初探"，载《政法论坛》2002 年第 3 期。
[2] 杨成铭："从国际法角度看受教育权的权利性质"，载《法学研究》2005 年第 4 期。

教育部、民政部与四川省教育厅、公安厅、当地民政部门进行了联合调研。经调研，俱乐部里现有未成年人45名，其中孤儿1名，16周岁以下义务教育适龄儿童37名。教育部就此事件在2017年9月作出回应，称为了防止类似事件再次发生，依法对招收适龄儿童少年进行文艺、体育等专业训练的社会机构将加强管理。由"格斗儿童"事件所反映出的贫困地区儿童群体的受教育权、发展权等问题，在网上引发了热议。[1]

3. 平等获得教育和享有教育设施。每个未成年人受教育权的实现不仅有赖于接受教育机会的平等，还包含着受教育权保障上的平等。如果说前者是一项积极权利，那么后者则更多地带有消极权利的色彩。这就要求禁止教育领域的歧视，消除一切基于种族、肤色、性别、语言、宗教、政治或其他见解、国籍、社会出身、经济条件或出生的歧视，取消一切损害教育平等的区别、排斥、限制或特惠，使每一个人的受教育权都能得到公平的保障。[2]

20世纪以来的历史经验表明，世界上一些国家的政府往往利用教育制度作为系统歧视少数民族、有色人种、某些宗教群体以及其他脆弱群体（如女性）的手段，通过剥夺这些群体平等获得教育的权利或者依靠不同教育标准来维持教育设施或机构的隔离，从而阻止他们平等参与国家政治、社会、经济和文化生活。直到20世纪60年代，许多国家的女孩子还被拒绝进入高等教育机构学习。美国最高法院在1956年才裁定将白人学生和黑人学生隔离的学校违反了美国宪法第十四条修正案的平等保护条款。因此联合国教育、科学及文化组织于1960年通过了《取缔教育歧视公约》，要求各缔约国承担义务消除一切教育歧视行为，包括废止任何包含有教育歧视的法律条款和行政命令，停止有教育歧视内容的行政惯例，并在必要时通过立法保证在学校招生方面没有歧视，在学费和给予奖学金或其他方面的协助等事项上，除了以成绩和需要为基础外，不容许公共当局对不同国民规定不同待遇；禁止或消除隔离的教育制度，不得对任何个人或群体施加不符合人的尊严的条件。[3]

---

〔1〕 樊未晨："教育部回应'格斗孤儿'事件：发现一起纠正一起"，载中国青年网，http://news. youth. cn/jy/201709/t20170906_10657673. htm，最后访问日期：2020年10月12日。

〔2〕 曲相霏："受教育权初探"，载《政法论坛》2002年第3期。

〔3〕 参见［挪威］艾德等：《经济、社会和文化的权利》，黄列译，中国社会科学出版社2003年版，第291页。

国家应尽最大努力通过相应的政策制度来防止教育领域的歧视和不公现象，比如，确保学生平等入学，禁止在诸如学费、奖学金或其他形式的教育援助方面的差别对待，禁止公共援助项目对不同儿童群体的差别对待，通过立法、行政、司法方面的措施消灭或者矫正实践中的歧视。[1]

（二）选择教育的自由

虽然受教育权是一项典型的社会权利、积极权利，但是同时还具有"第一代人权"的自由权性质。《经济、社会及文化权利国际公约》第13条第3款有两个要素：其一，缔约国保证尊重父母和监护人的自由以保证其子女能按照自己的信仰接受宗教和道德教育。根据经济、社会、文化权利委员会的观点，第13条第3款容许公立学校开授宗教和道德的一般历史等课程，条件是：必须以不带偏见的客观方式进行，尊重见解、良心和言论自由。委员会指出，除非遵守不歧视的规定，或提供满足父母和监护人愿望的备选办法，否则，教授特定宗教或信仰的公众教育就不符合第13条第3款之要求。其二，父母和监护人享有为孩子选择非公立的，但系符合"国家所可能规定或批准的最低教育标准"的学校的自由。这一款必须结合第13条第4款的补充规定加以理解，该款确认"个人或团体设立及管理教育机构的自由"，但以该机构遵守第13条第1款所规定的各项教育宗旨并且符合一些最低标准为限。这些最低标准可能涉及入学许可、课程和证书确认等问题，还必须符合第13条第1款所规定的各项教育目标。[2]

虽然父母或其他监护人对于未成年人所应受的教育种类有优先选择的权利，但是仍应当遵守《儿童权利公约》第3条规定的"儿童最大利益原则"和第12条规定的"尊重儿童意见原则"，儿童有权参与选择自己如何接受教育的决策过程，父母应按照其年龄和心智成熟程度对于儿童的意见给予适当考虑。

案　例

2004年9月，一家全日制私塾"孟母堂"在上海松江开设，"孟母堂"

---

〔1〕　参见王雪梅："儿童受教育权的法律保护"，载《预防青少年犯罪研究》2012年第10期。
〔2〕　联合国经济、社会、文化权利委员会第13号一般性意见（1999年）：《受教育的权利》。

秉承"读经典、尊孔孟、诵莎翁、演数理"的宗旨,由 5 位老师教授从 4 岁到 12 岁的 12 个孩子。教学内容以读经为主,如《易经》《道德经》《论语》等中国古代传统典籍;英文则从《仲夏夜之梦》起步;数学由外聘老师根据读经教育的观念,重组教材,编排数理课程;体育课以瑜伽、太极之类修身养性的运动为主。2006 年 7 月 17 日,上海市区教育局下发告知单指出:"孟母堂"属非法教育机构,从事的是非法教育活动,应立即停止非法行为。7 月 24 日,上海市教委针对松江区教育局的行政行为阐述了三大理由:学堂未经教育行政部门审批,未获得办学许可;"读经教育"与义务教育多学科、全面发展的要求不相符,违反了《义务教育法》的多项规定;未经物价部门审核,擅自收取高额学费。而家长未按规定把适龄子女送到经国家批准的教育机构接受义务教育,也属违法行为。"孟母堂"负责人则声称,孟母堂并没有违反《义务教育法》,教育部门的告知书和公开发言,无法律依据,并准备以行政诉讼和民事诉讼分别起诉上海市松江区教育局和上海市教委,通过法律手段维护其合法权利。后来上海市教委经复议撤销了区教委的行政裁定。[1]

(三) 与未成年人受教育权相关的其他权利

1. 以维护学生人格尊严的方式执行学校纪律,禁止体罚。《儿童权利公约》第 28 条第 2 款规定:"缔约国应采取一切适当措施,确保学校执行纪律的方式符合儿童的人格尊严及本公约的规定。"这一项内容要求学校的行政管理方式应符合儿童的人格尊严及涉及儿童权利的国际法规定,将对学生实施体罚、当众羞辱等作为执行学校纪律的方式是违背儿童权利公约精神的做法。[2]这一要求与国际人权法所确立的对任何人不得施以酷刑、不人道和有辱人格的待遇原则是一致的。因此,不论公立学校还是私立学校,都应当采取符合维护未成年人人格尊严的方式来实施学校纪律,而且国家应当制订相应政策鼓励学校采取非暴力的、文明的方法保护未成年人免受不人道的待遇。

2. 享有设立及管理教育机构的自由。《经济、社会及文化权利国际公约》第 13 条第 4 款规定,包括外侨在内的任何人、法人或实体等"机构"也享有

---

〔1〕 李丽:"我们的宪法权利就在身边——2006 年度中国十大宪法事例",载《资料信息》2007 年第 2 期,转引自倪洪涛:"论义务教育阶段学生的学习权——从'孟母堂'事件谈起",载《法学评论》2008 年第 4 期。

〔2〕 参见王雪梅:"儿童受教育权的法律保护",载《预防青少年犯罪研究》2012 年第 10 期。

这些自由。包括有权设立和管理各种类型的教育机构，例如：托儿所、大学和成人教育机构。鉴于不歧视、平等机会和人人有效参与社会活动的原则，国家必须承担义务，确保第 13 条第 4 款所规定的自由不致造成社会上某些群体的教育机构极端不平等的现象。[1]在保证设立符合相应的数量和质量标准要求的公立学校前提下，国家还必须保障设立私立学校的自由。在符合法定的教育目标、任务和最低教育标准的基础上，私立学校享有确定入学标准、教学方法和设置课程的自由等。[2]

三、未成年人受教育权的国家义务

未成年人受教育权的实现主要是通过国家履行义务，法律法规、政策保障等各种途径积极提供均等的受教育的条件和机会。由于受教育权主要是一种社会权利、积极权利，因此其实现需要国家积极作为、提供保障，即向所有公民提供均等的受教育机会、条件和环境。同时，受教育权也具有自由权的特征，如受教育的选择权（对教育方式、种类、学校、教师的选择），国家的保障义务既有积极作为的方面，又有消极不作为的一面，既包括行为过程的义务，也包括必须达到某种程度的结果义务。

（一）一般性义务

按照国际人权法的规定，国家在保护各项基本人权方面都负有三个层面的义务：尊重（respect）、保护（protect）和实现（fulfill），对于未成年人受教育权亦是如此。首先，尊重未成年人受教育权的义务要求各国避免有碍行使受教育权的措施的出现；其次，保护受教育权的义务要求各国采取措施以防止第三人干涉；最后，实现受教育权的义务要求各国积极采取措施以使个人或团体能够协助受教育者行使受教育权。

经济、社会、文化权利委员会在关于受教育权的第 13 号一般性意见中，将国家促进和保护受教育权的核心义务概括为：保障在不歧视基础上进入公立教育机构学习的权利；确保教育与《经济、社会及文化权利国际公约》第 13 条第 1 款规定的目标一致；依照《经济、社会及文化权利国际公约》第 13 条第 2 款（甲）项的规定，为人人提供初等教育；通过并执行一项国家教育

---

〔1〕　参见经济、社会、文化权利委员会第 13 号一般性意见（1999 年）：《受教育的权力》。
〔2〕　参见徐显明主编：《国际人权法》，法律出版社 2004 年版，第 316 页。

战略，该战略包括提供中等、高等教育和基础教育；确保在不受国家或第三方干涉的前提下自由选择教育机构，但此类机构须符合"最低限度教育标准"。根据《儿童权利公约》的规定和儿童权利委员会的相关解释，缔约国在初等、中等、高等教育和基础教育方面的义务并不相同。从《经济、社会及文化权利国际公约》第 13 条第 2 款的措辞来看，缔约国必须优先实行义务性的免费的初等教育。之所以对第 13 条第 2 款作出此种解释，依据的是第 14 条将初等教育置于优先位置这一点。为人人提供初等教育这项义务，是各缔约国应当立即履行的义务。

结合《经济、社会及文化权利国际公约》和《儿童权利公约》，国家对于未成年人受教育权的具体义务包括：①对所有人的免费义务小学教育；②使所有人享有和接受中学教育，必要时应逐渐引入免费教育和财政资助；③根据能力使所有人均可获得高等教育，应逐渐引入免费教育；④对未完成小学教育者加强基础教育；⑤应为残疾人确立特殊教育纲领；⑥消除愚昧和文盲。[1]

（二）履行义务的具体要求和指标

各国促进和保护受教育权的一般性义务应包括建立和组织起符合现代教育基本特征的各种形式和水平的教育。[2]针对《经济、社会及文化权利国际公约》实施过程中出现的情况和问题，联合国经济、社会和文化权利委员会在对该公约第 13 条的一般性意见认为，各国各种形式和各种水平的教育均应满足以下四个互相联系的基本要求或特征：

1. 可提供性：应在缔约国的管辖范围内设置足够多的可运作的教育机构和方案。这些教育机构和方案需要配备什么才能运作取决于许多因素，包括能够使它们居中运作的发展配套；例如，所有机构和方案可能需要建筑物或其他遮风避雨的设施，男女卫生设备，教学材料，等等；但有些机构和方案也需要图书馆、电子计算机和信息技术等设施。

2. 可获取性：在缔约国管辖范围内，人人都应该能够利用教育机构和方案，不受任何歧视。可获取性包含了互相重叠的三个因素：①不歧视：人人必须受教育，最易受害群体的成员更有必要，在法律上明文规定，在事实上确实做到，

---

〔1〕 参见［挪威］艾德等：《经济、社会和文化的权利》，黄列译，中国社会科学出版社 2003 年版，第 287 页。

〔2〕 杨成铭："从国际法角度看受教育权的权利性质"，载《法学研究》2005 年第 1 期。

不得援引受到禁止的任何理由歧视任何人；②实际可获取性：教育必须在安全的物质环境中进行，学生可在一些堪称便利的地点上学（例如邻里单位的学校）或通过现代技术设备接受教育（例如收看"远距离教学"节目）；③经济上的可获取性：教育费用必须人人负担得起。可获取性的这个因素以《经济、社会及文化权利国际公约》第 13 条第 2 款中对初等教育、中等教育和高等教育的各别规定为准：初等教育应"一律免费"，缔约国对中等教育和高等教育要逐渐做到免费。这一点中最核心的是义务教育要向所有未成年人平等开放，缔约国政府要提供财力上的保障，全面履行提供义务教育的承诺。

3. 可接受性：教育的形式和实质内容，包括课程和教学方法，必须得到学生的接受（具备适切性、在文化上合宜和优质），在适当情况下，也应该得到学生家长的接受；这一点不得违反《经济、社会及文化权利国际公约》第 13 条第 1 款所规定的教育目标，即教育应谋人格及人格尊严意识之充分发展，增强对人权与基本自由之尊重；教育应使人人均能参加自由社会积极贡献，应促进各民族间及各种族、人种或宗教团体间之了解、宽恕和友好关系，并应推进联合国维持和平之工作，和缔约国可能批准的最低教育标准，即《经济、社会及文化权利国际公约》第 13 条第 3 款"尊重父母和（如适用时）法定监护人为子女选择符合国家所规定或认可最低教育标准之非公立学校，及确保子女接受符合其本人信仰之宗教及道德教育之自由"和第 13 条第 4 款"不得……干涉个人或团体设立及管理教育机构的自由"。

4. 可调适性：教育必须灵活，能够针对变动中的社会和社区的需求进行调适，使其符合各种社会和文化环境中的学生的需求。这就意味着教育体制应当不断与时俱进，以儿童的最佳利益为总体指导原则，充分考虑国家、社会的发展与进步状况。

第三节 未成年人的其他发展权

联合国《儿童权利公约》第 31 条确认了儿童的休息和闲暇、游戏和娱乐、参加文化艺术活动权利。该条第 1 款规定"缔约国确认儿童有权享有休息和闲暇，从事与儿童年龄相宜的游戏和娱乐活动，以及自由参加文化生活艺术活动"。

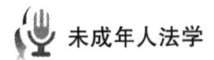

一、未成年人的休息和闲暇权

（一）休息权的概念界定

休息一般指人们暂时停止工作、学习或活动，通过睡觉、静养等方式消除疲劳、恢复体力和脑力的行为。闲暇是指人们扣除用来工作和谋生活动、睡眠时间、个人和家庭事务活动时间后剩余的时间。闲暇指的是自由时间，即不指定用途的时间，在这一时间中不进行正式教育、不工作、不承担家庭责任、履行其他维持生计的职能或参加个人以外的其他人指导的活动。换而言之，这是主要由儿童按照自己的意愿自由处置的时间，可用于休息、从事游戏或娱乐等活动。[1] 有观点认为闲暇属于广义的休息，包括通过旅游、休闲、娱乐等方式，主动参与各种活动，对自身的生理机能和精神状况进行调整，从而使其身体和精神状况达到最佳水平的行为。[2] 因此，休息和闲暇的权利一般被统称为休息权。

休息的权利源自每一个人的生理、身体和精神本能，任何一个人都需要休息。因此，休息权是每个人都应享有的一项自然权利和应然权利。[3]

（二）未成年人休息权的含义

未成年人的休息权要求允许儿童能够从任何种类的工作、教育或消耗体力的活动中充分恢复过来，以确保他们的最佳健康状况和福祉。这一权利还要求为儿童提供充足睡眠的机会。在帮助儿童实现活动后恢复体力和充足睡眠的权利时，必须考虑儿童能力的变化及其发展需要。

从权利的历史生成角度看，休息权最早是劳动权的派生形态，但是进入现代社会以后，随着保障人权理念的发展，休息权的相对独立性日益增强，权利主体从劳动者扩大到每一个人，当然也包括未成年人。最早对休息权作出规定的立法是 1919 年的德国的《魏玛宪法》，该法第 139 条规定："星期日及由国家所认许之休假日为工作休息日及精神修养日，以法律保护之。"1936年的《苏维埃社会主义共和国联盟宪法（根本法）》第 119 条规定公民都享有

---

〔1〕 联合国儿童权利委员会关于儿童享有休息和闲暇、从事游戏和娱乐活动、参加文化生活和艺术活动的权利（第 31 条）的第 17 号一般性意见（2013 年）。

〔2〕 程思良："休息权初探"，载《云梦学刊》2007 年第 2 期。

〔3〕 郭曰君："休息权的权利主体新探论"，载《广州大学学报（社会科学版）》2014 年第 3 期。

休息的权利，这是历史上最早明确提出休息权概念的国家立法。1948 年联合国大会通过的《世界人权宣言》第 24 条规定"人人享有休息和闲暇的权利"。1966 年联合国大会通过的《经济、社会及文化权利国际公约》第 7 条则重申："……特别要保证……休息、闲暇和工作时间的合理限制，定期给薪休假以及公共假日报酬。"20 世纪中期以后，各个国家纷纷在宪法中对劳动者休息权加以具体规定，丰富和完善了劳动者权利保护体系。休息权的演进是与人类文明发展的步调相一致的，也是人权发展与进步的一个里程碑，它深刻地蕴涵着以人为本的理念。[1]

休息和闲暇的权利对儿童发展的重要性不亚于营养、住房、医疗保健和教育等基本要素。如果得不到充分的休息，儿童就缺乏进行有意义的参与活动或学习所需的精力、动力及体能和心智能力。剥夺儿童的休息权可能对儿童的身体和心智发展、健康和福祉造成无法挽回的影响。儿童还需要闲暇，即没有任何义务、娱乐活动或刺激物的时间和空间，他们可以选择按照自己的意愿，以活动或不活动的方式利用这些时间和空间。未成年人享有休息闲暇的权利也是享有游戏和娱乐权、自由参加文化活动和艺术生活权利的必要前提。

二、未成年人的游戏和娱乐权

与其他权利不同，未成年人的游戏权和娱乐权是专属于未成年人的一类权利，特别是对于低龄未成年人（儿童）的成长发展来说，游戏具有不可或缺的意义。犹太教育家彼尼德罗认为，游戏是儿童认识世界的途径，是儿童最正当的行为。著名心理学家皮亚杰认为，游戏可以使儿童掌握并巩固所学的技巧，在思考及行为上产生变通的能力，于同化及调适的互动过程中建立认知结构，"学习"因而发生。[2]当代法哲学家约翰·菲尼斯在《自然法与自然权利》中把游戏单独列为人类基本善的一个方面。[3]甚至有学者提出："文明是在游戏中并作为游戏而产生和发展起来的。"[4]国际社会早已认识到游戏

---

〔1〕　参见龙晟："关注休息权"，载《中国劳动保障》2006 年第 5 期。

〔2〕　吴鹏飞：《儿童权利一般理论研究》，中国政法大学出版社 2014 年版，第 197 页。

〔3〕　John Finnis, *Natural Law and the Natural Rights*, Oxford University Press, 2011, p. 87.

〔4〕　〔荷兰〕约翰·赫伊津哈：《游戏的人　关于文化的游戏成分的研究》，多人译，中国美术学院出版社 1996 年版，第 17 页。

和娱乐在所有未成年人的生活中发挥的重要作用。1959年的《儿童权利宣言》原则七第3款声明"儿童应有游戏娱乐之充分机会……社会与政府当局应尽力促进此项权利之享受"。1989年的《儿童权利公约》进一步强化了这一声明。

(一)游戏权和娱乐权的含义

通常准确把握未成年人游戏权和娱乐权的含义,首先应该对《儿童权利公约》第31条中的游戏、娱乐以及与儿童年龄相宜这几点要素予以阐释。

1. 游戏:游戏是儿童在某一固定时空中,遵从一定规则,伴有愉悦情绪,自发、自愿进行的有序活动。[1]看护人可帮助创造游戏环境,但游戏本身并非强制,它受内在动力驱使,游戏本身就是目的,而非达到最终目的的手段。游戏有利于发挥自主性,包括身体、心理或情感活动的自主性。其形式可能没有穷尽,可能在团体中或单独进行,这些形式在整个童年期间不断变化和调整。游戏的关键特征包括趣味性、不确定性、挑战、灵活性和非生产性。这些因素结合在一起,促进了游戏激发的快乐感,并为继续游戏提供动力。经常有人认为游戏并不重要,但委员会重申,游戏是儿童时代快乐生活的一个根本和重要方面,也是身体、社会、认知、情感和精神发展的一项关键要素。[2]

2. 娱乐活动:一般认为是指形形色色的各种活动,其中包括音乐、艺术、手工活动、社区活动、俱乐部、体育运动、竞赛、徒步旅行和野营、培养爱好等。娱乐活动包括儿童自愿选择的活动或体验,或者因为完成这些活动或体验能够使儿童立即得到满足,或者因为他/她认为自己能够从中实现一些个人或社会价值。娱乐经常在专门为娱乐而设计的空间中进行。虽然许多娱乐活动可能是由成年人组织和管理的,但娱乐应当是一项自愿活动。例如,强制或被迫参加竞赛和体育运动都不属于娱乐。

3. 与儿童的年龄相宜:《儿童权利公约》第31条强调活动与儿童年龄相宜的重要性。就游戏和娱乐而言,在确定提供的时间、可用空间和环境的特性、激励的形式和多样性、必要的成人监管程度以及确保安全等事项时,必

---

〔1〕 邱学青:《学前儿童游戏》,江苏教育出版社2008年版,第72页。

〔2〕 参见联合国儿童权利委员会关于儿童享有休息和闲暇、从事游戏和娱乐活动、参加文化生活和艺术活动的权利(第31条)的第17号一般性意见(2013年)。

须考虑儿童的年龄。随着儿童逐渐长大，他们的需求和愿望会发生变化，从希望提供有游戏机会的场所转变为提供社交机会，与伙伴相处或独处的场所。他们还会逐渐探索更多需要承担风险和应对挑战的机会。这些体验符合青少年的发展需要，有利于他们找到认同和归属感。

（二）未成年人游戏权的价值

案　例

近年来，少年儿童轻生事件屡屡发生，频频见报，他们的理由只有一个：不能承受压力之重。这些压力有学习上的，有生活中的，有生理上的，也有心理方面的，隐性压力已经成为中国孩子面临的一种重大危机。

2020年5月中旬，年仅12岁的山西临汾钢铁集团子弟小学五年级女生恬恬（化名），留下一份"压力太大"的绝笔信后，自缢身亡。

2020年5月下旬，南京一名初二的男生坠楼身亡，这位14岁少年没有留下任何的遗书，有的仅是口袋中尚未做完的试卷。

吉林一对工人夫妻仅因友人说弹钢琴对开发孩子智力有好处，就倾其所有并负债为女儿买来钢琴。不料女儿视学琴为苦役，而父母亲却强逼她每天练4小时，练不够时间不许吃饭、睡觉，还效法古人"头悬梁，锥刺股"，在女儿疲倦时将其头、手吊起，并伴以经常性的打骂。2020年6月初的一天，女儿抄起剪刀，剪断自己的手筋。

天津一位12岁的小女孩觉得自己怎么"玩命"也达不到父母的要求，每次走出学校的考场，回家就进了"刑场"，她感觉自己要受如此漫长的罪，还不如死了好，于是2020年6月底她吃下了十几片安眠药……

襁褓之中的孩子，就成了"开发智力"的对象，从"神童教育""零岁方案""天才儿童培养"，一直到"哈佛女孩""北大男孩"，都是人们所津津乐道的。尽管科学已证明，人群中只有3‰的人超常，但固执的父母认定，只要孩子努力就可成为天才。最近一次针对南京市小学生的调查数据显示，大多数孩子在家长的督促下都在课余参加了家教或辅导班，其中语、数、外占57.3%，艺术类占10.1%，体能训练占4.85%，棋类占3.85%。随着年级的升高，参加语、数、外辅导班的比例明显增加，三、四年级参加的占47.9%，

五、六年级则高达66.8%；三年级参加艺术类的还有11.3%，六年级参加艺术类的只占到3.9%，参加棋类的只有0.7%。而在发达国家，这个年龄段的儿童90%以上的课余时间用于文体活动及自己感兴趣的游戏。父母有许多不合逻辑的期望，他们认为有理由剥夺孩子应有的权利，这侵占了属于孩子自己任意遐想的自由。[1]

享有游戏和娱乐的权利对于未成年人的健康和福祉至关重要。

1. 游戏和娱乐活动可促进孩子的创造性、想象力、自信、自我效能以及身体、社会、认知和情感力量和技能的培养。[2]研究证明，游戏对儿童自发产生发展动力至关重要，对大脑的发育发挥重要作用，尤其是在幼年时期。处于生长发育中的孩子的自然需要，神经系统、骨骼、肌肉、关节的生长需要大量的运动刺激，儿童自发性游戏中的翻、滚、爬、攀、跳、钻、投等动作技能为儿童提供了平衡、运动、触觉等感觉运动的机会，并使他们的力量、勇气和意志在自发的竞技和较量中获得锻炼。

2. 游戏和娱乐可促进学习的所有方面。高尔基曾说过："游戏是儿童认识世界和改造世界的途径。"游戏的过程是儿童学习知识、学习与人相处、学习与人合作的过程。健全的人格是在群体性的交往中形成的，特别是在自发性的游戏活动中，孩子们通过对游戏规则的理解和执行，通过游戏过程中的冲突与合作，体验规则的公正和互惠，学会站在他人的立场上解决问题，学会用别人能够接受的方式处理问题，自我意识由此产生。[3]通过参加游戏和娱乐，儿童在行为中学习，探索和感知周围的世界，尝试新的想法、角色和体验，并在这一过程中学习理解和构筑他们在世界中所处的社会地位。因此，游戏是儿童智力发展的动力，它能激发儿童的求知欲与创造力，且可使儿童掌握一些知识技能，形成对待事物的正确态度，从而促进儿童的全面发展。

3. 游戏和娱乐本身即具有内在价值，为儿童提供了享受和快乐，满足了

〔1〕 "少年儿童轻生事件频发　隐性压力成中国孩子重大危机"，载搜狐新闻网，http://news.sohu.com/81/42/news202194281.shtml.，最后访问日期：2020年8月30日。

〔2〕 联合国儿童权利委员会关于儿童享有休息和闲暇、从事游戏和娱乐活动、参加文化生活和艺术活动的权利（第31条）的第17号一般性意见（2013年）。

〔3〕 参见吴鹏飞：《儿童权利一般理论研究》，中国政法大学出版社2014年版，第199~200页。

儿童玩耍的天性，是儿童发展过程中不可缺少的内容。需要注意的一点是，我们不能把游戏直接等同于"休息与闲暇"的权利。《儿童权利公约》第31条已经区分了"休息与闲暇的权利""游戏与娱乐的权利"与"自由参与文化生活和艺术活动的权利"。可见，如果我们仅从"休息与闲暇"的权利视角来看待儿童游戏权，就难以保障儿童游戏权的实现，也难以解决儿童教育领域中长期存在的理论上、口头上重视游戏，而实践上、行动上却轻视游戏的"游戏困境"问题。

三、未成年人的文化权利

文化权利是人权的一个组成部分，同其他权利一样，是普遍的、不可分割的和相互依存的。全面增进和尊重未成年人的文化权利，对于维护人的尊严和在一个多样化的文化世界里个人和社群之间的积极的社会互动，至关重要。《儿童权利公约》第31条第1款对于未成年人的文化权利具体表述为"有权……自由参加文化生活艺术活动"，由于艺术活动也可以包括在广义的"文化生活"概念中，因此这一项权利一般都被概括为未成年人的文化权利。

（一）文化的概念和意义

文化是一个极具广泛性、包容性的概念，甚至包括了人类生存的一切表现。[1]"文化生活"一词明确提到文化是一个历史的、动态的和不断演变的生命过程，有过去、现在和将来。文化这一概念绝不是一系列孤立的表象或密封的隔间，而是一个互动的过程，在此过程中，个人和社群在保留自己的特点和目的的同时也表现了人类的文化。这一概念兼顾了文化作为社会的创造和产物的个性和他性。

经济、社会、文化权利委员会认为，文化包含着生活方式、语言、口头和书面文学、音乐和歌曲、非口头交流、宗教或信仰制度、礼仪和仪式、体育和游戏、生产方法或技术、自然和人为环境、食品、服装、风俗习惯和传统等，个人、团体和社区通过这些表达其人性及其赋予生存的意义，并建立其世界观。文化塑造也反映个人、个人的团体和社区的幸福价值观和经济、社会和政治生活。

---

〔1〕　参见联合国经济、社会、文化权利委员会第21号一般性意见（2009年）：《人人有权参加文化生活》。

未成年人正是通过文化生活和艺术活动来表达他们的特定身份及其赋予生存的意义，并在与影响其生活的外部力量碰撞之后建立他们的世界观。文化和艺术表现形式可在家中、学校、街头和公共场所进行，还可通过舞蹈、节日、手工、庆祝活动、仪式、戏剧、文学、音乐、电影、展览、影片、数字平台和视频等方式实现。未成年人也是率先使用数字平台和虚拟世界建立新的沟通方式和社交网络的人群，这类网络正在塑造不同的文化环境和艺术形式。参加文化和艺术活动不仅有利于帮助儿童形成对自身文化的理解，也帮助他们理解其他文化，因为这种活动为他们提供了扩大视野和从其他文化和艺术传统中学习的机会，有利于相互理解和欣赏多样性。文化生活来自文化和社区内部，而非自上至下强加于人，国家应担任提供便利者而非供应者的角色，不得剥夺任何儿童创造文化或从中获益的权利。[1]

（二）未成年人文化权利的内容

国际人权法文件中对文化权利的最早规定出现在《世界人权宣言》第27条第1款，即"人人有权自由参加社会的文化生活，享受艺术，并分享科学进步及其产生的福利"。《经济、社会及文化权利国际公约》第15条第1款将这一权利详细表述为："本公约缔约各国承认人人有权：（甲）参加文化生活；（乙）享受科学进步及其应用所产生的利益；（丙）对其本人的任何科学、文学或艺术作品所产生的精神上和物质上的利益，享受被保护之利。"《儿童权利公约》第31条第1款规定未成年人享有"自由参加文化生活和艺术活动"的权利。

未成年人的文化权利应以维护未成年人的尊严和健康发展为前提，与其发展特点相适应。因此必须兼顾其生理、心理、精神的特定特征，保证未成年人对既有文化的：①可接近性：在尽可能的条件下，允许和确保未成年人可以接近各种优秀的文化资源，提供给他们接触人类文化遗产的机会。②可接受性：保证未成年人所接触的文化是以未成年人可接受的方式而提供，在呈现形式、表达内容、组织方式上充分考虑到未成年人的心理发展水平、精神发展阶段、思维特点、审美能力等。③可选择性：提供给未成年人的文化

---

〔1〕 参见联合国儿童权利委员会关于儿童享有休息和闲暇、从事游戏和娱乐活动、参加文化生活和艺术活动的权利（第31条）的第17号一般性意见（2013年）。

必须尽可能丰富和广泛，在时间跨度上应该包含古代文化和现当代文化，在地理空间上应该涵盖本文化和异文化、其他民族或少数民族文化等，以培育未成年人的文化包容和理解力。④可适应性：根据未成年人的不同地域、地区、社会、教育背景等，提供给他们一种适应多元需要的文化，并且提供给他们创造新的文化的契机。[1]

《儿童权利公约》对于保障未成年人的文化权利以及保持文化身份的相关权利给予了充分考虑和全面规定。除了第31条"自由参加文化生活艺术活动"之外，缔约国还要承担尊重儿童维护其身份，包括国籍、姓名及家庭关系的权利（第8条第1款）；儿童有权获得可带来社会和文化收益、来自不同社区、国家和国际来源的信息和资料。获得这类信息和资料对他们实现充分参与文化和艺术活动的权利至关重要。鼓励缔约国确保通过不同媒体，尽可能地为儿童广泛提供与其自身文化和其他文化相关的信息和资料，使用他们理解的语言，包括手语和盲文，允许版权法给予特例，以便确保以其他形式提供印刷资料。同时必须认真保护和保留文化多样性，避免文化偏见（第17条）；当未成年人被安置在养育所或适当的育儿机构时，"应适当注意有必要使儿童的培养教育具有连续性和注意儿童的族裔、宗教、文化和语言背景"（第20条第3款）。因为教育儿童的目的本身就包含了培养儿童对父母、自身文化的认同、语言和价值观的尊重（第29条第1款）。

四、未成年人休息、娱乐和文化活动权的国家义务

《儿童权利公约》第31条第2款进一步规定了缔约国对第31条第1款中的各项权利的义务。[2]根据儿童权利委员会的意见，缔约国应尊重并促进儿童的以下权利：①充分参加文化和艺术生活：充分参加的权利具有三个相互联系并相辅相成的方面："接触"，要求为儿童提供体验文化和艺术生活及了解各种不同表达形式的机会；"参与"，要求保证为儿童个人或团体提供切实机会，使他们能够自由地表达自己、沟通、表现和参加创造性活动，从而使他们的个性得到充分发展；"促进文化生活"，包括儿童有权促进以精神、物质、智力和情感方式对文化和艺术的表达，从而推动其所属社会的发展与转

---

[1]　参见郑素华："论儿童文化权利及其保护"，载《青少年犯罪问题》2009年第5期。
[2]　参见联合国儿童权利委员会关于儿童享有休息和闲暇、从事游戏和娱乐活动、参加文化生活和艺术活动的权利（第31条）的第17号一般性意见（2013年）。

型。②鼓励提供适当的机会：虽然鼓励提供适当机会的要求具体列举出文化、艺术、娱乐和休闲活动，但委员会根据《儿童权利公约》第 4 条对这一条所作的解释也包括了游戏。因此，缔约国必须确保为儿童的参与创造必要和适当的先决条件，以推动和促进实现第 31 条之下权利的机会。只有在制定了必要的立法、政策、预算、环境和服务框架的前提下，儿童才可能实现其权利。③提供均等的机会：必须为每个儿童享有第 31 条之下的权利提供均等的机会。

不仅如此，根据联合国儿童权利委员会的一般性意见，缔约国对于《儿童权利公约》第 31 条同样应履行国际人权法中的三项基本义务，保证所有儿童都能够不受歧视地实现该条所载权利：①尊重的义务要求缔约国不可直接或间接干涉儿童享有第 31 条规定的义务；②保护的义务要求缔约国采取步骤，防止第三方干涉儿童享有第 31 条之下的义务；③落实的义务要求缔约国采取必要的立法、行政、司法、预算、促进和其他措施，通过采取行动，提供一切必要的服务、设施和机会，以促进儿童全面享有第 31 条规定的权利。[1]

1. 在履行尊重的义务方面，各国应当制定具体措施，向家长和看护人提供指导、支持与便利，指导家长和看护人如何在游戏时倾听儿童的声音；创造便于儿童游戏的环境；允许儿童自由游戏和与其他儿童游戏；平衡游戏和娱乐中可能存在的安全问题和探索发现的价值；使公众认识到游戏、娱乐、休息、闲暇及参与文化与艺术活动不仅是所有年龄的男孩与女孩拥有的一项权利，而且对促进他们享受童年、促进儿童的最佳发展以及建立积极的学习环境具有重要意义。

2. 各国有义务通过制定法律和政策保证每一名未成年人都能够不受任何歧视地接触所有娱乐、文化与艺术环境，包括公共和私人空间、自然空间、公园、游戏场所、运动场馆、博物馆、影院、图书馆、剧院，以及文化活动、服务与项目；应制定法律、规章和准则，为所有未成年人提供就业保护，对工作的性质、小时和天数进行适当限制，规定合理休息时间并提供用于娱乐和休息的设施；为所有游戏和娱乐设施、玩具和竞赛设备规定安全性和无障碍性标准；保护未成年人免于接触可能对其福祉产生伤害的文化、艺术或娱乐资料，包括对媒体播放的内容和电影规定保护和分级制度，同时考虑《儿

---

〔1〕 参见联合国儿童权利委员会关于儿童享有休息和闲暇、从事游戏和娱乐活动、参加文化生活和艺术活动的权利（第 31 条）的第 17 号一般性意见（2013 年）。

童权利公约》关于言论自由的第 13 条和关于家长的责任的第 18 条的规定；制定禁止为儿童生产仿真战争游戏和玩具的规定；应采取措施，促进网络的接入和无障碍性以及未成年人的上网安全。

3. 在履行落实的义务方面，儿童权利委员会建议各国考虑制定确保每名儿童实现《儿童权利公约》第 31 条之下权利的法律，同时制定执行时间表，还应考虑针对第 31 条制定专门的计划、政策或框架，或将其纳入执行《儿童权利公约》的总体国家行动计划。在国家的整体规划和立法中，对游戏、娱乐和文化及艺术活动进行规划涉及国家、各地方政府之间的跨部门合作和问责，相关部门不仅包括直接处理未成年人事务的部门，如卫生、教育、社会服务、儿童保护、文化、娱乐和体育等部门，还包括住房、公园、交通、环境和城市规划相关的部门，这些部门对于创造能够使未成年人实现《儿童权利公约》第 31 条所载权利的环境都产生着重要影响。在所有这些部门中，尤其需要重视学校的教育环境，应当要求学校合理安排每天的时间，须保证在白天提供适当时间，确保儿童能够根据自己的年龄和发展需要获得充分的休息与游戏机会；努力确保学校在上学时间和这一时间前后提供充分的室内和室外空间，为游戏、运动、竞赛和戏剧活动提供方便；积极促进女孩和男孩的平等游戏机会，为男孩和女孩提供充分的卫生设施；游戏场所、游戏地带和设备应保证安全、接受定期和适当检查；为游戏场所划定适当边界；设计能够使所有儿童，包括残疾儿童平等参与的设备与空间等。

课后学习

一、阅读书目

中文著作/译著：

1. 徐显明主编：《人权法原理》，中国政法大学出版社 2008 年版。

2. 徐显明主编：《国际人权法》，法律出版社 2004 年版。

3. 汪习根主编：《平等发展权法律保障制度研究》，人民出版社 2018 年版。

4. 王雪梅：《儿童权利论 一个初步的比较研究》，社会科学文献出版社 2005 年版。

5. 龚向和：《受教育权论》，中国人民公安大学出版社 2004 年版。

6. 杨成铭：《受教育权的促进和保护：国际标准与中国的实践》，中国法制出版社 2004 年版。

7. ［挪威］艾德等：《经济、社会和文化的权利》，黄列译，中国社会科学出版社 2003 年版。

8. ［瑞典］格德门德尔·阿尔弗雷德松、［挪威］阿斯布佐恩·艾德编，中国人权研究会组织翻译：《〈世界人权宣言〉：努力实现的共同标准》，四川人民出版社 1999 年版。

中文论文类：

1. 李步云："发展权的科学内涵和重大意义"，载《人权》2015 年第 4 期。

2. 朱炎生："发展权概念探析"，载《政治学研究》2001 年第 3 期。

3. 赵霞："我国儿童发展权保护的进步与思考"，载《少年儿童研究》2019 年第 2 期。

4. 曲相霏："受教育权初探"，载《政法论坛》2002 年第 3 期。

5. 龙晟："关注休息权"，载《中国劳动保障》2006 年第 5 期。

6. 郑素华："论儿童文化权利及其保护"，载《青少年犯罪问题》2009 年第 5 期。

外文文献：

1. Kllaus Dieter Beiter, *The Protection of the Right to Education by International Law*, Martinus Nijhoff Publishers, 2006.

2. Noam Peleg, *The Child's Right to Development*, Oxford University Press, 2019.

二、电影类

1. 《长大》，1988 年，导演：［美］潘妮·马歇尔。

2. 《一个都不能少》，1999 年，导演：张艺谋。

3. 《放牛班的春天》，2004 年，导演：［法］克里斯托夫·巴拉蒂。

第四章　未成年人的受保护权

学习提示

　　《未成年人保护法》将未成年人享有的权利划分为生存权、发展权、受保护权、参与权与受教育权等基本类型。[1]联合国《儿童权利公约》第 2 条第 2 款亦规定："缔约国应采取一切适当措施确保儿童得到保护，不受基于儿童父母、法定监护人或家庭成员的身份、活动、所表达的观点或信仰而加诸的一切形式的歧视或惩罚。"受保护权既是未成年人的基本权利之一，同时也是未成年人保护法律体系的重要内容。本章拟就未成年人受保护权的历史、定义、属性、具体内容以及权利体系等问题进行解析。

第一节　未成年人受保护权概述

一、未成年人受保护权之历史沿革

　　未成年人受保护权的确证，与生产力的发展水平、文化传统、社会思想意识与儿童观等因素密切相关。在奴隶社会中，奴隶的子女与奴隶一样被视为奴隶主的财产，即使是奴隶主和自由民阶级的未成年子女，也往往被视为国家财产或公共财产的一部分。例如，古罗马的法典中有弑杀畸形婴儿不用负法律责任的规定。封建社会对于儿童的认知更显愚昧，人们往往会以身高

---

　　[1]《未成年人保护法》第 3 条规定："国家保障未成年人的生存权、发展权、受保护权、参与权等权利。未成年人依法平等地享有各项权利，不因本人及其父母或者其他监护人的民族、种族、性别、户籍、职业、宗教信仰、教育程度、家庭状况、身心健康状况等受到歧视。"

和体型作为区分成年人和未成年人的标准，[1]忽视了儿童这一特殊群体的独特社会价值。在欧洲中世纪，受基督教等宗教的影响，儿童独立思考的能力被彻底否认，孩子被认为是父母的财产，无论成人还是儿童犯罪，都被认为是魔鬼的作为，需同等的、严厉的惩罚来矫正；[2]在古代中国，以"君为臣纲、父为子纲"为代表的封建伦理和礼教思想更是直接将子女定位为父权的附属物，未成年人作为权利主体的地位尚未得到国家和社会的承认，更遑论受保护权、生存权、发展权等基本权利的出现。因为儿童的心理和生理原因，孩子无法自己照顾自己。只有在体力上拥有独立自主的能力时，儿童方始加入成年人的行列，成为与成年人一样的劳动者，一样的存在。"

儿童的权利主体地位与生存权、发展权、受保护权等未成年人权利确证发端于17~18世纪的资产阶级启蒙运动。17世纪的启蒙思想家约翰·洛克提出了"天赋人权"说，认为人的生命、自由和财产是人与生俱来的权利，这些权利不可让渡和剥夺。即便是父母也不能剥夺儿童和未成年人的这些基本权利。洛克的"天赋人权说"旗帜鲜明地反对将儿童视为财产和成人附属物的封建主义儿童观，为后续"儿童的发现"奠定了思想基础。不过，在洛克看来，尽管儿童的权利是与生俱来的，但是儿童的权利必须受制于父母的权利。儿童的自由并不直接表现为儿童本身的自由，而是通过父母的自由而自由。"父母支配儿女的权力是自然给予父母的第一种权力""一个儿童是依靠他父亲的权利、依靠他父亲的理智而自由的，他父亲的理智将一直支配着他，直到他具有自己的理智时为止"。[3]另一位启蒙思想家让·雅克·卢梭则对洛克关于儿童权利的看法提出批评，指出"在万物的秩序中，人类有它的地位；在人生的秩序中，童年有它的地位；理应把成人当作成人，把孩子当作孩子"。"大自然希望儿童在成人以前就要像儿童的样子。如果我们打乱了这个

---

　　[1] 例如，根据出土的云梦秦简研究发现，秦朝以行为人的身高作为承担刑事责任的衡量标准，男子必须在六尺五寸以上（约150厘米）、女子必须在六尺二寸以上（约140厘米），才被视为法律意义上的成年人，享有相应的权利能力与责任能力，低于此身高的人，无论年龄大小均不享有成年人的权利。

　　[2] 刘卫政、司徒颖怡：《疏漏的天网 美国刑事司法制度》，中国社会科学出版社2000年版，第235页。

　　[3] 王本余："儿童权利的观念：洛克、卢梭与康德"，载《南京社会科学》2010年第8期。

次序，我们就会造成一些早熟的果实，它们既不丰满也不甜美，而且很快就会腐烂：我们将造就一些年纪轻轻的博士和老态龙钟的儿童。"[1]卢梭的思想对于"儿童的发现"而言具有决定性意义。在卢梭之前，儿童和未成年人被视作"小大人"的观念十分普遍，即使有洛克这样的启蒙思想家提出天赋人权的思想，也是认为儿童只是享有那些在其成人之后方可享有的生命、自由、财产等权利，在儿童成人之前，其权利和自由主要通过父母的权利实现，未成年人享有的基本权利与成年人享有的权利并无本质区别。卢梭则否认了以往的消极权利观与理性教育说，提出积极权利观与自然教育说，强调儿童具有的自身特性，从而使"儿童"摆脱了"小大人"的观念预设，真正开始成为独立的权利主体，并为未成年人的受保护权、发展权、参与权等权利的成型奠定了主体基础。

卢梭之后，对儿童权利主体地位的确证与未成年人权利产生重要影响的决定性人物，是19世纪英国著名的哲学家、社会学家、教育学家赫伯特·斯宾塞。斯宾塞从教育学的角度倡导对儿童权利的承认与重视，强调无论是家庭教育还是学校教育都要以尊重儿童权利为前提，儿童权利的确证与保障是做好教育工作的先决条件。[2]为了实现更好的教育效果，斯宾塞将儿童的基本权利归纳为"尊重儿童说话的权利""尊重儿童渴望公正的权利""尊重儿童自尊的权利""尊重儿童机会均等的权利""尊重儿童独立思考和判断的权利"以及"尊重儿童自我选择的权利"等类型，这一创举为未成年人基本权利的成型与确证奠定了理论基础，并且极大地推动了未成年人权利从单纯的学理概念向现实制度与国际共识原则的转变。

资产阶级革命后，欧美的一些国家开始逐渐注意到儿童与成年人在行为、思想、社会价值等方面的差异，针对未成年人的特殊处遇与权利保障制度开始出现。1899年，美国伊利诺斯州颁布了《少年法庭法》，该法创立了系统的未成年人刑事司法制度，就未成年人的犯罪治理与刑事诉讼特别程序等作出全面规定，其体现的一些基本原则和思想为美国其他各州和世界各国所借鉴，对之后的儿童与未成年人立法产生了极其深远的影响。1920年，美国几

---

〔1〕［法］让·雅克·卢梭：《爱弥儿（论教育）》，李平沤译，商务印书馆1983年版，第130～136页。

〔2〕［英］赫·斯宾塞：《斯宾塞的快乐教育》，颜真译，海峡文艺出版社2002年版，第2页。

乎所有的州都制定了各自的少年法庭法，并建立起少年法庭。世界上的许多国家也先后仿效美国的少年法庭法确立了自己的未成年人立法。英国于 1908 年制定了《儿童法》并成立少年法庭；德国于 1908 年在柏林建立第一个少年法院并于 1923 年制定《少年法院法》。1912 年法国颁布《青少年保护观察法》、1912 年比利时制定《儿童保护法》、瑞典 1924 年制定《儿童福利法》也深受美国《少年法庭法》的影响。但应当指出的是，20 世纪 20 年代以前的未成年人立法，主要围绕日益严重的青少年犯罪问题展开，其制度主旨并不在于对未成年人权利主体地位的确证与保护，而是在创设青少年刑事司法制度的同时，客观上起到了保护未成年人权益、呵护青少年健康成长的效果，在思想认识和制度设计上具有一定的时代局限性。[1]

真正推动儿童权利主体地位获得国际社会的普遍认可，促成未成年人基本权利成型的是肇兴于 20 世纪 20 年代的儿童权利运动。1924 年，国际联盟的成员国一致通过了救助儿童会的主要创始人之一埃格兰泰恩·杰布起草的《日内瓦儿童权利宣言》。该宣言阐明，所有人需要为儿童做到以下几点：为儿童提供成长的途径；在必要时提供特殊帮助；优先救济儿童；为儿童提供经济自由，让他们免受剥削；以及培养儿童的社会意识和责任感。《日内瓦儿童权利宣言》的规定为日后未成年人生存权、发展权、受保护权和参与权等基本权利的形成提供了土壤与来源，也是世界上第一份儿童权利宣言。此后，儿童和未成年人的独立权利主体地位开始逐渐引起各国的重视，不同于成年人人权的未成年人特有基本权利范畴也逐渐成形。第二次世界大战以后，儿童权利运动得到进一步的发展。1948 年，联合国大会通过了《世界人权宣言》并在第 25 条第 2 款中规定："母亲和儿童有权享受特别照顾和协助。一切儿童，无论婚生或非婚生，都应享受同样的社会保护。"不过，该宣言没有明确儿童的权利类型，规定的内容也过于原则、笼统，故此当时的人们认为有必要拟订一份独立的文件，以满足保护儿童权利的需要。在这种思想的指引下，1959 年，联合国大会通过了《儿童权利宣言》，明确提出了儿童享有受教育权、玩耍和生活在良好环境下的权利、接受卫生保健服务的权利与其他类型的权利，从而将儿童权利的类型具体化下来。该宣言不具有法律效力，

---

〔1〕 李双元、黎平："论世界儿童立法的趋同化——兼对完善中国儿童立法的几点思考"，载《湘潭大学学报（哲学社会科学版）》2005 年第 3 期。

仅具有宣示性意义，不能对各国起到切实的约束作用。有鉴于此，许多国家呼吁制定一项全面规定儿童权利、具有广泛适用意义并具有监督机制的专门法律文书，以促使国际社会在保护儿童权利问题方面能够普遍承担义务。在这种背景下，1978 年第三十三届联大会议通过决议，决定成立《儿童权利公约》起草工作组，着手公约的起草工作。1989 年 11 月 20 日，历时 10 年起草、修订的联合国《儿童权利公约》在第四十四届联合国大会上得到一致通过。该公约承认了儿童在社会、经济、政治、公民和文化领域的作用，确定了儿童利益最大原则（又称"儿童利益优先原则"），以法律的形式规定了生命权、生存权、发展权、受保护权与参与权等基本权利类型，在儿童权利保护与国际人权工作中均具有重大的里程碑意义。2015 年，索马里和南苏丹批准了该公约，《儿童权利公约》成为获得最广泛批准的国际文书，缔约国多达196 个，只有美国尚未批准此公约。[1]至此，包括生存权、发展权、受保护权、参与权等在内的儿童基本权利获得了国际社会的广泛认可，并对签署《儿童权利公约》的世界各国产生了法律约束力。

我国于 1990 年 8 月 29 日签署了联合国《儿童权利公约》，成为该公约的第 105 个缔约国。在充分借鉴国外立法和总结国内地方立法经验的基础上，1991 年 9 月 4 日，《未成年人保护法》经第七届全国人民代表大会常务委员会第二十一次会议审议通过，2006 年修订的《未成年人保护法》第 3 条第 1 款（该条款现已被修改）规定"未成年人享有生存权、发展权、受保护权、参与权等权利，国家根据未成年人身心发展特点给予特殊、优先保护，保障未成年人的合法权益不受侵犯。"2020 年修订的《未成年人保护法》将第 3 条第 1 款修改为："国家保障未成年人的生存权、发展权、受保护权、参与权等权利。""未成年人的受保护权"作为国际公约和我国法律规定的基本权利正式被确立了下来。

二、未成年人受保护权的概念范畴

虽然"受保护权"作为一项法律明文规定的未成年人基本权利迄今已有30 余年的历史，但尴尬的是对于"受保护权"是什么的问题，《未成年人保护法》与相关法律法规均未给出一个明确的定义，关于受保护权的内涵、外

---

〔1〕 "History of child rights"，载联合国儿童基金会网站：https://www.unicef.org/child-rights-convention/history-child-rights，最后访问日期：2020 年 10 月 10 日。

延、属性等基本问题，理论界亦未形成统一的见解。2020 年修订前的《未成年人保护法》虽然在第 3 条规定了未成年人享有受保护权，但之后的主体部分采用了"家庭保护""学校保护""社会保护""司法保护"的立法编制体例，只是从责任主体的角度规定了其应当承担的未成年人法律保护义务及相关的程序机制和法律责任，并未对受保护权、发展权、参与权等具体权利的内涵作进一步解析；2020 年修订的《未成年人保护法》延续了这一立法模式，仅新增了"网络保护""政府保护"两章，仍未明确未成年人基本权利的具体内涵。这就使得未成年人的受保护权仅有其名而未具其形，给未成年人的权利确证与法律保护工作造成障碍。诚如批评者所指出的那样，在我国，未成年人作为权利主体的地位往往为立法所忽略，《未成年人保护法》也只是原则性地规定了未成年人的权利主体地位，并无各种权利内容的具体体现。即使在权利保护相对完善的刑事领域，也仅仅是把未成年人作为保护对象，并没有从权利主体的角度构建相关权利制度。[1]立法规定的先天缺失致使包括"受保护权"在内的各种未成年人基本权利均存在内涵不清、范围模糊的问题，不同学者对于"受保护权"概念的理解千差万别，由此引发了诸多观点之争：

（一）泛义说

关于未成年人受保护权概念范围最广义的理解是泛义说。持此立场的观点将一切与儿童权利保护有关的立法规定均视为未成年人受保护权的立法渊源，具体包括以下内容：①救助类儿童政策，包括孤儿救助类政策、流浪儿童救助类政策、重病儿童救助政策、残疾儿童救助政策；②儿童收养、寄养政策；③儿童教育政策；④儿童司法保护政策；⑤儿童医疗卫生政策；⑥儿童安全政策；⑦儿童营养健康政策。[2]申言之，未成年人的受保护权是指一切与儿童利益与福祉相关的综合性权利体系，包括生命安全权、身体健康权、受教育权、被监护权、获得救济权、获得社会保障权以及在刑事司法程序中受到优待与保护的权利。

（二）广义说

广义说在泛义说的基础上对未成年人受保护权的概念范围进行了一定程

---

〔1〕 管华："论儿童宪法权利的制度保障"，载《江苏行政学院学报》2012 年第 5 期。
〔2〕 赵川芳："我国儿童保护立法政策综述"，载《当代青年研究》2014 年第 5 期。

度的限缩，认为对未成年人的刑事优待更多地属于一种程序制度设计或者说权利保护的手段，不宜将之归入权利内容本身，故此主张将未成年人在司法程序中的特殊处遇和相关权利从受保护权的概念范畴中予以剔除，未成年人受保护权的客体应当是那些在未成年人成长过程中易受侵害的权利，其中主要的是人身受保护权和财产受保护权。有论者将未成年人受保护权的内容归纳为：受教育权、人格尊严、身体健康权、人身自由权、隐私权、通信自由与通信秘密、财产权和获得公正评价权；[1] 亦有研究者主张受监护权、财产受保护权和免受歧视权构成未成年人受保护权的主要概念内涵。[2]

（三）狭义说

狭义说在认为未成年人在司法程序中享有的特殊处遇和保护措施不属于受保护权这一点上与广义说是一致的，但该立场对受保护权的范围界定更加严格：一是主张将财产受保护权排除在未成年人受保护权的概念范畴之外，认为受保护权主要是指未成年人的人身安全和身体健康免受不法侵害的权利，包括生理受保护权、心理受保护权和隐私受保护权三个基本方面。[3] 二是将受教育权、社会保障权等积极权利分别归入生存权、发展权等其他权利类型，[4] 强调受保护权是一种避免儿童身心健康免受不法行为侵害或威胁的消极权利。狭义说将《儿童权利公约》中对未成年人基本权利的规定概括为"生存的权利""充分发展其全部体能和智能的权利""不受危害自身发展影响的权利"以及"参与家庭、文化和社会生活的权利"，分别对应生存权、发展权、受保护权与参与权等概念。其中，受保护权特指儿童不受危害自身发展影响的、被保护的权利。[5]

（四）极端狭义说

极端狭义说也可以被称为特殊保护说，认为未成年人的受保护权是指为弱势群体特别是孤儿、残疾儿童、流浪儿童等特殊群体提供的特殊保护，该

---

〔1〕 褚宏启："中小学生权利的法律保护"，载《中国教育学刊》2000 年第 4 期。

〔2〕 郭开元、张晓冰："我国农村留守儿童权益保护及对策研究"，载《中国青年社会科学》2018 年第 4 期。

〔3〕 霍雨佳、肖凤秋、谢娟："城市家庭中儿童权利保护状况的调查研究"，载《教育理论与实践》2017 年第 11 期。

〔4〕 管华："论儿童宪法权利的制度保障"，载《江苏行政学院学报》2012 年第 5 期。

〔5〕 杨雄、郝振："上海市儿童权利家庭保护的现状与挑战"，载《社会科学》2008 年第 6 期。

权利的设立宗旨主要是防止弱势儿童受到歧视、虐待和照顾不周，对失去家庭的儿童、难童等特殊群体提供保护。[1]"儿童权利保护内容兼顾生存权、发展权、受保护权和参与权，其中生存权主要涉及儿童的食品和用品安全、校车安全等内容；受保护权主要是指各种儿童保护制度的建立，特别是加强了对流浪儿童、孤儿及受艾滋病影响儿童的保护，以及预防针对儿童的性侵害"。与前述几种观点相比，极端狭义说对未成年人受保护权的理解更为狭窄，认为受保护权主要强调对特殊儿童的保护和支持，将生命健康权、医疗卫生、未成年人劳动保护、食品安全、校园安全等权利内容归入生存权，将受教育权归入发展权。[2]

对于以上几种见解，我们认为，其一，泛义说的见解将受教育权、社会保障权等明显属于发展权的具体权利归属于受保护权的范围之内，不仅淡化了将未成年人基本权利划分为生存权、发展权、受保护权与参与权等权利类型的分类意义，亦使受保护权的概念泛化，无法突出该权利侧重于未成年人成长和权益保护的制度特征，故而并不可取。其二，广义说的见解具有一定的合理性。然而，将未成年人的受保护权解读为人身受保护权和财产受保护权的集合，本质上仍然是人身权和财产权等民事权利在未成年人保护领域的自然延伸，无法突出受保护权以未成年人为保护主体的特殊性。按照广义说的理解，受保护权无非是公民人身权和财产权在未成年人法中的简单翻版，该权利存在的合理性与特殊意义亦会一并遭受质疑。其三，极端的狭义说突出了受保护权的未成年人属性，强调对未成年人特别是特殊未成年人进行保护，但是将该权利的主体仅仅局限于孤儿、残疾儿童、流浪儿童等特殊主体而非全体未成年人，未免失之片面。虽然就我国目前的立法政策而言，孤儿、残疾儿童、流浪儿童等特殊未成年人群体是法律法规重点关注的群体，然而未成年人受保护权的权利主体不应仅仅局限于特殊儿童群体，校园欺凌、家庭暴力、性犯罪、拐卖与虐待等严重侵害广大未成年人合法权益的行为在现实社会中仍然大量存在，普通未成年人的合法权益也应当得到法律的确证与保障。在此背景下，更应当将未成年人受保护权的主体范围界定为全体未成

---

〔1〕 管华："儿童权利的证成"，载《西部法学评论》2014 年第 3 期。

〔2〕 裴指挥、张丽、刘焱："从救助走向福利：我国儿童权利保护法律与政策的价值变迁"，载《学前教育研究》2015 年第 9 期。

年人，而非仅突出孤儿、残疾儿童等特殊群体。

综上，在对未成年人受保护权的概念进行理解时，狭义说的主张是最为恰当的。

三、未成年人受保护权范围之界定

未成年人的受保护权，是指未成年人的身心健康不受各种形式的非法侵害或威胁的权利。在对受保护权的概念进行理解时，应当重点把握以下几个要点：

1. 未成年人受保护权的主体是未满 18 周岁的自然人。受保护权的主体是"未成年人"，这包含两层含义：一是受保护权的主体在年龄条件上应当包括自出生起至年满 18 周岁的自然人。在一些法律条约与政策文件中，"未成年人"与"儿童"等概念是相互通用的。例如，《未成年人保护法》中所称"未成年人"是指未满 18 周岁的公民；联合国《儿童权利公约》则采用了"儿童"这一称谓，但是该公约所称的"儿童"系指"18 岁以下的任何人"，也就是说，《未成年人保护法》中规定的"未成年人"与《儿童权利公约》中的"儿童"在年龄条件上是一致的。但是应当注意的是，国内的一些法律，虽然采用了"儿童""童工"等概念，但这些概念的外延与"未成年人"并不完全相同。例如，《刑法》中第 262 条拐骗儿童罪中的"儿童"，是指未满十四周岁的儿童，而第 244 条之一规定的"童工"，则指代未满十六周岁的未成年人。在对"未成年人"这一主体要件进行把握时，应当注意其年龄条件以及与"儿童"等相关概念的通用关系。二是未成年人受保护权中的"人"应当是指所有未满 18 周岁的自然人，而非仅限于我国公民。根据《宪法》第 33 条的规定，只有具有中华人民共和国国籍的人才是我国的公民。外国人、无国籍人、华人以及加入外国国籍的国内艺人等，不属于中华人民共和国的公民。《未成年人保护法》规定的"未成年人"仅指未满 18 周岁的我国公民，也即具有中华人民共和国国籍的未成年人，但是这并不意味着外国人、无国籍人、华人等群体不享有未成年人的受保护权。作为《儿童权利公约》的缔约国，对于公约规定的权利和义务，我国均应认可和遵守，而公约将未成年人受保护权的主体范围界定为"儿童"也即"18 岁以下的任何人"，这也就意味着凡是未满 18 周岁的自然人，均是公约的保护对象，平等地享有受保护权。这一点在我国领域内也是成立的。

2. 未成年人受保护权以未成年人的身体和心理健康为保护对象。所谓身体健康，是指人体的各系统具有良好的生理功能，主要脏器无疾病，身体形态发育良好，对疾病的抵抗能力较强的生理状态。传统的健康观即身体健康，"无病即健康"；而现代健康观的内涵则同时包括了心理健康。世界卫生组织提出"健康不仅是躯体没有疾病，还要具备心理健康、社会适应良好和有道德"。心理健康是指心理的各个方面及活动过程处于一种良好或正常的状态，通常是指性格完好、智力正常、认知正确、情感适当、意志合理、态度积极、行为恰当、适应良好的状态。《儿童权利公约》在前言部分强调"儿童因身心尚未成熟，在其出生以前和以后均需要特殊的保护和照料，包括法律上的适当保护"；我国《未成年人保护法》第1条规定"为了保护未成年人身心健康，保障未成年人合法权益……根据宪法，制定本法"，可见，未成年人的身体健康与心理健康是受保护权的主要保护对象。至于未成年人的财产权益，一则未成年人在成年之前，处于无民事行为能力或者限制民事行为能力状态，仅能处分少量财产乃至无权处分财产；二则可以援引《民法典》中有关公民财产的一般规定对其财产权利予以确证和保护。对未成年人财产的保护并不能体现未成年人受保护权的特殊性与迫切性，故此我们认为财产并不属于未成年人受保护权的权利对象。

3. 未成年人的受保护权是一种消极权利，必须以不法侵害或危险状态的存在为前提，这是受保护权与生命权、生存权等基本权利的区别所在。联合国《儿童权利公约》第6条规定："缔约国确认每个儿童均有固有的生命权。缔约国应最大限度地确保儿童的存活与发展。"该条文同时规定了生命权、生存权和发展权三项基本权利。生命权、生存权强调儿童和未成年人有维持自身生命、存活于世的权利，为了维护未成年人的生命和生存，国际社会和各个国家有义务采取积极手段为生命垂危或处于危险状态的未成年人提供救助，或者采取措施避免未成年人陷入生命受到威胁的状态。为此，一方面国家应当为未成年人特别是新生儿、婴幼儿等提供良好的医疗保障，以提升婴儿的存活率，确保未成年人的身体健康以延续、维持其生存；[1]另一方面，还应

---

〔1〕《儿童权利公约》第24条规定："缔约国确认儿童有权享有可达到的最高标准的健康，并享有医疗和康复设施。缔约国应努力确保没有任何儿童被剥夺获得这种保健服务的权利。缔约国应致力充分实现这些权利，特别是应采取适当措施，以（A）降低婴幼儿死亡率；（B）确保向所有儿童提供必要的医疗援助和保健，侧重发展初级保健；（C）消除疾病和营养不良现象，包括在初级保健范围内利用现有可得的技术和提供充足的营养食品和清洁饮水，要考虑到环境污染的危险和风险……"

当通过构建监护制度、收养制度、流浪儿童救助制度确保没有独立生活能力的未成年人被父母、监护人、社会组织和国家养育成人，避免其因无人抚养而死。[1]生存权和生命权主要侧重于强调国家和国际社会积极采取措施确保未成年人生命的存活和延续，当未成年人出生、生命活动开始后，政府和国家有义务通过医疗卫生制度、收养监护制度、社会保障和救济制度等确保这种正常的生存状态得以延续和维持。与生命权、生存权等基本权利不同的是，未成年人的受保护权是指未成年人有权确保自身的身心健康免于遭受各种侵害或威胁的权利。国家、政府、学校等相关主体应当履行相应的职责，避免未成年人的身体和心理健康陷入异常状态，并且在未成年人的身心健康遭受侵害时采取措施排除妨害、消除危险。申言之，生命权和生存权旨在强调正常状态下未成年人的生命和健康状态，而受保护权则强调威胁未成年人生命健康的异常状态的避免和排除，后者必须以某种类型的不法侵害或危险状态的存在作为前提。

4. 未成年人的受保护权是一种综合性的权利体系。如前所述，未成年人的受保护权以未成年人的身体和心理健康为基本保护对象，这也就意味着受保护权并不是一种保护某种单一法益的单独性权利，而是一种包含多种内容的综合性权利系统。具体来说，可以将未成年人的受保护权具解为身体健康受保护权、心理健康受保护权和人身自由受保护权三项子权利，每种权利下亦可作更加细化的具体权利分类，由此形成一种围绕未成年人身体健康和心理健康的权利保护体系。

第二节　身体健康受保护权

身体健康受保护权，是指未成年人的生命和身体健康免受侵害和威胁的权利。具体来说，可能造成未成年人的生命健康陷入异常状态的危害来源主要包括三种，既不法侵害行为、危害物品以及不良社会习俗。与之相对应，可以将身体健康受保护权分解为免受不法侵害权、免受毒品侵害权和免受陋习侵害权三项子权利。

---

〔1〕　参见《儿童权利公约》第18条、第20条、第21条等。

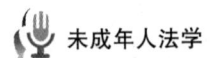

一、免受不法侵害权

所谓免受不法侵害权，是指未成年人的生命安全和身体健康不受凌辱、剥削、虐待、性侵、暴力等不法行为侵害的权利，《儿童权利公约》在第19条第1款规定了未成年人的身体健康不应受到来自父母、监护人、照料人的不法侵害："缔约国应采取一切适当的立法、行政、社会和教育措施，保护儿童在受父母、法定监护人或其他任何负责照管儿童的人的照料时，不致受到任何形式的身心摧残、伤害或凌辱，忽视或照料不周，虐待或剥削，包括性侵犯。"第34条规定了未成年人不受性剥削与性侵害的权利，缔约国承担保护儿童免遭一切形式的色情剥削和性侵犯之害，为此目的，缔约国尤应采取一切适当的国家、双边和多边措施，以防止引诱或强迫儿童从事任何非法的性活动、利用儿童卖淫或从事其他非法的性行为以及利用儿童进行淫秽表演和充当淫秽题材。第32条第1款确认了未成年人不受劳动剥削的权利："缔约国确认儿童有权受到保护，以免受经济剥削和从事任何可能妨碍或影响儿童教育或有害儿童健康或身体、心理、精神、道德或社会发展的工作。"并且在第36条兜底性地规定："缔约国应保护儿童免遭有损儿童福利的任何方面的一切其他形式的剥削之害。"《儿童权利公约》的这些内容成为未成年人受保护权中不受非法侵害权的规范来源。

免受不法侵害权是未成年人的身心健康免受各类不法行为侵害的权利，不法侵害行为是该权利的危险来源，同时也是威胁未成年人受保护权的主要来源。在实践中，侵害未成年人身心健康的不法侵害行为主要来源于以下几类主体：

（一）未成年人的父母和其他监护人

父母和监护人是与未成年人关系最为紧密的人，是未成年人的抚养者、教育者、引导者，同时也是不法侵害行为的重要来源之一。在现实生活中，一些父母未能树立正确的教育观与子女观，任意打骂、体罚、虐待子女；在某些地区，甚至出现过狠心奶奶用数十根钢针扎入幼童脖颈的极端案例；[1]部分养父母、继父母与养、继子女关系紧张，以教育为名行泄愤之实，虐待、

---

[1] 王国俊："狠心奶奶缝被针戳进孙子脖颈，跪求原谅无果后自杀"，载新浪新闻网，http：//news. sina. com. cn/c/2005 - 01 - 04/19454716578s. shtml，最后访问日期：2021年9月28日。

伤害乃至杀害未成年人的案例近年来屡见报端；[1]这些情况意味着父母和监护人也会成为侵害未成年人权益行为的重要来源之一。有鉴于此，《儿童权利公约》在第 19 条第 1 款专门就未成年人享有身体健康不受来自父母和监护人不法侵害的权利作出规定。

（二）儿童照料机构

除父母和监护人之外，医院、月子中心、托儿所、幼儿园等其他儿童照料机构也可能成为侵害未成年人特别是婴幼儿生命健康权的不法行为来源，2017 年引发社会广泛热议的"北京红黄蓝幼儿园虐童事件"便是此类问题的一个缩影。

案　例

2017 年 11 月 22 日晚开始，有十余名幼儿家长反映北京市朝阳区某幼儿园国际小二班的幼儿遭遇老师扎针、喂不明白色药片，并提供孩子身上多个针眼的照片。2017 年 11 月 26 日，北京警方就该幼儿园幼儿疑似遭针扎、被喂药一事进行了通报，涉嫌虐童的幼儿园教师刘某某被刑拘。

2018 年 12 月 26 日上午，北京市朝阳区人民法院依法对被告人刘某某虐待被看护人案公开宣判，法院经审理查明，被告人刘某某，女，22 岁，河北省人，系该幼儿园教师，2017 年 11 月间，因部分儿童不按时睡觉，刘某某遂采用缝衣针扎的方式进行"管教"。经调查，被告人刘某某在所任职的班级内，使用针状物先后扎 4 名幼童，经刑事科学技术鉴定，上述幼童所受损伤均不构成轻微伤。法院认为，幼儿是祖国的未来，是需要特殊保护的群体，其合法权益不容侵犯。以虐待被看护人罪一审判处刘某某有期徒刑 1 年 6 个月，禁止其自刑罚执行完毕之日或者假释之日起 5 年内从事未成年人看护教育工作。[2]

（三）学校及其他教育机构

根据《宪法》《义务教育法》等法律的规定，我国实行九年义务教育

---

〔1〕　钟云故意杀人案：湖北省荆州市中级人民法院一审刑事判决书（2018）鄂 10 刑初 58 号。

〔2〕　刘苏雅："'红黄蓝'教师虐童案终审宣判——女教师上诉被驳 获刑一年半 并被责令 5 年内禁止从事未成年人看护教育工作"，载《北京晚报》2019 年 6 月 18 日，第 9 版。

制度，凡年满6周岁的儿童，其父母或者其他法定监护人应当送其入学接受并完成义务教育；条件不具备的地区的儿童，可以推迟到7周岁。未成年人自6~7周岁起即进入学校学习，在中高等教育得到大面积普及的今天，很多未成年人自入学起至其成年，绝大部分时间都是在学校和其他教育机构中度过的。可以说，学校是除父母外与未成年人接触最多、关系最密切的法律关系主体，同时亦成为损害未成年人合法权益的危险来源之一。

学校及其他教育机构对未成年人生命和身体健康的侵权行为主要来自三个方面：一是学校的管理存在漏洞造成学生伤亡与其他校园安全事故。校舍年久失修、漏水漏电，运送学生的校车发生交通事故，校园秩序混乱引发的学生踩踏事故，悬挂物坠落、锅炉爆炸、食物中毒等引发的学生伤亡都会成为威胁未成年人生命健康的危险来源。据相关人士透露，2008年仅河南省洛阳市一地每年因校园安全问题非正常死亡的中小学生就有四五十人，相当于损失一个教学班。学校安全事故已成为14岁以下未成年人的第一死因。[1]二是教师教学管理行为失范引发的伤害事件。某些教师特别是中小学教师欠缺必要的师德修养，教学管理手段粗暴，体罚、虐待、辱骂学生的事件时有发生，甚至出现有学生因忍受不了来自教师的精神刺激而选择自杀的极端个案，形成恶劣的社会影响。三是来自于其他学生的校园欺凌与暴力事件。所谓校园欺凌，是指在幼儿园、中小学及其合理辐射区域内发生的教师或者学生针对学生的持续性的心理性或者物理性攻击行为，这些行为会使受害者感受到精神上的痛苦与肉体上的伤害。[2]校园欺凌与校园暴力既有联系又有区别，相对而言，校园暴力以赤裸裸的"硬暴力"为主要实施手段，对未成年人的身体伤害程度较为严重，而校园欺凌更多地以侮辱、虐待、孤立等方式对未成年人形成心理压迫，暴力往往作为一种辅助性手段而存在，但无论是校园欺凌还是校园暴力，均对未成年人的身心健康造成严重的负面影响。中国青少年研究中心针对10个省市的5864名中小学生的一项调查显示，32.5%的人偶尔被欺负，6.1%的人经常

---

〔1〕潘志贤、杨强："学校安全事故何时了"，载《中国减灾》2009年第1期。

〔2〕任海涛："'校园欺凌'的概念界定及其法律责任"，载《华东师范大学学报（教育科学版）》2017年第2期。

被高年级同学欺负。[1]浙江大学《青少年攻击性行为的社会心理研究》调查显示，49%的学生承认对其他同学有过不同程度的暴力行为，87%的人曾遭受过来自其他同学的暴力行为。[2]

可见，校园欺凌和暴力现象在当今的校园中仍然十分普遍，成为侵害未成年人身体健康受保护权的又一重要来源。

（四）其他不法侵害人

除了父母、教师、同学等日常生活学习中的熟人以外，未成年人的身体健康与人身安全还时刻面临着来自社会与陌生人的威胁。这一问题在农村留守儿童中尤为明显。截至2018年年底，我国仍有父母均在外打工且未满16周岁的农村留守儿童697万人，[3]根据全国妇联的统计估算，其中有约一半的父母在孩子1岁前即外出打工，其中有2成甚至在孩子出生1~3个月即出门，父母监护缺失和农村落后的社会状况，使得留守儿童的生命健康与人身安全面临巨大风险。[4]调查数据显示，农村留守儿童遭受殴打、伤害、性侵以及交通事故、溺水触电等意外伤害的发生率远高于平均水平。其中，42.7%的农村留守儿童经常有摔伤、碰伤等身体伤害现象，32.7%的留守儿童曾被锐器割伤。[5]即使在社会设施完善、治安状况相对较好的城市，针对未成年人的人身伤害案件依然时有发生，部分生活失意、思想极端、具有反社会人格的危险分子依然会成为未成年人身体健康受保护权的风险来源。

案 例

黄某某，男，1989年出生，湖南绥宁人，其在多地长期就业不顺，自认为遭到"欺辱""伤害"，遂产生杀害儿童以泄私愤的歹念。2017年3月至10

〔1〕 "调查显示：近三成中小学生表示偶尔遭受校园欺凌"，载新华网，http://www.xinhuanet.com/politics/2016-05/29/C_12902354.htm，最后访问日期：2021年9月28日。
〔2〕 李江涛："中学生暴力行为的心理分析"，载《中小学心理健康教育》2005年第10期。
〔3〕 "图表：2018年农村留守儿童数据"，载中华人民共和国民政部门户网站，http://www.mca.gov.cn/article/gk/tjtb/201809/20180900010882.shtml，最后访问日期：2020年10月12日。
〔4〕 李小侠："农村留守儿童权益保护机制研究"，载《广东农业科学》2010年第7期。
〔5〕 郭开元、张晓冰："我国农村留守儿童权益保护及对策研究"，载《中国青年社会科学》2018年第4期。

月间，黄某某先后在上海、广州等地拍摄多所小学、幼儿园照片，选择作案目标。2018 年 6 月 6 日，黄某某来到上海，通过反复实地观察，最终决定以上海市世界外国语小学的学生作为作案目标。6 月 28 日 7 时许，黄某某携带事先准备的不锈钢斩切刀至该校附近驻足窥探，伺机作案。11 时 30 分许，黄某某尾随该校小学生谭某某、费某某、金某某以及学生家长张某某等人，行至距校南门约 130 米处时，突然拿出斩切刀进行砍杀，谭某某因被锐器砍切项部造成颈椎、颈髓及椎动脉离断致中枢神经系统损伤合并失血性休克而死亡，费某某因被锐器砍切头面部及左手掌等处造成颅腔开放、左手离断等致颅脑损伤合并失血性休克而死亡，金某某、张某某头部等处损伤构成轻伤。黄某某行凶后随即被群众和安保人员当场扭获。经鉴定，黄某某患有精神分裂症，在本案中具有限定刑事责任能力。

2019 年 5 月 23 日，黄某某故意杀人一案在上海市第一中级人民法院开庭审理。法院认为，被告人黄某某系有预谋、有准备地在校园附近针对无辜儿童实施严重暴力，其犯罪动机极其卑劣，犯罪手段极其残忍，犯罪后果极其严重，社会影响极其恶劣。上海市第一中级人民法院以故意杀人罪对黄某某判处死刑，剥夺政治权利终身。[1]

二、免受毒品侵害权

未成年人的身体健康不仅面临着来自家庭、学校、社会的不法侵害行为的威胁，还会受到各类物品的损害，其中最具代表性的有两类，一是毒品与精神麻醉药品；二是烟酒。与后者相比，毒品对未成年人生命和身体健康的戕害程度尤为严重，并且会进一步引发极其严重的社会问题，故此联合国《儿童权利公约》第 33 条强调："缔约国应采取一切适当措施，包括立法、行政、社会和教育措施，保护儿童不至非法使用有关国际条约中界定的麻醉药品和精神药物，并防止利用儿童从事非法生产和贩运此类药物。"是为未成年人免受毒品侵害权的主要规定。

根据《刑法》第 357 条第 1 款的规定，毒品，是指鸦片、海洛因、甲基苯丙胺（冰毒）、吗啡、大麻、可卡因以及国家规定管制的其他能够使人

---

〔1〕 "上海杀害小学生致二死二伤案宣判 被告人黄一川死刑"，载中国新闻网，http://www.chinanews.com/sh/2019/05-23/8844884.shtml，最后访问日期：2020 年 10 月 14 日。

形成瘾癖的麻醉药品和精神药品。近年来，以传统毒品相互混合或者添加其他成分而制成的新型毒品不断出现，成为当前禁毒工作的重点。这些新型毒品包括：①摇头丸（MDMA），苯丙胺类中枢兴奋剂，具有兴奋和致幻的双重作用；②麻古，一种冰毒片剂，外观与摇头丸相似，由甲基苯丙胺与咖啡因混合制成；③K粉（氯胺酮），分离性麻醉剂，服用后遇快节奏音乐便会条件反射般强烈扭动，产生意识和感觉的分离状态，导致神经中毒反应和精神分裂症状，表现为幻觉、运动功能障碍，出现怪异和危险行为，同时对记忆和思维能力造成严重损害；④开心水，是一种无味、透明的液态毒品，由冰毒、摇头丸、氯胺酮等多种新型毒品混合而成；⑤三唑仑，又名海乐神、酣乐欣，淡蓝色药片，是一种镇静、催眠药物，长期服用极易导致药物依赖。

　　实践中，得益于长期以来对毒品犯罪和吸毒活动的高压打击态势，吸毒现象在我国的未成年人群体中并不常见。然而，目前还有一些虽然没有被明确列入毒品目录，但是具有强烈成瘾性的麻醉品被滥用的情况存在，实践中已经出现了多起未成年人大量吸食笑气（一氧化二氮）的案件，[1]这些未成年人在酒吧、夜店、KTV等场所接触到此类麻醉品，继而成瘾、形成依赖，最终对其身体机能造成严重损害，很多过量吸食笑气的未成年人出现肌肉萎缩、大小便失禁、神经功能损伤等症状，甚至终生瘫痪。此外，就特殊未成年人群体而言，禁毒局势亦不容乐观。在全国各地的工读学校中，学生吸食毒品的现象非常普遍。[2]一份2010年的调查研究显示，32.2%的工读生吸食过毒品，其中多为新型毒品，吸毒人数比例远高于普通的在校初中生。吸毒的工读生平均年龄为14～15岁，最小的仅11岁。研究者同时发现，父母、同伴因素和工读生吸毒行为显著相关，父母、同伴吸毒行为越多，对毒品态

---

〔1〕 吸食笑气往往被冠以"嗨气球""吹气球"等名称，吸食者往往使用一枚形似保温瓶的喷枪，装上一颗银色子弹大小的气罐，然后将喷嘴套上气球，按动阀门，气球随即鼓起。待球胀满后，再将气球嘴塞入自己嘴中，两根手指掐住喷嘴，掌握着泄气量。随着气球泄气时的嘶嘶声，吸食者会闻到一股奶油香味。吸食之后，吸食者的声音会变得十分尖厉，还会一直想笑，吸食者以此取乐，继而成瘾。

〔2〕 工读学校，是面向具有严重不良行为、不适合继续留在普通学校学习的未成年人，开展义务教育和行为矫治的专门学校。所谓"严重不良行为"，是指进行过寻衅滋事、敲诈勒索、赌博盗窃、淫秽色情等严重危害社会，尚未达到违法犯罪程度的行为。工读学校的学生，多为社会上常说的"不良少年"或"问题少年"。张良驯："对工读学校'去工读化'现象的探讨"，载《中国青年研究》2016年第4期。

度越开放、亲子互动越差，工读生越容易出现吸毒行为。[1]可见，在确保未成年人远离毒品、免受毒品和其他麻醉品、精神药品的侵害方面，国家和政府仍有许多工作要做。

为了呵护青少年的健康成长，保障未成年人免受毒品侵害的权利，一方面，应当进一步加大对毒品犯罪和吸毒行为的打击力度，从源头上遏止制毒贩毒活动，帮助吸毒人员戒毒脱毒，从而斩断毒品从父母和同伴流向未成年人的渠道；另一方面，应当继续加强禁毒宣传教育，增进未成年人和在校学生对毒品危害的认识，提升其辨识新型毒品和其他麻醉品、精神药品的能力，从而帮助其远离毒品等危险物品的侵害。

三、免受陋习侵害权

《儿童权利公约》第 24 条第 3 款规定："缔约国应致力采取一切有效和适当的措施，以期废除对儿童健康有害的传统习俗。"这是关于未成年人免受陋习侵害权之规定。纵观古今中外，侵害未成年人身心健康的陋习不胜枚举，其中比较有代表性的有如下几例：

（一）缠足陋习

缠足是中国古代最具代表性的传统陋习，在封建社会的汉族女性中尤为盛行。女童在五六岁时即开始使用布条缠裹双足，使足前端变尖，并限制双足长度，随着生长发育足弓挤压增高，逐渐形成特殊的"三寸金莲"的足形。学界研究认为，缠足陋习的形成主要源自于以下几个方面的原因：一是满足审美的需求，小脚使女性行动不便，行走时左右摇摆，小脚细腰、摇曳生姿，非常符合当时男性的审美。二是封建社会两性隔离制度发展的结果，中国古代奉行严格的两性隔离政策，"男主外、女主内""男女有别、授受不亲"的思想影响深远。受此两性隔离思想的影响，在女性幼年时进行缠足，以便成年时将其禁锢在家中。女性专注于家庭内部、不与外界接触便顺理成章地成为当时的社会风尚。三是处女嗜好的促进，古人不仅强调贞节，还讲贞操。前者是关于已婚妇女的守贞保节的要求，而贞操则扩展到未婚女子身上，形成所谓童贞要求。在此种社会风气中，对女性处女贞操的要求不断强化，而

---

〔1〕 胡伟、林丹华、汪婷："父母、同伴因素与工读生吸毒行为的关系"，载《中国特殊教育》2010 年第 10 期。

缠足作为限制妇女行动，避免其"失贞"的一种有效手段，进一步得以推广普及。四是上层阶级的提倡与推广，主要表现为宋明理学等理论学说的推动作用。[1]缠足风俗起源于南唐，兴于宋代，清代时达到顶峰。作为一种人为的畸形，缠足陋习对于女性特别是未成年人身体健康的严重摧残不言而喻，不仅剥夺了女性正常行走、奔跑的能力，还会对缠足者的脊柱神经和下肢骨骼、肌肉产生严重的不良影响，从而影响其肢体功能。[2]

随着时代的发展与社会的进步，这一陋习在20世纪初被逐渐废弃，但在一些偏远落后的地区，妇女缠足的现象依然存在，一直到中华人民共和国成立后，经过将近半个世纪的宣传倡导及后来的明令禁止，缠足现象方于我国绝迹。

（二）童婚陋习

所谓童婚，是指未成年男女结婚的习俗和现象。世界上许多国家曾流行童婚。时至今日，童婚在非洲、印度以及一些东南亚国家仍然十分常见。2011年国际妇女研究中心人口和健康数据统计显示，在尼日尔、乍得和马里，有70%多的女孩结婚时未满18岁；孟加拉国、尼泊尔与中非等国的童婚率超过50%；印度以及非洲的大多数国家，童婚率均在40%以上。联合国儿童基金会称，全球"儿童新娘"中超过1/3来自印度，半数以上来自南亚，大约有6000万年轻女性在还未成年时就嫁人。印度、尼泊尔和巴基斯坦一些儿童10岁前就已订婚甚至结婚。

在我国，童婚作为一项由来已久的陋习，迄今已有一千多年的历史。中国古代的童婚多以"童养媳"的形式存在。所谓"童养媳"，又称"待年媳""养媳"，是指由婆家抱养女婴或养育幼女，至十三四岁时安排其与幼子"圆房"，至成年后正式结婚的童婚形式。童养媳的婚俗约成于宋代，但类似童养媳的婚姻于更早的三国、汉朝就已出现，例如汉昭帝的皇后上官氏，6岁时就被送进宫中成为12岁皇帝的妻子，实际上也是童养媳的性质。宋朝起历代均有不少文献记载童养媳。明清时期，两淮地区的盐商巨贾一度风行"养瘦马"的习俗，收买贫苦人家的幼女为妾，这在本质上也属于童婚的一种形式。直至民国初年，童婚的风俗仍然普遍存在。中华人民共和国成立后，于1950年

---

〔1〕　潘洪钢："汉族妇女缠足习俗的起因新解"，载《江汉论坛》2003年第10期。
〔2〕　秦为径等："缠足畸形的形态学特征"，载《第四军医大学学报》2008年第14期。

颁布《中华人民共和国婚姻法》（以下简称《婚姻法》，现已失效），明确革除童婚、纳妾、重婚等陋习，并规定"男二十岁，女十八岁，始得结婚"，至此，童婚作为一种旧时代的婚俗陋习在法律上被消灭了。然而，在事实上，童婚陋习尚未被彻底革除。时至 21 世纪，在我国一些偏远农村和少数民族地区，依然存在这种严重危害未成年人身体健康的传统陋习。据我国 2010 年人口普查资料显示，1980 年～2010 年，初婚年龄在 18 岁以下的未成年人有192.25 万人，其中，女性初婚的人口总数达 142.8 万人，男性为 49.45 万人，此外，还有 6 万余名未成年人在未满 15 周岁时便已成婚。可见，童婚问题在今天依然比较严重。

童婚对未成年人特别是未成年女童身体健康的损害是显而易见的，过早的性行为会造成性器官损伤、内分泌紊乱等并发症状，而身体尚未发育成熟的未成年人怀孕生子，还会极大地提升孕妇的死亡风险。联合国儿童基金会在《2016 年世界儿童状况报告》中提出，如果我们现在不采取行动，到 2030年，将有 7.5 亿女性在童年时期出嫁，将占那时世界女性人口总数的 17% 左右。为了呵护未成年人的健康成长，切实维护未成年人特别是未成年女性的身体健康受保护权，革除童婚陋习、鼓励适龄生育势在必行。

（三）女性割礼

女性割礼，亦称为"割阴"，是一种以切除女子外阴为特征的成年礼。女性割礼起源于古埃及，迄今已有 4000 余年的历史。关于女性割礼的由来，学界众说纷纭，目前存在两种较为普遍的说法：一种观点认为在远古蒙昧时代，非洲各部落只考虑如何繁衍后代，以增强部落的实力，割礼普遍被认为是提高女子生育能力最有效的方法；另一种说法是各部落间的战争频繁，男子要经常远征，受过割礼的妇女被认为能更有效地保持自身的贞操，从而避免不忠于丈夫的行为。作为一种对未成年人女性的身体健康造成严重损害的陋习，女性割礼目前仍在世界上五十多个国家和地区存在，在撒哈拉以南的非洲地区尤为盛行。20 世纪末的一项调查显示，在索马里接受女性割礼的人数比例将近 100%，埃及约为 97%，埃塞俄比亚超过 90%。[1]此外，在西亚、南欧

---

〔1〕 李金莲、朱和双："女性割礼：妇女人权与文化民族主义的悖论"，载《思想战线》2007 年第 1 期。

和印度的各穆斯林民族中，亦有施行女性割礼的传统。

女性割礼的本质在于整个或部分切除或烧毁女性的外生殖器，对女性特别是未成年女性身体健康的严重损害是显而易见的。女性割礼多以刀片、剃刀、荆棘等作为工具，仅以粉末状的咖啡、木炭灰、椰子油等作为止血剂，消毒很不严格，伤口极易感染，其中以破伤风居多。世界卫生组织的调查报告称，割礼对女性身体的直接危害包括急性感染、破伤风、邻近器官渗血、由剧痛产生的出血及休克，甚至还会导致死亡。某些地区实施割礼手术的过程非常残忍，以最常见的"法老式割礼"为例，接受这种割礼手术后的女孩必须长久地以固定姿势躺着，直到被切割的大阴唇两侧相互融合、粘连，使伤口愈合在一起完全封闭阴户。由此，阴茎便无法进入阴道完成性交，从而达到维护女子贞操的目的。割礼手术使得阴道闭合，女子婚后进行性生活或者生育、分娩时，不得不把阴户出口处再割开一部分。[1]在非洲的一些部落，为了防止割礼后的伤口感染，还会用烧红的火炭将受割礼者的阴核和阴唇全部烙去，这一过程与其说是一种手术，孰若说是一种酷刑。割礼陋习不仅严重戕害未成年女性的身体健康，还会对正常的生育活动造成妨碍。有研究者认为，19世纪的非洲有一些地区的婴儿死亡率非常之高，与当地的割礼习俗有直接关系。[2]

时至今日，非洲每天仍有约6000名女孩要遭受这一陋习的侵害，全世界每年至少要有200万女童可能成为下一批牺牲品，全球已有1.5亿女性正面临着割礼后的厄运。减少和消灭这一陋习，既是国际人道主义的要求，同时也是未成年人免受陋习侵害权的现实体现。

（四）熨乳陋习

"熨乳"是源自于非洲的另一项陋习。这种习俗一般由母亲为青春期女性实施，她们会用火加热石头、木杵等物件，在女儿的胸部上进行熨烫，以压抑乳房的发育。即使深受其害的女孩们再不情愿和抗拒，表现得再痛苦，她们的母亲还是会严辞说教，毅然决然对她们进行"熨乳"。之所以对年轻女孩进行"熨乳"，一方面是为了防止女孩发育引起的第二性征变化增加其被当地不法分子性侵的风险；另一方面也是为了抑制少女在青春期产生的生理反应

---

〔1〕　刘达临：《世界古代性文化》，上海三联书店1998年版，第202～203页。
〔2〕　王文斌：《疯狂的教化——贞节崇拜之通观》，辽宁人民出版社1993年版，第99页。

与性冲动，继而确保其贞操。"熨乳"除了过程极其痛苦，还会引发脓肿、囊肿、感染等疾病，造成组织损伤、乳房消失甚至会威胁生命安全。数据显示，目前全世界大约有 380 万年轻女性深受熨乳陋习的戕害。[1]

通过对世界各地侵害未成年人身体健康的陋习进行梳理可以发现，此类陋习具有如下几个方面的特征：其一，陋习的侵害对象多以女性和未成年女童为主，且带有强烈的男性中心主义色彩，缠足、童婚等是为了满足男性畸形的审美情结与生理需求，而熨乳和女性割礼则更多地体现为对女性自然欲望的压制与褫夺，从而确保其嫁人时的贞操。其二，陋习的出现往往与经济社会的发展水平有关，社会越落后，经济越贫困，陋习则愈发根深蒂固。割礼、熨乳、童婚等野蛮习俗往往在非洲、南亚等欠发达地区出现，在欧美、东亚等经济发达地区则鲜有耳闻；即使是在中国古代，缠足现象往往也只在西北与华北的贫困地区较为普遍，而经济富庶的江南以及两湖、两广地区的富族大户，女子往往不缠足。"足之小者，莫如燕赵、齐鲁、秦晋之间……今以江、浙两省而言，足之大莫若苏、松、杭、嘉四府。"[2]其三，陋习的革除离不开强有力的中央政府与国家治理能力的提升。近代以来，清政府、北洋军阀与南京国民政府均致力于消除女童缠足问题，但均未能彻底革除缠足陋习；新中国成立后，得益于人民政府高效有力的运作，辅之以移风易俗的文化改革，缠足、童婚等陋习问题方得涤除。熨乳、割礼等野蛮习俗之所以在非洲的一些国家长期存在，根本原因在于这些国家社会结构的失衡与政府治理能力的低下，使得代表现代文明的政府权力始终无法下沉到基层，基层社会权力被部落、宗族和宗教的首领长期把持，给各种戕害未成年人身体健康的传统陋习提供了赖以滋长的顽固土壤。

可见，彻底革除各种侵害未成年人身体健康的传统陋习是一项包罗极广的系统性工程，不仅需要国际公约的宣示与确证，还需要不断推进男女平等与妇女平权运动，提升陋习地区的经济社会发展水平；更重要的是，需要一个强有力的中央政府持续、有力地推动当地的移风易俗与文化改革。唯有如此，《儿童权利公约》规定的未成年人免受陋习侵害权方能得以实现。

---

〔1〕 "可怕的习俗：用热石头熨烫少女的胸部"，载央广网，http://health.cnr.cn/jkgdxw/
20151014/t20151014_520141361.shtml，最后访问日期：2020 年 10 月 16 日。

〔2〕 钱泳：《履园丛话》，中华书局 1979 年版，第 629～630 页。

第三节 心理健康受保护权

心理健康受保护权,是指未成年人的思维意志与精神性格免受不良信息与外部侵害行为的影响,从而保持健康、积极的心理状态的权利。现实生活中,可能会对未成年人心理健康造成不良影响的因素主要包括:①对未成年人身体健康的侵害行为,包括伤害、虐待、性侵害等;②对未成年人人格尊严的侮辱;③对未成年人隐私和名誉的侵害;④外界不良信息,如色情、暴力、恐怖信息;⑤父母、家庭、学校等外部环境因素影响,如酗酒、单亲、家暴、师德缺陷、校园欺凌、同龄人孤立等均可能对未成年人的心理健康造成消极影响;⑥其他影响未成年人心理健康的因素。对于前四类影响未成年人心理健康的不良因素,联合国《儿童权利公约》与我国的相关立法作了专门的规定,本节将重点对此进行介绍:

一、未成年人的人格尊严

所谓人格尊严,是指人作为人、作为平等的社会主体和法律主体被承认、被认可和被尊重的权利。人格尊严在法律上表现为人格权,《宪法》第38条规定:"中华人民共和国公民的人格尊严不受侵犯。禁止用任何方法对公民进行侮辱、诽谤和诬告陷害。"《民法典》在第五章"民事权利"的首条(第109条)开宗明义地规定"自然人的人身自由、人格尊严受法律保护",并将之置于生命权、身体权、健康权等人身权利与物权、债权等财产权利之前。可见,人格尊严是自然人最重要的基本权利类型之一。

就未成年人而言,人格尊严亦是最重要的基本权利之一。《未成年人保护法》将"尊重未成年人人格尊严"作为未成年人保护工作的基本工作原则之一,并就学校、幼儿园、托儿所等教育机构与公安、法院、检察院等司法机关工作人员尊重未成年人的人格尊严作出了具体的规定。联合国《儿童权利公约》第23条第1款明确了残疾儿童的人格尊严受保护权"缔约国确认身心有残疾的儿童应能在确保其尊严、促进其自立、有利于其积极参与社会生活的条件下享有充实而适当的生活";第28条第2款要求学校执行教学纪律的方式应当符合儿童的人格尊严,并在第39条强调对受害儿童的救助和康复工

作也要注意保护其自尊与人格尊严。[1]实践中,侵害未成年人人格尊严的形式主要包括以下几种类型:

(一) 侮辱、诽谤

所谓侮辱,是指使用暴力或者以其他方法,公然贬损他人人格,破坏他人名誉的行为。诽谤,是指故意捏造并散布虚构的事实,从而贬损他人人格,破坏他人名誉的行为。侮辱和诽谤都是侵害人格尊严的重要形式,同时也是损害他人名誉的常见行为方式。二者都以侵害他人人格尊严、破坏他人名誉为目的,但是在行为方式上存在一定区别:侮辱既可以是言辞侮辱,如言及对方隐私、生理缺陷,也可以是行为侮辱,如践踏、扇耳光、粪便涂抹等;而诽谤只能采取言语形式进行。侮辱必须是公开进行的,具有当面性,实施侮辱行为时被侮辱者必须在场;而诽谤则既可以是公开的,也可以秘密进行的。侮辱言及的情况既可以是真实的,也可以是虚假的;而诽谤的内容一定是捏造的虚假事实。无论侮辱还是诽谤,都是严重损害他人人格尊严、侵犯他人名誉的行为,情节严重的,需要根据《刑法》追究行为人的刑事责任。

(二) 虐待

虐待,是指以伤害或贬损人格为目的,长期、持续地以残暴狠毒的手段对待受害者,往往表现为殴打、鞭挞、冻饿、捆绑、悬吊、烧烫等行为。虐待行为和侮辱行为存在一定程度的交叉,二者均会侵害到受害者的人格尊严,但是也存在某些区别:其一,侮辱既可以是言语侮辱,也可以是行为侮辱,与虐待相比其实施方式更加多样;其二,侮辱既可以作用于受害人、也可以作用于受害者的亲属,如言语辱骂对方长辈、亲人,而虐待则仅作用于受害者本人的身体;其三,侮辱可以是一次的,也可以是多次的,而虐待则通常体现为一个持续的、频繁的过程。虐待往往以合法的共同生活或非法的人身限制为前提,在家庭生活、学校教学、非法拘禁等场景中均可能出现,长期的虐待行为会严重侵害受害者的人格尊严,给其造成严重的精神伤害与心理创伤。

---

[1] 《儿童权利公约》第39条规定,缔约国应采取一切适当措施,促使遭受下述情况之害的儿童身心得以康复并重返社会;任何形式的忽视、剥削或凌辱虐待;酷刑或任何其他形式的残忍、不人道或有辱人格的待遇或处罚;或武装冲突。此种康复和重返社会应在一种能促进儿童的健康、自尊和尊严的环境中进行。

（三）人格矮化

所谓人格矮化，是指通过肉体伤害或精神强制对受害者实施持续的人格侮辱，从而否定他人人格与人权的行为。人格矮化的现象在古代十分常见，在奴隶社会，奴隶不享有人权，被视为奴隶主的财产，对于奴隶可以任意虐待、凌辱和杀害。封建社会的女性与儿童的社会地位受到歧视，将妻妾、子女与婢女买卖、赠与他人的现象也十分常见。在当代社会，人格矮化的现象在一些战乱地区与违法犯罪活动中亦有出现，典型的行为方式包括矮化为物品或工具、矮化为奴隶、矮化为动物等。与侮辱、虐待等人格贬损行为相比，人格矮化行为是对受害者人格尊严的彻底否定，对未成年人人格尊严受保护权的损害程度最为严重。

案例

2015年，安徽省怀远县火星小学发生了一起震惊舆论的小学生吃屎事件，当地电视台与《华西都市报》等媒体对此事件作了深度报道。火星小学某班级有七名学生。在二年级的时候，小东和小赐成绩优秀，被老师指定为班长和副班长。因为小赐表现强硬，拥有了检查作业和监督背书的"权力"。渐渐地，小赐利用检查作业的权力向同学索取零食和零用钱等财物。如果有学生不肯交钱，小赐就会把背书的情况汇报给老师，老师就会体罚没有完成任务的孩子。三年级的时候，小赐开始上网，不再满足于同学们给零食，开始向其他同学索要钱，从几元逐渐演变到几十元、上百元。期间，有学生投诉过小赐的行为，但并没有结果。一步一步地，小赐对其他6名小学生的人格控制愈发强烈，小赐也愈发膨胀，直到最终发展到极端化的地步：让没有服从命令的受害人喝尿吃屎，他们也逆来顺受。最早的一次吃屎喝尿事件发生在五年级下学期，此后发生了多次，直到一名学生不堪凌辱在家里试图自杀被家长发现，事情方被曝光。当地电视台报道了此事，怀远县警方介入调查，教育局很快认定了部分事实，并作出处理：撤销班主任顾某某的教师资格，将其调离火星小学；撤销校长的职务，将其调离火星小学。学校召集了双方家长在学校见面，小赐承认其他6名学生拿钱给他，也承认逼迫他人吃屎喝尿的情况，小赐父母表示要归还孩子们的钱。之后，小赐转到了其他学校。[1]

二、免受儿童色情与性侵害的权利

联合国《儿童权利公约》分别在第 19 条第 1 款和第 34 条规定了未成年人免受儿童色情与性侵害的权利，其中第 19 条第 1 款主要是为了预防未成年人遭受来自父母、监护人或者其他照料、抚养者的性侵害；第 34 条就未成年人不受一切形式的性侵害进行原则规定，并进一步规定了未成年人享有免于参与卖淫活动、色情表演与色情拍摄等色情活动的权利。[2]可以说，《儿童权利公约》分别从内和外两个角度对未成年人的身心健康和性权利进行了较为周密的保护。

性侵害是一种同时损害未成年人身体健康和心理健康的复合型侵害行为。粗暴的性行为可能导致受害人性器官损伤，不幸受孕会对未成年女性的身体健康和正常的生长发育带来严重影响，暴力性侵案件中的虐待、伤害、杀人行为更是给受害者的生命安全造成巨大威胁。当然，并不是所有的性侵害都会造成受害者的身体损伤，基于诱骗或受害人同意的性行为往往不会造成人身伤害，单纯的猥亵行为和拍摄儿童色情影片、照片的行为并不会给未成年人的身体健康带来损害。但需要指出的是，无论是伴有身体伤害的暴力性侵行为，还是基于诱骗、同意的和平性交、猥亵、儿童色情活动，均会对未成年人的心理健康造成极为恶劣的影响，甚至给受害的未成人留下一生都无法磨灭的可怕阴影。从这个意义上，性侵与儿童色情活动主要损害了未成年人的心理健康，同时附带、随机性地侵害了未成年人的身体健康受保护权，故此本书将免受儿童色情与性侵害的权利归入未成年人心理健康受保护权的范畴之中。

根据《刑法》《儿童权利公约》与相关法律的规定，结合司法实践，未成年人免受儿童色情与性侵害的权利内容可以归纳为如下几个方面：

---

〔1〕 苟明："安徽小学生被逼喝尿——事件调查：副班长检查作业 成孩子的‘王’"，载《红山晚报》2015 年 5 月 22 日，第 14 版。

〔2〕《儿童权利公约》第 34 条规定："缔约国承担保护儿童免遭一切形式的色情剥削和性侵犯之害，为此目的，缔约国尤应采取一切适当的国家、双边和多边措施，以防止：（A）引诱或强迫儿童从事任何非法的性活动；（B）利用儿童卖淫或从事其他非法的性行为；（C）利用儿童进行淫秽表演和充当淫秽题材。"

（一）免受性侵

性侵，即性侵害的简称，广义的性侵害包括性交、猥亵、性交易、色情表演、拍摄色情图片或视频等多种形式；狭义的性侵特指性交，即男女之间发生性关系。[1]在我国，违背妇女意志，以暴力、胁迫或其他手段，强行与之发生性关系的行为构成强奸罪，是严重的刑事犯罪行为，而经过女方同意的、卖淫以外的性行为通常不会触犯法律。

不过，为了体现法律对未成年人身心健康的特别保护，《刑法》第236条第2款又专门规定："奸淫不满十四周岁的幼女的，以强奸论，从重处罚。"也就是说，即使未满14周岁的幼女自愿或者同意，任何人也不得与之发生性关系，否则即触犯刑律。从这个意义上讲，有观点将强奸罪保护的客体描述为"女性的性自由权利和幼女的身心健康"是不恰当的，[2]14周岁以下的幼女并无性自决权，亦无性自由这一权利类型，强奸罪保护的应当是"14周岁以上妇女的性自由权"与"14周岁以下未成年人女性的受保护权"，具言之，后者便是未成年人免受性侵权在我国立法中的具体体现。

（二）免受猥亵

所谓猥亵，是指以追求性刺激、满足本人性欲为目的，对他人实施的性交以外的性侵害行为。猥亵也是性侵活动的一种典型实施方式，其最大的特点即"非性交"，也即猥亵是指性交行为以外的、可以满足本人性欲和性刺激的非法侵害行为的统称。除此之外，性交的对象只能是女性，猥亵的对象既可以是男性、也可以是女性，既可以发生在同性之间、也可以发生在异性之间，既可以侵害未满14周岁的未成年人，也可以侵害14周岁以上的未成年人和成年人。男性与未满14周岁的幼女发生性关系的，无论是否使用暴力、胁迫手段，均构成强奸罪；而女性与未满14周岁的男童发生性关系，则成立猥亵儿童罪，不成立强奸罪。此外，只有在以暴力、胁迫等手段实施强制猥亵，或者猥亵未满14周岁的未成年人时方构成犯罪；在被猥亵者年满14周岁且被猥亵者同意的情况下，除进行聚众淫乱、色情服务、组织淫秽表演等

---

〔1〕　朱沉沉："性侵害男性未成年人的法律思考"，载《青年探索》2014年第5期。

〔2〕　参见高铭暄、马克昌主编：《刑法学》，北京大学出版社、高等教育出版社2019年版，第461页。

非法活动外，猥亵行为并不违法。猥亵行为与强奸、性侵、奸淫幼女等活动密切相伴，实践中往往同时出现，有时也比较难以区分。

案 例

王某某，系某集团股份有限公司创办人，曾任该公司董事长。2019 年 7 月 1 日，王某某因涉嫌猥亵儿童罪被采取强制措施。据悉，犯罪行为发生于 2019 年 6 月 29 日下午，地点为上海某家五星级酒店，犯罪嫌疑人王某某、周某某对一名 9 岁女童实施猥亵。被猥亵女童事后向在江苏的母亲打电话哭诉，母亲即来沪报警，王某某随即被采取强制措施。经司法鉴定，该女童阴道有撕裂伤，构成轻伤。

2020 年 6 月 16 日，上海市普陀区人民法院一审依法不公开开庭审理了被告人王某某、周某某猥亵儿童一案，于 17 日当庭对被告人王某某、周某某作出判决，以猥亵儿童罪分别判处被告人王某某有期徒刑 5 年，被告人周某某有期徒刑 4 年。

本案引起社会舆论的广泛关注，事后，本案的审判长在回答媒体采访时指出，根据《刑法》及相关司法解释的规定，是否有性器官的接触是区分强奸罪（包括奸淫幼女）与猥亵儿童罪的关键。本案中，被害人的陈述、司法鉴定意见以及被告人的供述均证明了被告人王某某对被害人实施了猥亵行为，但与被害人不存在性器官的接触。相关司法鉴定意见佐证了该事实。故王某某的行为系猥亵行为而非强奸行为。[1]

（三）免于卖淫或者其他非法性交易

卖淫即"自愿而有偿的性行为"，是指男性或者女性为获取物质报酬（金钱、财物等），以交换的方式有代价地或有接受代价之约地与不固定的对象发生的性行为。与强奸、强制猥亵等性侵害活动相比，卖淫活动具有一定的自愿性，对卖淫者人身损害程度较低。然而，就未成年人而言，无论是出于强迫的强奸、强制猥亵行为，抑或受到诱骗发生的奸淫行为，还是出于自愿交

---

〔1〕 "为何是猥亵儿童罪？刑期 5 年如何裁定？王振华案审判长解答本案焦点"，载腾讯财经网，https://finance.qq.com/a/20200617/011803.htm，最后访问日期：2020 年 10 月 16 日。

易心理进行的卖淫行为，均会对未成年人的心理健康造成极为恶劣的影响，从呵护未成年人健康成长的角度而言，确保未成年人免于参与卖淫或者其他非法性交易活动与确保其免受强奸与强制猥亵之侵害同等重要。

在我国，成年人的卖淫嫖娼活动即为立法所禁止，《中华人民共和国治安管理处罚法》（以下简称《治安管理处罚法》）第66条第1款规定："卖淫、嫖娼的，处十日以上十五日以下拘留，可以并处五千元以下罚款；情节较轻的，处五日以下拘留或者五百元以下罚款。"而组织、强迫以及引诱、容留、介绍卖淫的行为均是极其严重的刑事犯罪，将受到刑法的严厉制裁。为了体现对未成年人的特别保护，1997年《刑法》在第360条第2款（现已修改）规定了嫖宿幼女罪，规定"嫖宿不满十四周岁的幼女的，处五年以上有期徒刑，并处罚金"，将一般情况下属于行政违法行为的普通嫖娼活动升格为触犯刑法的犯罪行为。不过，这一罪名的规定与第236条第2款中"奸淫不满十四周岁的幼女的，以强奸论"的规定存在严重冲突，且存在对参与性交易的幼女进行歧视和人格矮化的嫌疑，故此受到理论界和实务界的多方诟病。[1] 2015年8月29日，第十二届全国人大常委会第十六次会议表决通过了《中华人民共和国刑法修正案（九）》（以下简称《刑法修正案（九）》），删除了嫖宿幼女罪这一罪名，自此，存在了近20年的嫖宿幼女罪正式被废除。

嫖宿幼女罪的废除体现了我国刑事立法从强调社会秩序管理向侧重未成年人保护的转变。原嫖宿幼女罪被置于《刑法》分则第六章"妨害社会管理秩序罪"之中，是该章第八节"组织、强迫、引诱、容留、介绍卖淫罪"的一个下辖罪名，位于传播性病罪之后，这也就意味着在当时的立法者看来，嫖宿幼女与传播性病一样，只不过是嫖娼卖淫活动中的一种特殊情节，此类活动侵害的主要法益是社会管理秩序；而在嫖宿幼女罪被废除之后，明知对方是未满14周岁的幼女而与其发生性关系的行为，即使是在对方同意、支付金钱的卖淫嫖娼场合，也构成强奸罪并会受到更重的刑罚。这种立法上的转变意味着立法者已经意识到未成年人心理健康受保护权的重要性，将立法考量的重点由单纯的打击卖淫嫖娼、维护社会管理秩序转移到如何确保未满14周岁的未成年人免于参与卖淫或者其他非法性交易上来，其中的进步意义殊

---

〔1〕　叶良芳："立法论视角下嫖宿幼女罪废除之分析——评《中华人民共和国刑法修正案（九）》第43点"，载《政治与法律》2016年第3期。

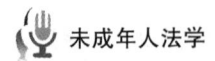

值肯定。

（四）免于参加色情表演

奸淫、嫖宿、猥亵等行为都是直接作用于未成年人身体的性侵害行为，对受害者的身体健康和心理健康均会造成不同程度的伤害，并非只有直接作用于未成年人身体的行为才会对未成年人的心理健康造成伤害，一些非接触性不法性侵害行为也会给未成年人幼小的心理造成难以愈合的创伤，其中最具代表性的行为包括组织未成年人进行色情表演，或者拍摄以儿童为主体的色情图片或视听资料。

色情表演是一项随着人类社会历史发展而出现的畸形娱乐形式。最早的色情表演缘起何时已不可考，中国古代的青楼艺伎、日本古代的女子相扑运动、18世纪的犹太舞台剧等均与后世的色情表演存在一定的渊源关系。自20世纪初开始，以脱衣舞为代表的色情表演行业日渐博兴，至20世纪中期到达顶峰。时至今日，在西方的一些国家和东南亚的一些地区，各具特色的色情表演活动仍在持续，在我国部分落后、蒙昧的农村地区，一些地下的淫秽表演活动也会在红白喜丧的场合出现。

关于组织未成年人进行淫秽表演的事件在21世纪初与20世纪90年代时有出现。2003年，湖南警方查获了一起组织未成年人进行脱衣舞表演的恶性案件，两名犯罪嫌疑人组建了一个名为"金马歌舞团"的巡游演出团体，以找工作为名，从河南等地诱骗了多名未成年少女，胁迫多名受害人跟随其四处流转，进行脱衣舞表演，并对其进行肆意凌侮，在5名受害人中，最小的才刚年满12岁。[1]随着时代的发展，传统的现场表演模式日渐式微，加之近年来各地持续开展高强度的扫黄打非工作，此种类型的未成年人色情表演活动逐渐绝迹。但尤为值得警惕的是，近年来不断兴起的网络直播活动为互联网色情表演提供了滋生的温床。2020年初，发生在韩国的"N号房"性剥削、淫秽表演事件震惊了全球舆论。而2020年7月16日，全国"扫黄打非"办公室公布的"护苗2020"专项行动典型案例中，一起发生在四川省广安市的案件同样颇具代表性。犯罪嫌疑人彭某某、刘某某以利益诱惑，组织多名

---

〔1〕 盛伟山："歌舞团诱骗未成年少女 胁迫12岁女孩大跳脱衣舞"，载 https://news.sina.com.cn/s/2003 - 03 - 10/1208940585.shtml，最后访问日期：2021年12月14日。

未成年人在"口袋娱乐""G友"等手机直播软件上进行淫秽色情表演，拍摄制作图片、视频，后上传300余张未成年人裸露照片、38部未成年人淫秽视频至多个微信群、QQ群和"与你"聊天软件，供群成员下载观看。淫秽图片、视频总量达15GB，群成员涉及上千人。[1]打击和遏制各类借助直播平台和软件进行的线上色情表演活动，是今后一段时期内网络扫黄打非行动需要关注的工作重点，同时也是保护未成年人心理健康的重要举措。

案　例

　　"N号房"是社交软件Telegram上多个色情聊天室的代称。最早由昵称为"godgod"的韩国高中生文某某在2018年6月创立。2019年2月，房间管理权限被移交给"watchman"，最后移交给名为"博士"的赵某某。此后，赵某某及其同伙通过发钓鱼链接、假扮警方、发布有偿兼职等方式骗取女性个人私密资料，继而以散布不雅视频、披露隐私信息或者窃取重要文件资料等作为要挟，强迫受害女性提供色情表演、录制色情视频，甚至劫持、胁迫受害者到秘密地点直播性虐、伤害、强奸、侮辱等淫虐活动。更可怕的是，"N号房"不仅组织色情表演、制作性剥削视频，还会鼓励"会员"制作相应的侵害视频以获取准入资格。以最高等级的"博士房"为例，"会员"不仅需要缴纳高额的入场费，还需要提供一部自己拍摄的性侵、凌辱或女性色情视频，仅凭金钱无法观看网站内的性侵直播与色情视频。为了获取入群资格，丈夫偷拍妻子、弟弟性侵姐姐、父亲凌辱女儿等挑战人类底线的事情便一再上演，不仅给"N号房"提供了更多淫秽素材，亦使得各类性侵、信息盗用、制售淫秽物品犯罪如病毒式扩散，给广大女性和未成年人的人身安全和心理健康造成严重威胁。根据韩国警方所掌握的线索，被"N号房"侵害的女性多达74人，其中16人为未成年人，最小年龄受害者为年仅11岁的某小学生。2020年3月22日，因涉嫌强制儿童卖淫及性骚扰、制作散布不雅视频、强奸、强制猥亵、诬告、诈骗、强迫等14项罪名，"N号房"主犯赵某某被韩国警方拘捕。"N号房"事件震动了整个韩国社会，并推动了《Telegram "N

---

〔1〕　澎湃新闻："有人组织未成年人在直播软件上进行色情表演"，载澎湃新闻网，https://m.thepaper.cn/baijiahao_8326403，最后访问日期：2021年12月14日。

号房"事件防治法》《性暴力犯罪处罚等相关特例法》《刑法》等法律的制定和修改工作。[1]

(五) 免于成为儿童色情作品的题材

另外一种针对未成年人的非接触式性侵害行为方式是制作各类儿童色情作品,包括图片、视频、音频、文字等。西方社会心理学家经过长期的观察及分析发现,儿童色情作品的制造及浏览,往往涉及对儿童的身心伤害,它可以成为受害人所遭遇虐待的永久记录,足以对其未来造成持续性伤害,造成青少年的身体、情绪和心理健康方面的伤害,甚至对其人格发展有严重影响。被害儿童成年后,不但会产生对社会及人性的病态认知,有些甚至可能从受害者演变为对其他儿童进行施暴、性虐的侵害者。[2]有鉴于此,保护未成年人免于成为色情作品的摄制对象与制作题材亦构成未成年人心理健康受保护权的重要内容。

需要注意的是,"儿童色情作品"并不仅限于"以未成年人为摄制、记录对象的色情作品"。根据 2001 年,由欧洲委员会的 26 个欧盟成员国以及美国、加拿大、日本和南非等 30 个国家签署的《网络犯罪公约》第 9 条第 2 款将"儿童色情制品"界定为"直观地描述未成年人的色情材料",包括"未成年人明显的性行为""扮演未成年人进行的明显的性行为"以及"表现未成年人进行明显的性行为的真实图像"。[3]这一规定意味着即使由成年人扮演未成年人摄制而成的色情作品,也属于"儿童色情作品"之范畴。

我国虽然尚未批准加入《网络犯罪公约》,但是我国在一般意义上杜绝所有的色情作品的制作与传播活动。根据我国《刑法》的相关规定,制作、复制、出版、贩卖、传播、走私各种淫秽物品的行为,均有可能触及制作淫秽物品牟利罪、传播淫秽物品罪、走私淫秽物品罪等多个罪名,这里的"淫秽物品"既包括了由成年人设置、以成年人为主要题材的各类色情淫秽光碟、视频、书籍,也包括前述所有类型的儿童色情作品。从这个意义上,我国主要是通过对各类制售色情淫秽物品行为的严厉打击来确保未成年人免于成为

---

〔1〕 王伟:"韩国通过多部'N 号房防止法'",载《环球时报》2020 年 5 月 22 日,第 5 版。
〔2〕 夏利民:"论互联网上青少年的法律保护",载《中国青年政治学院学报》2001 年第 2 期。
〔3〕 廖兴存:"法益保护原则视阈下儿童色情制品持有入罪论",载《当代青年研究》2018 年第 4 期。

儿童色情作品题材的。

三、免受不良信息侵害权

随着互联网的发展，未成年人权益保护工作具备了一些全新的特征，面临着更加严峻的挑战——除了发生在现实空间中的人身伤害、性侵、拘禁等不法侵害活动外，未成年人的心理健康还面临着来自互联网虚拟空间中各类色情、恐怖、暴力等有害信息的威胁。有鉴于此，联合国《儿童权利公约》第 17 条一方面要求缔约国"鼓励大众传播媒介……散播在社会和文化方面有益于儿童的信息和资料"，另一方面还要求各缔约国根据公约的规定制定适当的准则，以"保护儿童不受可能损害其福祉的信息和资料之害"。然而，《儿童权利公约》本身并未对"损害儿童福祉的信息和资料"进行界定，亦未对可能侵害未成年人心理健康之不良信息加以概括或列举，这就给此规定在各国司法实践中的具体适用带来困惑与障碍。为了更好地贯彻《儿童权利公约》中关于未成年人免受不良信息侵害权的有关规定，我们认为，至少将如下几类信息归入"损害儿童福祉的信息和资料"是不存在争议的：

（一）色情淫秽信息

对未成年人心理健康危害最大的一类有害信息是色情淫秽信息。根据《刑法》第 367 条关于"淫秽物品"的定义，可以将"淫秽信息"解释为具体描绘性行为或者露骨宣扬色情的诲淫性的各类文字、图片、视频和互联网信息，但有关人体生理、医学知识的科学信息以及虽然包含色情内容，但具有艺术价值的文学、艺术作品不属于淫秽信息。典型的色情淫秽物品包括黄色小说，色情图片，色情电影或包含色情淫秽情节的电影、电视剧，色情音频与色情物品（如雕塑、手办、情趣物品等）等。需要注意的是，这里强调的未成年人免受色情淫秽信息的影响，与前文探讨的免受儿童色情侵害权并不是一个概念。未成年人的免受儿童色情侵害权，是指未成年人受到法律保护、有免于从事色情产业以及成为色情淫秽拍摄题材之权利；而免受色情淫秽信息侵害权则强调儿童作为信息受众，有免受色情淫秽信息的不良影响与感染的权利，国家和政府有义务采取措施避免儿童接触到此类有害信息。

长期接触色情淫秽信息，不仅会对未成年人的心理健康产生影响，诱发强烈的性冲动与性幻想，还会引发手淫、自慰、早恋等问题，甚至会催生性行为尝试、怀孕乃至性犯罪等严重问题。国家、社会、学校和家庭应当积极做好未成年人的网络保护工作，避免未成年人接触到各类色情淫秽信息。鉴于未成年人尚处于生长发育阶段，对于色情淫秽信息的分辨和抵抗能力较弱，即便不属于色情淫秽物品的人体艺术、包含性器官裸露内容的科学医学专著、含有少量色情情节的文学名著与电视电影作品等也可能会对未成年人的心理健康产生不良影响，在开展未成年人网络信息保护的工作过程中，这类信息也应当作为被排除的对象。

实际上，经过多年的"净网行动""绿坝—花季护航"等专项整治活动，目前露骨宣扬色情淫秽内容、具体描写性行为的各类"显性"色情信息已经得到有效遏制，但尤为值得警惕的是各类处于灰色地带、打"擦边球"的"隐形"色情信息。这类"隐形"色情信息往往以潮流、时尚、华丽、个性等为特征，包含一定程度的男色或女色元素，深受"二次元""宅腐圈""御宅族"等青少年群体的喜爱与追捧。然而，对于此类以网络文化、服饰扮演等作为掩饰，传播带有强烈性暗示色彩的"软色情"信息的隐性色情活动，国内尚无明确的法律规范对之进行规制。如何在隐性色情信息四处渗透的时代背景下，切实保障未成年人免受不良信息的侵害，是当下未成年人保护工作面临的一大严峻挑战。

案 例

2014 年 12 月，熊某某从杭州某大学计算机专业毕业后，与沈某某出资创立杭州尘埃科技有限公司，开始创业。2016 年 4 月，该公司开发并运营了一款名为"PR 社"的手机 App 平台。该平台分人像、宠物、美食和旅游四大版块，用户可在相应的版块上传自己拍摄的照片和视频作品。然而，一段时间过去，其他 3 个版块都人气平平，唯独人像版块异常"火爆"。原来，在运营初期，该版块吸引了不少女性用户发自拍照片，主要是一些二次元类的 cosplay 照片。相比于普通写真，版块内的照片尺度较大，有较多暴露镜头以及带有强烈性挑逗、性暗示色彩的图片和视频，用户需要通过购买金币、账户充值的方式付费浏览。在尝到"甜头"之后，以熊某某为首的平台管理者终于按捺不住，动起了歪脑筋，通过宣传推广，招揽多名学历不高、法律意识淡薄的年轻女主播作为"福利姬"到平台表演。在平台有意放纵下，"福利姬"上传的内容尺度也越来越大，开始出现淫秽色情表演等挑逗画面，一些女主播为提高收入，还将自己的联系方式放到平台上，通过贩卖制作的淫秽物品非法牟利。

2018年4月，杭州警方抓获操控"PR社"涉黄平台的幕后黑手熊某某、沈某某，并将涉黄"福利姬"一网打尽。2019年9月17日，杭州经济开发区人民法院以传播淫秽物品牟利罪，判处被告单位杭州尘埃科技有限公司罚金人民币20万元；判处被告人熊某某有期徒刑3年6个月，并处罚金人民币10万元；判处被告人沈某某有期徒刑3年2个月，并处罚金人民币9万元。多名参与拍摄淫秽物品的"福利姬"也分别领刑。[1]

（二）恐怖信息

除色情淫秽信息外，恐怖信息也会对未成年人的心理健康产生严重不良影响。这里的"恐怖信息"包括两种类型：一是恐怖主义、极端主义信息，是指各类恐怖组织或恐怖分子制作、发布、传播的，与恐怖主义、极端主义活动有关的宣传信息与其他信息，[2]如恐怖组织的政治宣言与主张，教唆未成年人参与"圣战"的蛊惑性言论，折磨、虐待、处死人质的图片、视频与文字资料等。二是恐怖惊骇信息，包括恐怖电影、恐怖漫画、恐怖小说、灵异故事以及带有恐怖惊骇情节的文学作品、纪录片等。恐怖主义和极端主义信息是绝对有害的违法犯罪信息，根据我国《刑法》的规定，制作、宣扬、传播恐怖主义信息与非法持有恐怖主义信息载体的行为均有可能触犯刑律；[3]而恐怖惊骇信息则属相对有害的信息，只要不违反国家法律法规的相关规定，爱好恐怖文学的成年人均可以自由阅读、观看、传播。但是就未成年人特别是少年儿童而言，无论是何种意义上的"恐怖信息"均会严重侵害

---

〔1〕　熊某某等制作、传播淫秽物品牟利案：浙江省杭州市经济技术开发区法院一审刑事判决书，(2019) 浙0191刑初字第85号。

〔2〕　《中华人民共和国反恐怖主义法》（以下简称《反恐法》）第3条第1款规定："本法所称恐怖主义，是指通过暴力、破坏、恐吓等手段，制造社会恐慌、危害公共安全、侵犯人身财产，或者胁迫国家机关、国际组织，以实现其政治、意识形态等目的的主张和行为。"

〔3〕　《刑法》第120条之三规定："以制作、散发宣扬恐怖主义、极端主义的图书、音频视频资料或者其他物品，或者通过讲授、发布信息等方式宣扬恐怖主义、极端主义的，或者煽动实施恐怖活动的，处五年以下有期徒刑、拘役、管制或者剥夺政治权利，并处罚金；情节严重的，处五年以上有期徒刑，并处罚金或者没收财产。"第120条之六规定："明知是宣扬恐怖主义、极端主义的图书、音频视频资料或者其他物品而非法持有，情节严重的，处三年以下有期徒刑、拘役或者管制，并处或者单处罚金。"

其心理健康的受保护权，故此恐怖主义信息与恐怖惊骇信息均属于免受不良信息侵害权的排除对象。

（三）暴力信息

包含暴力、血腥元素的信息也会对未成年人的心理健康产生消极影响。这种消极影响包括两个方面，一是会使接触这些信息的未成年人产生恐惧、惊吓、恶心等心理，瓦解其对社会安全感以及对公平、正义、法治的信赖；二是会诱导未成年人的暴力倾向，引发校园欺凌、打架斗殴甚至严重的暴力犯罪问题。20世纪90年代开始，以《古惑仔》《无间道》《热血高校》等为代表的一系列描述黑社会帮派与暴力犯罪的电影在大陆风行一时，对当时正处在中小学阶段的80后、90后群体产生了极大的影响。不少学生效仿电影中角色的做法，留长发、抽烟、文身，在学校里组建帮派、团伙，甚至演变为非常严重的黑社会性质犯罪。2018年11月，广西壮族自治区北流市发生了一起初中生团伙斗殴事件，数名初中生被严重砍伤。警方调查发现，涉案的两伙初中生长期受黑帮电影的影响、崇尚暴力，分别成立了两个名为"毒蛇家族"和"地头蛇帮"帮派，经常因壮大声势、抢夺地盘、报复泄愤等缘由相互约架。打架斗殴逐渐升级为群架、械斗最终酿成惨祸。[1] 遏制和杜绝诸如此类的恶性校园暴力事件，一方面要强化对未成年人的思想教育工作，另一方面也要发挥家庭、学校和社会的联动力量，但更重要的还是要尽力涤除存在于互联网和影视小说中的各种暴力信息对青少年思想的误导，切实保障未成年人免受不良信息侵害的权利。[2]

（四）邪教信息

邪教，是指冒用宗教、气功或者其他名义建立，神化首要分子，利用制造、散布歪理邪说等手段蛊惑、蒙骗他人，发展、控制成员，危害社会的非法组织。典型的邪教组织如"法轮功""全能神""东方闪电"等。邪教对未成年人的心理健康受保护权的侵害主要表现在三个方面：一是邪教信徒或组织通过散布、灌输"世界末日""人类毁灭"等恐怖谣言，给未成年人幼小

---

〔1〕"广西初中生'两大帮派'火拼，多人持刀追砍同学，9人已被抓！"载搜狐网，https://www.sohu.com/a/339225489_120169469，最后访问日期：2020年10月18日。

〔2〕莫秀凤："'帮派主义'：高校校园文化建设的'毒瘤'"，载《广西教育学院学报》2013年第6期。

的心灵造成恐惧心理，使其对世界和未来失去信心；二是邪教信徒在其歪理邪说的蛊惑下，以"消业""除魔""上天堂"为由，采取暴力手段残忍地非法剥夺他人的生命。三是家庭成员或主要亲人、亲戚参加了邪教组织，其行为举止怪异荒诞，从事"传教""弘法"违法行为，遭到社会的鄙弃和法律的制裁，未成年子女的人际关系因此受到影响，产生自卑封闭心理。包含各种歪理邪说、恐怖言论的邪教信息会给未成年人的心理健康造成严重创伤，轻者导致诸如恐惧、怀疑、迷惑、没有安全感等心理失稳状态，重者甚至产生自闭、抑郁、精神错乱等心理疾病。坚决地抵制各类邪教组织和邪教信息对未成年人健康成长的侵害，亦是未成年人免受不良信息侵害权的重要内容。

（五）诈骗勒索信息

电信与网络诈骗一直是互联网时代的一颗毒瘤。仅 2019 年上半年，全国各级公安机关共破获电信网络诈骗案件 5.8 万起，同比上升 3.0%；共抓获电信网络犯罪嫌疑人 5.14 万人，同比上升 32.28%。[1]相当于每 4～5 分钟就会发生一起电信诈骗案件。未成年人因社会经验不足、防范意识差，极易成为网络诈骗侵害的对象，甚至成为"裸贷""套路贷"等恶性刑事犯罪的受害者。腾讯组织的"儿童网络保护大调查"显示，网络诈骗成为中国儿童在上网过程中遭遇的最大风险之一，发生比例占到了调查总人数的 61%；中国青少年研究中心 2016 年发布的数据显示，有 42.3% 的高中生在网上收到过虚假的付款请求，有 17.7% 的人曾在网络购物中被骗。[2]面向未成年人的网络诈骗犯罪案件近年来呈持续高发态势，包含诈骗、勒索等内容的各类互联网电信信息，也应当成为保护未成年人免受不良信息侵害时重点防范的对象。

（六）不良交际信息

时代的发展与技术的进步改变了人们的交流与交往方式，对未成年人而言亦是如此。随着城市化进程的推进，朝夕相处的儿童玩伴逐渐被城市的社区和高楼隔离开来，未成年人的社交方式也逐渐由线下群体活动向在线个体交流转化。在这一过程中，QQ、微信、陌陌、探探等社交软件也在未成年人

---

〔1〕　孟亚旭："上半年全国破获电信网络诈骗案 5.8 万起"，载《北京青年报》2019 年 8 月 7 日，第 A3 版。

〔2〕　"上网低龄化成普遍现象——我国低于 10 岁网民超 1800 万"，载《山南报》2016 年 7 月 27 日，第 4 版。

群体中日渐风靡。据中国互联网络信息中心《2019 年全国未成年人互联网使用情况研究报告》统计显示，58% 的未成年人经常使用各类社交软件聊天，32% 的未成年人经常使用各类社交网站；在初中生群体中，经常使用社交软件和社交网络的人数比例更高，分别为 85.5% 和 57.8%。[1]然而，网络空间的匿名性大大增加了未成年人遭受不良交际信息侵害的风险，一些别有用心的违法分子利用未成年人涉世未深、容易取信的特点，利用各类匿名社交软件诱骗未成年人进行网恋、诈骗钱财、教唆未成年犯罪、拍摄色情淫秽图片甚至对其实施性侵，现实生活中甚至出现了专门传授如何利用 PUA 技术诱骗年轻女性与未成年人的培训班。[2]有研究者指出，在由互联网引发的各类侵害案件中，54% 的被害人曾因为网络交友并与网友见面而遭遇性侵，此类被害人年龄集中在 15～18 岁。[3]在互联网时代，保护未成年人免受各类不良交际信息的侵害显得尤为紧迫和必要。

四、隐私、名誉、荣誉受保护权

除人格侮辱、性侵害与不良信息外，对未成年人隐私、名誉和荣誉的侵害也会在一定程度上影响未成年人的心理健康。有鉴于此，《儿童权利公约》规定了未成年人的隐私受保护权与名誉、荣誉受保护权。《儿童权利公约》第 16 条规定："儿童的隐私、家庭、住宅或通信不受任意或非法干涉，其荣誉和名誉不受非法攻击。儿童有权享受法律保护，以免受这类干涉或攻击。"第 40 条规定，在刑事司法程序中，儿童的隐私在诉讼的所有阶段均应得到充分尊重。

所谓隐私，是指自然人的私人生活安宁和不愿为他人知晓的私密空间、私密活动、私密信息。[4]私密性和不愿为他人知晓，是隐私的两个特征。过

---

〔1〕 "《2019 年全国未成年人互联网使用情况研究报告》发布"，载《今日教育》2020 年第 5 期。

〔2〕 PUA 是 pick-up artist 的简称，翻译过来是"搭讪艺术家"。PUA 原本是教授不善交际的人如何打开个人社交圈子的一门技术，然而现在已变成一个龙蛇混杂的大染缸。其中不少人传授操纵异性感情的套路，由此达到诱骗、性侵年轻女性和未成年人的罪恶目的。大河网："PUA 培训班：从照骗、把妹、约炮、速推到千术，渣男如何炼成"，载 http://www.dahebao.cn/dahe/appweb/1472355？cid = 1472355，最后访问日期：2021 年 12 月 14 日。

〔3〕 佟丽华："儿童网络安全风险、网络保护的国际发展及其启示"，载《中国青年社会科学》2018 年第 1 期。

〔4〕《民法典》第 1032 条第 2 款。

去，我们并不重视未成年人的隐私保护工作，诸如教师检查学生日记、拍摄幼童裸体照片、父母肆意窥伺子女隐私生活的事情时有发生。近年来，随着社会主义法治建设工作的不断推进与公民法治意识的增强，未成年人的隐私受保护权正逐渐得到国家和社会的重视。在现实生活中，侵害未成年人隐私受保护权的行为主要表现为：①拍摄、窥视、窃听、干涉、公开未成年人不愿公开的秘密信息，但危害未成年人成长的秘密除外；②拍摄、窥视、发布未成年人的性器官与其他私密部位；③侵犯未成年人的通信秘密，如冒用未成年人的社交软件账号，窥视、复制、公开其聊天记录等社交信息或者擅自开拆、窥视未成年人的信件；④以现实或电信、网络手段等方式侵扰未成年人的私人生活安宁；⑤未经未成年人及其监护人的许可擅自进入、拍摄、窥视未成年人的住宅、房间等私密空间；⑥在公开的报道中未对未成年人的面部、声音、姓名等隐私信息与图像作匿名化处理；⑦以非法手段秘密搜集未成年人的身份信息与各类敏感信息；⑧其他侵害未成年人隐私的行为。

除隐私外，未成年人的名誉权、荣誉权也应当得到法律和社会的认可和保护。所谓名誉，是对民事主体的品德、声望、才能、信用等的社会评价。[1]荣誉，是指公民或法人所享有的，因自己的突出贡献或特殊劳动成果而获得的光荣称号或其他肯定性评价。与成年人相比，未成年人尚未进入社会，往往生活在家庭、学校等相对封闭的环境中，侵害未成年人名誉和声誉的事件相对少见，但这并不意味着未成年人不享有名誉和荣誉的受保护权。"三好学生"等荣誉称号的评比与授予，学校对外公开信息中对学生的肯定或否定性评价，网络空间中对未成年人家庭和个人情况的非法披露，均可能涉及未成年人名誉和荣誉的保护问题。实践中已经出现过法院确证未成年人名誉权的判例。

案 例

5 岁男孩小健是北京市艾毅幼儿园的一名学生。自 2014 年起，小健的母亲发现儿子不愿意再去幼儿园，经查看园方监控视频，她发现助教老师先后多次把孩子带到教室门厅入口处推搡、拉扯。之后她与幼儿园协商解决，但

---

[1]《民法典》第 1024 条第 2 款。

对方未道歉。2015 年 6 月 1 日，小健母亲在微信公众号发文，指责小健所在的艾毅幼儿园的老师长期对孩子的暴力殴打行为。之后幼儿园向百名家长送达公开信，称小健母亲微信公众号文章内容不实。园方在公开信中，对小健使用了"具有特殊的儿童倾向""给予特殊看护""不断出现的异常""心理专家介入孩子的诊断"等表述。小健的母亲认为幼儿园故意捏造小健是特殊儿童的虚假事实，对小健进行污蔑和诽谤，并广而告之，给小健的名誉造成严重影响，故诉至法院要求幼儿园管理方某投资管理公司赔礼道歉并赔偿精神损失费 5 万元。在一审被驳回诉讼请求后，小健母亲选择上诉至北京市第三中级人民法院。2016 年 11 月 2 日，北京市第三中级人民法院作出二审判决，改判艾毅幼儿园以书面形式公开道歉，并在新浪网首页显著位置公开发表不少于 10 日的致歉声明，赔偿小健 5 万元精神损害抚慰金。事发后，涉事老师被艾毅幼儿园辞退。[1]

第四节 人身自由受保护权

所谓人身自由，是指自然人可以凭借自己的意志和决定自由行动，其人身自由不受非法限制或者剥夺的权利。我国《宪法》第 37 条规定，中华人民共和国公民的人身自由不受侵犯。任何公民，非经人民检察院批准或者决定或者人民法院决定，并由公安机关执行，不受逮捕。禁止非法拘禁和以其他方法非法剥夺或者限制公民的人身自由，禁止非法搜查公民的身体。《民法典》第 109 条亦强调"自然人的人身自由、人格尊严受法律保护"。

联合国《儿童权利公约》在第 37 条（B）项规定了未成年人的人身自由受保护权："缔约国应确保……（B）不得非法或任意剥夺任何儿童的自由。对儿童的逮捕、拘留或监禁应符合法律规定并仅应作为最后手段，期限应为最短的适当时间……"在实践中，侵害未成年人人身自由的形式主要有三种：一是固定地点囚禁，行为人基于求财、性侵、非法控制等目的将未成年人拘禁于某一特定地点以限制其人身自由；二是非法的人身控制与转移，主要表

---

〔1〕 刘洋："称孩子有'特殊倾向'幼儿园被判侵权——家长指责老师暴力后，幼儿园发公开信回应称孩子异常；一审驳回诉求，二审改判"，载《新京报》2016 年 11 月 3 日，第 A11 版。

现为拐卖、拐骗、诱拐等犯罪活动；三是劳动拘禁与剥削，将受害人控制在相对封闭的某一场域并科以劳役剥削。针对这三种侵害未成年人人身自由的活动，《儿童权利公约》与相关法律法规分别规定了三种未成年人的人身受保护权类型，本书分别称之为免受拘禁权、免受拐卖权、免受劳役剥削权。

一、免受拘禁权

拘禁，又称囚禁，是指将受害人控制在某一狭小、封闭空间中，从而持续剥夺其人身自由的行为。在实践中，以成年人为侵害对象的非法拘禁活动，多与债务问题、感情纠纷、黑恶势力等因素有关；而涉及未成年人的非法拘禁，则往往与传销活动、非法矫治以及性侵活动有关，本章分别将之称为传销囚禁、矫治囚禁与性侵囚禁，这三种典型的非法拘禁活动构成侵害未成年人免受拘禁权的三种基本形式。

（一）传销囚禁

传销，即"传播销售"，是一种改革开放后随着市场经济的发展与繁荣而兴起、蔓延的诈骗活动。根据《刑法》第224条之一，传销是指"以推销商品、提供服务等经营活动为名，要求参加者以缴纳费用或者购买商品、服务等方式获得加入资格，并按照一定顺序组成层级，直接或者间接以发展人员的数量作为计酬或者返利依据，引诱、胁迫参加者继续发展他人参加，骗取财物，扰乱社会经济秩序"的行为。传销作为一种扰乱社会主义市场经济秩序、侵害公民财产权益的犯罪活动，具有人员众多、组织严密、波及面广、诈骗金额巨大等特征，并且往往伴有大量的非法人身控制、殴打虐待甚至伤害、杀人等行为，具有极其严重的社会危害性。

与具有丰富社会阅历的成年人相比，未成年人社会经历少，热衷网络交友、容易取信，并且人身容易被控制，故此极易成为传销犯罪分子侵害的对象。传销活动组织者往往在互联网上散布诈骗信息，以找工作、做生意、婚恋交友为幌子诱骗未成年人到传销窝点，之后对其实施非法拘禁，并以"发财致富""男女感情"等借口对其进行高强度的传销洗脑和精神控制，以此诈骗、勒索巨额非法利益，一些深陷传销的未成年人被洗脑得十分严重，往往还会从被害人进一步转变成为传销组织的帮凶，诱骗身边的亲戚、朋友、同学加入传销组织，形成恶性循环，使传销活动的恶劣影响如滚雪球一般不断放大。据报道，广东省台山市检察机关仅在2016年冬即受理因非法传销引发的涉嫌非法拘禁罪案件 3 宗 6 人，被害人共 12 人，均为涉世未深的青少年，其中未满 18 周岁的未成年被害人就有 5 人。[1]

传销活动不仅严重侵害了未成年人的人身自由，使受害人及其家庭遭受巨额经济损失，还会通过宣传洗脑、冻饿虐待等方式改变未成年人的思维方式，扭曲其性格，对其实施精神控制。随着我国近年来不断加大对传销活动的打击力度，传统的以控制人身自由为主要手段的传销正在向以精神控制为主、以限制自由为辅的模式转换，以往的线下集中洗脑正在被线上远程控制所取代，这类新型的网络传销活动往往隐藏在正常的互联网商业营销活动中，并且借助互联网的匿名性与技术性犯罪手段使传销活动更为隐蔽，极大地增加了发现和打击传销犯罪的难度。[2]这些传销活动的新特点要求我们进一步做好相应的警惕与预防工作。

（二）矫治囚禁

尽管立法和公约的目的都是呵护未成年人成长成才，但是未成年人在成长的过程中很可能因为各种不良因素的影响而出现行为失范现象，如沉迷网游、打架斗殴、赌博盗窃、抽烟喝酒等。对未成年人不良行为的矫治，一方面依靠学生父母的日常教育，另一方面也离不开学校教师的科学引导。对于存在严重不良行为、不适合继续留在普通学校学习的未成年人，我国设置了专门的工读学校对其进行教育矫治。然而，工读学生的"标签效应"使得学生家长避之如火炭，不愿将自己的孩子送到正规的工读学校进行不良行为矫治，很多工读学校也因此陷入招生困难、难以为继的窘境。[3]在此背景下，一大批私人性质的行为矫治机构便纷纷设立，家长也热衷于将自己的学生送到这些私人矫治机构中进行管教。与正规的工读学校等矫治机构相比，这些私人的矫治机构不会给学员留下"标签"与不良的经历记录，但与此同时，缺乏统一的规范标准与办学资质，教官师资来源复杂、品行良莠不齐，极易出现体罚、虐待、非法拘禁等严重侵害学生身体健康的极端案件。近年来引

---

〔1〕 中国反传销咨询解救中心："台山传销'魔爪'伸向未成年人 叫嚣道'台山是我们的地头'"，载 https://www.fcx120.cn/xinwenbaodao/558.html，最后访问日期：2021 年 12 月 14 日。

〔2〕 郭元鹏："漏洞里长出'未成年人网络传销魔掌'"，载《中国妇女报》2016 年 10 月 27 日，第 A3 版。

〔3〕 周颖："我国青少年工读教育制度的困境与重构"，载《青少年犯罪问题》2017 年第 5 期。

起社会广泛热议的"杨永信事件"与"豫章书院事件"便是部分私人矫治机构侵害未成年人人身自由问题的一种缩影。

案　例

豫章书院全称是"南昌市青山湖区豫章书院修身教育专修学校",由南昌人吴某某创建于2011年。2013年5月16日,吴某某注册成立豫章书院修身教育专修学校,宣称可以通过国学教育改造"问题少年",并实行大规模招生。2014年1月,经有关部门批复,该学校增加一般不良行为青少年转化工作职能。2017年10月26日,一篇《中国到底有多少个杨永信》全网刷屏,直指豫章书院存在非法拘禁、虐待、体罚学生等恶劣行为。据在豫章书院进行过"矫治"的学生称,该校教官经常打骂、体罚、虐待学生。学校设有多间名为"烦闷解脱室"的禁闭室,每间"烦闷解脱室"大约在10平方米左右,房间内一片漆黑,仅有一张凉席、一个尿桶,形似牢房。每当有学生新进豫章书院或者犯错误时,就会被铐上手铐、只穿内衣被关在禁闭室内7天左右,每天定点会有人送饭进来,但很快又锁上门。此外,教官还会用钢筋抽打不听话的学生,称为"打龙鞭"。而豫章书院创始人吴某某、校长任某某等坚称学生的说法并不属实,该校并不存在体罚学生的情况,至于使用"烦闷解脱室"关禁闭的做法,豫章书院解释为这是采用了"森田疗法"。[1]2017年11月3日,央视制作了一期名为《"问题少年"怎能交给"问题学校"?》的专题节目,全面报道了豫章书院存在的问题。2020年7月7日,备受关注的豫章书院非法拘禁案在江西南昌市青山湖区法院一审宣判。豫章书院创始人吴某某、校长任某某、教官张某某、屈某某犯非法拘禁罪,分别判处2年

---

〔1〕"森田疗法"又叫禅疗法、根治的自然疗法,由日本东京慈惠会医科大学森田正马教授创立,并取名为神经症的"特殊疗法"。1938年,森田正马教授病逝后,他的弟子将其命名为"森田疗法"。森田疗法主要适用于强迫症、社交恐怖、广场恐怖、惊恐发作的治疗,另外对广泛性焦虑、疑病等神经症,还有抑郁症等也有疗效。"豫章书院"事件发酵后,澎湃新闻采访了中国心理卫生协会森田疗法应用专业委员会的主任委员李江波博士,据李江波介绍,"森田疗法的确有一种'卧床'疗法,就是在一个单独的房间躺7天,不做任何事情,不与外界接触。在孤立环境中待上一段时间后,许多患者无法继续待下去,就愿意干活,愿意做其他事了,其精神疾病就能得到一定程度的矫治"。但李江波同时强调,"森田疗法"的实施并非强制性。"这种疗法在事先征得本人同意的情况下方可实施,森田疗法不是强制的,患者不是被迫锁在屋里面的,而应当是自愿地躺在那里。"

10 个月、2 年 7 个月、1 年 10 个月和 11 个月有期徒刑，教官陈某某则免于刑事处罚。一审法院驳回了原告罗某某、周某某、陈某某（原豫章书院学生）提出的全部民事诉讼请求。[1]

（三）性侵囚禁

除前述传销组织和各类私人矫治机构外，亦有犯罪分子以性侵为目的对未成年人特别是未成年女性进行非法控制，行为人将受害人囚禁于地窖、私人囚室或本人住处等地点，长期对受害人实施性侵以满足本人性欲，并伴有殴打、虐待、杀人、制售淫秽物品等行为。2010 年的德国电影《3096 天》讲述了一名 10 岁的奥地利女孩如何在被绑架和囚禁长达 8 年之久后逃出生天、重获自由的故事。电影并非艺术家的杜撰，真实的案件在西方社会时有发生。2013 年美国俄亥俄州警方破获一起非法拘禁案，作案人系受害人父亲的朋友，其利用搭乘、请求帮忙等借口，分别将时年 14 岁和 17 岁的两名受害人骗至其克利夫兰市的一处民宅，后对两名受害人进行长达 10 年的非法囚禁，期间多次性侵两名受害人，并使其中一人诞下一女。[2]国内亦出现过此类案件：2006 年 7 月，在福州打工的四川籍农民张某以帮忙找工作为名，将工地旁的 13 岁女孩骗至其暂住的出租屋内囚禁，对受害人持续虐待、奴役、性侵近 2 年之久，并使受害人怀孕。最终，张某被福州晋安区法院以强奸罪判处有期徒刑 7 年。[3]

案例

犯罪人曾某某，40 岁，原系武汉某公司工人。2008 年 9 月 16 日晚，他在武汉市青山白玉山地段，将路经此地的 16 岁少女小丽挟持至自家地窖内施暴，后用铁链将其长期锁于地窖中，供自己发泄兽欲。2009 年 7 月 2 日晚，

---

〔1〕 苑苏文："扭转'坏孩子'的罪与罚：豫章书院非法拘禁案一审落槌"，载《中国经营报》2020 年 7 月 23 日，第 5 版。

〔2〕 徐慧芬："美国少女被父亲好友囚禁 10 年：曾 6 天被强暴 25 次"，载搜狐新闻网，http://news.sohu.com/20150429/n412079709.shtml，最后访问日期：2021 年 9 月 27 日。

〔3〕 强振超、陈淑娟："男子囚禁强奸 13 岁女孩 2 年——强迫其生下孩子"，载《海峡都市报》2008 年 12 月 6 日，第 6 版。

18 岁的女子小红也被曾某某如法炮制，锁进地窖中施暴。后因一修理电视机的人员在送修的电视机内发现求救纸条，而致案发。2010 年 5 月 8 日，曾某某被警方抓获，两名被囚少女获救。至此，两名少女已经分别被囚禁了 590 天和 317 天。法院还查明：曾某某从 2007 年 7 月至 2010 年 5 月，为追求性刺激，采取持刀威胁、喷辣椒水等多种手段，强奸其他妇女 9 名，并犯下拦路抢劫、抢夺案各 1 起。法院审理认为，曾某某在地窖内囚禁两名少女，供其长期发泄性欲，其行为严重摧残被害少女的身心健康，社会影响极其恶劣，同时其还有其他严重的犯罪行为，依法应予严惩。曾某某被控强奸罪、非法拘禁罪、抢劫罪、抢夺罪四项罪名成立，数罪并罚决定对其执行死刑。[1]

对受害人长期的囚禁行为不仅严重侵害了其人身自由与人身不受非法控制的权利，损害其身体健康，还会极大地扭曲被囚禁者的性格与精神状态，形成严重的心理创伤。对人身自由的长期非法控制，可能会造成未成年人身体状况与心理健康的双重损害。心理方面的损害主要体现为两点：一是被囚禁者性格变得狂躁、易怒，极具攻击性。例如，2010 年广东省广州市的一名12 岁女孩被一名男子诱拐至广州市越秀区仁济路的一间出租屋内囚禁 15 个月之久。被警方解救时，受害女孩的父母均已去世，故而女孩被寄养在舅母家。但其舅母称，受害人被救出来后，"心病很多，性格变得非常古怪"，非常不讲卫生，时常暴躁、激动，还跟家里的小孩打架，跟她讲道理也不听，无奈之下，只能将受害人送至仓库居住，每天定点留饭给她吃。[2]二是对囚禁者和施暴人产生畏惧、依恋等心理，形成斯德哥尔摩综合征。[3]例如，在震惊

---

〔1〕　楚田："武汉男子在地窖囚禁少女 590 天实施强奸被判死刑"，腾讯新闻网，https：//news. qq. com/a/20110131/000050. htm，最后访问日期：2021 年 9 月 27 日。

〔2〕　中国新闻网："13 岁女童被男子奸淫 15 月被救 重返校园希望渺茫"，载 https：//www. china-news. com. cn/fz/2011/10 - 10/3377682. shtml，最后访问日期：2021 年 12 月 14 日。

〔3〕　斯德哥尔摩综合征，是指被害者对于犯罪者产生情感，甚至反过来帮助犯罪者的一种情结。这个情结造成被害人对加害人产生好感、依赖性、甚至协助加害人。斯德哥尔摩综合征得名于 1973 年发生在瑞典首都斯德哥尔摩市的一起离奇案件：当地最大的一家银行遭到两名歹徒的抢劫，当抢劫意图失败后，劫匪劫持 4 名银行职员作为人质，在与警察对抗了 130 小时以后，劫匪投降。但是被劫持的银行职员在此后却表现出了令人费解的行为，他们拒绝出庭指控劫匪，甚至自己出钱为劫匪聘请律师，其中被劫持的一位女职员还与在狱中的一名劫匪订婚。后来人们便以"斯德哥摩尔综合征"代指受害者对施暴者产生的同情、依赖、好感等情结。李玲："浅谈斯德哥尔摩综合症"，载《科教文汇》2007 年第 12 期。

一时的"河南洛阳性奴案"中，被告人李某某在地牢里非法拘禁、性侵 6 名受害女子长达 2 年之久，期间多名受害者居然为犯罪人争风吃醋，其中 1 名女子甚至因此杀害了另外一名被囚禁的受害人；最后报警的女子在逃脱前，另外两名被囚的女子正帮助李某某胁迫报警人从事色情活动。最终，被告人李某某因犯故意杀人罪、强奸罪、组织卖淫罪、非法拘禁罪，制作、传播淫秽物品牟利罪被决定执行死刑，其他几名被囚女子也因协助被告人李某某实施杀人、卖淫等活动而分别获刑。[1]可见，长期的囚禁、折磨与虐待不仅会严重侵害未成年人的身体健康，更会在很大程度上改变受害者的心智，被囚禁时的年龄越小、囚禁持续时间越长，受害人的身心健康损害程度也会愈发严重。在此类案件中的未成年受害人被成功解救之后，通过科学的疏导与治疗，尽快抚平其心灵创伤，促使其重返正常的生活，亦是未成年人人身不受非法控制权利的内在要求之一。

二、免受拐卖权

《儿童权利公约》第 35 条规定了未成年人的免受拐卖权："缔约国应采取一切适当的国家、双边和多边措施，以防止为任何目的或以任何形式诱拐、买卖或贩运儿童。"并在第 11 条第 1 款就禁止跨国拐卖、转运儿童作了进一步规定："缔约国应采取措施制止非法将儿童移转国外和不使返回本国的行为。"未成年人的免受拐卖权主要针对拐卖、拐骗、盗抢婴儿等犯罪行为而设立，该权利是未成年人人身自由受保护权的重要组成部分。

拐卖，是指以强迫或诱骗等方式非法控制他人人身自由，并将之转卖牟利的行为。广义的拐卖包括拐卖、拐骗以及盗抢婴儿三种行为模式，在实践中可以通过诱拐、绑架、收买、贩卖、接送、中转等多种方式实施。拐卖的对象主要是成年女性与 14 岁以下的儿童。在国外，拐卖活动多与卖淫与性奴役有关，因此相较于未成年人女童，犯罪分子更倾向于拐卖成年女性。拐卖行为多发生于中欧、东欧与北非等地，据联合国估算，在这些国家和地区，每年约有 200 万左右的妇女与未成年人女童被卖为性奴。大规模的拐卖活动

---

〔1〕 张彦军、郑荣："李浩'性奴'案中的斯德哥尔摩效应分析"，载《重庆科技学院学报（社会科学版）》2012 年第 1 期。

往往与战乱、恐怖活动有关，科索沃战争后，中欧地区沦为跨国人口交易的集散地，"妓女经济"甚至成为中欧、东欧一些国家的支柱产业；[1]2014年，恐怖组织"伊斯兰国"攻击了伊拉克北部的辛贾尔山地区，拐卖了数百名年轻女性与未成年女童并将其作为性奴公开出售，其中最小的受害者年仅10岁。[2]在中国，拐卖活动则多与传宗接代相关。一些落后地区受重男轻女思想与"养儿防老"等传统观念的影响，更加倾向于收买、收养未成年男童，或者收买妇女、未成年女子用于生育、"延续香火"。调查显示，在2014年~2015年发生的拐卖未成年人案件中，被拐卖男童的数量超过女童的2倍，并且，年龄越小的男童价格越高，男婴的拐卖价格要显著高于其他被拐卖儿童。[3]

　　作为一种极其严重的刑事犯罪，拐卖活动不仅严重侵害了未成年人的人身自由受保护权，与此同时亦使被拐卖者脱离原生家庭的生活环境，对其心理和身体健康均会产生不良影响。很多家境优渥的未成年人被拐卖至贫困山区，其原有的人生轨迹遭到改写，即使幸运地得到解救，也会面临如何融入原生家庭等一系列问题，幼时的被拐经历也会给受害的未成年人造成不可磨灭的心理创伤。为了打击拐卖人口犯罪活动，切实保障未成年人的人身自由和免受拐卖权，我国分别于2008年至2012年和2013年至2020年间连续实施了两个反拐国家行动计划——《中国反对拐卖妇女儿童行动计划（2008—2012年）》和《中国反对拐卖人口行动计划（2013—2020年）》，并通过修改《刑法》与相关法律的规定，加大对拐卖人口犯罪的惩治力度。经过十余年的不懈努力，每年发生的拐卖妇女儿童案件数量已由高峰时的3100余起降至年均500~600起的水平。然而，根治儿童拐卖这一严重侵害未成年人受保护权的违法犯罪活动依旧是一个十分严峻的挑战。

---

〔1〕　佚名："西方媒体揭露巴尔干'性奴'交易"，载《新闻天地》2003年第10期。

〔2〕　李婷婷："上千女性可能已沦为伊叛军'性奴'——联合国秘书长代表发表声明，严厉谴责伊拉克极端武装针对女性甚至女童性暴力，警告以战争罪论处"，载《新京报》2014年8月15日，第A21版。

〔3〕　"拐卖儿童，你不得不知的5个真相"，载搜狐网，https://www.sohu.com/a/195840147_100005597，最后访问日期：2020年10月18日。

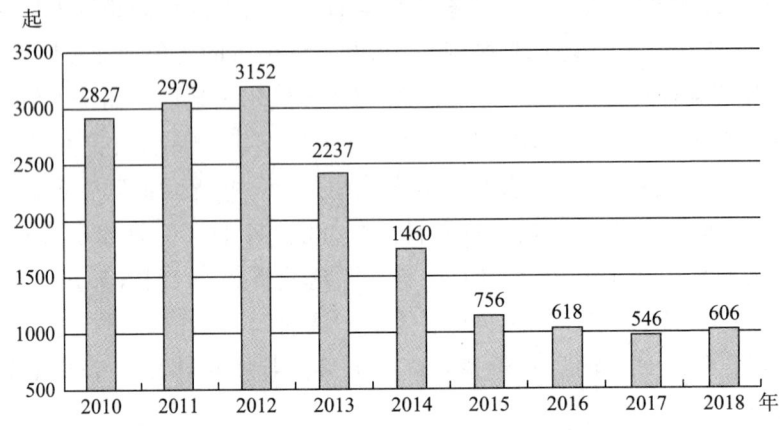

图 4 - 1　2010 ~ 2018 年查获的拐卖儿童案件情况[1]

三、免受劳役剥削权

对未成年人人身自由受保护权的侵害活动主要包括两种基本类型：一是将未成年人囚禁于某一特定场所、密室中，完全剥夺其人身自由，本书称之为静态的人身控制，该行为侵害未成年人的免受拘禁权；二是犯罪分子强迫未成年人跟随自己转移，或者将其售卖给其他人，本书称之为动态的人身控制，该行为侵害未成年人的免受拐卖权。实际上，还有一种介于动态和静态之间的人身控制方式，既不是将受害人囚禁于室内，也不是将受害人四处转移，而是将其限定在某一特定场域范围内，对其科加繁重的劳役以供犯罪者剥削，本书将以此种形式侵害未成年人人身自由受保护权的行为称为劳役剥削。

《儿童权利公约》第 32 条第 1 款规定了未成年人的免受劳役剥削权："缔约国确认儿童有权受到保护，以免受经济剥削和从事任何可能妨碍或影响儿童教育或有害儿童健康或身体、心理、精神、道德或社会发展的工作。"古往今来，对未成年人的劳役剥削主要包括两种类型：童工劳动与强制劳役，前者是一种有偿的经济剥削，后者则是一种无偿奴役，二者的界限并不十分分明，很多情况下前者会向后者转化。关于童工的概念，国际和国内的理解并不完全一致：国际劳工

---

〔1〕　数据来源：国家统计局《2018 年〈中国儿童发展纲要（2011—2020 年）〉统计监测报告》。

组织大会制定的《禁止和立即行动消除最恶劣形式的童工劳动公约》所规定的"童工"是指 18 周岁以下的未成年人;[1] 而我国法律语境中的"童工"特指未满 16 周岁的未成年劳动者,[2] 已满 16 未满 18 周岁的人通常被称为"未成年工"。

　　童工的出现与资本主义生产方式的发展密不可分。在封建时代,自给自足的农业经济是当时社会主流的经济模式,当时的儿童和未成年人主要从事的劳动类型包括农业生产、手工业劳动、童仆家佣、军事、航海以及矿山生产等,其中手工业与矿山中的帮手、学徒、类童工等成为后世工厂童工的雏形。[3] 工业革命爆发后,社会对煤炭、钢铁等能源资源的需求大增,各类矿山急缺劳动力;与此同时,以纺纱厂为代表的大量劳动密集型的工厂如雨后春笋般出现,需要大量的劳动力。严重的劳动力缺口与低廉的雇佣价格使大量的未成年人进入工厂,形成庞大的童工群体。在资本主义社会,雇佣童工从事劳动的现象极为普遍,美国南北战争时期,童工成为许多新建工厂的重要劳动力,人数一度占到全部工人人数的 1/3 左右。[4] 民国期间,各地纺纱厂使用童工的现象也十分普遍,例如 1920 年华商在青岛的一家纺织厂有工人 504 名,其中不足 15 岁的占 21.2%;上海设立的一家纺织工厂中不足 15 岁的童工占到该厂工人总数的 23%;而当时的苏州作为当时最重要的丝绸产地,丝厂林立,工人大多以 10 岁至 18 岁女孩为主,童工成为纺织工厂中不可缺少的一部分劳动力。[5]

　　在资本主义生产方式下,童工作为生产工具与剩余价值的榨取对象,其处境是极为悲惨的。童工劳动对未成年人身心健康的恶劣影响体现在如下几个方面:一是超长的劳动时间,工业革命初期,工厂童工的劳动时间之长超过了正常人的承受能力,在纺织业中十二三岁以下的童工每天要高强度地劳动十三四个小时;矿业工作日通常是 11~12 小时,在苏格兰竟长达 14 小时。很多厂主、矿主还实行夜工制,把工作时间延长 1 倍的事情是极常见的。二

---

〔1〕　参见国际劳工组织大会《禁止和立即行动消除最恶劣形式的童工劳动公约》第 2 条。

〔2〕　参见国务院《禁止使用童工规定》第 2 条。

〔3〕　鲁运庚:"前工业化时期欧洲乡村的儿童劳动",载《历史研究》2015 年第 6 期。

〔4〕　尹明明:"美国内战前的童工问题",载《北京师范大学学报（社会科学版）》2007 年第 6 期。

〔5〕　鲁运庚、刘长飞:"民国初年的童工研究",载《民国档案》2002 年第 2 期。

是劳动环境极其恶劣，童工所在的工厂大多厂房低矮、窗户狭小、棉尘飞扬，转动的机器噪声震耳，许多地方常年见不到阳光，空气不通畅，长期在此种环境中生活工作，极易感染各种疾病，引发严重的身体畸形。加之机器没有安装防护设备，工伤事故时常发生，很多人因此留下终生残疾。三是长期的营养不良与重体力劳动严重影响了未成年人的生长发育，导致其未老先衰，性成熟期大大滞后。很多女性童工在 20 岁之后才出现月经，同时一些童工在工厂劳动的过程中遭受性侵或尝试与同龄人性交从而怀孕生子，然而孕妇缺乏必要的生育、哺乳条件，造成大量新生婴儿及其母亲的死亡。四是教育的缺乏给童工的智力和道德造成负面影响。由于常年参加工厂劳动，童工的受教育权被剥夺，其智力发展和道德养成方面都遭到资产阶级的摒弃和忽视。社会上出现大量的堕落儿童，甚至成为犯罪的"补充队"。[1]

资本主义对童工的残酷剥削以及由此引发的严重社会问题受到了各国有识之士的强烈批判。20 世纪，随着儿童权利运动的兴起，大规模使用童工的现象在全球范围内得到很大程度的遏制。1973 年，国际劳工组织通过了《准予就业最低年龄公约》（第 138 号公约），规定了各缔约国内允许从事工作的一般最低年龄为 15 岁；若缔约国的经济和教育设施不发达，在特殊情况下可以将最低就业年龄放宽至 14 岁；但准予从事可能有害年轻人健康、安全或道德的工作时，最低就业年龄不得小于 18 岁（特殊情况可放宽至 16 岁）。[2]1999 年，国际劳工组织大会制定的《禁止和立即行动消除最恶劣形式的童工劳动公约》之规定又将"童工"的年龄认定标准提升至 18 周岁，并且绝对禁止包括无偿劳役剥削、招募童子军、参与儿童色情、生产贩卖毒品等在内的四类"最恶劣形式的童工劳动"。[3]此外，国际劳工组织还把"有效废除童工"列为其成员国均有义务尊重、促进和实现的四项基本原则之一。这些规定和原则共同构成了一个相对完整的童工权利保护

---

〔1〕 鲁运庚："马克思恩格斯论童工劳动"，载《历史教学问题》2006 年第 5 期。

〔2〕 参见国际劳工组织大会《准予就业最低年龄公约》第 2 条、第 3 条。

〔3〕 《禁止和立即行动消除最恶劣形式的童工劳动公约》第 3 条规定："就本公约而言，'最恶劣形式的童工劳动'一词包括：（a）所有形式的奴隶制或类似奴隶制的做法，如出售和贩卖儿童、债务劳役和奴役，以及强迫或强制劳动，包括强迫或强制招募儿童用于武装冲突；（b）使用、招收或提供儿童卖淫、生产色情制品或进行色情表演；（c）使用、招收或提供儿童从事非法活动，特别是生产和贩卖有关国际条约中界定的毒品；（d）在可能对儿童健康、安全或道德有伤害性的环境中工作。"

的国际法框架。[1]

我国分别于 1998 年和 2002 年批准加入了《准予就业最低年龄公约》和《禁止和立即行动消除最恶劣形式的童工劳动公约》。为进一步做好禁用童工工作，切实保障未成年人免受劳役剥削的权利，国务院于 2002 年 10 月 1 日颁布了《禁止使用童工规定》，就全面禁止使用童工问题作了详细规定。根据该规定，包括国家机关、社会团体、企业事业单位、民办非企业单位、个体工商户在内的用人单位，除文化、体育单位招募的专业文艺工作者、运动员外，一律不得招用未满 16 周岁的未成年人，也即童工。禁止任何单位或个人为不满 16 周岁的未成年人介绍就业，禁止不满 16 周岁的未成年人开业从事个体经营活动。凡用人单位使用童工的，由劳动保障行政部门按照每使用一名童工每月处 5000 元罚款的标准给予处罚；在使用有毒物品的作业场所使用童工的，从重处罚；用人单位在规定期限内仍不改正的，将按照每使用一名童工每月处 1 万元罚款的标准给予处罚，并吊销营业执照或撤销民办非企业单位登记。单位或个人为不满 16 周岁的未成年人介绍就业的，按照每介绍一人处5000 元罚款的标准给予处罚。拐骗童工，强迫童工劳动，使用童工从事高空、井下、放射性、高毒、易燃易爆以及国家规定的第四级体力劳动强度的劳动，使用不满 14 周岁的童工，或造成童工死亡或严重伤残的，依法追究刑事责任。此外，我国《刑法》也规定了强迫劳动罪，雇用童工从事危重劳动罪以及组织残疾人、儿童乞讨罪，组织未成年人进行违反治安管理活动罪等罪名，对雇佣童工或者劳役剥削未成年人的违法犯罪活动予以严厉打击。

然而，必须清醒地认识到，儿童奴役劳动这一被马克思、恩格斯称为"人类的耻辱"的丑恶现象至今仍未被彻底消除。在一些经济欠发达的国家和地区，童工现象依然大量存在，据国际劳工组织统计，截至 2015 年，印度仍有 435 万童工，其中约有 240 万 15～17 岁的青少年从事着危险劳动，占该年龄段人口的 20.7%，占该年龄段童工总量的 62.8%。[2]即使在我国，21 世纪初童工劳动现象依然十分严重，当时在山西、河南等省份发生的震惊一时的

---

〔1〕　宋玥："我国禁止童工的立法及其完善：从国际劳工标准的角度"，载《中国青年社会科学》2013 年第 1 期。

〔2〕　王子涵、谭融："论印度童工问题及其治理"，载《天津师范大学学报（社会科学版）》2018年第 5 期。

"黑砖窑"事件至今仍历历在目。消灭童工劳动、切实保障未成年人免受劳役剥削的权利亦是一件需要长期投入和坚持的国家任务与社会事业。

案 例

2007年5月~6月间，山西省洪洞县公安局发动的"飞虹亮剑"二号行动，查获一大批性质恶劣、影响极坏的"黑砖窑"案件。以广胜粲派出所侦办的一起案件为例，自2006年3月以来，窑主王某某、衡某某等人先后从西安、郑州火车站诱骗或强迫三十余名农民工、未成年人与智障人员到砖窑做工。受害者们每天早上5点上工，工作到凌晨1点才让睡觉；一日三餐就是吃馒头、喝凉水，没有任何蔬菜，而且每顿饭必须在15分钟内吃完。受害者们只要动作稍慢，就会遭到打手的无情殴打，因此被解救时个个遍体鳞伤。打手往往会强迫受害人下窑去背还未冷却的砖块，给受害者造成严重的烧伤；由于一年半没有洗澡、理发、刷牙，民工们个个长发披肩、胡子拉碴、臭不可闻，"身上的泥垢能用刀子刮下来"。2006年农历腊月，患有先天性痴呆症的甘肃籍农民工刘某某因干活慢，被湖北打手赵某某用铁锨猛击头部，当场昏迷，第二天死在黑屋子中。几名打手用塑料布将刘某某的尸体裹住，随便埋在了附近的荒山中。在遭受非人折磨时，这些农民工们却从来不知反抗，也不敢逃跑。一年多来，这三十多名外地受害人没有领到一分钱的工资。

据媒体估算，当时在山西、河南等地的黑砖窑、黑煤窑中被强迫劳动的未成年人有上千人之多。在2007年5月9日的一次秘密采访中，当地记者在山西万荣县六母村附近的4家窑厂中发现，每个窑厂都有一二十个孩子，其中最小的8岁，在砖机前如同机械人一般干活。被问及籍贯时，孩子恐惧地看着手拿三角带的监工，木讷地摇头。消息播出后，打往电视台的热线电话已累计两千多个，上千名失子家长手拿相片，来到电视台求助。而数百位家长则自发来到山西运城，奔赴于各地的窑厂之间寻找孩子的下落。但由于窑厂主们的提前转移，最后真正获救的孩子只有四十多个，大量的受害未成年人凭空失踪了。有消息称，不少黑砖窑主为销毁证据，将未成年受害者转移到临近省份，再进行遣散。[1]

---

〔1〕 高山："黑砖窑扣留未成年人当苦力"，载《中国青年报》2007年6月16日，第1版。

课后学习

一、推荐阅读

1. 段小松：《联合国〈儿童权利公约〉研究》，人民出版社 2017 年版。

2. 张杨：《西方儿童权利理论及其当代价值研究》，中国社会科学出版社 2017 年版。

3. 李双元、李娟：《儿童权利的国际法律保护》，武汉大学出版社 2016 年版。

4. 张雪梅：《实践中的儿童权利 未成年人权利保护的 42 个典型实例》，法律出版社 2013 年版。

5. 王雪梅：《儿童权利论 一个初步的比较研究》，社会科学文献出版社 2005 年版。

二、推荐电影

1.《失孤》，2015 年，导演：彭三源。

2.《亲爱的》，2014 年，导演：陈可辛。

3.《盲井》，2003 年，导演：李杨。

4.《少年犯》，1985 年，导演：张良、王静珠。

5.《素媛》，2013 年，导演：［韩］李俊益。

6.《熔炉》，2011 年，导演：［韩］黄东赫。

7.《3096 天》，2013 年，导演：［德］雪瑞·霍尔曼。

8.《沙漠之花》，2009 年，导演：［英］雪瑞·霍尔曼。

9.《割礼龙凤斗》，2004 年，导演：［塞加内尔/法国］乌斯曼·塞姆班。

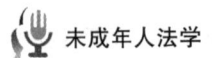

第五章 未成年人的参与权

　　未成年人的参与权，是联合国《儿童权利公约》和《未成年人保护法》明确规定的基本权利之一，对于儿童的全面发展具有重要意义。通过本章的学习，可以认识未成年人参与权的内涵与价值，了解促进儿童参与权实现的基本途径与方法。

第一节　未成年人参与权的内涵与价值

一、未成年人参与权的内涵

　　在古代社会，未成年人的独立性和主体性并未得到法律的认可，因此也不存在儿童的参与权。传统观念认为，涉及儿童的事务，应由其父母或其他监护人决定，儿童不可能也不需要参与。随着儿童权利的兴起，保障儿童在与自己有关的事务中的有效参与，开始成为一项重要的儿童权利。

　　在国际救助儿童会看来，"儿童参与是指所有儿童（包括被边缘化的儿童、不同年龄的儿童和残障儿童）在知情、自愿的前提下参与到直接或间接影响他们的事项中。儿童参与是一种工作方法和一项基本原则，所有项目和场合（从家庭到政府等各个主体、从当地到国际等各个层次）都应努力实现儿童参与"。[1]联合国《儿童权利公约》也明确规定了儿童的参与权，它意味着儿童有权对影响自己的任何事情发表意见，通过这一权利，儿童不仅有机

─────────────

　　〔1〕　救助儿童会：《儿童参与的实践标准》，2020年。

会表达想法，而且可以影响决策和促成改变。

关于参与权，联合国《儿童权利公约》第 12 条规定："缔约国应确保有主见能力的儿童有权对影响到其本人的一切事项自由发表自己的意见，对儿童的意见应按照其年龄和成熟程度给以适当的看待。为此目的，儿童特别应有机会在影响到儿童的任何司法和政策诉讼中，以符合国家法律的诉讼规则的方式，直接或通过代表或适当机构陈述意见。"第 13 条规定："儿童应有自由发表言论的权利；此项权利应包括通过口头、书面或印刷、艺术形式或儿童所选择的任何其他媒介，寻求、接受和传递各种信息和思想的自由，而不论国界。此项权利的行使可受某些限制约束，但这些限制仅限于法律所规定并为以下目的所必需：（A）尊重他人的权利和名誉；（B）保护国家安全或公共秩序或公共卫生或道德。"

根据联合国《儿童权利公约》的上述规定，儿童参与权的内涵可以被概括为如下几个方面：

1. 所有具有主见能力的儿童都有权发表自己的意见。所有儿童，无论其年龄、性别、种族、地域、残疾与否，都平等地享有就与自身相关的问题发表意见的权利。当然，儿童参与权的行使，需要儿童具备一定的"主见能力"，而对儿童主见能力大小的判断，需要综合考虑年龄、身体、心智、判断与表达能力、过往经历、独立程度以及家庭环境等各方面因素。

2. 儿童有权对涉及自身的任何事务发表意见。与儿童利益相关的任何决策和事务，包括家庭事务与决策、学校事务与决策以及政府主导的公共事务与决策，都应该向儿童开放，听取儿童的意见和声音。所有与儿童相关的人员，包括儿童的父母、教师、儿童工作者和政策制定者，都应该鼓励和支持儿童在涉及自身利益的事务中自由地发表意见，努力创造一种"儿童参与"的社会环境。

3. 对儿童的意见，应按照其年龄和成熟程度给予适当的对待。尊重和保障儿童的参与权，不是为了参与而参与，不是仅仅意味着被聆听，它要求儿童的意见真正受到重视，且真正影响到了政策的制定和相关事务的处理。儿童的正确意见，要被相关行动和决策吸收采纳；儿童的意见无法被采纳时，也应向其及时反馈和说明理由。总之，儿童的意见要得到认真对待，儿童的参与要能切实带来改变。

4. 儿童有自由发表言论的权利。儿童参与的前提是表达和沟通，因此，自由发表言论，是儿童参与权的实现途径。在涉及儿童的事务处理和政策制定时，要尊重儿童的表达权，鼓励他们说出自己的真实想法，让每一个儿童都能在一个安全、受尊重的氛围中毫无压力或者不受操纵地表达自己的心声。儿童发表言论的方式可以是多种多样的，除了传统的口头表达之外，也可以通过参加征文比赛或者发表文章、创建网站，以书面文字的方式表达自己的想法，还可以利用摄影、摄像，或者是通过舞台等大众媒体公开表演以表达自己的看法和意见。[1]

《儿童权利公约》对未成年人参与权的保护，是公约对缔约国人民"正确儿童观"的启蒙，它提醒全社会的成人应坚信儿童有能力形成自己的看法和认识，并能用独特的方式进行表达；儿童的声音应该得到认真的倾听和对待，并以此推动涉儿童事务的更好解决。

二、未成年人参与的价值

长期以来，未成年人的参与权得不到足够的尊重和保障，拒绝儿童参与的理由主要包括：儿童心智不成熟，没有能力进行正确合理的和有意义的决策；儿童缺乏生活经验和社会经验，容易犯错误，并且儿童参与可能会使儿童过早地社会化和成人化，从而导致童年期的丧失；等等。然而，这些担忧并不成立，事实上，儿童的参与对其健康成长非常重要，"儿童通过参与，学习如何提问、如何表达自己的观点并让自己的观点得到重视，可以培养儿童的各项技能，从而锻炼和发展当他们面临困难时所需的思考能力与判断力"。[2]

案 例

中国儿童中心发布的《中国儿童参与状况报告（2017）》以"儿童参与"为主题，通过对全国7城市8847名中小学生的调查，分析了当前中国儿童参与的状况。结果显示，儿童参与领域广泛，参与意愿强烈，参与能力强大，

〔1〕 马晓琴、陈建军："儿童参与权和童年社会学"，载《当代青年研究》2006年第11期。

〔2〕 Gerison Lansdown, "Promoting Children's Participation in Democratic Decision-Making", United Nations Children's Fund Innocent Research Centre, 2001. 转引自苑立新主编：《中国儿童参与状况报告（2017）》，社科文献出版社2017年版，第5页。

但是当前儿童参与校内外各类活动的时间都被学习占据，严重影响了儿童参与其他事务的机会，导致许多儿童都是在孤独而忙碌的学习中度过童年。

报告显示，儿童积极参与家庭、学校、社会等方面的生活，参与领域非常广泛。在家庭中，他们每周和父母一起看电视、学习、运动健身的比例分别为66.0%、53.0%和45.2%；每年和父母一起看演出、参观博物馆、国内旅游、国外旅游的比例分别为57.3%、65.7%、69.7%和26.7%。在学校里，有57.3%的中小学生参加了1个或以上的学校社团；近八成的中小学生主动与学校教师有过交流，有约10%的学生每天都和学校老师交流。在社会上，71.2%的中小学生表示完全有信心或比较有信心通过自己的努力改善公共生活，有52.2%的人当过志愿者，73.9%的人捐过款，在众多公共事务中最感兴趣的是环境问题（69%）。[1]

在联合国儿童基金会看来："促进儿童和青少年有意义和高质量地参与对确保他们的成长和发展至关重要。一个从人生初始阶段就受到鼓励来积极参与这个世界的孩子将可以在儿童早期发展其能力，并能很好地把握受教育的机会，而进入青少年时期后，这个孩子将满怀信心，果敢决断，并有能力参与家庭、学校、社区和国家的民主对话与民主实践。"[2] 在我国，《中国儿童发展纲要（2021—2030年）》明确提出："坚持鼓励儿童参与。尊重儿童主体地位，鼓励和支持儿童参与家庭、社会和文化生活，创造有利于儿童参与的社会环境。""保障儿童参与和表达的权利。尊重儿童参与自身和家庭事务的权利，培养儿童参与意识和能力。涉及儿童的法规政策制定、实施和评估以及重大事项决策，听取儿童意见。将儿童参与纳入学校、校外教育机构、社区工作计划。支持共青团、少先队、妇联等组织开展社会实践及体验活动。加强学校班委会和学生会建设，畅通学生参与学校事务的渠道。广泛开展儿童参与的宣传、教育和培训活动。"[3]

（一）促进儿童问题的解决

1. 儿童是利益相关者。在与本人相关的事务中允许本人参与，这是法治

---

〔1〕　潘子璐："国内首本儿童蓝皮书关注'儿童参与'参与领域广泛但不充分"，载新民网，http:∥toutiao.xinmin.cn/mobile/news/content/31352696，最后访问日期：2021年9月28日。

〔2〕　联合国儿童基金会：《2003年世界儿童状况》，2003年。

〔3〕　《中国儿童发展纲要（2021-2030）》，2021年。

中的正当程序（Due Process）的应有之义，也是保障决策正当合理的基本要求。与成年人相比，儿童确实在身体、心智、知识、经验方面处于相对弱势的地位，但是，这并不意味着儿童不可以参与与自身相关的事务。事实上，保证儿童在涉及自身的事务中有机会参与，这本来就是儿童的权利，这种权利应该得到成年人的切实尊重和保障。

2. 儿童可以提供解决方案。参与涉及自身的事务，不仅因为这是儿童的权利，而且还因为它对儿童事务的有效解决有积极意义。成年人总喜欢从自己的角度去看待儿童的事务，也喜欢从自己的角度提出解决方案。然而，在很多时候，成年人的看法和方案并不适合儿童，也未必符合儿童利益最大化的原则。事实上，在儿童的事务上，儿童无疑是最佳方案的提供者：儿童最关心自己的事务，也知道什么是自己需要的，什么样的东西最适合自己。因此，儿童事务应当坚持儿童视角，让儿童提出自己的见解和思路，参与到问题的解决中来。

总之，承认儿童的参与权，实质在于承认儿童是"儿童问题的专家"。儿童参与权的实现，对儿童其他权利的实现有着直接影响，儿童权利保护实质上有赖于儿童自身采取积极的行动去主张和要求权利，并在其权利受到侵害时可以通过司法或其他渠道寻求救济。[1]

（二）促进儿童的能力提升和全面发展

1. 参与有助于提升儿童的主体意识和民主能力。儿童代表着民族的未来，在现代法治社会，民主意识和参与能力需要从儿童开始培养。因此，让儿童在涉及自己的事务中享有参与权，这不仅有助于问题的解决，还是一种能力训练，有助于提升儿童的主体意识和民主能力。儿童在未成年人阶段的参与，是一个学习如何参与公共生活、如何承担公民责任的过程，通过各类参与活动，儿童对公共事务的理解、对自我权利的认识、对公共规则的把握等能力会得到提升，从而为其未来走向社会、践行公民责任打下了基础、积累了经验。

2. 参与有助于培养儿童的责任意识和担当精神。古人说："天下兴亡，匹夫有责。"我国《宪法》第2条规定："中华人民共和国的一切权力属于人

---

〔1〕 贺颖清："中国儿童参与权状况及其法律保障"，载《政法论坛》2006年第1期。

民……人民依照法律规定，通过各种途径和形式，管理国家事务，管理经济和文化事业，管理社会事务。"参与权体现了法律对儿童理性能力的尊重，通过鼓励儿童参与各项事务，有助于培养儿童的责任意识和担当精神。"我作的选择，我应该负责"，这是儿童在参与决策中不断形成和逐渐强化的内心观念，反过来，因为要对自己的决策和选择负责，也会督促儿童学会在参与时更全面地考虑各方因素，更理性地作出决定。

第二节　未成年人参与的领域

一、家庭生活和学校生活中的参与

对于儿童而言，最重要的生活领域有两个，一是家庭，二是学校，这两个领域的参与状况，会深刻影响儿童的个性形成和能力发展。

（一）家庭事务的参与

家庭是最小的社会组织，是儿童成长的最重要、最基本的社会环境。因此，尊重和保障儿童的参与权，应当首先从家庭开始。1994 年，联合国国际家庭年提出"在社会的核心构建最小型的民主"的口号，就是希望家庭能够成为培养儿童参与意识、训练儿童参与能力的第一个场所。

在家庭生活中尊重和保障儿童的参与权，首先，需要全体家庭成员转变观念，尤其是成年人，不要用"小孩子不懂事"等刻板印象去看待儿童，而是要学会平等对待，认可儿童的理性和智慧；其次，需要家庭为儿童参与家庭事务创造机会和提供支持，尤其是在与儿童有关的事项中，父母以及其他监护人要充分尊重儿童的知情权和表达权，并在家庭决策中切实吸纳儿童的意见。

就我国目前的情况看，儿童在家庭事务中的参与还不够充分。由于很多家庭只有一个孩子，他们面临较大的学习压力，父母的注意力几乎全部放在孩子的学业上。为了让儿童专心读书，父母尽可能少地让儿童参与家庭事务，以免他们分心。在涉及儿童的事务方面，比如交友、上学、参加校外培训等领域，父母也较少会认真听取和吸收孩子的意见。因此，有必要破除顽固的传统观念，改变儿童在家庭事务中的"隐形"和"沉默"状态，使儿童成为有参与能力的家庭成员，而不是被动执行父母意愿的对象。为了实现这一目的，父母必须改变自己所谓"权威"的立场，创造各种机会，鼓励孩子说出自己的想法，引导孩子逐步掌握参与家庭事务的能力，从而为他们将来在社会中负责任地生活打下基础、做好准备。

（二）学校事务中的参与

学校是育人的地方，教师不仅要教学生知识，更要赋予学生能力，促进其知行合一、全面发展。培养学生的参与意识和参与能力，是学校教育的重要任务之一，同时，在学校的教育活动中尊重和保障学生的参与权，也会让学校的管理更加民主、更加科学，从而不断提升学校的教育管理水平。

相比于家庭而言，未成年人在学校的参与途径和参与机会要更为丰富多样。学校可以组建学生会等各类学生组织，引导学生参与学校事务；学校可以设立校长信箱、校长接待日等制度，给学生与学校管理者对话的机会；学校可以创办内部的校报校刊、广播站、校园网站，为学生表达观点、参与讨论提供各种平台；在班级事务中，教师更要重视学生的参与权，制定班规、选举班干部、举办重要活动，都应当由全体学生参与讨论并作出决定。

在现代社会，学校教育的重要任务之一，就是培养学生的参与意识和参与能力。为了实现这一目标，学校管理者和全体教师需要转变观念，把学生视为教学的主体而非对象；学校要不断健全学生参与学校生活的各类规章制度，为学生参与班级和学校管理提供支持、创造环境。总之，学校越是尊重学生的主体性，越是创造机会让学生去参与和表达，就越能实现教育"立德树人"的根本目标。

二、公共生活中的参与

未成年人不仅对家庭和学校事务有参与权，同时在村庄、社区、市政乃至国家甚至全球事务中，也应当积极参与，发出儿童自己的声音。因此，公共事务领域也需要给儿童发表意见创造条件，鼓励他们思考政策问题，在此过程中，把他们培养成有政治觉悟、有责任心的公民。

在国际层面，联合国等国际组织非常重视未成年人在国际事务决策中的参与权。几乎在所有政策领域，包括儿童保护、教育、卫生、传媒、水和环境卫生、艾滋病、生殖健康、社会保护、气候变化等方面，联合国都曾邀请青少年代表参与，在各类国际会议上发言。除此之外，各种形式的"模拟联合国"活动，也是各国青少年参与国际事务的重要形式。

案 例

模拟联合国（Model United Nations），简称"模联"（MUN），是对联合国大会和其他多边机构的学术模拟，是为青年人组织的公民教育活动。在活动中，青年学生们扮演不同国家或其他政治实体的外交代表，参与围绕国际上的热点问题召开的会议，发表自己的观点，也了解自身在未来可以发挥的作用。

在中国，面向中学生的模拟联合国活动，具有代表性的是由北京大学主办的北京大学全国中学生模拟联合国大会（Peking University National Model U-nited Nations Conference for High School Students）；面向大学生的模拟联合国活动，最有影响力的是由外交学院主办的北京国际模拟联合国大会（Beijing International Model United Nations）。

在国家层面，很多国家通过类似儿童议会、青少年社团组织等形式，让青少年在公共事务决策中发声，为青少年了解和主张自己的权利提供机会。比如，在西班牙，阿维莱斯市（Avilés）邀请当地青年议会参与制定全市儿童和青年发展战略，青年议会起草了一系列提案，供市政府考虑，主题涉及面很广，如下调公共交通资费、改善户外娱乐活动设施。[1]在丹麦，专门成立了以儿童为主体的国家权利议会。这个国家权利议会由联合国儿童基金会丹麦委员会于 2017 年 10 月在哥本哈根正式发起。国家权利议会的 22 名成员儿童草拟了一份包含若干建议的决议，供决策制定者参考。[2]在芬兰，其儿童议会（Children's Parliament）分为国家层级和地方层次，国家儿童议会包括来自 220 个城市的 440 名儿童议员，议员为 7～13 岁的儿童，每个自治市推选 2名，正式议员和候选议员各 1 名，任期为 2 年。342 个自治市成立了地方级的儿童议会，每所学校推选 2 名议员。儿童议会分为决议和倡议，每年召开两次会议，一次是网络会议，另一次是现场会议。现场会议规模较大，所有议员必须参加，儿童议员与国家议员、教育与文化部工作人员、儿童监察专员共同讨论与儿童相关的所有议题。在这个过程中，儿童议员通过陈述问题、提问、举行新闻发布会、进行问卷调查、邀请其他儿童和成人参与讨论等方

---

〔1〕 联合国儿童基金会：《促进儿童和青年参与——备选行动方案》。
〔2〕 联合国儿童基金会：《促进儿童和青年参与——备选行动方案》。

式，坦诚展现他们的观点及想法，敦促决策者在"倾听、对话"的过程中逐渐融入"儿童意识"，树立"儿童立场"，从儿童的视角为儿童制定更切实有效的法律法规，为儿童提供更周全细致的服务。[1]

在中国，为了保障儿童在公共事务中的参与权，国家成立了中国少年先锋队、中国共青团等青少年组织，定期举办各种活动，引导和鼓励青少年参与公共事务。与此同时，在国家决策比如立法过程中，相关国家机关也越来越重视未成年人的声音，未成年人参与立法的途径越来越便捷通畅，儿童群体在立法中发挥了独特的作用。

案 例

2004 年 8 月，上海市人大常委会在制订《上海市未成年人保护条例（草案)》的过程中，首次邀请未成年人参与地方立法工作，专门听取青少年对法案的意见和建议。

2006 年 12 月，广东省人大常委会通过《广东省预防未成年人犯罪条例》，中学生张萌萌等 11 名未成年人提出的八项建议，被立法机关吸纳进条例之中，该条例成为中国首部由未成年人代表全程参与起草并获通过的地方性法规。

2020 年，《未成年人保护法》修订过程中，有一条立法修改意见来自上海华政附中的中学生们。这条意见是：关于"公安机关发现未成年人的监护人对未成年人实施家庭暴力等行为的，应当予以训诫、责令其缴纳保证金并接受家庭教育指导。对于拒不接受家庭教育指导的，可以没收保证金"的内容，鉴于每个未成年人家庭经济条件不一样，建议修改为对发生此类情况的监护人予以教育为主。最终，该意见被立法机关采纳，缴纳和没收保证金的内容被删除了。

网络时代的到来，为儿童参与权的实现提供了更丰富的资讯和更便捷的渠道。因此，小到社区，中到国家，大到全球，在进行决策尤其是涉及儿童的决策时，都可以利用网络信息技术，让更多的儿童了解，让更多的儿童参

---

[1] 杜丽静："芬兰推进儿童教育参与权的积极举措及特点"，载《比较教育研究》2016 年第 7 期。

与，不断提升决策的科学性和合理性。

三、诉讼活动中的参与

涉及儿童的诉讼，儿童当然有权参与其中。首先是间接参与，即由其监护人代理其参与诉讼，必要时候还要为其提供法律援助；其次是直接参与，即在某些情况下，儿童需要在诉讼中直接表达自己的意愿。

联合国1997年《人权报告手册》强调，对涉及儿童的诉讼"应作广义的解释，以包括所有由儿童提起，影响儿童的诉讼，例如，作为医疗误诊的受害者提起诉讼；作为诉讼当事方介入诉讼，如由于儿童父母分居，必须作出儿童居住地的决定时，或儿童改变姓名的情况。"[1]

1985年通过的《北京规则》，在第7条规定："在诉讼的各个阶段，应保证基本程序方面的保障措施，诸如假定无罪指控罪状通知本人的权利、保持沉默的权利、请律师的权利、要求父亲或母亲或监护人在场的权利、与证人对质的权利和向上级机关上诉的权利。"为了保障少年能在诉讼中有效地表达自己的意见，第15条第1款规定："在整个诉讼程序中，少年应有权由1名法律顾问代表，或在提供义务法律援助的国家申请这种法律援助。"

在我国，关于未成年人在诉讼中的参与权，除了《刑事诉讼法》《中华人民共和国民事诉讼法》（以下简称《民事诉讼法》）中规定了监护人担任未成年人的诉讼代理人之外，《未成年人保护法》第107条第2款还规定："人民法院审理离婚案件，涉及未成年子女抚养问题的，应当尊重已满八周岁未成年子女的真实意愿，根据双方具体情况，按照最有利于未成年子女的原则依法处理。"同时，为了帮助未成年人在诉讼这种专业性活动中理性参与、有效表达，该法还在第104条第1款规定："对需要法律援助或者司法救助的未成年人，法律援助机构或者公安机关、人民检察院、人民法院和司法行政部门应当给予帮助，依法为其提供法律援助或者司法救助。"

总之，在涉及未成年人的案件中，让未成年人以各种形式参与其中并充分表达，这既是保护未成年人权利的应有之义，也是实现司法公正的必然要求。

---

[1]　联合国人权事务高级专员办事处：《人权报告手册》。

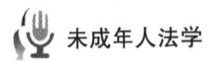

第三节　未成年人参与权的实现

一、儿童参与权的法律保障

参与权是所有儿童的基本权利，让儿童有机会参与影响儿童的决定，是对人类尊严自然而然的认可。同时，参与权也是实现儿童其他权利的手段，包括保障儿童生存和发展权利、确保地方政策充分响应儿童的需求和优先事项等。[1]儿童参与权的实现，需要得到法律的认可和保障。在我国，相关法律对儿童参与权作了明确规定，为儿童参与权的实现打下了扎实的制度基础。

（一）儿童在家庭生活中的参与

关于未成年人在家庭事务中的参与权以及与监护人的关系，我国《民法典》第35条第2、3款规定："未成年人的监护人履行监护职责，在作出与被监护人利益有关的决定时，应当根据被监护人的年龄和智力状况，尊重被监护人的真实意愿。成年人的监护人履行监护职责，应当最大程度地尊重被监护人的真实意愿，保障并协助被监护人实施与其智力、精神健康状况相适应的民事法律行为。对被监护人有能力独立处理的事务，监护人不得干涉。"据此，监护人在作出与儿童利益有关的决定时，如处置儿童财产、参加校外培训等，必须听取儿童的意见，尊重儿童的意愿，而对于儿童能够独立处理的事务，比如儿童个人的交友、小额消费等，父母等监护人不得干涉。关于父母离婚中的儿童抚养问题，《民法典》第1084条第3款规定："离婚后，不满两周岁的子女，以由母亲直接抚养为原则。已满两周岁的子女，父母双方对抚养问题协议不成的，由人民法院根据双方的具体情况，按照最有利于未成年子女的原则判决。子女已满八周岁的，应当尊重其真实意愿。"据此，在父母离婚中的儿童抚养问题上，具备一定民事行为能力的儿童有参与权，其意愿应该得到父母和法院的尊重。关于儿童收养，《民法典》第1104条规定："收养人收养与送养人送养，应当双方自愿。收养八周岁以上未成年人的，应当征得被收养人的同意。"据此，对于8岁以上的儿童而言，在是否接受收养的问题上，享有同意权，其意见会对收养的成立产生决定性影响。

---

〔1〕 联合国儿童基金会：《促进儿童和青年参与——备选行动方案》。

除了《民法典》外,《未成年人保护法》在"家庭保护"部分,对儿童的参与权进一步作了细化。第 19 条规定:"未成年人的父母或者其他监护人应当根据未成年人的年龄和智力发展状况,在作出与未成年人权益有关的决定前,听取未成年人的意见,充分考虑其真实意愿。"第 22 条第 1、2 款规定:"未成年人的父母或者其他监护人因外出务工等原因在一定期限内不能完全履行监护职责的,应当委托具有照护能力的完全民事行为能力人代为照护;无正当理由的,不得委托他人代为照护。未成年人的父母或者其他监护人在确定被委托人时,应当综合考虑其道德品质、家庭状况、身心健康状况、与未成年人生活情感上的联系等情况,并听取有表达意愿能力未成年人的意见。"第 24 条第 1 款规定:"未成年人的父母离婚时,应当妥善处理未成年子女的抚养、教育、探望、财产等事宜,听取有表达意愿能力未成年人的意见。不得以抢夺、藏匿未成年子女等方式争夺抚养权。"总之,在家庭事务中,凡是涉及儿童的事务,父母以及其他家庭成员都应当给未成年人以表达和参与的机会,认真听取其意见。

(二)儿童在学校生活中的参与

关于学生在学校中的参与权,作为教育领域的基本法,《中华人民共和国教育法》(以下简称《教育法》)作了原则性规定,第 43 条规定:"受教育者享有下列权利:(一)参加教育教学计划安排的各种活动,使用教育教学设施、设备、图书资料;(二)按照国家有关规定获得奖学金、贷学金、助学金;(三)在学业成绩和品行上获得公正评价,完成规定的学业后获得相应的学业证书、学位证书;(四)对学校给予的处分不服向有关部门提出申诉,对学校、教师侵犯其人身权、财产权等合法权益,提出申诉或者依法提起诉讼;(五)法律、法规规定的其他权利。"据此,学生对学校各项活动享有参与权,对学校的处分有申诉、起诉等权利,这都是学生参与权的体现;《义务教育法》针对未成年学生,其第 34 条规定:"教育教学工作应当符合教育规律和学生身心发展特点,面向全体学生,教书育人,将德育、智育、体育、美育等有机统一在教育教学活动中,注重培养学生独立思考能力、创新能力和实践能力,促进学生全面发展。"这为学生参与权的实现提供了法律依据;

以《教育法》《义务教育法》以及《未成年人保护法》为依据,教育部出台的规章对未成年学生的参与权作了清晰、全面、具有可操作性的规定。

《未成年人学校保护规定》第 4 条规定："学校学生保护工作应当坚持最有利于未成年人的原则，注重保护和教育相结合，适应学生身心健康发展的规律和特点；关心爱护每个学生，尊重学生权利，听取学生意见。"第 16 条规定："学校应当尊重学生的参与权和表达权，指导、支持学生参与学校章程、校规校纪、班级公约的制定，处理与学生权益相关的事务时，应当以适当方式听取学生意见。"第 17 条第 1 款规定："学校对学生实施教育惩戒或者处分学生的，应当依据有关规定，听取学生的陈述、申辩，遵循审慎、公平、公正的原则作出决定。"这为学生参与校园管理提供了明确的法律依据。同时，关于教学管理中的教育惩戒，《中小学教育惩戒规则（试行）》第 5 条第 2 款规定："学校制定校规校纪，应当广泛征求教职工、学生和学生父母或者其他监护人（以下称家长）的意见；有条件的，可以组织有学生、家长及有关方面代表参加的听证。校规校纪应当提交家长委员会、教职工代表大会讨论，经校长办公会议审议通过后施行，并报主管教育部门备案。"第 6 条第 2 款规定："学校可以根据情况建立校规校纪执行委员会等组织机构，吸收教师、学生及家长、社会有关方面代表参加，负责确定可适用的教育惩戒措施，监督教育惩戒的实施，开展相关宣传教育等。"第 14 条第 1 款规定："学校拟对学生实施本规则第十条所列教育惩戒和纪律处分的，应当听取学生的陈述和申辩。学生或者家长申请听证的，学校应当组织听证。"第 17 条规定："学生及其家长对学校依据本规则第十条实施的教育惩戒或者给予的纪律处分不服的，可以在教育惩戒或者纪律处分作出后 15 个工作日内向学校提起申诉。学校应当成立由学校相关负责人、教师、学生以及家长、法治副校长等校外有关方面代表组成的学生申诉委员会，受理申诉申请，组织复查。学校应当明确学生申诉委员会的人员构成、受理范围及处理程序等并向学生及家长公布。学生申诉委员会应当对学生申诉的事实、理由等进行全面审查，作出维持、变更或者撤销原教育惩戒或者纪律处分的决定。"第 18 条规定："学生或者家长对学生申诉处理决定不服的，可以向学校主管教育部门申请复核；对复核决定不服的，可以依法提起行政复议或者行政诉讼。"据此，在学校对学生的违纪行为采取较严厉的教育惩戒和纪律处分时，从校规校纪的制定到教育惩戒和纪律处分的实施，再到惩戒和处分决定作出后的救济，学生自始至终都享有知情权、表达权和寻求救济权。

（三）儿童在社会生活其他领域的参与

作为未成年人事务治理领域的"基本法"，《未成年人保护法》首先在总则部分对未成年人的参与权作了原则性规定。该法第 3 条第 1 款规定："国家保障未成年人的生存权、发展权、受保护权、参与权等权利。"第 4 条规定："保护未成年人，应当坚持最有利于未成年人的原则。处理涉及未成年人事项，应当符合下列要求：（一）给予未成年人特殊、优先保护；（二）尊重未成年人人格尊严；（三）保护未成年人隐私权和个人信息；（四）适应未成年人身心健康发展的规律和特点；（五）听取未成年人的意见；（六）保护与教育相结合。"这为未成年人在社会生活各个领域的参与提供了法律依据。

除了总则中的原则性规定外，《未成年人保护法》在分则部分对儿童参与权在各领域的实现也有所体现。比如，在"司法保护"部分，第 102 条规定："公安机关、人民检察院、人民法院和司法行政部门办理涉及未成年人案件，应当考虑未成年人身心特点和健康成长的需要，使用未成年人能够理解的语言和表达方式，听取未成年人的意见。"第 107 条规定："人民法院审理继承案件，应当依法保护未成年人的继承权和受遗赠权。人民法院审理离婚案件，涉及未成年子女抚养问题的，应当尊重已满八周岁未成年子女的真实意愿，根据双方具体情况，按照最有利于未成年子女的原则依法处理。"

二、未成年人参与的培养与训练

"儿童的参与权利是天赋的，但实际的参与能力不是先天的，而是后天学习的结果。儿童参与能力的发展离不开日常教育，参与式民主生活能够有效促进儿童参与意识和能力的发展。"[1]因此，儿童参与权的充分实现，除了法律的保障之外，还需要政府和社会采取积极措施，加强儿童参与方面的训练，提升儿童的参与能力，同时为儿童参与创造良好环境，提供充足条件。

（一）开展儿童参与的训练

儿童参与权的实现，需要社会的支持，首先就是提供各类儿童参与的训练，通过各类训练，赋予儿童参与能力，促进其权利的实现。

在联合国儿童基金会看来，未成年人的社会参与，可以通过三种不同的

---

〔1〕　胡金木："儿童参与式民主生活的建构：必要与可能"，载《安徽师范大学学报（人文社会科学版）》2020 年第 6 期。

模式进行，即咨询式参与、协作式参与和主导式参与，这也是对未成年人进行参与能力训练的有效途径。

1. 咨询式参与。当成年人通过寻求青少年意见，以加强对青少年日常生活经历的了解，增加对青少年的认识和理解时，这样的活动可归类为咨询式参与。无论是家庭、学校还是政府，在作出某项决定、出台某项法律或政策前向未成年人进行咨询，这本身就是对其参与能力的特殊训练。比如，某个机构在开展某项活动前，先对未成年人进行调查，收集青少年对该活动设计的看法，或者通过青少年收集意见，并以此为基础来开展活动。咨询可能是让青少年发表自己观点最合适的方法。只有认真考虑青少年的观点，并告诉青少年们，他们的观点得到了怎样的考虑，才会让青少年的参与变得有意义。

2. 协作式参与。协作式参与是把未成年人视为决策的伙伴，可为未成年人提供更大程度的合作，让青少年有机会参与到决策、倡议、项目或服务的任何阶段。协作式参与可以包括青少年参与研究、政策制定和咨询的设计和开展，参加会议或作为代表参加理事会或委员会。协作式参与为青少年提供了与成年人共同进行决策的机会，也为青少年提供了在任何既定项目中影响过程和结果的机会。

3. 主导式参与。在未成年人为主导的参与中，他们就是主角，有权利和机会发起自己想推动的议题。青少年主导的参与赋予了青少年更大的权力。活动可以通过社交媒体来激活启动，以此直接、快速地产生行动。这样的参与活动可能涉及：政策分析、宣传、提高公众对一些问题的认识；开展社区行动；代表特定群体发声等。随着越来越多的青少年融入数字环境，在线的青少年主导活动正在迅速增加，从而使得青少年自主参与的范围不断扩展，机会也在增多。[1]

总之，儿童的参与能力有赖于成人的倡导、训练和培养。除非整个社会愿意倾听儿童的声音，并且为儿童参与创造大量的条件，否则儿童将始终是"沉默"的群体。因此，开展教育培训非常有必要，家庭、学校、社会应采取各类教育、鼓励、支持措施，如在学校课程中增加参与环节；系统培训儿童工作者，包括教师、社会工作者和其他专业人员；在政府各个层面的政策制定过程中，通过网站、

---

[1] 联合国儿童基金会："评价青少年参与结果的概念框架"，载联合国儿童基金会，https://www.unicef. org/media/59006/file，最后访问日期：2021 年 6 月 10 日。

新媒体，为儿童提供表达意见的渠道，鼓励儿童社团参与政策制定等。

案　例

以家庭教育中的参与为例，为了在家庭中发掘儿童参与的巨大价值，在日常生活中实现儿童参与，父母需要做到：

1. 从思想观念上，认识和尊重儿童的参与权利。家长要不断更新和构建科学的、具有时代特点的儿童观，要认识到儿童是一个有独立人格、有主动发展能力、有优先发展权益的人。儿童的健康和全面发展，不仅需要成人世界的保护和促进，同样需要儿童自己的贡献即儿童参与。无论是表达意见的儿童参与，还是体验生活的儿童参与，都是新时代家长应该具备的认识与思想。

2. 从知识认知上，了解不同年龄段、不同个体儿童发展的特点，遵循成长规律。儿童参与的落地与实践，要以儿童发展的规律为依托，超出或不及儿童能力的参与，对儿童都会是一种伤害。特别是对于幼小儿童而言，"儿童的表达"是隐性而多样的，需要家长读懂儿童的需求，创造对儿童友好、开放的家庭及周围环境，使环境与儿童发展产生积极良好的连接和互动，为儿童提供生活与经验的更多机会、更大空间。

3. 从方法和手段上，向儿童提供可以充分参与的机会。家庭无处不课堂，要避免把家庭作为学校教育、学科学习的延伸课堂，实现家庭作为生活教育天然场所应有的价值，侧重礼仪、德育、劳动教育、美育、食育、社会教育等重要内容。同时，家长要在生活中真正尊重儿童的主体性、信任并培养儿童参与的能力，处理家庭事务过程中不要忘记征求孩子的意见，听取孩子的想法；凡孩子力所能及的事，特别是自己的事，应让他自己做；同时，还要指导和示范给孩子如何帮助他人、关心集体、关心国家。[1]

（二）提供儿童参与的条件

1. 改变观念。长期以来，基于种种原因，成年人很少愿意给儿童专门创造机会，来支持儿童对与自身息息相关的事务进行参与并作出有意义的贡献。父母和老师给孩子灌输的经常是一种"听话的教育"，然而，"听话的教育是

---

[1]　霍雨佳："在家庭中发掘儿童参与的巨大价值"，载《中国教育报》2019年9月5日，第9版。

一种驯化、压制的教育形式，是一种屈从于权威人物意志的教育，是一种拒绝儿童参与，完全依赖于教师指令行事的教育。在拒绝参与的场域中，儿童不仅没有自我作主的治理欲望与能力，也没有任何自我实现的想法。"[1]随着儿童权利的兴起以及教育理念的发展，我们需要改变传统观念，采取积极行动，不断清除那些阻碍儿童参与权实现的社会因素，营造尊重、保护和实现儿童参与权的支持性环境。不仅是家长和老师，还包括政府官员、司法官员以及全体社会成员，都应该以正面、积极的态度来看待儿童的参与权，认可并欢迎儿童在公共事务中进行更全面的参与，作出更卓越的贡献。

2. 完善制度。如果我们希望所有未成年人都能够在其生活的各个方面进行有效的参与，我们就必须通过完备的法律和政策来强化和保障这一权利。因此，国家需要通过立法和制定政策，为未成年人参与家庭、学校和公共生活的各个领域提供制度保障，并要求政府提供必要的预算支持，要求司法机关在该权利受到侵害时提供有力的救济，从而为儿童参与权的实现创建良好的法治环境。在中国，当国家层面的法律保护制度已经基本成型之后，部门性立法和地方性立法要及时跟进，根据本行业、本地区的实际情况对《未成年人保护法》中的相关参与权制度作进一步的细化。同时，学校等各类教育机构也要依法完善内部的校纪校规等规章制度，将未成年人的参与权落实到教育活动的各环节和各领域。

3. 创造机会。未成年人参与权的实现，需要成年人的帮助，成年人应当为他们提供时间和机会，让他们发表自己的意见，切身参与到那些关乎其自身利益的决定中来。因此，偶尔进行一次咨询或对话是远远不够的，需要实现未成年人参与各种事务的常规化和普遍化。无论是学校、媒体还是政府，都要想方设法为儿童的参与创造机会，为儿童行使参与权提供各种条件，包括时间保障以及资源支持等。另外，在为儿童参与各类事务创造机会和提供条件时，尤其要关注那些弱势儿童群体，比如贫困儿童、残疾儿童、留守儿童、患有特殊疾病的儿童以及其他处于困境的儿童，政府和社会一定要为他们提供特殊的支持，不能让这些儿童处于无声和沉默的状态。

4. 设立机构。为了促进儿童包括参与权在内的各项权利的实现，国家需

---

[1] 胡金木："儿童参与式民主生活的建构：必要与可能"，载《安徽师范大学学报（人文社会科学版）》2020年第6期。

要设立专门的机构，负责促进未成年人领域相关法律的实施，推动儿童人权事业的发展。比如，在我国，国务院妇女儿童工作委员会是国务院负责妇女儿童工作的议事协调机构，负责协调和推动政府有关部门执行有关妇女儿童的各项法律法规和政策措施，发展妇女儿童事业。挪威在 1981 年设立了儿童监察专员（Children's Ombudsman），儿童监察专员由国王任命，其工作目标是"面向私人和公共部门开展工作，促进儿童权益、加强有利于儿童成长的社会条件"。儿童监察专员的职责具体包括：在主动调查或者听取社会投诉的基础上提出所有领域的保护儿童利益的计划和研究报告；确保有关儿童保护的立法被切实遵守，包括挪威的法律法规以及联合国《儿童权利公约》中有关挪威政府的义务；提出在法律范围内加强儿童安全的措施建议；提出能够解决或者防止儿童与社会冲突的措施建议；确保足够的关于儿童权利和儿童所需措施的信息被提供给公众和私营部门。监察专员每年向儿童与家庭事务部长提交工作报告，报告同时应当向社会公布。[1]

课后学习

一、思考题

1. 查阅相关资料，了解世界主要国家和地区在促进儿童参与权实现方面都有哪些模式和经验？

2. 设计关于未成年人参与权的调查问卷，对我国未成年人参与权的现状开展调查，发现问题，分析原因，提出对策。

二、推荐阅读

1. 联合国儿童基金会：《促进儿童和青年参与——备选行动方案》，2019 年。

2. 刘雄：《儿童参与权研究》，光明日报出版社 2020 年版。

3. 胡金木："儿童参与式民主生活的建构：必要与可能"，载《安徽师范大学学报（人文社会科学版）》2020 年第 6 期。

---

〔1〕　吴天昊："儿童监察专员与未成年人权益保护——挪威的经验"，载《青年研究》2008 年第 2 期。

第二编

未成年人保护与教育

第六章　未成年人权利的国内法保护

　　我国已经初步形成了以《宪法》为根本依据，《未成年人保护法》为核心与统领，《预防未成年人犯罪法》《义务教育法》等多部单行法为重要支柱，多部法律的专章或者专门条款、行政法规、司法解释、部门规章、地方性法规为有效补充的未成年人保护法律体系。在这个体系中，未成年人权利的保护分为六大领域：家庭是未成年人最先接触也是对未成年人影响最为深远的基本社会单位，学校是未成年人接受教育和完成社会化的最重要场所，家庭保护和学校保护对于未成年人的健康成长起着根本性作用。外在环境对于未成年人有着深远的影响，社会是一种现实环境，网络是未成年人越来越依赖的一种虚拟环境，社会保护和网络保护成为未成年人社会化进程中不可或缺的重要方面。根据国家亲权的理念，对于未成年人的健康成长，国家负有不可推卸的责任，这鲜明地体现为政府保护和司法保护，政府应当积极促进未成年人福利，提供和创造有利于未成年人的条件，司法机关应当坚持教育、感化、挽救方针，帮助有偏常行为的未成年人顺利实现社会化，成长为合格公民。

第一节　我国未成年人保护法律体系

　　改革开放以来，我国加强社会主义法治建设，未成年人保护的法律基础不断夯实，为维护未成年人合法权益、促进未成年人健康成长提供了法律保障。我国已经初步形成了以《宪法》为根本依据，以《未成年人保护法》为核心与统领，《预防未成年人犯罪法》《义务教育法》等多部单行法为重要支柱，多部法律的专章或者专门条款、行政法规、司法解释、部门规章、地方性法规为有效补充的未成年人保护法律体系。实践证明，未成年人保护相关法律法规的制定和实施在增强全社会未成年人保护意识、保护未成年人合法权益、促进未成年人健康成长等方面发挥了积极而又重要的作用。随着经济社会发展以及全面依法治国的推进，这一法律体系需要不断完善，以及时解决一些与经济社会发展不相适应、无法完全满足现实需要的问题。

一、我国未成年人保护法律体系的根本依据

我国《宪法》规定，国家尊重和保障人权，儿童受国家的保护，禁止虐待儿童，国家培养青年、少年、儿童在品德、智力、体质等方面全面发展。这些规定是我国形成和展开未成年人保护法律体系的根本依据，主要包括两层意思：一是作为公民，未成年人是一个独立的个体，享有宪法和法律规定的权利，即儿童人权；二是作为特殊群体，未成年人应当受到特殊保护，国家应当发展和加强儿童福利，即国家亲权。从一定程度上来说，未成年人保护法律体系的发展是儿童人权理论和国家亲权主义不断完善并且付诸实践的过程，二者共同构成了我国未成年人保护法律体系的宪法依据和理论基础。

在很长一段时期内，儿童被看作父亲的私产，依附于家庭，没有独立的人格，不是拥有权利的主体。伴随着西方启蒙运动的发展，儿童开始逐渐被看作应该受到尊重的生命个体，但在法律上并未将其视为独立群体而作区别对待。工业革命之后，社会出现各种棘手问题，包括滥用童工、贫困儿童状况堪忧、破碎家庭导致大量儿童无家可归、儿童犯罪攀升等。19世纪开始，"儿童天生善良"的声音越来越强烈，美国首先发起了拯救儿童运动，后扩散至欧洲，人们逐渐认识并接受儿童是需要保护的脆弱群体，这促生了近代儿童福利制度，涉及孤儿院以及分离机构的建设、义务教育和学校的发展、母亲津贴、儿童健康等内容。可以说，"西洋在16世纪发现了人，18世纪发现了妇女，19世纪发现了儿童。"20世纪初，随着科学、医学、教育、社会工作等方面的进步，人们逐渐认识到儿童不仅仅是被保护的对象，儿童是与成年人一样的权利主体，而且他们是社会的未来，国家应当提升保障儿童的能力。第一次世界大战后，救助儿童会于1924年首次提出了"儿童权利"这个国际性概念，并倡导草拟了《日内瓦儿童权利宣言》。二战后，越来越多关于人权的国际文件也对儿童给予关照，特别是"国际人权宪章"进一步确立了儿童在法律上的地位和权利。在 1959 年《儿童权利宣言》的基础上，1989 年联合国出台了被誉为"儿童权利大宪章"的《儿童权利公约》，儿童权利得以全面发展。如公约所提及，儿童因身心尚未成熟，在其出生以前和以后均需要特殊的保护和照料，包括法律上的适当保护，缔约国应采取一切适当的立法、行政和其他措施以实现公约所确认的权利。

国家亲权主义起源于中世纪的英国，由其衍生的一项重要制度是通过司法干预和补充自然亲权，具体表现为衡平法院代表国家来保护和照管"身心发生障碍孤苦无依之儿童"，或者充当代理父母履行监护职责，或者指定或监督监护人履行职责。该理论后来传至美国，适用范围不断扩大，延伸至保护儿童不受虐待、疏忽或不遭受苛刻的成人刑事司法体系，特别是以此为基础建立了独立的少年司法制度，影响深远。可见，就儿童群体来说，国家亲权意味着国家是未成年人最高和最后的监护人，得以父母般角色依儿童最大利益原则便宜行事。一方面，未成年人得不到父母适当的保护和顾管时，国家可以超越父母的亲权，采取适当的措施进行强制干预和保护，必要时由国家代为监护；另一方面，国家为儿童的利益积极行事，发展儿童福利事业，保障他们的教育、医疗、就业等权益，避免特殊儿童陷入困境。为此，正如联合国《儿童权利公约》中多处提及的那样，缔约国应采取立法在内的一切措施，确保儿童享有其幸福所必需的保护和照料。

二、我国未成年人保护法律体系的核心与统领

20 世纪 70 年代后期和 80 年代初，在我国未成年人犯罪猛然爆发的背景下，未成年人法律制度建设引起了大宣传、大讨论，特别是着重论证了我国未成年人立法的必要性、迫切性和现实可能性。1980 年，团中央与全国人大、司法部等有关单位形成了《青少年保护法（讨论稿）》。这是我国第一部未成年人立法的草案，但是由于各方面的原因，最终没能正式提交审议。不过，这个过程具有先期探索意义，为未成年人专门立法夯实了坚实的基础。

1988 年，中央有关部门对建议制定青少年法律的报告作出批复，同意由团中央牵头，会同有关单位起草青少年保护的法律。1989 年，团中央和原国家教委在反复征求各方意见的基础上，形成《未成年人保护法（草案）》。对其进行一系列讨论和反复修改后，我国第一部未成年人保护法于 1991 年经全国人大常委会审议通过。2006 年、2012 年和 2020 年，全国人大常务委员会对《未成年人保护法》进行了三次修订。

从定位上看，《未成年人保护法》是一部关于未成年人权利的保障法，核心内容就是各方如何保障未成年人应当享有的权利，在未成年人保护法律体系中处于核心地位，在促进未成年人保护工作一体化、推动未成年人保护工作现代化方面发挥统领性、基础性的作用。

从内容上看，《未成年人保护法》围绕六大保护展开，分别是家庭保护、学校保护、社会保护、网络保护、政府保护、司法保护。这六大保护可以分为两个层面：第一层面是未成年人四大生活、学习、工作场域，现实场域为家庭、学校和社会，虚拟场域为网络。第二层面是未成年人保护的国家场域，政府负责促进未成年人福利，公安司法机关负责落实全面综合的未成年人司法保护。

从立法理念上看，《未成年人保护法》坚持最有利于未成年人的原则。《儿童权利公约》规定，关于儿童的一切行动以儿童的最大利益为一种首要考虑。学术界一直将此概括为儿童最大利益原则，但一直存在抽象、无法具化等问题。在将国际法有关内容转化落实为国内法时，根据 " best interests of the child " 的内在精神实质，将其概括提炼为最有利于未成年人原则。最有利于未成年人原则，可以说是国内法对联合国儿童权利公约 "best interests of the child" 的转换表述。为明确最有利于未成年人原则的具体内容，法律进一步提出了应当坚持和贯彻的多重标准和要求，包括：给予未成年人特殊、优先保护；尊重未成年人人格尊严；保护未成年人隐私权和个人信息；适应未成年人身心发展的规律和特点；听取未成年人的意见；保护与教育相结合；等等。

三、我国未成年人保护法律体系的重要支柱

未成年人保护工作具有很强的综合性，涉及家庭、社区、学校、政府、司法机关以及社会等多个方面，涵盖教育、医疗卫生、食药安全、社会治安、劳动就业等多个领域。完善的未成年人保护法律体系，需要在《未成年人保护法》的统领下制定多部单行法。在理想状态下，不同领域对应不同的单行法，主要包括六大领域：家庭领域对应家庭教育立法、母婴保健立法等；学校教育领域对应义务教育立法、学前教育立法、校园安全立法等；社会领域对应未成年人烟酒物品成瘾防控立法、未成年人社区保护立法等；网络领域对应未成年人网络保护立法等；政府领域对应未成年人福利立法、婴幼儿照护服务促进立法等；司法领域对应未成年人司法立法、预防未成年人犯罪立法等。这些单行法既是进一步落实《未成年人保护法》的配套法，也是未成年人保护法律体系的重要支柱。

当前，我国已经存在几部单行立法，比如《中华人民共和国母婴保健法》（以下简称《母婴保健法》）、《义务教育法》、《预防未成年人犯罪法》，但依然存在缺位情况。未来一个时期，应当加快推进相关单行立法。具备条件的，在借鉴域外经验和吸收域内实践探索的基础上，全国人大应当尽快制定和颁布。暂不具备条件或者时机不成熟的，可以先行制定行政法规或者规章，为制定单行法积累经验。

四、我国未成年人保护法律体系的有效补充

未成年人保护法律体系是中国特色社会主义法律体系的重要组成部分。仅依靠未成年专门立法，不足以解决所有问题，不能穷尽所有事项，有些规定需要其他部门法予以补充和完善，有些具体制度会以行政法规、部门规章、地方性法规、司法解释或者其他规范性法律文件的形式存在。这构成了我国未成年人保护法律体系不可或缺的组成部分，是对未成年人专门法律的有效补充。这些规定或者存在于其他部门法中，或者以下位法的形式存在。

1. 其他法律中的专章。目前，我国《刑事诉讼法》、《中华人民共和国社区矫正法》（以下简称《社区矫正法》）、《中华人民共和国监狱法》（以下简称《监狱法》）中分别设置专章，规定未成年人刑事案件诉讼程序、未成年人社区矫正特别规定、对未成年犯的教育改造。可以看出，目前专章的形式主要存在于刑事程序法、刑事执行法。从执法司法实践的需求和遇到的问题来看，亟需研究如何在《刑法》《治安管理处罚法》等法律中对涉及未成年人的事项进行专章规定。

2. 其他法律中的专门条款。目前，我国大多数法律中涉及未成年人的事项是以专门条款规定的。比如，《民法典》第 18 条第 2 款、第 19 条、第 20 条分别规定了不同年龄段未成年人的民事行为能力。《刑法》第 17 条规定了未成年人的刑事责任年龄以及如何适用刑事处罚。这些规定虽然散见于其他法律中，但在制定、修改、理解和适用这些条款时，不能一味地固守所在部门法的原则，更应当符合未成年人保护法规定的原则。

3. 行政法规、部门规章和地方性法规。国务院及职能部门、具有立法权的地方为落实法律，制定和出台一系列涉及未成年人的法规和规章。比如，根据国务院立法工作计划，研究制定《未成年人网络保护条例》《未成年人福利条例》等事项。我国多数省级行政区域的人大常委会结合当地实际情况，制定和颁布《未成年人保护条例》《预防未成年人犯罪条例》。

4. 司法解释和其他规范性文件。这方面的文件和规范最多，主要是规定执法和司法操作层面的具体事项，主要有三类：第一类是最高司法机关出台的司法解释，比如最高人民法院颁布的《最高人民法院关于审理未成年人刑事案件具体应用法律若干问题的解释》。第二类是国务院及有关部门出台非法规规章类的规范性文件，比如国务院出台的《国务院关于加强农村留守儿童关爱保护工作的意见》。第三类是多个部门会签的规范性文件，比如最高人民检察院、国家监察委员会、教育部、公安部、民政部、司法部、国家卫生健康委员会、中国共产主义青年团中央委员会、中华全国妇女联合会《关于建立侵害未成年人案件强制报告制度的意见（试行）》。

第二节　家庭保护与学校保护

家庭是未成年人最先接触也是对未成年人影响最为深远的基本社会单位，学校是未成年人接受教育和完成社会化的最重要场所。因此，家庭保护和学校保护对于未成年人的健康成长起着根本性作用。

一、家庭保护

（一）家庭保护的概念

家庭是因为婚姻、血缘或收养关系所组成的社会组织的基本单位。从现行法律、法规来看，未成年人家庭保护中的家庭是指狭义概念，是指一夫一妻制构成的、包括其未成年人子女在内的单元，但在未成年人的父母已经死亡或者没有监护能力的情况下，该"家庭保护"责任主体当然扩展到其他法定监护人或者指定监护人。在法律适用上，家庭包括血亲家庭和拟制家庭，例如收养家庭、重组家庭等。就共同生活的其他成年家庭成员而言，他们的职责主要是协助未成年人的父母或者其他监护人抚养教育未成年人，不可与未成年人的父母或者其他监护人的保护职责相提并论。因此，家庭保护就是指作为自然法定监护人的父母或者其他法定监护人或者指定监护人，通过履行作为义务和遵守禁止义务，对未成年人所给予的保护。区分保护内容，有两大方面：

1. 积极义务，即父母或者其他监护人积极、主动地为未成人创造条件保护未成年人，主要包括：为未成年人提供基本生活、身体健康等方面的保障；关注未成年人的生理、心理状况和情感需求；教育和引导未成年人遵纪守法，养成良好的思想品德和行为习惯；对未成年人进行安全教育，采取必要的安全保障措施，保护未成年人的人身安全；尊重未成年人受教育的权利，保障适龄未成年人依法接受并完成义务教育；保障未成年人休息、娱乐和体育锻炼的时间，引导未成年人进行有益身心健康的活动；妥善管理和保护未成年人的财产；依法代理未成年人实施民事法律行为；预防和制止未成年人的不良行为和违法犯罪行为，并进行合理管教；其他应当履行的职责。

2. 消极禁止义务，父母或者其他监护人不应当或者被禁止做出的行为，主要包括不得实施下列行为：虐待、遗弃、非法送养未成年人或者对未成年人实施家庭暴力；放任、教唆或者利用未成年人实施违法犯罪行为；放任或者唆使未成年人参与邪教、迷信活动或者接受恐怖主义、分裂主义、极端主义等侵害；放任或者唆使未成年人吸烟、饮酒、流浪或者实施欺凌等行为；放任或者迫使应当接受义务教育的未成年人失学、辍学；放任未成年人沉迷网络，接触危害或者可能影响其身心健康的图书、报刊、电影、广播电视节目、音像制品、电子出版物和网络信息等；放任未成年人进入营业性娱乐场所、酒吧、互联网上网服务营业场所等不适宜未成年人活动的场所；允许或者迫使未成年人从事国家规定以外的劳动；允许或者迫使未成年人结婚或者为未成年人订立婚约；违法处分、侵吞未成年人的财产；其他侵犯未成年人身心健康、财产权益或者不依法履行未成年人保护义务的行为。

案　例

2015 年 4 月 4 日，一组男童被虐打的照片在网上疯传。照片发布时间为 4 月 3 日 22 点，照片上，一名男童背部、手臂、腿上布满了伤痕。发帖人称，男童父母系南京某区人，男童于 6 岁被合法收养，虐待行为自 2014 年被校方发现，最初以为是偶然情况，没好多说。后来男童班主任发现男童伤情日渐严重，性格也随之大变，出现畏惧人群等心理状况。班主任及任课老师在多方努力无果后，试图寻求网络帮助。恳请媒体和大家的协助。据查，犯罪嫌疑人李某某与受害儿童的生母系表姐妹关系。2013年6月，李某某在不符合收养条件的情况下违规将受害儿童带至南京的家中进行抚养。2014年6月以来，李某某因为教育问题对受害儿童有过打骂行为。2015年3月31日晚，李某某再次因学习问题使用抓痒耙、跳绳抽打受害儿童身体，造成其体表分布较广泛的挫伤。经鉴定，受害儿童挫伤面积超过体表面积的10%，属轻伤一级。2015年9月30日下午2点，经过两天半的庭审，南京市浦口区人民法院对备受关注的虐童案作出一审宣判：被告人李某某犯故意伤害罪，判处有期徒刑6个月。2015年11月20日，南京浦口虐童案二审宣判，裁定驳回被告人李某某上诉，维持原判。

（二）家庭保护的特点

1. 基础性。所谓"基础性"，是指家庭保护对未成年人的身体、心理、道德品质、性格、理想等方面的形成是基础的。儿童时期是人生发展的关键时期。为儿童提供必要的生存、发展、受保护和参与的机会和条件，最大限度地满足儿童的发展需要，开发、发挥儿童潜能，将为儿童一生的发展奠定重要基础。家庭为未成年人的社会生活提供了初始的环境和进行社会化的最基本的条件，是未成年人漫长的成长发展之路的出发点，不仅为未成年人提供了最初的生活、学习场所，而且帮助他们从无知过渡到有知，为他们步入社会、独立生活进行了必要的基础性准备，是未成年人社会化的桥梁和中介。

2. 长期性。所谓"长期性"，是指家庭与其他未成年人保护主体相比，对未成年人的保护时间是最长的，贯穿于未成年人成长的全过程。家庭保护始于出生，在未成年人年幼时，以家庭保护为主，学校保护、社会保护以及司法保护等是随着未成年人年龄的增长而发挥越来越重要的作用的。儿童的绝大部分时间是在家庭里度过的，而且家长具有其他人难以具备的优势。父母了解自己孩子的脾性，孩子也会在父母面前毫无顾忌地表现着自己。父母可以从孩子的言谈举止中把握他们的思想脉络，根据自己子女的表现和特点，有的放矢地进行教育和保护，起到事半功倍的作用。所以说，家庭保护具有长期性特点。

3. 潜移默化性。所谓"潜移默化性"，是指家庭在未成年人的保护工作中对未成年人的影响是潜移默化的。家庭是一个人从出生就接触到的最基本的社会单位，是一个人最自然的保护体，父母是未成年人的自然监护人。家庭保护不像学校或者社会保护那样极具目的性、计划性和系统性。家庭中的成年人是通过在与未成年人生活中，以自觉或者不自觉的行为、思想影响着未成年人人格的塑造。家庭是儿童社会化的初始地，父母对儿童具有榜样示范的作用，儿童会把父母的言行和教导有意识或无意识地内化为自己的观念和行为准则。这些内化的观念和行为准则就是为儿童步入社会做的基础性准备。所以，家庭保护在未成年人保护工作中具有潜移默化的影响性特征。

4. 多功能性。所谓"多功能性"，是指家庭对未成年人要从多方面进行保护，履行监护职责和抚养义务。父母或者其他监护人不仅要从物质生活上关心未成年人的成长，为未成年人提供必要的衣食住行，还要从精神生活上关注其成长，保证其接受义务教育，关注其生理、心理和行为习惯，预防和制止未成年人的不良行为和违法犯罪。在现实生活中，有些家庭只注重对儿童的抚养，一味地满足他们的物质生活，忽视了儿童的精神生活的需要；有些家庭则只注重儿童的文化教育，忽视对孩子健康思想品行的培养。无数事实证明，只有注重家庭对儿童不同方面、不同层次的保护作用，才能为儿童的健康成长提供适宜的家庭环境。

5. 灵活性。所谓"灵活性"，是指家庭对未成年人的保护不受时间、地点以及其他种种条件的限制，家庭保护是随时随地的。

（三）家庭保护的法律关系

家庭保护涉及的一方是父母或者其他监护人，另外一方是未成年人，二者的法律关系本质上是监护。所谓未成年人监护，就是指依照法律规定，对未成年人的人身、财产及其他合法权益进行监督和保护的法律制度。

1. 监护的性质。关于监护的性质，学界有不同的认识，有的持"监护权利说"，主张监护是一种身份权，是以特定身份关系上之自然人为客体的权利，是对被监护人的人身的支配权。并认为，只有视监护为一种权利，才能使监护人正确、主动地行使权利，履行保护被监护人的义务，达到监护的目的；有的持"监护职责说"，主张监护是一种职责而不是权利。监护制度有其自身的历史沿革过程，监护的性质也随之变化。监护制度发展到当今时代，监护已从单纯的权利发展成为权利与义务相结合，以义务为中心的一种社会职责。

2. 监护的内容与目的。未成年人监护制度的基本内容，是对未成年人的人身和财产权利进行保护和监督、管理，防止被监护人的合法权益受到非法侵害，以保障被监护人的正常生活、健康成长。可见，监护内容可以分为人身监护、财产监护。人身监护归纳起来主要有以下几点：保护未成年人的身体安全不受侵害，使其健康成长；监督、管教被监护的未成年人；指定被监护人的住所地；为被监护人的法定代理人。财产监护归纳起来主要有以下几点：对被监护人的财产出具财产清单；管理财产，包括被监护人的所有动产和不动产；善意使用和处分财产，只得在为被监护人的利益时，才可使用和处分被监护人的财产。禁止受让财产的义务，监护人不得代理被监护人向他人为赠与财产的行为，不得为监护人自己的利益使用被监护人的财产，不得代理被监护人与自己之间的民事行为等；出具财产状况报告，包括结束监护时财产清算报告。

未成年人监护制度的目的具有唯一性，即未成年人监护的目的是保护未成年人的合法权益，这是未成年人监护制度最基本的、也是最终的目的。

3. 委托照护。监护带有很强的身份特征，原则上是不能委托的，但是监护中的照护职责是可以委托的。当未成年人的父母或者其他监护人因外出务工等原因在一定期限内不能完全履行监护职责的，需要委托具有照护能力的完全民事行为能力人代为照护。未成年人的父母或者其他监护人在确定被委托人时，应当综合考虑其道德品质、家庭状况、身心状况、与未成年人生活情感上的联系等情况，并听取有表达意愿能力的未成年人的意见，且不得委托具有不适宜情形的人，比如曾实施性侵害、虐待、拐卖、暴力伤害等违法犯罪行为，有吸毒、酗酒、赌博等恶习，曾拒不履行或者长期怠于履行监护、照护职责，等等。

委托照护成立后，父母或者其他监护人依然是监护人，依然负有监护职责，不得推诿或者拒绝履行。未成年人的父母或者其他监护人应当与未成年人和被委托人定期联系和交流，了解未成年人的生活、学习、心理等情况，并给予未成年人亲情关爱。未成年人的父母或者其他监护人接到被委托人、居民委员会、村民委员会、学校等关于未成年人心理、行为异常的通知后，应当及时采取干预措施。

二、学校保护

（一）学校保护的概念

所谓学校保护，是指中小学、幼儿园等对未成年学生依法负有教育、管理、保护。

有观点认为，学校应对在校未成年人承担监护责任。这种看法没有法律依据。从指定监护人的产生看，其范围也以法定有监护资格的人为限，因而我国指定监护人不包括学校在内。很显然，认为学校对在校学生承担监护责任是没有法律依据的。根据《教育法》第 50 条之规定，未成年人的父母或者其他监护人应当为其未成年子女或者其他被监护人受教育提供必要条件。未成年人的父母或者其他监护人应当配合学校及其他被监护人进行教育。故监护人与学校之间实质上是一种委托教育管理关系，这种关系不能等同于或代替监护关系。同时，从社会效果上看，如果确立了学校的监护制度，也是弊多利少。学校承担监护责任，导致学校精力分散，不利于学校充分履行教育责任。一旦发生未成年学生伤害事故，学生家长及其他监护人要求学校承担赔偿损失的无过错责任，使学校频繁地陷入纠纷和讼累中，并丧失了大量教育经费。学校可能同时成为致害学生和受害学生的监护人和法定代理人，承担双重责任。从间接后果看，可能造成的情形有：学校为避免纠纷发生屡出怪招，广大学生难以获得全面教育，受教育权受损。承担监护责任使学校成为监护人，履行同父母一样的保护义务，使过分严密保护未成年人的观念加强，学生通过学校组织校外活动获得锻炼的机会减少。承担监护责任造成人力、物力、经费不足，使学校无力进行教育改革，转变教育观念。家长、社会和法律给学校过重压力，不给教育宽松环境，使教育事业举步维艰，制约教育的活力。基于以上理由，学校对未成年学生依法负有教育、管理、保护的职责，以此厘清学校与监护人之间的责任界限。

（二）学校保护的具体内容

1. 在保障未成年人受教育权方面。

（1）中小学的教育职责。中小学应当全面贯彻国家的教育方针，实施素质教育，提高教育质量，坚持以学生为中心，注重培养未成年学生独立思考能力、创新能力和实践能力，促进未成年学生全面发展。

第一，注重全面性教育。学校应当按照国家课程标准和地方课程设置要求，根据学生群体和年龄特点，开展生命教育、生存教育、生活教育、安全教育、健康教育、青春期教育、思想道德教育、法治教育，进行社会生活指导、心理健康辅导。

第二，尊重特定未成年学生群体受教育的权利。许多普通学校实际上存在着残疾儿童，他们的受教育权难以得到切实保障，他们在学校里不仅承担着由于其身体不便而导致的生活、学习等方面的困难，同时也很容易受到其他学生甚至学校老师的歧视，使其心理遭受打击。许多家境较贫困的学生也往往容易遭受来自各方面的歧视。因此，学校应当关心、爱护学生，对家境贫困、残疾、品行有缺点、学习有困难的学生，应当耐心教育、帮助，不得歧视，不得违反法律和国家规定开除未成年学生，或者限制未成年学生在校接受教育。

第三，落实控辍保学职责。学校应当建立和完善辍学学生劝返复学、登记与书面报告制度，加强家校联系，配合政府有关部门做好辍学学生劝返复学工作。

第四，保障学生休息娱乐锻炼时间。学校应当与未成年学生的父母或者其他监护人互相配合，保证未成年学生的睡眠、娱乐和体育锻炼时间，不得加重其学习负担。学校应当在教育行政部门的指导下对不同季节中小学、幼儿园早晨上课时间做出合理安排，保证未成年学生充足的睡眠时间。具备条件的中小学校应当结合实际建立健全课后服务制度。课后服务工作要遵循教育规律和学生成长规律，安排学生做作业、自主阅读、体育、艺术、科普活动，以及娱乐游戏、拓展训练，开展社团及兴趣小组活动，观看适宜未成年人的影片，等等。

（2）幼儿园的保教职责。幼儿园应当科学开展保育、教育工作，遵循幼儿身心发展规律，面向全体幼儿，关注个体差异，坚持以游戏为基本活动，保教结合，寓教于乐，促进幼儿在体质、智力、品德等方面和谐发展。

在现实生活中，由于应试教育和社会上一些不良宣传的影响，当前幼儿园教育"小学化"的现象日益突出。所谓学前教育"小学化"，其主要表现是不注重幼儿综合素质的培养，不是组织幼儿在游戏中学习，不顾幼儿的年龄特点，教育活动过于强调向幼儿"灌输"知识，缺少图案色彩，缺少生动的教具演示，有的甚至从小班就要求孩子会写字，学习拼音，做算术，给孩子留作业，幼儿园做不完，回家还要做，这种"小学化"的教育方式，偏离了正确的办园方向，严重干扰了正常的保育教育工作，对幼儿健康成长带来了很大危害。这种"小学化"现象，从本质上来讲，是完全背离了幼儿的身心发展规律的。对此，需要进一步强调遵循幼儿身心发展规律的重要性，面向全体幼儿，关注个体差异，坚持以游戏为基本活动，保教结合，寓教于乐，促进幼儿健康成长，以防止和纠正幼儿园教育"小学化"倾向。

2. 在保障未成年人安全方面。校园应当是最阳光、最安全的地方。加强中小学、幼儿园安全工作是全面贯彻党的教育方针，保障学生健康成长、全面发展的前提和基础，关系广大师生的人身安全，事关亿万家庭幸福和社会和谐稳定。强调学校安全是办学的底线，学校应切实承担起校内安全管理的主体责任，依法健全各项安全管理制度和安全应急机制。由于校园安全涉及方方面面，包括食品安全、校舍安全、设施安全、防溺水等。近年来国务院及有关地方人民政府出台了一系列保障校园安全的文件。其中，有一些做法已经形成共识，取得了不错的效果，总结起来主要包括以下几个方面：

（1）校园安全校长（园长）负责制。学校、幼儿园应当建立校园内安全工作领导机构，实行校园安全校长或者园长负责制，落实对学生的教育和管理责任，加强校园日常安全管理。

（2）安保力量配备。学校、幼儿园应当根据实际和需要配备安全保卫力量。除学生人数较少的学校、幼儿园外，每所学校、幼儿园应当配备专职安全保卫人员或者受过专门培训的安全管理人员；寄宿制学校应当配备宿舍安全管理人员。

（3）食品饮用水安全。学校、幼儿园应当建立健全校园食品安全管理制度，明确食品安全管理人员和每个岗位的安全职责；具备条件的，可以在厨房、配餐间等安装监控摄像装置，实现食品制作实时监控，公开食品加工制作过程，接受学生及监护人监督。学校、幼儿园应当建立饮用水卫生安全管理制度，确保为学生提供合格的安全饮用水；通过自备水源、二次供水设施、直饮水提供的学生生活饮用水应经当地卫生部门水质检测合格后方可使用。

（4）传染病防控。学校、幼儿园应当施行晨检、因病缺勤病因追查与登记制度，保障传染病疫情早发现、早报告、早处置。学校、幼儿园发生食物中毒、传染病流行等突发公共卫生事件，应当及时向市场监督管理部门和卫生健康管理部门报告，并在其指导下做好应急处置，最大限度地降低突发事件对师生的危害。

（5）校车安全制度。配备校车的学校、幼儿园和校车服务提供者应当建立校车安全管理制度，配备安全管理人员，加强校车的安全维护，定期对校车驾驶人进行安全教育，组织校车驾驶人学习道路交通安全法律法规以及安全防范、应急处置和应急救援知识，保障学生乘坐校车安全。

（6）安全事故突发事件处置制度。学校、幼儿园应当制定安全事故、突发事件处置预案，配备相应设施并定期组织应对地震、火灾等情况的应急疏散演练，建立安全事故、突发事件的报告、处置和协调机制。在校内及校外教育教学活动中发生人身伤害事故的，学校、幼儿园应当及时组织教职工参与抢险、救助和防护，保障学生身体健康和人身安全。

（7）学生欺凌防控制度。学校、幼儿园应当制定欺凌防治工作制度，明确规定防治学生欺凌的机构、人员，设立学生求助电话和联系人，规定处理学生欺凌事件的程序，对教师、其他服务人员、学生进行防治学生欺凌的培训和教育。学校、幼儿园对学生欺凌行为应当立即制止，通知实施欺凌和被欺凌未成年学生的父母或者其他监护人参与欺凌行为的认定和处理；对实施欺凌行为的学生，适用预防未成年人犯罪法规定的有关措施，依法进行教育矫治；对被欺凌的学生，予以必要的心理辅导，帮助他们恢复正常的生活和学习。

案 例

2016年2月，浙江省某区人民检察院在审查起诉小李（女，16周岁）猥亵儿童一案时，发现该案双方均系某民办寄宿学校学生，因校园琐事，小李纠集他人对被害人小王（女，13周岁）实施了聚众猥亵行为（其他3名侵害人因未满16周岁没有追究刑事责任，另行处理）。由于手段较重、情节恶劣，导致被害人小王出现精神异常并转学，且抗拒心理治疗。为此，该院一方面强化对被害女童的保护，迅速安排心理专家以舞蹈老师身份介入干预，持续开展心理疏导。经过近三个多月的心理干预，小王发病次数减少、症状减轻，日趋开朗。针对小王未获赔偿的情况，检察机关联合公安机关共同开展调解，后被害人获赔8万元，为后续治疗备足资金。另一方面及时落实涉罪未成年人的法律援助并委派法律社工介入案件，认真听取其母亲意见。在了解到其母亲因经济困难无力独自赔偿的情况后，检察机关联系其他3名侵害人的父母，表明其子女仍应承担民事赔偿责任。经释法说理和思想工作，3人的父母均进行了赔偿。同时，检察机关强化案后延伸帮教，责令其他3名侵害人的父母加强监管；开展对被害女童的家访跟踪，关注康复情况；与法院、心理工作室采取定期探望、亲情会见等方式，对小李共同开展帮教挽救工作。

第三节　社会保护与网络保护

外在环境对于未成年人有着深远的影响，社会是一种现实环境，网络是未成年人越来越倚赖的一种虚拟环境。社会保护和网络保护成为未成年人社会化进程中不可或缺的重要方面。

一、社会保护

保护未成年人，是全社会的责任。未成年人的成长过程，就是一个适应社会、融入社会的过程。社会环境中的积极因素和不良因素对于未成年人的健康成长有着重要的影响。所谓的社会保护，就是社会各方面最大程度增加有利于未成年人的积极因素，消除不利于未成年人的消极因素，为未成年人的健康成长创造良好的社会环境。

（一）积极的社会保护

就积极因素来说，社会保护的主要内容应当包括以下方面：

1. 未成年人社会照顾和优惠保障。任何组织和个人不得以身份、身高等标准来限制或者剥夺未成年人应当享有的照顾或者优惠。在一段较长时期内，以身高作为衡量未成年人是否享有照顾或者优惠的标准，是在我国经济社会欠发达、身份证明不普及、电子信息水平低的历史背景下采取的权宜之计。未成年人享有照顾或者优惠的相关规定属于福利政策，普惠性、公平性、全体性是基本要求。按照身高来界定，必然把那些身高高出标准的未成年人排除在福利政策之外，形成事实上的政策歧视，导致政策效果有失公平。从法治视角来看，以身高决定未成年人享有的照顾或者优惠违背了"未成年人依法平等地享有权利"。从全世界范围来看，青少年法律或青少年政策都是以年龄作为界定标准。未成年人享有照顾或者优惠以年龄为依据，是顺应公众普遍期待的改革方向。

2. 良好的媒体文化环境促进。一方面，公共媒体及有关单位和个人应当加强对未成年人保护工作的宣传，创作或者提供有利于未成年人健康成长或者专门以未成年人为对象的健康的文化作品。另一方面，任何单位和个人创作或者提供文化产品时，对不适宜未成年人阅读、收听、观看的，应当作出警示说明；在以未成年人为主要对象的活动场所，不得刊登、播放、展示和张贴有损未成年人身心健康的广告或者不适宜未成年人的文化产品。

3. 社会产品的安全保障。生产、销售用于未成年人的食品、药品、玩具、用具和游乐设施等，应当符合国家标准或者行业标准，不得有害于未成年人的安全和健康；需要标明注意事项的，应当在显著位置标明。

4. 接待未成年人住宿的注意义务。酒店、旅馆等住宿服务场所在接待没有成年人陪同的未成年人住宿时，应当查验未成年人有效身份证件。对于未满16周岁的，应当联系其监护人，并核实有关情况；无法联系到其监护人或者无法核实的，应当立即报告所在地派出所，由派出所核实有关情况。限制未成年人单独或结伴入住酒店，主要目的是针对未成年人离家出走、私自开房等情况作出预防和保护。云南等地在实践中采取了"未成年人入住旅店监护人首肯制"的做法，即16周岁以下的未成年人单独入住的，必须第一时间向派出所报告，然后派出所立即出警到旅店核实住宿原因，并立即与其家长联系。在征得其家长或者法定监护人同意并留下相关证据后，才允许未成年人入住。

案 例

2012年暑假期间至2013年4月底，被告人刘某某、杜某、叶某、徐某某、刘某、秦某某、王某、陆某等8人，单独或交叉结伙，通过电话与嫖娼人约定之后，先后多次将周某、朱某、徐某、王某甲、沈某、陈某、陆某乙、黄某、庄某、李某、卢某等11人（除卢某外，其他被介绍人均未成年，周某、朱某未满14周岁）带至浙江省安吉县递铺镇、梅溪镇的多家酒店、宾馆或嫖娼人的住处等场所，介绍卖淫，从中牟取非法利益。其中，刘某某介绍卖淫 8 次，叶某介绍卖淫 10 次，徐某某介绍卖淫 8 次，刘某介绍卖淫 8 次，杜某某介绍卖淫 4 次，秦某某介绍卖淫 2 次，陆某介绍卖淫 1 次，王某介绍卖淫 1 次。浙江省安吉县人民检察院以被告人刘某某、杜某某、叶某、徐某某、刘某、秦某某、王某、陆某犯介绍卖淫罪提起公诉。安吉县人民法院经审理认为，8 名被告人的行为均已构成介绍卖淫罪，其中刘某某、杜某某、叶某、徐某某、刘某多次介绍他人卖淫，且介绍未成年人卖淫，情节严重。鉴于杜某某有介绍卖淫的犯罪前科，酌情从重处罚；叶某、徐某某、刘某、秦某某、王某、陆某系未成年人，依法从轻或减轻处罚；刘某某、杜某某、叶某、徐某某、刘某、秦某某、王某、陆某均自愿认罪，酌情从轻处罚。依照《中华人民共和国刑法》第 359 条第 1 款，第 25 条第 1 款，第 17 条第 1 款、第 3 款，第 72 条第 1 款、第 3 款，第 73 条，第 52 条，第 53 条之规定，以介绍卖淫罪对刘某某、杜某某分别判处有期徒刑 6 年，并处罚金人民币 1 万元；对叶某判处有期徒刑 3 年，缓刑 4 年，并处罚金人民币 8 千元；对徐某某、刘某分别判处有期徒刑 3 年，缓刑 3 年 6 个月，并处罚金人民币 8 千元；对秦某某判处拘役 6 个月，缓刑 10 个月，并处罚金人民币 5 千元；对王某、陆某分别判处拘役 3 个月，缓刑 6 个月，并处罚金人民币 3 千元。

5. 密切接触未成年人行业人员从业查询和禁止制度。实施侵害未成年人的案件中，熟人作案、从事与未成年人经常接触工作的人作案等情节屡屡发生；有性侵害未成年人犯罪记录的人，在发达国家司法实践中其个人征信多被纳入不适宜从事与儿童密切相关工作的范围。就我国而言，招用密切接触未成年人行业的从业人员时，用工单位应当依法审查拟招用人员的征信记录，查询是否具有性侵害、虐待等侵害人身权利违法犯罪记录。对具有相关违法犯罪记录的人员，用工单位不得录用。

6. 未成年人用工保护制度。任何组织或者个人按照国家有关规定招用已满 16 周岁未满 18 周岁的未成年人的，应当执行国家在工种、劳动时间、劳动强度和保护措施等方面的规定，不得安排其从事过重、有毒、有害等危害未成年人身心健康的劳动或者危险作业。招用已满 16 周岁未满 18 周岁的未成年人的，应当进行安全防护意识和安全操作技能的岗前培训。

（二）消极的社会保护

就消极因素来说，社会保护的主要内容应当包括以下方面：

1. 娱乐场所的管理和限制。中小学校园周边不得设置营业性歌舞娱乐场所、游艺娱乐场所、酒吧、互联网上网服务营业场所等不适宜未成年人活动的场所。不适宜未成年人活动的场所，不得允许未成年人进入，经营者应当在显著位置设置未成年人禁入、限入标志，进入场所时应当要求出示身份证件。

2. 烟酒彩票等不良物品的限制。禁止向未成年人出售烟酒。任何人不得让未成年人为其购买烟酒。彩票销售机构和彩票代销者不得向未成年人销售彩票和兑付奖金。烟酒经营和彩票销售机构、彩票代销者应当在显著位置设置不向未成年人出售烟酒和彩票的标志；对难以判明是否已成年的，应当要求其出示身份证件。任何人不得在学校、校外教育培训机构、婴幼儿照护服务机构的教室、寝室、活动室和其他未成年人集中活动的场所吸烟、饮酒。

3. 禁止人身侵害。主要包括三方面的内容：禁止拐卖、绑架、虐待、非法收养未成年人，禁止对未成年人实施性侵害、性骚扰和性引诱。禁止胁迫、诱骗、教唆、拉拢未成年人参加黑社会性质组织或者从事其他违法犯罪活动。禁止胁迫、诱骗、利用未成年人乞讨或者组织未成年人进行危害其身心健康的表演等活动。

4. 禁止侵犯隐私和通信自由。任何组织或者个人不得披露未成年人的个人隐私。对未成年人的信件、日记、电子邮件，任何组织或者个人不得隐匿、毁弃；除因追查犯罪的需要，由公安机关或者人民检察院依法进行检查，或者对无行为能力的未成年人的信件、日记、电子邮件由其父母或者其他监护人代为开拆、查阅外，任何组织或者个人不得开拆、查阅。

二、网络保护

（一）网络保护的意义和内容

在互联网不断渗透的信息化浪潮下，网民"首次触网年龄"明显提前。据中国互联网络信息中心（CNNIC）发布的第 43 次《中国互联网络发展状况统计报告》显示，截至 2018 年 12 月，我国 19 岁以下网民约占全体网民的21.6%，全年新增网民 5653 万人，互联网普及率达 59.6%，较 2017 年底提升3.8个百分点；在我国网民中，学生群体最多，占比达25.4%。而一项由共青团中央维护青少年权益部、中国互联网络信息中心共同发布的《2018年全国未成年人互联网使用情况研究报告》则显示，我国未成年网民规模为1.69亿人，未成年人的互联网普及率达到93.7%，高于同期全国人口的互联网普及率（57.7%）。

加强未成年人网络保护具有极其重要的现实意义和战略意义，并已成为当今社会的广泛共识。一方面，网络为未成年人获取知识、自我表达、娱乐和社交提供了便捷途径，对其生活和成长发挥着越来越大的影响；可以说，未成年人的网络权益已经成为其发展权、参与权、娱乐权的一种具体的时代体现；正确合理高效地使用网络的能力已经成为他们健康成长的重要因素。另一方面，由于未成年人的心智尚未成熟，他们对于互联网信息和应用的是非利弊判断存在不足。互联网对未成年人带来的潜在风险，主要体现在：以网络游戏和短视频为主的网络沉迷；未成年人隐私泄露；网络谣言，低俗、色情、暴力、恐怖等有害信息的无序传播；网络暴力、网络欺凌对未成年人身心健康造成损害。这就要求既要保障未成年人平等、充分、健康、安全地使用网络，又要保护未成年人合法的网络活动。

可见，网络保护的内容涉及两个方面：一个是如何促进未成年人正确合理平等地使用网络，另外一个是如何避免未成年人受到网络的不良影响。

（二）促进和保障未成年人的网络权益

1. 培养和提高未成年人网络素养。网络对未成年人的影响有利有弊，要趋利避害，让网络在未成年人的成长中发挥有益作用。实现这一目的的途径是对未成年人进行网络素养教育。网络素养，指的是人的基本素养中应具备的网络素质及道德规范，以及未成年人也应具备的网络信息辨别能力和网络规范及道德修养等网络素养教育的整体规划和知识。

通过社会机构与学校及家庭实施网络素养教育。一方面，互联网时代对家长提出了新的要求和挑战，享受信息包容性、开放性的同时，又能做到自律，父母用以身作则的方式，帮助孩子建立起互联网行为的规范和边界。家长自身要有充分的媒介素养、网络素养，并将网络素养作为一种知识和习惯养成来教育，不断学习和指导孩子。另一方面，积极推动网络素养教育进学校、进课堂，把网络素养教育作为义务教育阶段的课程教学内容，全面提高中小学生的网络应用能力和网络道德规范。此外，社会也应当引导未成年人正确认识网络的功能，在了解网络知识的基础上，理性地运用网络信息为自身的发展服务；提高对网络负面信息的免疫力；提高网络安全意识；认清网络世界与现实世界的距离；利用网络开展健康有益的活动，培养未成年人健全的人格。

2. 建设网络场所、网络内容、网络技术。有关调查显示，未成年人专属网站和内容缺乏，影响力不大，尚无在功能、内容、覆盖面等方面同大型门户网站相提并论的未成年人专属网站，现有的一些为未成年人设立的网站其知名度还有待提高。健康的网络文化内容决定健康的网络行为。对此，由未成年人服务和网络管理的有关部门共同打造未成年人专属网络平台，以优质网络文化内容吸引未成年人。另外，要从根本上解决网络成瘾问题和其他互联网负面问题，还需要从内容建设、网络管理、技术保障，特别是运行规则上作深入思考和探索。《网络安全法》规定，国家支持研究开发有利于未成年人健康成长的网络产品和服务。

3. 明确网络企业和平台的责任。《网络安全法》的规定，网络运营者开展经营和服务活动，必须遵守法律、行政法规，尊重社会公德，遵守商业道德，诚实信用，履行网络安全保护义务，接受政府和社会的监督，承担社会责任。网络相关行业组织按照章程，加强行业自律，制定网络安全行为规范，指导会员加强网络安全保护，提高网络安全保护水平，促进行业健康发展。其中，为未成年人提供安全、健康的网络环境也是网络产品的提供者和服务者一项不可或缺的社会责任。

(三) 加强网络信息内容的管理

一方面，禁止制作、发布、传播危害未成年人身心健康的违法信息。任何组织和个人发现网络产品、服务含有危害未成年人身心健康的违法信息，有权通知网络产品和服务提供者采取删除、屏蔽等措施，也可以直接向网信部门、公安机关等部门投诉、举报。网络服务提供者应当加强对用户发布信息的管理，发现危害未成年人身心健康的违法信息，应当立即停止传输相关信息，采取删除、屏蔽等处置措施，保存有关记录，并向网信部门、公安机关等部门报告。

另一方面，建设不适宜信息提示制度。国家根据未成年人网络保护的需要，结合未成年人的不同年龄段，确定不适宜未成年人接触的信息的范围和判断标准。任何组织和个人在网络空间制作、发布、传播前款规定的信息时，应当以显著方式提示。网络服务提供者应当对其所发布、登载的信息进行审查；发现有关信息的，应当采取措施以显著方式进行浏览前提示。

（四）防治网络沉迷

未成年人处于成长发育的关键时期，沉迷游戏、过度用网消耗了精力、耽误了学业，进而导致精神颓废、身体羸弱；网络信息泥沙俱下，未成年人辨别能力不够，难免造成价值观走偏、行为失范，甚至诱发盗窃、暴力等违法行为。凡此种种，不仅损害了青少年的身心健康，更会对家庭、社会乃至国家长远发展带来巨大危害。世界卫生组织已经将网络游戏成瘾列入精神疾病。防止青少年沉迷网络，不仅是一个公共卫生课题，也是一项社会治理挑战。客观来说，未成年人沉迷网络有着复杂的原因。好奇心强、自制力弱、渴望得到认同等心理特点是一方面，规范管理、合理引导、预防治疗不够也是重要原因。

作为教育的起点和根基，家长要言传更要身教。面对网络世界的各种诱惑，未成年人由于心智尚未成熟，自制力差，容易让不良信息"钻空子"。所以家长一定要正确引导，对上网游戏、刷短视频时间进行约束，内容进行监督，防止未成年人沉迷。此外，在未成年人接触网络的时候，家长一定要承担起相应的责任，以身作则，树立良好的榜样。家长要带头远离手机，用更多的时间陪伴未成年人。

作为教育的主战场，学校要加强教育的监管力度。随着手机的普及，短视频更快地侵入了学生们的校园生活。在学校拍视频、刷视频的学生越来越多。学校应该进一步加强监管力度，完善相关规章制度，更合理地管理学生的课余时间，督促学生正确使用手机。并且通过多种形式宣传网络不良信息的危害性，提高学生们防沉迷的意识，增强他们抵抗不良信息的能力。

近年来，各种巧立名目、种类繁多的网瘾治疗机构大行其道，乱收费、暴力体罚等负面新闻层出不穷。比如，2009 年，中国青年报曾报道广州白云心理医院网瘾治疗中心给学员施以电击；2006 年初，山东省临沂市第四人民医院的心理精神科医生杨永信成立中国杨永信网络成瘾戒治中心，其对外宣称自己探索出了一套"心理＋药物＋物理＋工娱"相结合的网瘾戒治模式。所谓的物理治疗，即"电击治疗"，即在"网瘾"少年的太阳穴或手指上接通电极，他声称以电刺激引发孩子对网络产生厌恶感；2014 年，河南少女在戒网瘾学校被强制加训"前倒、后倒"达三个多小时，导致一死一严重受伤。纵观国外，网瘾干预的模式基本上有两类：一类是以美国为代表的社区模式，另一类是以韩国为代表的国家模式。无论何种模式，干预机构都注重心理辅导，依法进行，不使用暴力。据不完全统计，中国大陆地区目前有三百多家网瘾治疗机构，而封闭式训练营、军事化管理、体罚等都是戒网瘾机构惯用的方法。中国青少年研究中心发布的《关于青少年网瘾及其戒除的研究报告》称，退伍军人是网瘾学校教员的主要成员，是最受网瘾学校欢迎的教官。他们对学生实施军事化管理，教学方式一般运用体罚、限制人身自由、超负荷体能训练等，国外非常重视的心理辅导则几乎被抛弃。由于绝大多数的网瘾治疗机构都是封闭式管理，学生与家长隔离，体罚极易变成虐待和故意伤害。这样的暴力教育毫无疑问是违法犯罪，应当予以禁止。

（五）预防网络游戏沉迷

在青少年网民群体急剧增加的同时，未成年人因沉迷网络游戏造成不良后果的新闻也屡见报端。网络游戏服务提供者应当建立预防未成年人沉迷网络游戏制度，采取技术措施禁止未成年人接触不适宜的网络游戏或者网络游戏功能，限制未成年人网络游戏支付的数额、连续使用网络游戏的时间和单日累计使用网络游戏的时间，禁止未成年人在特定时间内使用网络游戏。为了让这些措施发挥作用，必须建立网络游戏实名制，识别未成年人与成年玩家。因此，如何设计一套精准的网络游戏产品年龄认证和识别系统就成为关键，即所有的网络游戏上线运营前，必须加入相应的系统方能得到放行。网络游戏产品年龄认证和识别系统根据玩家提供的身份资料，运用人脸识别技术自动判断玩家是否符合"未成年人"的标准。

（六）未成年人个人信息安全

网络运营者应当对其收集的用户信息严格保密，并建立健全用户信息保护制度。任何组织和个人通过网络收集、使用未成年人个人信息的，应当遵循合法、正当、必要的原则，明示收集、使用信息的目的、方式和范围，并经未成年人及其监护人同意。通过网络收集、使用未成年人个人信息的，应当制定专门的收集、使用规则，加强对未成年人网上个人信息的保护。

未成年人或者其监护人要求网络运营者删除、屏蔽网络空间中的未成年人个人信息的，网络运营者应当采取必要措施予以删除、屏蔽。

案　例

近年来杭州市余杭区发生的几起相关违法犯罪案件反映，某公司在开发运营该公司 APP 的过程中，未以显著、清晰的方式告知并征得儿童监护人有效明示同意允许注册儿童账户，并收集、存储儿童个人信息。在未再次征得儿童监护人有效明示同意的情况下，向具有相关浏览喜好的用户直接推送含有儿童个人信息的短视频，同时也没有采取技术手段对儿童信息进行专门保护。在最高检直接指导下，浙江省人民检察院成立由省、市、区三级检察机关未检干警组成的专案组。专案组全面梳理分析某公司 APP 存在问题，走访网信部门、公安机关、法院、互联网法律专家和技术专家。根据互联网法院管辖规则，浙江省人民检察院指定杭州市余杭区人民检察院办理此案。经诉前公告，检察机关于 2020 年 12 月 2 日向杭州互联网法院提起民事公益诉讼，请求判令某公司立即停止实施利用该公司 APP 侵害儿童个人信息的侵权行为，赔礼道歉、消除影响，赔偿损失并将款项交至相关儿童保护公益组织，专门用于儿童个人信息保护公益事项。诉讼期间，检察机关积极推动某公司立行立改，该公司积极配合，对所运营 APP 中儿童用户注册环节、儿童个人信息收集环节、儿童个人信息储存、使用和共享环节以及儿童网络安全主动性保护领域等四大方面细化出了 34 项整改措施，并明确了落实整改措施的具体时间表。双方依法达成和解协议。2021 年 2 月 7 日，杭州互联网法院公开开庭审理该案。庭审中，某公司对检察机关依法履行公益诉讼职责，积极推动儿童个人信息网络保护，促进和帮助企业合法合规经营表示感谢。在法庭组织下，杭州市余杭区人民检察院与某公司就前期达成的和解协议进一步确认，形成了调解协议。2 月 9 日，依照公益诉讼法定程序，由法院进行了公告。3 月 11 日，该案经杭州互联网法院出具调解书后结案。某公司对检察机关提出的诉求均无异议，目前已针对存在问题全面开展整改。

第四节　政府保护与司法保护

对于未成年人的健康成长，国家负有不可推卸的责任，这鲜明地体现为政府保护和司法保护。根据国家亲权的理念，政府应当积极促进未成年人福利，提供和创造有利于未成年人的条件，司法机关应当坚持教育感化挽救，帮助有偏常行为的未成年人顺利实现社会化，成长为合格公民。

一、政府保护

所谓政府保护，就是指政府为促进未成年人的生存发展等权益，为其创造有利条件、提供多种福利待遇。总结起来，政府保护的领域包括以下几个方面：

1. 对家庭监护的促进和干预。

（1）亲职教育普及制度。我国传统家庭教育由于家长自身教养能力受限，已经难以应对现代化和社会转型引致的家庭教育新变化和新需求。现代家庭教育要求父母具有与时俱进的现代教育理念，而在传统教育熏陶下成长起来的家长们往往并不具备现代家庭教育所要求的知识、技术和理念，难以实施和开展合理、有效的现代化家庭教育。而亲职教育是对父母教育理念、手段、知识的更新与再造，从这个意义上来说，亲职教育可以说是现代家庭教育的前提基础与根本所在。根据《教育大辞典》中定义，亲职教育为："对父母实施的教育，其目的是改变和提升父母的教育观念，使父母获得抚养、教育子女的知识和技能。"未成年人出现问题多数源于父母，要么是没有监护意识，要么是监护方式和教育方法不当。为此，应当从根源上进行预防，多渠道创造机会使公民在生育孩子之前了解、学习相关知识，做好成为或者未来成为父母的准备。对此，应当建立亲职教育推进普及制度，在高等教育、继续教育课程中安排学习相关内容，在公民登记结婚、产前检查等环节安排学习相关知识，鼓励和支持社会组织、企事业组织等对公民开展相关知识的普及与培训。

（2）对家庭监护支持和监督。当家庭监护出现苗头性问题的时候，如果给予适当、专业的支持和干预，完全恢复到正常状况。对此，应当采取措施有效监督家庭的监护状况，为有需要的家庭提供指导、帮助。比如，《国务院关于加强农村留守儿童关爱保护工作的意见》中规定，学校、幼儿园、医疗机构、村（居）民委员会、社会工作服务机构、救助管理机构、福利机构及其工作人员，在工作中发现农村留守儿童脱离监护单独居住生活或失踪、监护人丧失监护能力或不履行监护责任、疑似遭受家庭暴力、疑似遭受意外伤害或不法侵害等情况的，应当在第一时间向公安机关报告。乡镇人民政府（街道办事处）接到公安机关通报后，要会同民政部门、公安机关在村（居）民委员会、中小学校、医疗机构以及亲属、社会工作专业服务机构的协助下，对农村留守儿童的安全处境、监护情况、身心健康状况等进行调查评估，有针对性地安排监护指导、医疗救治、心理疏导、行为矫治、法律服务、法律援助等专业服务。对此，应当将家庭教育指导服务纳入城乡公共服务体系，建立各级家庭教育指导机构，推进家庭监护支持、监督制度建设，为有需要的家庭提供必要的指导、帮助。

（3）政府监护制度。政府监护，包括临时监护和长期监护。所谓临时监护，是指政府在法定情形下临时负责安置和照顾未成年人。这些情形主要包括：①未成年人身份不明、暂时查找不到父母或者其他监护人；②监护人被宣告失踪且无其他人可以担任监护人；③监护人因自身原因或者因发生自然灾害、事故灾难、公共卫生事件等突发事件不能履行监护职责，导致未成年人监护缺失；④监护人拒绝或者怠于履行监护职责，导致未成年人处于无人照料的状态；⑤监护人教唆、利用未成年人实施严重违法犯罪行为，未成年人需要被带离安置；⑥未成年人遭受监护人严重伤害或者面临严重人身安全威胁，需要被紧急安置。所谓长期监护，是指政府取得监护人资格，成为未成年人的监护人。这些情形主要包括：①无法查明未成年人的父母或者其他监护人；②监护人死亡或者被宣告死亡且无其他人可以担任监护人；③监护人丧失监护能力且无其他人可以担任监护人；④人民法院判决撤销监护人资格并指定由民政部门担任监护人。无论是临时监护，还是长期监护，均由民政部门代表政府具体落实有关工作。对临时监护的未成年人，民政部门可以采取委托近亲属抚养、家庭寄养等方式进行安置，也可以交由未成年人救助保护机构或者儿童福利机构进行收留、抚养。临时监护期间，监护人确有悔改表现或者重新具备履行监护职责条件的，民政部门可以将未成年人送回监护人抚养。对于长期监护的未成年人，民政部门进行收养评估后，可以依法将其交由符合条件的申请人收养。收养关系成立后，民政部门与未成年人的监护关系终止。

案 例

2013 年 6 月 21 日 9 时许，南京市江宁区麒麟派出所社区民警王某某上门走访辖区居民乐某（女，22 岁）时，发现家中无人应答，乐某手机处于关机状态。王某某觉得事有蹊跷，便叫来锁匠将门打开，发现两名幼女一个在门边，一个在床边，均已没有呼吸，她们正是乐某 3 岁和 1 岁的女儿。2013 年 2 月份，孩子的父亲李某某因为吸毒被抓，2013 年 8 月底出狱。而乐某也因涉嫌故意杀人，已被江宁警方刑事拘留。2013 年 9 月 18 日，乐某被南京市检察院以故意杀人罪起诉，在南京中院公开开庭审理。最后，法院认定，被告人乐某犯故意杀人罪，判处无期徒刑，剥夺政治权利终身。此案非常突出地反映了我国之前监护制度运行中，监护人疏于监护的时候，对被监护人的权利缺乏救济，即国家监护处于缺位状态。

2. 对未成年人受教育权的促进和保障。

（1）控辍保学，保障未成年人完成义务教育。近年来，国家建立了城乡统一、重在农村的义务教育经费保障机制，实现了城乡免费义务教育，义务教育覆盖面、入学率、巩固率持续提高。但受办学条件、地理环境、家庭经济状况和思想观念等多种因素影响，我国一些地区特别是老、少、边、穷、岛地区仍不同程度存在失学辍学现象，初中学生辍学、流动和留守儿童失学辍学问题仍然较为突出。这就需要政府坚持依法控辍，建立健全控辍保学工作机制，完善行政督促复学机制，落实教育扶贫和资助政策，保障家庭经济困难的、残疾的和流动人口中的未成年人等接受义务教育。

（2）发展学前教育。学前教育是终身学习的开端，是国民教育体系的重要组成部分，是重要的社会公益事业。政府应当构建覆盖城乡的学前教育公共服务体系，大力发展公办幼儿园，支持社会组织和个人依法兴办幼儿园，建立学前教育资助制度，资助家庭经济困难未成年人、孤儿和残疾未成年人接受学前教育。

（3）发展高中教育和职业教育。高中阶段教育（包括普通高中、普通中专、成人中专、职业中专、技工学校）是国民教育体系的重要环节，是学生从未成年走向成年、个性形成、自主发展的关键时期，肩负着为各类人才成长奠基、培养高素质技术技能型人才的使命。普及高中阶段教育是巩固义务教育普及成果、完善现代职业教育体系、增强高等教育发展后劲的重大举措，是适应我国经济结构转型升级、提高劳动力受教育年限的迫切需要，是进一步提升国民整体素质、建设人力资源强国的基础工程。因此，政府及有关部门应当采取措施发展和普及高中阶段教育，统筹普通高中和中等职业教育协调发展，大力发展职业教育，采取措施保障完成义务教育不再升学的未成年人有机会接受职业技能培训，鼓励具备条件的地区推行中等职业教育免费的政策。

3. 加强未成年人卫生保健。

（1）儿童保健服务。政府及有关部门应当加强妇幼卫生服务体系建设，加强儿童保健服务和管理，逐步扩展国家基本公共卫生服务项目中的儿童保健服务内容，完善出生缺陷防治体系。卫生健康部门应当加强对学校卫生防疫和卫生保健工作的监督指导，做好对儿童的预防接种工作，国家免疫规划项目的预防接种实行免费；积极防治儿童常见病、多发病，加强对传染病防治工作的监督管理，加强对幼儿园卫生保健的业务指导和监督检查。

（2）儿童医疗保障和救助制度。政府及有关部门应当逐步提高儿童医疗保障水平，减轻患病儿童家庭医疗费用负担；推行贫困家庭儿童医疗救助制度，全面实施贫困地区新生儿疾病筛查项目，加大对大病儿童和贫困家庭儿童的医疗救助。

4. 建设困境儿童分类保障体系。一些儿童因家庭经济贫困、自身残疾、缺乏有效监护等原因，面临生存、发展和安全困境。困境儿童包括因家庭贫困导致生活、就医、上学等困难的儿童，因自身残疾导致康复、照料、护理和社会融入等困难的儿童，以及因家庭监护缺失或监护不当遭受虐待、遗弃、意外伤害、不法侵害等导致人身安全受到威胁或侵害的儿童。落实政府责任，制定配套政策措施，健全工作机制，统筹各方资源，形成困境儿童分类保障制度。针对困境儿童监护、生活、教育、医疗、康复、服务和安全保护等方面的突出问题，根据困境儿童自身、家庭情况分类施策，促进困境儿童健康成长。

5. 建立未成年人保护报告制度。政府应当开通全国统一的未成年人保护热线，施行未成年人保护报告线索一门受理、协同办理的机制，明确应急处置、调查评估、跟踪帮扶、监护干预、责任追究等工作流程。

二、司法保护

所谓司法保护，是公安司法机关对进入司法程序的未成年人实施保护，维护其合法权益。这种司法保护是综合全面的，既包括刑事案件中的未成年人，也包括民事案件和行政诉讼案件中的未成年人。

（一）未成年人司法保护的专门化和专业化

未成年人司法专门化，是指公安司法机关设立专门的机构、组织或者指定特定人员，遵照特定理念、依照特定程序专门办理涉及未成年人的案件，包括办案主体、办案范围、办案机制、办案程序和办案理念的专门化等。其中，未成年人司法机构和队伍的专门化是前提和基础，有了相应的机构、组织或专门人员，才能保障未成年人司法的理念、程序、机制切实落地。此外，有了未成年人司法的专门化，才能进一步谈专业化、规范化问题。未成年人司法保护的专门化和专业化，包括三层含义：一是公安机关、人民检察院、人民法院、司法行政机关应当设立专门机构或者指定专门人员办理涉及未成年人的案件，采用独立的评价体系。二是办案人员以及司法行政机关相关工作人员应当经过专门培训，熟悉未成年人身心特点。三是最高人民法院、最高人民检察院、公安部、司法部应当制定专门机构、专门人员的资格、评价及培训等规范，并将执行情况作为考评的内容。

1. 专门化是未成年人司法规律的必然要求。未成年人司法制度的建设，既要遵循司法规律的一般性要求，更要体现和符合未成年人司法规律的特殊性，强调和注重恢复性、预防性。任何具有自主意识的人都应当为自己的行为负责，触犯法律都要承担相应的法律责任。法律责任的目的是修复社会关系和秩序，手段包括惩罚、救济、预防等。基于上述未成年人的身心特殊性，其承担法律责任的方式和内容应当与成年人有所差异。对待成年人犯罪，依其行为的严重性施以惩罚措施，发挥刑罚的震慑作用、实现遏制再犯的目的。对待未成年人犯罪，则更加强调临界预防和再犯预防，根据其心理行为偏常进行必要的干预，促使其顺利回归社会，最终同样实现社会防卫的功能。从这个角度讲，未成年人司法规律要求在办理案件过程中坚持未成年人最佳利益原则。

2. 专门化是未成年人司法工作的现实需要。办理未成年人犯罪的案件，公安司法机关不仅仅应依法查明事实、收集或核实证据，还延伸出两项重要工作：预防未成年人犯罪和帮助涉罪的未成年人顺利回归社会。一方面，通常来说，心理行为偏常是一个由轻及重、不断恶化的过程，很多未成年人的犯罪行为是从一些不良行为或严重不良行为、轻微违法行为开始的。要有效预防未成年人犯罪，应当注重早期介入，建立分层级的干预措施和体系。另一方面，办理未成年人犯罪案件，终极目标是矫正涉罪未成年人的心理行为偏常，帮助其顺利回归社会。公安司法机关需要进行大量的案外工作，包括跟踪帮教以及链接资源等。办理未成年人遭受犯罪侵害的案件，办案人员需要熟悉未成年人的身心特点和具备一定的专业知识，开展一些延伸性工作。以未成年人遭受性侵为例，研究表明性侵会对儿童产生持久影响，可能直到他们成年以后都难以消除。如果未接受适当的干预和治疗，在未来的很长时间内都会表现出严重的症状，到青少年时期会用外化的不良行为来表达内心的痛苦，比如吸毒、违法甚至自残，进而出现抑郁及反社会行为。可见，未成年人司法工作需要办案人员具备法律之外的专业知识和能力，投入更多的时间和精力。

3. 专门化是未成年人司法实践探索的最佳选择。根据全国法院审理未成年人犯罪案件的情况，我国未成年人的刑事犯罪率从 20 世纪 90 年代至今总体呈现下降趋势，从 1990 年的 7.24% 降到 2016 年的 3.61%。虽然其背后原因是综合性的，但未成年人司法专业化水平不断提升肯定是重要因素之一。地方的司法实践一次次证明，未成年人司法专门化水平高的地方，未成年人犯罪治理和司法保护越有实效。以北京市公安局海淀分局为例，自 2014 年 7 月正式成立未成年人案件审查中队以来，海淀区未成年人再犯罪率从 2015 年的 17% 下降到 2016 年的 2%。再以武城县人民检察院为例，自搭建"未成年人权益保护检察监督信息平台"以来，全县涉未案件同比下降 60%，未成年人犯罪率同比下降 40%，侵害未成年人权益案件年均下降 36%。专门化的方向是正确的，是成功的。习近平总书记在谈到全面深化改革时曾强调，"过去确定的东西，正确的，就要坚持下去"。因此，在深化司法体制改革过程中，应当进一步总结经验，把未成年人司法的专门化推向更高水平。

未成年人司法的专门化不是要求各级公安司法机关都要成立专门机构。各地各级公安司法机关应当结合实际，充分论证、科学决策，采取多元化保障措施，比如集中管辖、成立专门的审判团队和检察官办案组等。

（二）未成年人司法保护的普遍要求

1. 使用未成年人理解的语言方式并听取意见。未成年人身心尚未成熟，对很多事物以及法律用语缺乏足够的理解能力。因此，在司法活动中，应当考虑未成年人的身心特点和理解能力，避免司法活动给其带来不必要的心理压力甚至是伤害，使用他们能够理解的语言和表达方式，并充分听取他们及其监护人的意见。

2. 个人信息保护和案情保密。近年来，随着校园性侵、虐童等未成年人遭受侵害事件的频发，社会公众对于未成年人权益保护的呼声日益高涨，网络媒体通过对涉及未成年人侵害新闻的争相报道、传播转载，引起了相关部门的重视，这对于问题及时得到解决发挥了一定积极作用，但是在传播相关新闻的同时，却容易忽视对未成年人身份信息及隐私的保护，给未成年人造成负面影响，甚至终身伤害。市场化的新闻机构运作，使得一些新闻媒体的报道尺度逐渐放宽，为迎合一些恶趣味和吸引受众，明知有违新闻伦理而仍然为之。此外，新媒体的发展，使得人人都可以把自己的得到的讯息在整个互联网传播，犯罪未成年人信息报道的尺度变得越来越不可控。虽然有些媒体对未成年嫌疑人进行了匿名处理，但却将其出生地、家庭、学校、老师乃至父母等情况交待得过分详细，甚至还进行了专门采访。这些材料一旦披露，基本上抵消了匿名的作用，不仅暴露了未成年人的个人隐私，也使一些和被报道未成年人相关的人员受到过多的关注甚至是人身伤害，严重影响了这些人的正常生活。国家网信办曾针对这一问题发布《国家互联网信息办公室关于进一步加强对网上未成年人犯罪和欺凌事件报道管理的通知》，对网站采编、登载相关内容作出规定，要求不得出现姓名、住所、照片及可能推断出该未成年人的资料等。最高人民法院、最高人民检察院、公安部和司法部联合发布的《关于依法惩治性侵害未成年人犯罪的意见》明确要求，办理性侵害未成年人犯罪案件，对于涉及未成年被害人、未成年犯罪嫌疑人和未成年被告人的身份信息及可能推断出其身份信息的资料和涉及性侵害的细节等内容，审判人员、检察人员、侦查人员、律师及其他诉讼参与人应当予以保密。

对外公开的诉讼文书，不得披露未成年被害人的身份信息及可能推断出其身份信息的其他资料，对性侵害的事实注意以适当的方式叙述。对此，相关司法人员负有保密的义务，同时包括媒体在内的任何机构和人员也不得披露。对于正在办理的涉及未成年人的案件，除依法通报或者批准的以外，任何组织和个人不得公开案件的证据材料和案件情况，不得恶意炒作或者发表歪曲、误导性的评论。

3. 避免办案的不利影响。办案人员需要到未成年人的住所、学校、工作单位或者未成年人及其法定代理人提出的地点时，不得着制服、驾驶警车或者采取其他可能对未成年人带来不利影响的方式。比如，最高人民法院、最高人民检察院、公安部和司法部联合发布的《关于依法惩治性侵害未成年人犯罪的意见》的要求，办案人员到未成年被害人及其亲属、未成年证人所在学校、单位、居住地调查取证的，应当避免驾驶警车、穿着制服或者采取其他可能暴露被害人身份、影响被害人名誉、隐私的方式。

4. 法律援助。未成年人法律援助是指国家为了保证法律赋予未成年人的各项权利的实现，对因经济困难无力支付法律服务费用的案件以及某些特殊案件的未成年人提供免费法律服务的一项法律救济制度。它是国家维护司法公正的需要，也是保护未成年人健康成长的需要。未成年人法律援助彰显了法律人文关怀与对实质正义的追求，是我国人权进步与法制文明建设发展的重要标志之一。

依据我国现有法律、法规的规定，国家为未成年人提供法律援助的范围可大致分为两类，一类是法律援助机构应当提供法律援助的范围，主要指未成年人犯罪的刑事案件中，在人民法院审判阶段，没有委托辩护人的，人民法院为其指定辩护时，应当提供法律援助。另一类是法律援助机构可以提供法律援助的范围，一是未成年人犯罪的刑事案件中因经济困难没有聘请律师的；二是未成年人需要代理的事项，因经济困难没有委托代理人的，包括：依法请求国家赔偿的；请求给予社会保险待遇或者最低生活保障待遇的；请求发给抚恤金、救济金的；请求支付抚养费的；请求支付劳动报酬的；主张因见义勇为行为产生的民事权益的。对于未成年人犯罪的刑事案件予以法律援助，有助于切实从司法角度保障人权，有利于教育、感化和挽救未成年人，使失足的未成年人得到正确的引导，日后重新回归社会。对于民事诉讼与行政诉讼中的未成年人给予法律援助，则体现了人道主义精神，因为未成年人一般在经济上缺乏生活自立能力，法律援助有助于使其有机会获得平等的人权，有利于促成未成年人司法人权由法定形式转为现实。

对于未成年人法律援助案件，承办人员更加强调"专业化"。未成年人法律援助案件的承办人员，其不仅应熟悉和掌握各种法律法规中有关未成年人的专门规定，还应具备一定的心理学、社会学等方面的知识，从而保证其遵循未成年人身心发展的客观规律与特点，有效地维护未成年人的合法权益。

对于未成年人法律援助的案件，更需要保障法律援助的全程性、连贯性。公安机关、人民检察院和人民法院在各自的职能阶段均有义务通知法律援助机构指派律师提供辩护。对此，应当加强衔接协调，顺畅公、检、法与法律援助机构之间的联络机制，保证快速、高效的沟通，能够在第一时间指派律师提供法律援助；同时设立法律援助配合机制，尽力保障律师参与法律援助的连贯性、全程性。

（三）未成年人司法保护的特殊要求

1. 民事案件中对未成年人的保护。

（1）民事指定代理。在司法实践中，未成年人诉讼在立案过程中就要审查是否有法定代理人和需要法定代理人签字，如果没有监护人作为法定代理人，法院一般不给立案。这就造成未成年人起诉自己的父母难以被法院受理的情况，也成为司法实践中的一个"难题"。因此，为了更好地维护未成年人的合法权益，应当由法院另行指定特别诉讼代理人，负责代理解决与未成年人唯一法定代理人之间存在的民事纠纷。

（2）继承案件中对未成人的保护。根据继承方面的法律规定，对生活有特殊困难的缺乏劳动能力的继承人，分配遗产时，应当予以照顾。订立遗嘱时，遗嘱人应当为缺乏劳动能力又没有生活来源的继承人保留必要的遗产份额。因为未成年人没有独立的生活来源，不具有成年人一样的劳动能力，为了维持其生活和保障其健康成长，分配遗产的份额时，都要予以适当照顾。一般在遗嘱继承中，应依法保护未成年人的继承权。对于以遗嘱剥夺未成年法定继承人应当继承的遗产份额的，应当宣告遗嘱无效或者部分无效，保证未成年继承人相应的遗产继承份额。

（3）离婚案件中对未成年人的保护。人民法院审理离婚案件，涉及未成年子女抚养问题的，应当听取有表达意愿能力的未成年子女的意见，根据保障子女权益的原则和双方具体情况依法处理；对于涉及未成年子女抚养权和抚养费的离婚调解协议，符合未成年人利益的，人民法院应当在调解书中予以确认。人民法院审理离婚案件，不得将抚养权判归患有无法履行监护权的疾病、有不良习性或者家庭暴力行为、遗弃过未成年子女或者拒不履行抚养义务的一方。

（4）民事观护。人民法院审理涉及未成年人的离婚、抚养、收养、监护等民事案件，可以委托人民调解员或者社会工作人员等开展社会调查、心理辅导等工作，保护未成年人的合法权益。

2. 刑事案件中对未成年人的保护。

（1）询问讯问、中的保护。询问未成年被害人、证人，讯问未成年犯罪嫌疑人，应当保护未成年人的隐私和名誉，根据其心理状态、情绪变化等情况采取适当方式，在适合其身心特点的场所进行。询问、讯问未成年人，应当全程同步录音、录像，不得对未成年人诱供、训斥、讥讽或者威胁。询问未成年被害人、证人，必要时可以借助玩偶、图画等辅助工具，聘请熟悉未成年人身心特点的专业人员陪同和协助。

（2）防止二次伤害。公安机关、人民检察院、人民法院在办案中应当避免对未成年被害人造成二次伤害。对遭受性侵害或者其他严重暴力行为伤害的未成年被害人，询问遵循一次性原则，确有必要进行二次询问的，应当针对新发现的事实或者需要进一步核实的事项；具备条件的，应当实行一站式取证和保护。

（3）未成年被害人综合保护。对未成年被害人的保护一直以来是司法实践中的薄弱环节。如果未成年被害人得不到及时、有效的保护，不但有失司法公平，而且极有可能给被害人造成终生难以摆脱的痛苦或阴影，有的甚至因此患上了严重的心理疾病或者走上违法犯罪的道路。因此，对遭受性侵或者其他严重暴力伤害的未成年被害人，公安机关、人民检察院、人民法院应当组织有关部门和相关领域专业人员进行会商，采取心理辅导、身体康复协助、家庭功能修复、监护支持、司法救助等措施。

（4）对违法犯罪未成年人的处理。对违法犯罪的未成年人，实行教育、感化、挽救的方针，坚持教育为主、惩罚为辅的原则。对违法犯罪的未成年人，予以处罚时应当依法从轻、减轻或者免除。

课后学习

推荐阅读

1. 苑宁宁：《引领中国特色未成年人法律体系的不断完善——〈未成年人保护法〉修订全面解读》，载《少年儿童研究》2021 年第 1 期。

2. 宋英辉、苑宁宁：《完善我国未成年人法律体系研究》，载《国家检察官学院学报》2017 年第 4 期。

3. 王建敏、孙玉娟、康琳婧：《立法实践与解读：未成年人网络保护制度》，载《预防青少年犯罪研究》2021 第 1 期。

4. 林建军：《论国家介入儿童监护的生成机理与生成条件》，载《中国法律评论》2019 年第 3 期。

第七章　未成年人权利的国际法保护

本章从国际法的角度分析国际社会对未成年人权利的保护。以《儿童权利公约》为基础，国际社会建立了有关未成年人权利保护的条约体系。体系中既包括设定了未成年人权利保护基本标准的《儿童权利公约》及其议定书等条约，也包括从国际私法角度规定涉及未成年人的管辖权、法律适用、判决的承认和执行等的海牙公约，还包括区域性未成年人权利保护条约。

国际组织是国际社会中保护未成年人权利的重要力量，联合国在其中发挥首要作用，通过拟定公约、指导性文件，召开国际会议，设立专门机构等措施促进未成年人权利保护事业的发展。另外，以国际救助儿童联盟为代表的非政府组织在未成年人权利保护方面也起到了不可或缺的作用。

国际法院、国际刑事法院、欧洲人权法院等知名国际司法机构都曾对有关未成年人权利的案件进行审判。国际司法机构通过司法审判的方式解决国际社会中有关未成年人案件的争议，解释、适用未成年人有关的条约，从而实现对未成年人权利的保护。

第一节　未成年人权利保护的国际条约体系

条约是国际法主体之间、主要是国家之间依据国际法所缔结的，据以确定其相互权利义务关系的国际协议。条约有各种不同的名称，如公约（convention）、条约（treaty）、宪章（charter）、规约（statute）、盟约（covenant）、协定（agreement）和议定书（protocol）等，不同的名称不影响其作为条约的

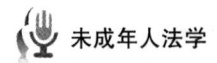

性质和地位。

在未成年人权利保护方面，国际法主体缔结了以 1989 年《儿童权利公约》（*Convention on the Rights of the Child*）为代表的众多条约，构成了未成年人权利保护的国际条约体系。鉴于《儿童权利公约》是未成年人权利保护方面的基础性条约，本章将主要介绍该条约及其议定书，也将介绍其他重要的全球性条约和区域性条约。

一、《儿童权利公约》及其议定书

1989 年的《儿童权利公约》由联合国大会 1989 年 11 月 20 日第 44/25 号决议通过并开放给各国签字、批准和加入，于 1990 年 9 月 2 日生效。公约有 196 个缔约方，是全球最具普遍性的国际公约之一。虽然《儿童权利公约》并不是对儿童权利最终极、最完整的描述，但其是第一项旨在全面解决儿童权利问题的有拘束力的全球性法律文件。因此，公约在儿童权利方面形成了普遍的基准。而且，公约不只是确立了儿童权利的权威文本，它也向国际社会提供了制定行动计划、政策规划以进一步推进实际实施的有效工具。

（一）起草历史

对全球性未成年人权利保护公约的起草可以追溯至国际联盟时期。第一次世界大战给人类特别是未成年人造成了巨大伤害，在非政府组织救助儿童国际联盟（Save the Child International Union）的推动下，国际联盟大会于 1924 年通过了包含五项原则的《儿童权利宣言》。从地位上讲，宣言仅是不具有拘束力的决议，但其具备重要的道德力量。

联合国大会于 1959 年全体一致通过了包含 10 项原则的新的《儿童权利宣言》，宣言明确了各国儿童应当享有的各项基本权利，规定了儿童应享有健康成长和发展、受教育的权利。尽管宣言仍不具有拘束力，但全体一致通过的事实增强了其权威性。而且，与 1924 年的《儿童权利宣言》不同，新的宣言不再单纯地将儿童视为被动地获得国际社会救助的对象，而是将其看作能够自主享有权利和自由的积极的国际社会参与者。在这一点上，新的宣言具有开创性意义。

然而，1959 年的《儿童权利宣言》并未在短期内促成一项有关儿童权利的国际公约。直到 20 世纪 70 年代末，国际社会才启动了《儿童权利公约》的起草工作。1978 年，波兰在联合国人权委员会第 34 次大会上建议制定《儿童权利公约》，并提交了建议草案。不过，许多国家认为波兰草案仅是 1959 年宣言的复制，没有能够根据过去 20 年的社会、经济和文化发展进行调整，而且，1959 年宣言的各项原则的表述过于模糊，并不旨在发生法律拘束力。于是，联合国人权委员会在 1979 年建立了一个全面工作组以审议和扩展波兰草案。在 1979 年到 1988 年间，工作组举行了 11 期会议。为了尽可能地鼓励国家签署公约，工作组采用了协商一致（consensus）的方法，在整个草案起草过程中未进行投票。非政府组织通过向工作组派观察员的方式积极地参加了公约的起草过程。国际社会普遍承认，非政府组织对《儿童权利公约》有直接和间接的影响，此种影响在国际法律文件的起草历史中是前所未有的。

在公约起草过程中，由于发达国家代表参与较多，公约曾被批评为"北方视角的文件"（a northern oriented document）。不过在起草的最后阶段，南方国家的代表突然增多，而且很多来自于伊斯兰国家。所以，公约的每一条款都经过了深入的讨论，在一定程度上也受到南北关系的影响，而因此关于公约的 4 个条款的争议最为激烈：儿童最高年龄的界定（第 1 条）、宗教信仰自由（第 14 条）、收养（第 21 条）、儿童被允许加入武装冲突的年龄（第 38 条）。工作组最终于 1988 年 12 月通过最终的公约草案文本，其行文明显受到 1948 年《世界人权宣言》和 1966 年两项人权公约的影响。

（二）履约机制

为了促进各国对公约的实施，公约建立了一定的履约机制，通过监督、检查、指导等措施防止缔约国怠于承担责任，帮助其更合理地履行义务。

1. 儿童权利委员会。为审查缔约国在履行根据《儿童权利公约》所承担的义务方面取得的进展，公约设立了儿童权利委员会。委员会的宗旨是：与所有关心促进儿童权利的各种组织机构开展持久对话；针对影响全世界儿童权利和福利的有关问题，提出解决方案，协调人力和财政资源，提高公众保护和促进儿童权利的意识。

委员会由 18 名品德高尚并在本公约所涉领域具有公认能力的专家组成。委员会成员以个人身份任职，任期 4 年，可连选连任，由各缔约国依照《儿童权利公约》第 43 条规定选举产生，但在推选时应考虑到公平地域分配原则及主要法系。

委员会每年在日内瓦举行 3 期会议，其主要职责是接收和评论缔约国提交的国别报告。为此，委员会通过了协助缔约国编写和安排其报告的准则，建议各国政府根据准则编写报告，准则强调报告应指出各国在执行公约时所遇到的各种因素和困难。委员会审议缔约国的国别报告，并以"结论性意见"的形式对缔约国提出委员会的关注问题及建议。委员会还接受经由其他途径（包括非政府组织、联合国机构、其他国际组织、学术机构和媒体）交来的有关某国人权状况的信息。此外，委员会还以一般评论的形式发布其对某些人权问题的解释。与其他主要的人权委员会一起，它们的一般评论有时被认为具有国际法的辅助渊源的地位。

2. 履约报告机制。根据《公约》的规定，缔约国应通过联合国秘书长，向儿童权利委员会提交关于他们为实现本公约确认的权利所采取的措施以及关于这些权利的享有方面的进展情况的报告。缔约国须在公约对其生效后 2 年内提交报告，并在此后每 5 年提交一次。报告应指明可能影响公约规定的义务履行程度的任何因素和困难。报告还应载有充分的资料，以使委员会全面了解公约在该国的实施情况。另外，委员会可要求缔约国进一步提供与公约实施情况有关的资料。

缔约国的报告目前由两部分组成：一份通用核心报告（a common core document）和一份特别与公约和任择议定书的履行相关的报告［被称作特定条约报告（treaty-specific report）］。通用核心报告应包含提交报告的缔约国的一般数据和信息、包括非歧视、公平和救济等方面的人权的基本框架等。特定条约报告应具体提及委员会此前的建议，并包括有关如何在实践中解决建议问题的详细信息，以及所遇到的障碍和为克服这些障碍而设想采取的任何措施。特定条约报告还应包含专门用于执行公约及其任择议定书的信息，包括有关立法、法律制度、司法、体制框架、政策以及项目对缔约国管辖范围内的儿童产生影响的更深入分析式的信息等。

委员会在审查报告后提出的结论性意见通常包括以下方面：导言、积极的方面（包括取得的进展）、阻碍执行的因素和困难、令人关切的主要问题、向缔约国提出的意见和建议。结论性意见一旦通过，即提供给有关缔约国，并作为委员会正式文件发布。如果缔约国愿意，可在提供给委员会的补充信息中针对结论性意见中的任何一条进行答复。

非政府组织在公约的履约机制中发挥了重要的作用。《儿童权利公约》第

45 条第 A 项规定，"……委员会可邀请各专门机构、联合国儿童基金会以及它可能认为合适的其他有关机关就本公约在属于它的各自职责范围内的领域的实施问题提供专家意见。委员会可邀请各专门机构、联合国儿童基金会和联合国其他机构就本公约在属于它们活动范围内的领域的实施情况提交报告"。在《合作伙伴（非政府组织和各位专家）参加儿童权利委员会会前工作组的指导方针》中，委员会明确指出，"其他有关机关"包括非政府组织，并强调公约是"唯一一项明确赋予非政府组织以监督实施功能的国际人权条约"。

《儿童权利公约》本身未规定不提交报告有任何后果或制裁，但委员会的议事规则规定，委员会将向不提交报告的缔约国发送关于提交报告或其他信息的提醒，以及本着有关国家之间对话的精神进行任何其他努力，如果该国仍不提交报告，委员会将向联合国大会报告。

在实践中，报告机制存在着明显的问题，即报告的延迟处理问题。延误处理一方面是因为某些国家延迟提交报告；另一方面是因为委员会的审查工作延迟。为了解决这一问题，委员会做过一些努力，包括建议延迟提交报告的国家提交合并报告、采用两个分别由 9 名成员组成的平行小组审议报告以处理逾期报告等。但是目前问题仍未得到有效解决，而由于报告机制是公约的核心监督履约机制，延迟处理报告的问题将带来比较严重的后果，包括影响公约目标的实现，以及损害报告机制的权威性等。

3. 任择议定书。公约目前有三项任择议定书，分别是 2000 年《关于买卖儿童、儿童卖淫和儿童色情制品问题的任择议定书》（*the Optional Protocol to the Convention on the Rights of the Child on the Sale of Children*, *Child Prostitution and Child Pornography*，以下简称 OPSC）、2000 年《关于儿童卷入武装冲突问题的任择议定书》（*the Optional Protocol to the Convention on the Rights of the Child on the Involvement of Children in Armed Conflict*，以下简称 OPAC）和 2012 年《关于设定来文程序的任择议定书》（*the Optional Protocol to the Convention on the Rights of the Child on a Communications Procedure*，以下简称 OPIC）。三项任择议定书是对公约内容的补充，但不能自动地对原条约的缔约国产生法律约束力，公约的缔约国可以选择是否签署。其中，OPSC 和 OPAC 是有关实体问题的议定书，而 OPIC 是有关程序问题的议定书。

（1）OPSC。OPSC 通过的背景是国际社会日益关注针对儿童的买卖、性侵犯以及互联网和其他社交媒体上儿童色情制品的日益泛滥问题，因而，OP-SC要求缔约国将特定行为列为犯罪行为并严厉打击，并为儿童受害者提供更好的保护。另外，OPSC还要求缔约国加强国际合作，作出多边、区域和双边安排，以解决买卖儿童、儿童卖淫和儿童色情制品的问题。

（2）OPAC。儿童被允许加入武装冲突的年龄问题是公约起草过程中的一大争议问题，最终公约第38条规定，"2. 缔约国应采取一切可行措施确保未满15岁的人不直接参加敌对行动。3. 缔约国应避免招募任何未满15岁的人加入武装部队。在招募已满15岁但未满18岁的人时，缔约国应致力首先考虑年龄最大者"。鉴于公约将儿童的最高年龄界定为18岁，15岁加入武装冲突的年龄引发了批评，又鉴于1995年12月第二十六届红十字会和红新月会国际会议特别建议冲突各当事方采取一切可行措施，确保不满18岁的儿童不参加敌对行动，出现了对第38条进行补充和强化的呼声。

最终，OPAC规定，缔约国应采取一切可行措施，确保不满18周岁的武装部队成员不直接参加敌对行动，且缔约国应确保不满18周岁的人不被强制招募加入其武装部队。OPAC还高度关切非国家武装部队的武装团体在国境内外招募、训练和使用儿童的行为，并规定非国家武装部队的武装团体在任何情况下均不得招募或在敌对行动中使用不满18周岁的人。不过，OPAC并不限制不满18周岁的人自愿加入武装部队的情况。

（3）OPIC。OPIC旨在加强并补充国内和区域的机制，使儿童能够就侵犯其权利的行为提出申诉，包含三种程序：个人来文、国家来文和调查程序。

个人来文程序是指受缔约国管辖的个人或群体，如声称是缔约国侵犯其加入公约或OPSC或OPAC所载任何权利的受害者时，可亲自或由人代理提交来文。除非委员会在未征求有关缔约国的意见前即认定来文不可受理，否则对于任何根据本议定书提交委员会的来文，委员会均应尽快以保密方式提请有关缔约国注意。缔约国应在6个月内向委员会提交书面解释或陈述，澄清有关事项，并说明本国可能已提供的任何补救办法。委员会在审查来文后，应当及时向有关当事方传达委员会对来文的意见及可能提出的任何建议。缔约国应适当考虑委员会的意见及可能提出的建议，并应向委员会提交书面答复，包括通报根据委员会意见和建议采取的任何行动。

国家来文程序是指一缔约国向委员会提交另一缔约国未履行公约或OPSC

或 OPAC 所载义务的来文。与个人来文不同，国家来文程序的前提是缔约国作出声明承认委员会有权接收和审议国家来文；且委员会只向有关缔约国提供斡旋，以期达成友好解决，而不提供建议。

调查程序是指如果委员会收到可靠资料，表明一缔约国严重或一贯侵犯《儿童权利公约》或 OPSC 或 OPAC 所规定的权利，则委员会应邀请该缔约国合作审查这些资料，并迅速就相关资料提出意见。在对此类调查结果进行审查之后，委员会应及时将调查结果连同相关意见和建议一并送交有关缔约国。审查结束后，委员会还可采取后续行动，即邀请有关缔约国向委员会通报该国为响应调查所采取的和计划采取的措施等。

二、海牙国际私法会议通过的系列公约

作为从事冲突法统一立法工作的政府间国际组织，海牙国际私法会议制定了一系列涉及未成年人权利保护的公约（以下简称海牙公约）。与《儿童权利公约》及其议定书所不同的是，海牙公约一般不直接规定未成年人享有的权利，而主要是从国际私法角度规定涉及未成年人的管辖权、法律适用、判决的承认和执行等。

海牙国际私法会议共计通过了 11 项有关未成年人权利保护的条约，即 1902 年《海牙未成年人监护公约》、1956 年《儿童抚养义务法律适用公约》、1958 年《儿童抚养义务判决的承认和执行公约》、1961 年《关于未成年人保护的主管机关权限和法律适用公约》、1973 年《儿童抚养义务判决的承认和执行公约》、1973 年《海牙抚养义务法律适用公约》、1980 年《国际诱拐儿童民事方面的国际公约》、1993 年《跨国收养方面保护儿童及合作公约》、1996 年《海牙关于父母责任和保护儿童措施的管辖权、法律适用、承认、执行及合作公约》、2007 年《跨国追索儿童抚养费及其他形式的家庭抚养费公约》、2007 年《儿童抚养及其他家庭形式的准据法议定书》。

海牙国际私法会议所通过的公约旨在解决跨国家庭中所面临的未成年人权利保护的法律问题，因而，管辖权问题、法律适用问题、判决的相互承认和执行问题成为上述公约的主要内容。同时，由于海牙公约处理的是有关未成年人保护的跨国纠纷，所以国家之间的合作尤为重要。因而，相较于重视国家履约报告机制的《儿童权利公约》而言，海牙公约更重视国际司法和行政合作，并由此逐渐建立了以中央机关（Central Authority）为核心的独特的国际民商事司法与行政合作（International Judicial and Administrative Coopera-tion in Civil and Commercial Matters）机制。这一机制不仅在海牙公约体系中得到成功运用，更推广至其他区域性的公约中，如美洲国家组织的相关条约。

国际民商事司法与行政合作是一国的司法与行政机关根据另一国的司法与行政机关或当事人的请求，相互合作或代为履行、解决一定的跨国民商事诉讼程序、实体事项，并开展一定的司法交流的合作机制。海牙公约的国际民商事司法与行政合作主要通过中央机关进行，同时申请人和司法机关也参与其中。中央机关是海牙公约的缔约国设立的专门负责司法与行政合作的机关。缔约国的中央机关之间的合作主要是行政性质的，并与法院的司法合作相配合，共同实现对儿童最大利益的保护。

三、区域性条约

除全球性国际组织关注未成年人权利保护外，一些区域组织也就此通过了区域性条约。

（一）欧洲

在未成年人权利保护方面，欧洲的立法走在世界前列。不论从立法的数量，还是立法的质量来衡量，欧洲都堪称典范。

欧洲有关未成年人权利保护的公约主要包括 1967 年《欧洲儿童收养公约》、1970 年《欧洲遣返未成年人公约》、1975 年《欧洲非婚生子女法律地位公约》、1980 年《关于承认和执行有关儿童监护的决定和关于恢复对儿童监护的公约》和 1996 年《关于儿童权利行使的欧洲公约》等。

上述公约都是由欧洲理事会通过的，这些公约对欧洲未成年人权利保护产生了直接的作用。它们一方面体现了"国际人权宪章"和《欧洲人权公约》等基础性人权保护公约的精神，是这些国际性（区域性）人权保护文件的具体化；另一方面又深化了儿童权利保护的内容。

（二）美洲

美洲国家组织通过了有关未成年人权利保护的多个国际私法公约，如《美洲间关于收养未成年人之法律冲突公约》《关于国际返还儿童的公约》《关于抚养义务的公约》《美洲国家关于非法跨境转移儿童的公约》等，上述公约表现为以法律适用和国际司法合作的模式，旨在建立一个区域性的保护儿童的国际法律框架。

（三）非洲

未成年人保护问题在非洲格外突出。非洲统一组织于 1990 年通过《非洲儿童权利和福利宪章》，宪章规定了儿童应享有的各种权利和国家、社会、家庭应承担的各种责任。宪章还成立了非洲儿童权利与福利专家理事会（African Committee of Experts on the Rights and Welfare of the Child），该委员会旨在保护和促进未成年人的权利和福利。宪章基本沿循了《儿童权利公约》的规定和方法，是一项内容比较全面的有关未成年人权利保护的公约。

四、中国与未成年人权利保护的条约

（一）中国与《儿童权利公约》

我国于 1990 年 8 月 29 日签署《儿童权利公约》，并于 1992 年 3 月 2 日向联合国秘书长递交了批准书。同时，我国也先后签署并批准了 OPSC 和 OPAC，并且声明中华人民共和国公民自愿加入本国武装部队的最低年龄为 17 岁。我国目前尚未签署 OPIC。自公约对我国生效以来，我国已经先后于 1995 年、2003 年和 2010 年向委员会提交了 3 次对公约的报告，并于 2005 年和 2010 年分别提交了对 OPSC 和 OPIC 的报告。

我国通过国内立法、国家政策等方面实施《儿童权利公约》和议定书。在立法方面，我国于 1991 年制定了《未成年人保护法》，对儿童权利做了全面的立法规定。又于 1999 年颁布了《预防未成年人犯罪法》，并于 2006 年对《义务教育法》和《未成年人保护法》分别进行了修订，对儿童权利的具体内容制定了更为明确的保护标准。除此之外，我国在其他立法中也对未成年人的权利保护问题予以了特殊的规定，如《刑事诉讼法》《婚姻法》《继承法》《妇女权益保障法》《收养法》等法律文件中都有专门对儿童权利进行特殊保护的规定。

在国家政策方面，我国政府于 1992 年制定了《九十年代中国儿童发展规划纲要》，首次提出了有关儿童发展问题的指标；又于 2001 年制定了《中国儿童发展纲要（2001－2010 年）》，对儿童权利保护事业提出了更高的标准和要求；2011 年，我国政府再次颁布了新的《中国儿童发展纲要（2011－2020 年）》，将儿童最大利益等公约原则列为保护儿童权利的基本原则。

公约权利的最终实现要落实到包括法律执行、社会合作、舆论宣传和监督等层面。儿童权利委员会在对我国所提交报告审议的结论性意见中指出，我国还存在着一些问题，诸如缺乏足够的措施来保障公约实施机构有效监督全国各地区对公约的执行；中央和地方之间缺乏统一的协调机制，各地区在《中国儿童发展纲要》实施方面不平衡等。

（二）中国与海牙公约

在海牙公约体系方面，我国积极参与海牙公约有关未成年人问题的审议会议，签署并批准了1993年《跨国收养方面保护儿童及合作公约》。澳门地区缔结了1956年《儿童抚养义务法律适用公约》、1958年《儿童抚养义务判决的承认和执行公约》、1961年《关于未成年人保护的管辖权和法律适用的公约》和1980年《国际性诱拐儿童民事方面的公约》。香港地区缔结了1980年《国际性诱拐儿童民事方面的公约》和1993年《跨国收养方面保护儿童及合作公约》。

对于《跨国收养方面保护儿童及合作公约》，内地于2005年批准加入。批准后，内地指定民政部为公约的中央机关，中央机关的职能由儿童福利与收养中心履行。民政部发布了有关文件，为落实跨国收养提供了具体的操作规范。民政部、儿童福利与收养中心在实践中逐步建立儿童收养评估体系，并加强收养后的服务等。由于经济发展水平等因素，中国是送养儿童大国，因而履行《跨国收养方面保护儿童及合作公约》对保护未成年人权利至关重要。目前，我国在履行实践中还存在一些问题：诸如涉外收养相关法律法规不完善；履行机关的具体工作和分工不明确、效率较低、缺乏监督等问题。

第二节　国际组织对未成年人权利的保护

两次世界大战后形势的变化，大大促进了国际组织的发展。国际组织不仅在数量方面爆炸性地增长，职能范围也包罗万象，联合国成为协调各国、国际组织行动的中心。因而，除国家外，国际组织也成为国际社会上未成年人权利保护的重要力量，而联合国作为"联合国体系"（Untied Nations family）的中心，更是发挥了突出的作用。

一、联合国对未成年人权利的保护

（一）制定条约

《联合国宪章》规定，联合国大会应提倡国际法之逐渐发展与编纂。在实践中，联合国大会通过制定条约，极大地推动了国际法的逐渐发展与编纂。在未成年人权利保护方面，联合国大会通过的《儿童权利公约》作为未成年人权利保护领域的基础性法律文件，既为各缔约国设置了对未成年人保护的责任，也引领了此后的相关条约的制定。由于公约的缔约国广泛，其对未成年人的保护规定成为国际社会的通行规范和标准。

（二）通过指导性文件

联合国自成立以来，通过了多项指导性文件来实现对未成年人权利的保护，其中有关未成年人司法领域的三项文件产生了较大的影响，分别是《北京规则》《联合国保护被剥夺自由少年规则》（*United Nations Rules for the Protection of Juveniles Deprived of Their Liberty*）和《利雅得准则》。

上述三项规则针对的都是未成年人犯罪问题，旨在为少年司法提供最低标准，最大程度地保护未成年人的权利。三项规则都不具有法律拘束力，而是旨在通过建立具有合理性的标准，为各国所效仿，因而具有示范法和引领国内规则建立的意义。

（三）召开会议

自 20 世纪 90 年代以来，联合国发挥其作为国际论坛的作用，召开了几次盛大的有关未成年人权利保护的会议，通过会议更进一步引发国际社会对未成年人权利保护的重视，协调各国行动，并达成了为国家确立保护未成年人的工作目标、计划的作用，同时凝聚了国际社会对未成年人保护的共识。

1990 年 9 月，联合国召开了具有划时代意义的保护儿童世界峰会。七十多个国家的国家元首或政府首脑以及数十个国家的外长出席会议，这是历史上首次有如此众多的国家领导人齐聚探讨未成年人保护问题。会议通过了《儿童生存、保护和发展世界宣言》，宣言提出了保护儿童和改善生活的 10 点方案。会议还通过了《执行九十年代儿童生存、保护和发展世界宣言行动计划》，行动计划设计了一定的程序，使宣言能够通过国家行动得到实施。这次会议契合了国际社会对未成年人保护问题的关注热情，从而超越了冷战和意识形态的障碍，为《儿童权利公约》的批准铺平了道路。

2002 年 5 月，联合国大会举行了儿童问题特别会议。会议回顾了自 1990 年会议以来未成年人保护事业取得的进展，并重新激励对未成年人权利作出承诺。这是联合国大会首次召开专门讨论未成年人问题的特别会议，也是首次把未成年人作为正式代表的会议。由此次会议形成的文件《适合儿童的世界》（*A World Fit for Children*）由联合国大会以决议形式通过。《适合儿童的世界》重申对未成年人权利的保护承诺，并包含一项系统的行动方案。方案承认，长期的贫困是满足未成年人需求、保护未成年人权利的唯一且最大的障碍，并指出贫困对未成年人影响最大，消除贫困应是发展计划的核心目标，"因为贫困破坏了未成年人发展潜力的根基——他们的身体和头脑。"

（四）设立专门机构

联合国在机构内部设立了专门的未成年人保护机构，即联合国儿童基金会（The United Nations Children's Fund，UNICEF）。基金会于 1946 年 12 月 11 日创建，最初目的是满足第二次世界大战之后欧洲与中国儿童的紧急需求。1950 年起，基金会的工作扩展到满足全球所有发展中国家儿童和母亲的长期需求。1953 年，基金会成为联合国系统的永久成员，并受联合国大会的委托致力于实现全球各国母婴和儿童的生存、发展、受保护和参与的权利。1979 年，联合国大会指定基金会为联合国关于全世界儿童事务的领导机构。目前，基金会的主要援助对象是发展中国家的儿童，重点在儿童保健、营养、教育、福利、妇女发展、安全饮用水等领域。此外，基金会每年出版《世界儿童状况》（*The State of the World's Children*）报告。

基金会的领导机构是执行局，由 36 个成员组成，由经社理事会按地区分配原则和主要捐助国、受援国代表性原则选举产生，任期 3 年。还设有秘书处，秘书处在执行主任领导下处理日常事务。另外，许多发达国家在本国设立儿童基金会国家委员会，与儿童基金会在筹资方面密切合作。

七十余年来，作为联合国儿童事务的领导机构，基金会对全球决策者及基层各类合作伙伴具有独特的影响力，在促进世界未成年人生活状况提高方面起到了重要作用。

二、其他政府间国际组织对未成年人权利的保护

（一）全球性国际组织

1. 国际劳工组织。1919 年，国际劳工组织（International Labor Organization，ILO）根据《凡尔赛和约》作为国际联盟的附属机构成立。国际联盟解散后，国际劳工组织仍然存在。1946 年，国际劳工组织与联合国签订关系协定，成为联合国的专门机构。国际劳工组织的宗旨是促进各国间在工业及劳工方面的国际合作，改善劳动状况，扩大社会保障措施，以增进世界和平及社会正义。

为实现其宗旨，国际劳工组织的关注重点之一是童工的问题。国际劳工组织主张通过劳工立法来改善劳工状况，所以，其拟定了大量有关劳工问题的国际公约与建议书，上述公约和建议已经汇集成了所谓"国际劳工法典"（International Labor Code）。国际劳工法典中有一部分是专门有关童工和青少年工的保护的，比如《关于禁止和立即行动消除最有害的童工形式公约》。其他公约中也有相当一部分涉及童工和青少年工问题，主要包括就业的最低年龄、身体状况、夜间劳动、职业安全、职业卫生、工作时间、带薪假期等，而且还对青少年的就业、职业选择和发展等方面提出了建议。

值得注意的是，"国际劳工法典"是作为各国立法的一种典范而拟定的，成员国代表即使在通过某公约时投了赞成票，也并没有必须批准该公约的法律义务。但是国际劳工组织规定，各成员国应该使其立法当局注意到大会所通过的全部公约，即各成员国有义务将各公约提交其立法机关予以审议。

国际劳工组织在未成年人保护方面还设有消除童工劳动国际重点计划，计划的目的是提高国际劳工组织为其消除童工劳动的核心目标而工作的能力。该计划获得大量资金捐助，是国际劳工组织此类计划中最庞大的。在具体行动方面，国际劳工组织对各国的反童工劳动举措提供支助，特别是通过将之有效地主流化于国家发展与政策框架之中的方式；深化和加强世界范围运动，保持国际社会对童工劳动问题的注意；并将童工劳动关注整合于国际劳工组织整体优先事项之中。

2. 国际复兴开发银行。国际复兴开发银行（International Bank for Reconstruction and Development，IBRD，即世界银行）于 1945 年成立，是世界上最大的政府间金融机构之一。世界银行自 1963 年以来就一直努力推动发展中国

家的教育进步，是"普及教育"的主要支持者。普及教育是国际性的举措，目的是为发展中国家的所有男、女儿童提供完整的、高质量的、免费的和强制性的初等学校教育。

3. 海牙国际私法会议。第一届海牙会议由荷兰政府于1893年召开。1951年举行的第七届会议上通过了《海牙国际私法会议规约》，由此使海牙国际私法会议成为一个常设性的政府间国际组织。海牙国际私法会议有83个正式成员，但是非海牙国际私法会议的成员也可成为海牙公约的缔约方，因此，通过拟定海牙公约并经国家接受，海牙国际私法会议事实上影响了世界上绝大多数国家。

海牙国际私法会议的基本任务之一是促进保护家庭和儿童、民事程序以及商法领域的国际私法与行政合作。从现有工作成果来看，海牙国际私法会议在未成年人权利保护方面通过了11项公约，是现存所有国际组织中通过此类条约数量最多的。海牙国际私法会议所通过的未成年人权利保护公约形成了海牙公约体系，是国际社会在未成年人权利保护方面的重要一环，在很大程度上解决了有关未成年人的跨国法律冲突问题，并与《儿童权利公约》互相补充。正如汉斯·范鲁所称，《儿童权利公约》与海牙公约之间的关系是，前者提供一般的法律框架，后者实施法律框架的原则，并协调不同的法律体系。从实践来讲，海牙国际私法会议不仅重视公约的拟定，还重视公约的实际运行，一方面以国际司法和行政合作为桥梁，另一方面强调缔约国对实施公约的实践互动和项目培训。因此，海牙国际私法会议在发展国际未成年人保护法方面具有重要影响力，而其所拟定的几项公约也具有典范效应。

（二）区域性国际组织

1. 欧洲联盟。区域性国际组织由于在民族、历史、文化等方面具有共同意识，或在政治、经济、军事或社会方面相互依赖，在开展合作方面具有稳定的社会、政治基础。经过两次世界大战的洗礼，欧洲联盟一向对包括未成年人保护在内的人权保护问题特别关注。由于欧洲联盟是目前一体化程度最高的区域组织，欧洲联盟法在成员国直接适用且优先于成员国国内法，欧洲联盟在未成年人保护方面采取的措施一方面直接在其成员国范围内发生法律效力，促进区域内未成年人权利的保护；另一方面欧洲联盟的措施也有引领世界潮流的示范效应。

二战后，欧洲联盟的主要机构——欧洲理事会——先后通过多项涉及未成年人保护的人权条约，其中 1950 年《欧洲人权公约》及其议定书的一些条款是欧洲人权法院审理有关未成年人保护案件的重要依据，1961 年《欧洲权利宪章》具体规定了未成年人的诸项权利，2000 年《欧洲联盟基本权利宪章》规定了儿童最大利益原则。另外，如上一节所述，欧洲理事会也通过了多项专门保护未成年人权利的条约。

然而，虽然欧洲联盟对成员国的未成年人权利保护起到了重要作用，但是由于欧洲难民危机的爆发，欧盟面临着难民未成年人权利保护问题。鉴于越来越多的难民儿童在欧盟范围内寻求庇护，欧盟于 2017 年通过了《保护移民儿童》的政策性指导文件，但是在种种困难和挑战下，欧盟在保护难民儿童方面仍显得束手无策，难民儿童成为欧洲难民危机中最脆弱的群体。今后，有关难民危机中的未成年人权利保护问题仍将是欧盟面临的重要挑战。

2. 美洲国家组织。美洲国家组织是现存历史最长的区域组织，现有 35 个成员国，包括美国和 34 个拉美国家。美洲国家组织把人权保护作为重要价值目标，家庭法是其长期的工作重点之一。美洲国家组织的家庭法理念之一是未成年人既是权利的享有者，也是义务的承担者。正如 1948 年《美洲人的权利义务宣言》既规定了一切儿童都享有特别保护、照顾和帮助的权利，但也规定了儿童有义务始终如一地为父母增光，并在父母需要时承担帮助、支持和保护。

此外，如上一节所述，美洲国家组织在未成年人权利保护的国际私法公约方面有一定建树，并且在实践中建立了关于家庭和未成年人保护法方面的法律合作及相互援助网络。美洲国家组织通过的有关未成年人权利保护的国际公约可通过该网络实施。

3. 非洲联盟。非洲联盟是继欧盟之后世界第二个重要的国际组织，是集政治、经济、军事为一体的政治实体。非洲联盟有 55 个成员国。由于极端贫困和武装冲突的长期存在，非洲未成年人的权利状况不容乐观。尽管面临种种困难，非洲联盟在未成年人保护方面做出了一定努力。

针对非洲未成年人所经常遭受的自然灾害、饥饿、武装冲突等灾难，非洲联盟在 1990 年《非洲儿童权利和福利宪章》等条约中进行了特别规定，强调了应对未成年人给予特别保护，并对难民的概念进行了泛化，扩大了难民儿童的范围，从而有利于给未成年人提供更多的保护和人道主义援助。

然而，非洲未成年人的处境并不能仅通过条约等立法来解决，其根源在于非洲的贫穷落后和武装冲突。除了非洲联盟以外，只有国际社会伸出援手，才有可能使非洲未成年人在更具有尊严和保障的社会中成长。

三、国际非政府组织

国际非政府组织是由不同国家的自然人或法人组成的跨国界的非官方联合体，是国际民间组织。专门从事未成年人权利保护方面工作的非政府组织有：救助儿童国际联盟、国际保护儿童组织（Defense for Children International）、儿童教育协会国际组织（Association for Children Education International）、国际 SOS 儿童村（SOS Children's Villages International）等。

其中，救助儿童国际联盟是一个在未成年人保护领域影响较大的非政府组织，其前身是成立于 1919 年的英国救助儿童会，由英国人埃格兰泰恩·杰布（Eglantyne Jebb）女士创立。1923 年，杰布起草了《儿童权利宪章》，随后该宪章在国际联盟获得通过。后来，宪章的内容对《儿童权利公约》产生了影响。目前，救助儿童国际联盟侧重在发展中国家活动，致力于建立"一个尊重儿童、认可儿童价值的世界；一个倾听儿童声音，向儿童学习的世界；一个所有儿童都享有机会、充满希望的世界"。

总体而言，在未成年人权利保护方面，非政府组织积极参加有关条约起草的国际会议，特别是在《儿童权利公约》的起草方面起到了重要作用。除了直接参加国际会议外，非政府组织还动员公众向政府施加压力并为国际立法提供专业支持，也与国际组织以及国家政府负责决策的官员进行接触或向他们提出申诉。国际非政府组织也一直积极参与儿童权利委员会的工作，为其审议缔约国报告提供大量信息资源的协助。此外，国际非政府组织还积极促进国家管辖以外的人权保护，如在互联网上反对儿童色情描写的斗争。

四、中国与未成年人保护的国际组织

我国与有关未成年人权利保护的重要国际组织关系密切。其中，儿童基金会在二战结束后就曾为我国儿童提供物资。1979 年，我国与儿童基金会正式建立合作关系。1980 年，儿童基金会执行局恢复在我国的工作，同年，我国当选执行局成员并一直连任。1981 年，儿童基金会执行局在北京设立办事

处。我国与儿童基金会在教育、水和环境卫生、卫生和营养以及儿童保护等多个领域开展了试点项目。这些试点项目的成果为国家的相关政策制定与立法提供了依据，惠及成百上千万的儿童。我国政府部门与儿童基金会紧密合作，特别是儿童基金会与国家发改委、财政部等部门的相互支持与合作，成为中国及其他国家利用研究与实证成果形成与儿童相关的逐步而稳定的政策变化的范例。

我国也与以救助儿童国际联盟为代表的非政府组织保持合作。20 世纪 60 年代，救助儿童国际联盟开始在香港地区开展项目，和当地政府合作改善对儿童的社会服务。20 世纪 80 年代末，救助儿童国际联盟在云南省、安徽省及西藏自治区开始开展社区发展、儿童教育等项目。1995 年，救助儿童国际联盟中国项目办公室从香港地区迁至云南省昆明市。1999 年，救助儿童国际联盟将中国项目总部迁至北京，设立了北京代表处。通过与我国各级政府部门的良好合作，救助儿童国际联盟在我国的工作惠及上百万名儿童。救助儿童国际联盟目前与中国司法部门密切合作，推动建立儿童友好的司法体系，将保护儿童的理念落实到司法实践中。

第三节 国际司法机构对未成年人权利保护的实践

国际司法机构可以被称为国际司法类的国际组织。它们是一类专注于通过司法审判解决争议、实现正义的特殊的国际组织。构成国际司法机构，应满足以下五项标准：其一，必须是常设的机构；其二，由独立法官组成；其三，裁判在两个或多个实体之间发生的争端，其中至少一个主体是国家或国际组织；其四，根据预先确定的程序规则运作；其五，作出具有法律约束力的决定。

根据罗马诺（Romano）的总结，有 13 个机构可以称为国际司法机构，它们是国际法院、国际海洋法法庭、欧洲人权法院、美洲人权法院、欧洲共同体法院（以及初审法院）、中美洲法院、安第斯组织法院、欧洲自由贸易联盟法院、比荷卢经济联盟法院、东南非共同市场法院、非洲公司法趋同化组织司法与仲裁共同法院、阿拉伯马格里布联盟法院，以及阿拉伯石油输出国组织司法委员会。

除了以上机构以外，在国际社会的发展中，还产生了一类特殊的国际司法机构，可以称之为国际刑事司法机构。这类司法机构与传统的国际司法机构不同，它所裁判的争端主体主要是个人，目的主要在于起诉和惩治国际犯罪。所以，它兼具传统意义上国内检察院和法院的职能。不同的国际刑事司法机构在设立背景、管辖权和启动机制方面往往不同。我们可以将国际刑事司法机构划分为三类：其一，特设国际刑事法庭；其二，混合型法庭；其三，常设国际刑事法院。常设国际刑事法院的代表是国际刑事法院，其成立是国际刑法发展的里程碑。与前两类国际刑事司法机构不同，国际刑事法院具有常设性质，且不局限于某个特定地区，而是对全世界范围内的国际严重罪行都具有管辖权。

国际司法机构通过司法审判解决有关未成年人权利保护的争议，通过司法判决维护未成年人的权利，通过审判过程对相关条约、习惯的解读澄清对有关未成年人保护条约的误解，并在一定程度上促进了未成年人保护国际法的发展。在实践中，国际法院、国际刑事法院、欧洲人权法院最具代表性和影响力，且有机会处理有关未成年人保护的案件，并作出了具有影响力的判决。本节将撷取上述三个司法机构的相关经典案例予以介绍。

一、国际法院

国际法院（International Court of Justice，ICJ）是根据《联合国宪章》设立的联合国主要司法机关。国际法院由 15 名法官组成，其中不得有 2 名法官为同一国家的国民。法院的判决是终审判决，不得上诉。判决对各争端当事国有拘束力。如果任何争端当事国不履行依法院判决所承担的义务时，其他当事国可以向安理会提出申诉；安理会在认为必要时，可以提出建议或决定应采取的方法，以执行国际法院的判决。在国际法院半个多世纪的实践中，迄今尚无争端当事国明确拒绝遵守和执行国际法院判决的情况发生。

自国际法院建立以来，已经受理一百余起案件，但是迄今为止仅有一起与未成年人保护直接相关，该案涉及监护权问题，且是全球性司法机构唯一一次对未成年人保护的海牙公约进行解释的案件。

"1902 年《未成年人监护公约》的适用案"（*Case Concerning the Application of the Convention of 1902 Governing the Guardianship of Infants*，又称"波尔案"）是荷兰和瑞典之间围绕 1902 年《未成年人监护公约》的争议。该案的

背景情况是，未成年人 X 具有荷兰国籍，其父为荷兰人，母亲是瑞典人。X一直与母亲生活在瑞典，母亲去世后，X 由母亲方面的家人照看。荷兰在 X母亲去世后为其指定了监护人，但是瑞典当局根据其国内法将 X 置于保护性抚养制度之下。X 的父亲曾要求终止保护性抚养，但是瑞典法院的终局判决维持了保护性抚养。荷兰认为《未成年人监护公约》规定未成年人的监护权应该由未成年人的本国法支配，因而要求国际法院命令终止瑞典的保护性抚养措施。国际法院驳回了这一请求。

本案中，国际法院狭义地解释了监护权的概念，它认为《未成年人监护公约》未涵盖瑞典的保护性抚养措施。判决承认监护与保护性抚养具有某些共性，但是认为保护性抚养不同于监护的主要特点是其目标在于保护社会而非保护儿童，保护性抚养是防止因未成年人教养不当、卫生问题或道德败坏给社会造成危险。根据公约，监护应该适用本国法，但为了实现瑞典法律保障社会的目标，瑞典法律必须适用于所有在瑞典居住的未成年人。因此，在法院看来，尽管瑞典法与 1902 年公约存有联系，且实践表明有重叠现象，但是，瑞典的保护性抚养措施不属于公约监护的范围。而且，法院还认为阻止对居住在瑞典的外国未成年人适用瑞典保护儿童法就是误解瑞典法的社会目的，对公约作出的使公约成为社会进步障碍的任何解释，它都不能轻易同意。因此，法院认为瑞典未违反公约。

判决使一国能够通过采取国内公法措施阻碍另一个本来依据公约具有管辖权的国家确立监护权。海牙国际私法会议在 1961 年通过的新公约——《关于未成年人保护的管辖权和法律适用的公约》——回应了国际法院的判决。公约创立了新的概念："与儿童人身或财产保护直接相关的措施"［measures directed to the protection of（the child's）person or property］，这一概念能够涵盖与儿童权利保护的各种国家措施。另外，1961 年公约强调"儿童的权利"（the interest of the child），只有在尊重儿童的权利的基础上，国籍国的措施才优先于其他国家的措施。而 1902 年公约则在紧急措施方面才强调"儿童的权利"。这一转变代表着对未成年人权利保护的观念变化，即从把未成年人当作被保护的客体，转变为把未成年人当作能积极享有权利的主体，也就是说，公约从重视亲权，转变为重视儿童权利的保护。1961 年公约又进一步影响了《儿童权利公约》对儿童权利的立场。

二、国际刑事法院

国际刑事法院根据《国际刑事法院规约》（又称《罗马规约》）于 2002 年正式成立。国际刑事法院是一个独立的国际组织，对其管辖范围内的犯罪行为可以启动诉讼程序。根据《罗马规约》，国际刑事法院有权就受到国际关注的最严重犯罪对个人行使管辖权，并对国家刑事管辖权起补充作用。自成立以来，国际刑事法院起诉了苏丹总统巴希尔等一些高官，还曾对利比亚领导人卡扎菲发出逮捕令，在国际社会引起很大反响。不过，由于它起诉的多是非洲国家领导人，所以非洲联盟曾指责国际刑事法院采取"双重标准"，"将矛头专门指向非洲人"。

卢班加案（*Lubanga Case*）是国际刑事法院的第一案，该案是国际刑事法院成立近十年来作出的首例关于被告有罪的判决。本案中，卢班加因犯下了《罗马规约》所规定的在非国际性武装冲突中利用或征募儿童积极参加敌对行动的战争罪，最终被判处 14 年有期徒刑。

卢班加是刚果爱国者联盟（Union of Congolese Patriots，UPC）的领导人。UPC 是刚果一支反叛武装力量，其控制了刚果的伊图里（Ituri）地区。自 2002 年 9 月 1 日至 2003 年 8 月 13 日，作为 UPC 领导人，卢班加说服、要求伊图里（Ituri）地区的家庭向部队提供儿童以用于战斗及非战斗活动。大量 15 岁以下儿童因此自愿或被迫地加入了该武装团体，或被编入战斗部队，或从事着侦查、保卫、人盾、后勤等不同的非战斗任务，甚至有儿童被用于淫乐。

2004 年 3 月 3 日，作为《罗马规约》缔约国的刚果民主共和国向法院提交了其国内武装冲突期间所发生犯罪的情势。国际刑事法院的检察官于 2004 年 6 月 23 日宣布对该情势展开调查。2006 年，刚果民主共和国将卢班加移交到国际刑事法院。2012 年 3 月 14 日，法院作出有罪判决。

《罗马规约》第 8 条"战争罪"第 2 款第 5 项第 7 目规定，战争罪包括严重违反国际法既定范围内适用于非国际性武装冲突的法规和惯例的行为，包括"征募不满十五岁的儿童加入武装部队或集团，或利用他们积极参加敌对行动"。在本案的审理过程中，法院首先确定了在伊图里地区发生了非国际性武装冲突。判断当地的冲突是否属于非国际性武装冲突时，法庭采纳了前南斯拉夫问题国际刑事法庭在塔迪奇（Tadic）案中认定武装冲突的两要件标准：一是武装冲突参与方具有一定的组织性，二是冲突本身达到一定的强度。

《罗马规约》的"犯罪要件"规定了利用或征募儿童的战争罪的构成要素：①行为人征募一人或多人参加武装部队或集团，或利用一人或多人积极参与敌对行动；②这些人不满15岁；③行为人知道或应当知道这些人不满15岁；④行为在非国际性武装冲突情况下发生并且与该冲突有关；⑤行为人知道据以确定存在武装冲突的事实情况。通过分析征募的犯罪事实和利用儿童参与武装冲突的事实等情况，法院认定在伊图里地区非国际性武装冲突中关于征募或利用15岁以下未成年人的战争罪特别要素得到了满足。

虽然在武装冲突中保护未成年人是国际社会公认的原则，且《儿童权利公约》规定了不应招募15岁以下未成年人进入武装团体或利用未成年人直接参加敌对行动，而OPIC将保护范围扩展至18岁，但《罗马规约》是第一项将利用或征募15岁以下未成年人定为国际刑事罪行的条约。通过国际刑事法院的审判和定罪，使利用或征募儿童参加非国际性武装冲突的行为得到追究，践行了国际刑事法院"将罪犯绳之以法，为受害者带去正义"（Bring criminals to justice, and bring justice to victims）的理念，有利于预防此类犯罪的发生。另外，法院在本案中以保护未成年人的生命权利为出发点，确认了以是否有成为敌方潜在攻击目标的风险作为判断未成年人是否被用于积极参加武装行动的标准，从而扩大了对武装冲突中未成年人的保护。

三、欧洲人权法院

欧洲人权法院（European Court of Human Rights，ECHR）是根据1950年《欧洲人权公约》（*The European Convention on Human Rights*）于1959年成立的区域性人权司法机构。《欧洲人权公约》是全世界第一个区域性国际人权条约，它规定集体保障和施行《世界人权宣言》中所规定的某些权利及基本自由。根据《欧洲人权公约》第34条的规定，如果任何个人、非政府组织、个人组织宣称一个缔约国侵犯了其公约和公约议定书所规定的权利，是受害者，则欧洲人权法院可以受理该个人、非政府组织、个人组织的申请。缔约国不得以任何形式阻碍此权利的行使。法院受理的条件是该事项已经用尽国内救济方式。欧洲人权法院由与成员国数量相等的法官组成。对于同一国家出任法官的数量并无限制。法官只以个人身份担任职务，并不代表任何国家。

在未成年人权利保护方面，欧洲人权法院受理了大量有关《国际诱拐儿童民事方面的国际公约》的案件，因为公约第 13 条规定了返还儿童方面的例外，即如果反对返还的人、机构或其他团体能证实一定情况时，被请求国的司法或行政机关就无义务命令返还儿童，且如果司法或行政机关如发现达到一定条件的儿童拒绝返回，就应拒绝返还。公约缔约国国内司法或行政机关因而在儿童返回问题上有一定的自由裁量空间，而其所决定有可能引发申请人向欧洲人权法院起诉该国家未尽《欧洲人权公约》的义务。所以，《国际诱拐儿童民事方面的国际公约》和《欧洲人权公约》在实践中可能产生复杂的关系，时任海牙私法会议秘书长的汉斯·范鲁（Hans Van Loon）于 2011 年曾提请欧洲委员会注意二者之间的关系。

（一）X 诉拉脱维亚案

X 诉拉脱维亚案中，欧洲人权法院对儿童返回问题进行了深入的讨论。本案中的女童于 2005 年生于澳大利亚，其出生证上未写父亲姓名，但其与父母一起生活，其父母都为澳大利亚国民。母亲曾为拉脱维亚人，为取得澳大利亚国籍而放弃了拉脱维亚国籍。2008 年 7 月，母亲将其带回拉脱维亚。2008 年 11 月，澳大利亚家庭法院认定父母对儿童有共同监护责任。2008 年 12 月，拉脱维亚法院裁定女童应返回澳大利亚。母亲称若令女童返回至澳大利亚，将会对女童造成心理创伤。专家提供证言称若女童与母亲突然分开会有心理创伤，但若母亲与女童一起返回则无创伤风险，而无证据显示母亲不能回澳大利亚。拉脱维亚法院称令女童返回不是为了分离各方，而是为了在惯常居所国举行更合适的监护权听证，但是因母亲的阻碍判决无法得到执行。2009 年 3 月，父亲把女童抢走并带回澳大利亚。

欧洲人权法院认为拉脱维亚法院的判决违反了《欧洲人权公约》第 8 条，因为法院未对《国际性诱拐儿童民事方面的公约》的有关例外进行有效调查（effective examination）。

本案中欧洲人权法院确立了有效调查《国际诱拐儿童民事方面的国际公约》的有关例外作为审查缔约国是否履行其义务的标准，意味着欧洲人权法院将《国际性诱拐儿童民事方面的公约》的严格适用作为保护儿童最大利益的条件。那么，欧洲人权法院成为作为其缔约国的欧洲国家适用《国际性诱拐儿童民事方面的公约》的审查者，避免缔约国国内法院或行政机关不严格解释公约。

（二）X 诉意大利案

本案中的男童于 2002 年出生在意大利，其父亲是意大利人，母亲是拉脱维亚人。其父母未结婚，并于 2003 年分手，男童与母亲一起生活。2004 年 9 月，意大利法院判定监护权属于母亲，父亲可以探访。2005 年 6 月，意大利法院许可向男童颁发护照。2006 年 2 月，法院要求父亲向男童提供抚养费，但未履行。母亲和男童唯一的经济来源是男童外祖母从拉脱维亚寄来的钱，因为入不敷出，母亲于 2006 年 4 月决定带男童回到拉脱维亚。

母亲离开后，意大利法院将对男童的唯一监护权赋予父亲，并且认定男童应与父亲共同居住。2007 年 1 月，父亲根据《国际性诱拐儿童民事方面的公约》向拉脱维亚法院提起诉讼。拉脱维亚法院评估了各项情况，其中，心理专家提供的证言是把母亲和男童分开将影响男童的成长，还可能引发神经方面的问题和疾病。意大利的中央机关试图保证国家将采取措施使男童和父亲得到心理方面的帮助。但拉脱维亚法院认为这一保证过于泛泛、不具体。而且法院相信其母亲因为经济原因无法与男童一起回意大利，且其父亲自男童回到拉脱维亚后根本没有设法与他保持联系。综合各种因素，法院认为男童在拉脱维亚的生活对他的成长和发展有利，回意大利不利于他的最大利益。此后，法院还将唯一监护权赋予母亲。

2007 年 8 月，父亲请求意大利法院根据《欧洲理事会关于婚姻问题、父母责任问题、国际诱拐儿童问题的管辖权、承认和判决执行条例》（_Council regulation on jurisdiction, the recognition and enforcement of decisions in matrimonial matters and the matters of parental responsibility, and on international child abduction_）发布命令使男童返还至意大利。意大利法院认为其唯一的任务就是确保男童返回意大利后有适当的安排措施。父亲方面提供的承诺是，男童和他一起居住，让男童去上在离开前已经录取他的幼儿园，还让男童上俄语课，并保证提供一定的心理辅导，母亲可以每年在意大利和男童住 1 个月，届时将住在父亲租的房子里，但母亲要负担一半房租。意大利法院对父亲提供的条件表示满意，并于 2008 年 4 月发布命令要求男童返回意大利。

母亲向意大利法院提起上诉，称法院没有提供机会让男童和她本人在程序中表达意见，而且法院也没有考虑拉脱维亚法院拒绝男童返回的理由。

2009 年 4 月，意大利法院驳回了母亲的上诉。意大利中央机关要求拉脱维亚中央机关按照法院判决安排男童返回意大利。2009 年 7 月，负责处理返回事宜的拉脱维亚法院法警要求父亲与男童重建联系，但父亲一直未联系。

2008 年 10 月，拉脱维亚在欧洲理事会提出了针对意大利的请求。根据《建立欧洲共同体条约》的第 227 条，拉脱维亚指出意大利在该案中有程序缺失。但是欧洲理事会在 2009 年 1 月的决定中认为意大利既未违反《欧洲理事会关于婚姻问题、父母责任问题、国际诱拐儿童问题的管辖权、承认和判决执行条例》，也没有违反欧盟法的一般原则。欧洲理事会认为其只能审查程序问题，且应该尊重意大利法院行使自由裁量权作出的判决。欧洲理事会指出，在程序中听取儿童意见不是绝对的，要考虑的应是儿童的未来发展。而且理事会认为拉脱维亚法院过多地考虑男童在拉脱维亚的生活情况，而没有关注他回到意大利的可能后果。而委员会认为没有证据显示男童回到意大利和父亲一起生活回给他造成身体或心理伤害，或让他的生活不堪忍受。

2009 年 3 月，母亲和男童在欧洲人权法院提起了针对意大利的诉讼，其依据是《欧洲人权公约》第 8 条。欧洲人权法院指出，一方面意大利法院未能处理拉脱维亚法院提出的男童返回意大利的风险问题，特别是心理学家的证词。另一方面意大利法院判决中指出的保护措施不能维护儿童的最大利益，因为：其一，男童和母亲之间感情深厚，强行分离只能给男童的心理发展带来负面影响；其二，母亲不能陪男童回意大利，既因为她没有足够的钱，也因为她不会说意大利语在意大利找不到工作；其三，男童和父亲 3 年没见面了，且不使用同一种语言；其四，父亲根本未试图与男童联系。因此，法院认为意大利干预了男童和母亲根据《欧洲人权公约》所享有的权利，意大利违反了根据公约所应遵守的义务。

本案集中体现了欧洲人权法院在处理未成年人案件方面的作用，即使与欧洲理事会的决定冲突，欧洲人权法院仍强调儿童的最大利益的保护。在一定程度上，欧洲人权法院成为欧洲国家实施海牙公约的上诉审法院。另外，比起国家或父母对未成年人干预、保护的责任，欧洲人权法院更强调未成年人作为权利主体的利益。

课后学习

一、推荐阅读

1. Trevor Buck, *International Child Law*, Routledge, 2014.

2. 李双元、李娟：《儿童权利的国际法律保护》，武汉大学出版社 2016 年版。

3. 汪金兰：《儿童权利保护的国际私法公约及其实施机制研究——以海牙公约为例》，法律出版社 2014 年版。

4. 陆海娜、［奥］伊丽莎白·史泰纳主编：《欧洲人权法院经典判例节选与分析（第二卷）：家庭与隐私权》，知识产权出版社 2016 年版。

5. 联合国儿童基金会："《2019 年世界儿童状况》执行摘要"，载 https:∥www. unicef. cn/reports/sowc－2019－executive-summary，最后访问时间：2020 年 12 月 20 日。

二、电影赏析

1. 《湄公河行动》，2016 年，导演：林超贤。

2. 《何以为家》，2018 年，导演：［黎巴嫩］娜丁·拉巴基。

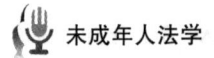

第八章　青少年法治教育

　　青少年法治教育具有深厚的思想积蕴、悠久的历史渊源和强烈的现实需求。本章节基于历史和现实的维度，从域外和本土的视角，融合法学、教育学、社会学、心理学等多学科的知识，深入和全面解读青少年法治教育的溯源、功能、目标、内容、途径、方法和评估等基本内涵，厘清我国青少年法治教育的发展脉络，明确了构建以社会主义核心价值观为主线，以中国特色社会主义法治理念为指导，政治性、时代性、思想性、理论性、知识性和实践性统一融合的青少年法治教育体系的时代要求。

　　"法律的权威源自人民的内心拥护和真诚信仰。"[1]"法律要发生作用，首先全社会要信仰法律。"[2]法治作为治国理政的基本方式，其需要完备的法律规范体系、高效的法治实施体系、严密的法治监督体系、有力的法治保障体系，而社会公众信法、守法、尊法、捍卫法律的法治信仰是法治最根本、最持久的思想基础。当然，公众法治信仰的形成并非是无源之水、无本之木。正如孟德斯鸠所关注"要接受最好的法律，人民的思想准备是必要的"的问题所示：[3]实现法治，面向全民开展持续、有效的法治教育是十分必要且基础性的工作。青少年作为国家民族的未来，是法治教育的重点和关键人群。

---

　　〔1〕《中共中央关于全面推进依法治国若干重大问题的决定》。
　　〔2〕习近平：《习近平谈治国理政》（第二卷），外文出版社 2017 年版，第 135 页。
　　〔3〕［法］孟德斯鸠：《论法的精神》，张雁深译，商务印书馆 2012 年版，第 251 页。

第一节　青少年法治教育的溯源和功能

一、青少年法治教育的历史沿革

法治教育从娃娃抓起，将青少年法治教育作为国家法治建设的基础性工程是古往今来诸多思想家、法学家乃至执政者的共识。

古希腊哲学家在深入思考法治这个命题时，就十分关注法治教育。他们认为民众的守法精神不能全部依赖于自发形成，须"经长期的培养"，[1]其中对青少年开展法治的教育是极为重要的。柏拉图在其名著《理想国》中谈及，"如果孩子从一开始做游戏就能借助音乐养成法律的精神，而这种守法的精神又反过来反对不法的娱乐，那么这种守法精神就能处处支配着孩子们的行为，使他们健康成长，一旦国家发生什么变革，他们就会奋起而恢复固有的秩序"。[2]

我国古代的思想家、政治家亦十分重视法律道德教化的作用。无论是法家思想中"以法为教""言轨于法"，[3]还是儒家思想提出"先教后刑"，[4]都将法律道德教化作为其治国理政的重要手段。民间的"蒙学教育"等伦理教化及官方的"讲读律令"都可以算是早期普及法律知识的方式。[5]流传至今的《弟子规》等传统启蒙读物中亦不乏对青少年行为规范的要求，这都从本质上体现了中国"礼法合一"的法律思想传统。

近代以来，随着西方启蒙运动的深入和民族国家的兴起，法治教育抑或法律教育成为旨在塑造国家认同的公民教育重要组成部分。作为"自由思想的始祖"的洛克[6]就非常重视公民的法律教育，他提出"为了使人们接受并实现面前的人人平等，人人都要接触法律、研读法律"，年轻学生的阅读也应包括对英格兰法律、整体和政府的学习。[7]孟德斯鸠则谈到，要培养儿童对

---

〔1〕　吕世伦：《西方法律思想史论》，西安交通大学出版社 2016 年版，第 53 页。

〔2〕　〔古希腊〕柏拉图：《理想国》，郭斌和、张竹明译，商务印书馆 1986 年版，第 279 页。

〔3〕　《韩非子·五蠹》。

〔4〕　《荀子·富国》。

〔5〕　参见高学敏："中国公民普法教育演进研究"，复旦大学 2014 年博士学位论文。

〔6〕　中共中央马克思恩格斯列宁斯大林著作编译局译：《马克思恩格斯全集》，人民出版社 1986 年版，第 249 页。

〔7〕　参见苏守波：《美国现代化进程中的公民教育》，山东人民出版社 2011 年版，第 104 页。

法律和祖国的爱。[1]尤其是随着国家教育主义思想的兴起和实践，法国、英国、美国等国纷纷在学校开设体现强烈国家意志和具有浓厚法律特色的公民教育课程。如在美国早期建国者的推动下，"公民科"（Civics）1790年就在美国中小学问世。公民科作为联邦政府加强公民政治认同教育的重要途径，其内容突出美国宪法教学，旨在培养学生的爱国心和对美国政治制度、国家理念的理解。[2]面临着严重民族危机和西方文明冲击的近代中国，以"救亡图存""教育救国"为宗旨的公民教育亦在发端，法治精神被认为是公民的必备素质。清末就有人提出普及法律知识，养成国民的规则意识。民国初年《共和国教科书新修身》等中小学教材中就有守法律的内容。这种情况一直延续到中华人民共和国成立前，中小学公民科的教科书中有政法或法律专章。

进入现代，法治建设之于世界各国经济社会发展的重要性日益凸显，法治教育需求更加强烈。在政府和公众的推动下，法治教育尤其是青少年法治教育在一定程度上独立于公民教育，并形成社会潮流，较为典型的是美国法治教育项目（Law related education，简称 LRE）。该项目起源于 20 世纪 60 年代的"法律学习运动"（Law Study Movement），[3]教育内容以宪法、权利法案等美国奠基性法律文本为主，并与日常社会生活法律密切相关，对象覆盖了全美的幼儿园到高中的青少年。[4]美国政府、企业、高校、社会团体、社区等纷纷参与进来，其中美国律师界的作用至关重要。[5]美国律师协会专设青少年公民特殊教育委员会，委员会以决议的形式鼓励所有律师将参与中小学普法教育作为自己的最基本责任。美国联邦政府则于 1978 年出台《法治教育法案》（*Law-Related Education Act of* 1978）为法治教育提供政策保障。[6]同时期，加拿大、英国等国家也推出了类似的公众法律教育项目（Public Legal Edu-

---

〔1〕 参见 ［法］孟德斯鸠：《论法的精神》，彭盛译，当代世界出版社 2008 年版，第 24 页。

〔2〕 参见苏守波：《美国现代化进程中的公民教育》，山东人民出版社 2011 年版，第 171～175 页。

〔3〕 参见帅颖："美国法制教育的历史演进及其启示"，载《武汉大学学报（哲学社会科学版）》2014 年第 3 期。

〔4〕 参见张冉："践行法治：美国中小学法治教育及对我国的启示"，载《全球教育展望》2015 年第 9 期。

〔5〕 Dr. Sherry Feinstein Assistant Professor, Dr. Robert W. Wood Professor, *HISTORY OF LAW – RELATED EDUCATION*, School of Education University of South Dakota 414 E. ClarkVermillion, SD 57069.

〔6〕 参见陈春勇：《中小学法治教育：来自国外的启示》，西南师范大学出版社 2018 年版，第 30～31 页。

cation，简称 PLE），面向社会公众开展法律知识教育或者提供法律信息。[1]

与英美等普通法系国家一样，大陆法系国家的青少年法治教育亦发展迅速。20 世纪七八十年代，日本将学校教育改革与司法改革协同推进青少年法治教育，司法、教育部门合作，出台"法律教育的普及与发展"等专题报告，成立法律教育推进协议会，修订中小学的《学习指导要领》，增加其中的法律知识内容。[2]具有悠久公民教育历史的法国和德国也修订中小学教学大纲，不断丰富其中法律教育内容，教育学生要知法守法，如法国的高中生就有"公民、法律和社会教育"课程。[3]

二、我国青少年法治教育的发展演变

党和国家历来高度重视青少年教育工作，以法律、纪律为主要内容的法治教育内容始终是青少年德育工作的重要内容。早在革命时期，我党就注重运用法律教育来宣传发动群众，其中就有面向儿童普及法律知识的内容。如土地革命时期，中央苏区政府出版的《共产儿童读本》中就有讲述赌博和打人是违反苏维埃法律行为的内容。[4]中华人民共和国成立后，随着国民党旧法统的废除和社会主义法制建设的起步，中小学很快废除了国民党时期的公民科教育，新的政治教育课程中就有学习《共同纲领》宪法性法律知识的要求。[5]1954 年《宪法》颁布后，在全国普及宪法的热潮下，宪法教育成为各级学校学习"五四"宪法活动的重要内容。时任最高法院院长的董必武在党的宣传工作会议上提出"全国所有中等学校将来都要有宪法讲师"。[6]

但随着我国法治建设的曲折发展，青少年法治教育亦受到挫折，进入停滞期。改革开放以后，面对日益严重的青少年犯罪等现实问题，青少年法治

---

〔1〕　孙建："加拿大公众法律教育研究"，载《中国司法》2010 年第 11 期。

〔2〕　参见汪蓓："日本青少年法治教育改革经验及其启示"，载《学校党建与思想教育》2015 年第 19 期；王印华、张晓明："日本学习指导要领中法律教育内容的修改及其价值取向"，载《现代中小学教育》2014 年第 3 期。

〔3〕　参见孙兰芝主编：《公民教育的国际视野》，西南师范大学出版社 2005 年版，下编中第五章德国社会与公民教育、第六章法国社会与公民教育等内容。

〔4〕　周娜："中央苏区法制教育研究"，载《法制博览》2019 年第 24 期。

〔5〕　方成智："艰难的规整：新中国十七年（1949－1966）中小学教科书研究"，湖南师范大学 2010 年博士学位论文。

〔6〕　转引自朱映雪、孙秦敏："新中国成立初期我国普及'五四宪法'的实践与经验研究"，载《广西社会科学》2015 年第 10 期。

教育被重新提上日程。随着国家法治建设进程的深入，我国青少年法治教育历经法律知识普及、法制教育宣传、法治教育等不同阶段，教育理念、目标内容、途径方式等随着时代的进步亦不断丰富深化。[1]

1. 普及法律知识阶段（1979年～1990年）。1979年，中共中央转发中宣部等8部门出台的《关于提请全党重视解决青少年违法犯罪问题的报告》，提出"加强青少年教育，预防青少年违法犯罪，要求全党、全社会都要重视教育事业，加强对青少年的理想、道德、纪律和法制教育"。这标志着沉寂多年的青少年法治教育全面重启。80年代初，学校的法律教育课程开始启动。教育部颁布的《全日制中学教育计划（试行草案）》规定，1981年初，全国初中开设《法律常识》课程。1982年，国家教委颁布的《全日制中小学思想品德课教学大纲》明确规定了对学生进行法制观念启蒙教育的内容。[2]

1985年，全国人民代表大会常务委员会作出《全国人民代表大会常务委员会关于在公民中基本普及法律常识的决议》（以下简称《决议》），启动第一个全民普法五年计划。《决议》将青少年作为普法重点，并指出"学校是普及法律常识的重要阵地。大学、中学、小学以及其他各级各类学校，都要设置法制教育的课程，或者在有关课程中增加法制教育的内容，列入教学计划，并且把法制教育同道德品质教育、思想政治教育结合起来"。同年，《中共中央关于改革学校思想品德和政治理论课程教学的通知》《中共中央关于进一步加强青少年教育预防青少年违法犯罪的通知》中重申了在青少年中大力普及法律常识，各级学校开始法制教育课的要求。据统计，到1987年，大约95%的中小学开设了法制课。而在"一五"普法期间，约有1.5亿在校生接受了法治教育。[3]在党和国家的高度重视和大力推进下，社会和家庭关注青少年法治教育的意识正逐渐形成。

2. 青少年法制教育阶段（1991年～2000年）。1991年，"二五"普法全面启动，"三五"普法紧随其后，全民法治教育继续深入发展，其显著特征就

---

〔1〕 以下内容参考：张华："青少年法制教育：困境与转型"，载《中国青年社会科学》2015年第3期；王敬波："号脉青少年法治教育"，载《中国德育》2014年第22期；王箭："改革开放四十年青少年法治教育的历史流变与发展路向"，载《教育与考试》2018年第5期。

〔2〕 程维荣：《当代中国司法行政制度》，学林出版社2004年版，第215～216页。

〔3〕 参见中宣部、司法部《关于第二次全国法制宣传教育工作会议情况的报告》。

是主题的深化，即由"全民基本普及法律常识"提升为"法制宣传教育"，青少年法治教育亦进入了系统发展的法制教育阶段。"二五"普法规划[1]提出，大、中、小学校要进一步完善法制教育体系，实现法制教育系统化。"三五"普法规划[2]要求，大、中、小学校要把法制教育列为必修课，做到教学有大纲，学习有教材，任课有教师，课时有保证。此期间，《未成年人保护法》《教育法》《预防未成年人犯罪法》等青少年专门法律法规相继出台，为青少年法治教育提供了有力的法制保障。《中共中央关于进一步加强和改进学校德育工作的若干意见》、国家教委《关于加强学校法制教育的意见》等文件则进一步对于开展青少年法治教育方法、途径提出了可操作性指导。此时，青少年法治教育得到了全社会关注，全国以及各地关心下一代工作委员会成立，共青团、妇联等群团组织，法院、检察院、公安等司法机关积极参与到青少年法治教育中来，形成了良好的局面。

3. 从法制教育到法治教育的质变期（2001 年~2012 年）。进入新世纪后，青少年法治教育随着依法治国理念的确立，迎来质变期。1998 年，党的十五大报告明确了"依法治国，建设社会主义法治国家"；1999 年，宪法修正案将"建设社会主义法制国家"改为"建设社会主义法治国家"。至此，社会主义法治理念的明确和树立，推进了青少年法治教育实现从法律常识普及到法制教育，并逐步到法治教育的质变。在此期间，"四五"普法规划[3]提出"青少年学生要在法律素质的养成上下功夫"，并要求法制教育课程的计划、课时、教材、师资"四落实"，保证普及基本法律常识的任务在九年义务教育期间完成。"五五"普法规划[4]提出要开展"法律进学校"活动，发挥第一课堂的主渠道作用。"六五"普法规划[5]强调学校法制教育的系统化、科学化。在此阶段，《中共中央、国务院关于进一步加强和改进未成年人思想道德建设的若干意见》《教育部、司法部、中央综治办、共青团中央关于加强青少年学生法制教育工作的若干意见》、中宣部等部门《中小学法制教育指导纲要》等重要文件相继

---

〔1〕《中央宣传部、司法部关于在公民中开展法制宣传教育的第二个五年规划》。
〔2〕《中央宣传部、司法部关于在公民中开展法制宣传教育的第三个五年规划》。
〔3〕《中央宣传部、司法部关于在公民中开展法制宣传教育的第四个五年规划》。
〔4〕《中央宣传部、司法部关于在公民中开展法制宣传教育的第五个五年规划》。
〔5〕《中央宣传部、司法部关于在公民中开展法制宣传教育的第六个五年规划（2011 - 2015 年）》。

出台，进一步深化和拓展了青少年法治教育的深度和广度。此时，青少年法治教育得到了党和政府的高度重视以及社会各界的广泛参与，内容丰富、形式多样的讲座、知识竞赛、参观体验的活动提升了青少年法治教育的实效性，广大青少年的法律素养得到提升，全国未成年人犯罪率呈下降趋势。[1]

4. 新时代的青少年法治教育（2013年至今）。2013年以来，党的十八大作出"全面推进依法治国"的重大决策，十八届四中全会通过的《中共中央关于全面推进依法治国若干重大问题的决定》明确指出，"推动全社会树立法治意识""把法治教育纳入国民教育体系，从青少年抓起，在中小学设立法治知识课程"。自此，我国青少年法治教育进入了新的历史时期，处在前所未有的发展期和机遇期。2016年，"七五"普法启动，"七五"普法规划[2]提出要弘扬社会主义法治精神，建设社会主义法治文化，推进法治教育和道德教育相结合。同年，教育部、司法部、全国普法办联合研究制定《青少年法治教育大纲》，对青少年法治教育进行了统筹规划和整体设计。随后，中共中央办公厅、国务院办公厅《关于深化新时代学校思想政治理论课改革创新的若干意见》，教育部等五部门《关于加强新时代中小学思想政治理论课教师队伍建设的意见》等一系列重要文件的出台为新时代青少年法治教育的迅速发展提供了坚实的政策支持和制度保障。青少年法治教育的主阵地日益巩固，2016年秋季学期，《道德与法治》课程在全国中小学全面开设，2018年以宪法为主要内容的教育部统编法治教育专册教材投入使用。全社会关注重视青少年法治教育的氛围业已形成，各界积极参与到青少年法治教育实践中来，群策群力推进青少年法治教育的纵深发展。据统计，截至2019年底，全国中小学法治副校长、法治辅导员的配备率达到97.3%，全国共建成青少年法治教育实践基地3万多个。[3]当前，我国青少年法治教育效果显著，青少年犯罪的案件数量、犯罪率得到有效控制，未成年人犯罪低龄化的趋势得到有效

---

〔1〕 王秋实："未成年犯连续四年减少"，载《京华时报》2011年12月5日，第3版；周斌："全国法院27年判处未成年人罪犯120余万，未成年罪犯重新犯罪率低于2%"，载民主与法制网，http://www.mzyfz.com/cms/fazhixinwen/xinwenzhongxin/fazhijiujiao/html/848/2011-12-05/content-232194.html最后访问日期：2021年12月14日。

〔2〕《中央宣传部、司法部关于在公民中开展法治宣传教育的第七个五年规划（2016-2020年）》。

〔3〕 "我国已建成3万多个青少年法治教育实践基地"载正义网，http://news.jcrb.com/jxsw/201910/t20191015_2061220.html，最后访问时间：2021年12月14日。

遏制[1]；青少年的法治价值观已经初步养成，青少年已经具备一定的规则意识，普遍愿意自觉遵守和运用法律。[2]

综上，我国青少年法治教育起步虽晚，在途径方式、评估评价、规律探索等方面还存在着差距，青少年群体法律知识水平和法律素养还有待提升。但在全社会共同努力下，以社会主义核心价值观为统领，以社会主义法治理念为指导的中国特色青少年法治教育体系已经初步形成，并处在快速发展的过程之中。

三、青少年法治教育的功能价值

综上，对青少年法治教育历史沿革和思想脉络的溯源，可清晰看到，青少年法治教育作为具有政治性、时代性、思想性、理论性、知识性、实践性的综合性教育，其立足青少年的成长发展规律，旨在使受教育的青少年主动将法治信仰内化于心，外化于行，达到个人、社会和国家多维度价值追求的统一。

1. 在个人层面，青少年法治教育实现了青少年主体意识塑造和权益保护的个体功能。社会学、心理学等诸多研究显示，青少年时代是了解熟悉法律等社会规范重要性的关键时期，在这个阶段，要必须了解为何要有法律来保护自己和他人的权利，而且这个时期出现很多青少年因不懂法而沦为违法者的情况。[3]通过法治教育，青少年了解法律知识，可以知其何能为，何不能为，并将之付诸实践。青少年法治教育实现了个体的正常社会化，激发起主体守法意识，自觉将法作为自己的行为准则，用法来引导自身行为，并以此来衡量他人行为。如美国的法治教育运动的兴起以及我国开展全民普法的直接原因之一就是青少年犯罪率的快速增长。青少年法治教育彰显了法律的教育规范功能，实现了知识性和实践性的统一，并以此指引和规范青少年行为。

此外，法治教育还关注到了青少年的权益侵害、教育和矫治不良行为等

---

〔1〕　参见国务院新闻办公室：《中国司法领域人权保障的新进展》（2016 年 9 月）、国家统计局：2017 年《中国儿童发展纲要（2011－2020 年）》统计监测报告、最高人民检察院《未成年人检察工作白皮书（2014—2019）》（2020 年 6 月）等相关报告数据。

〔2〕　参见中国政法大学青少年法治教育中心于 2013 年和 2018 年全国青少年法治教育发展调研报告相关内容。

〔3〕　P. Tongy Graham and Paul C. Cline： *LAW RELATED EDUCATION in the Middle School*： *Why and HOW*，Middle School Journal，Vol. 13，No. 1（NOVEMBER 1981），pp. 26～27。

问题。青少年尤其是未成年人作为社会弱势群体，法治教育是保护青少年的合法权益的有效和切实途径。我国宪法、民法以及刑法等基本法律中都有明确保护青少年权益的条文。《未成年人保护法》更是明确规定，国家保障未成年人的生存权、发展权、受保护权、参与权等权利，《预防未成年人犯罪法》则明确了立足于教育和保护未成年人相结合，坚持预防为主，提前干预，对未成年人的不良行为和严重，不良行为及时进行分级预防、干预和矫治。而"法律的生命力在于实施"，法治教育通过丰富的形式将这些法律条文转化为鲜活的社会实践，让广大青少年和社会公众更容易理解、更容易遵守和执行，切实将法律的保护落到实处。

2. 在社会层面，青少年法治教育实现了和谐秩序构建和法治文化传承的社会功能。"从客观上讲，法治也并不体现于普通民众对法律条文有多么深透的理解，而在于把法治精神、法治意识、法治观念熔铸到人们的头脑之中，体现于人们的日常行为之中。"青少年法治教育作为建设法治国家的基础性工程，使广大青少年从小具备法治观念、树立法治信仰，养成自觉守法、遇事找法、解决问题靠法的思维习惯和行为方式，对于社会和谐的稳定和法治文化传承具有重要意义。

当然考虑到青少年群体的特殊性，法治教育涉及教育学、法学、政治学、社会学乃至心理学等多学科融合，要充分立足其心理发展规律、年龄特点和接受能力，系统地开展教育，才能将法治种子种入青少年的心田，并精心呵护其茁壮成长为法治信仰的参天大树。

3. 在国家层面，青少年法治教育实现了培育青少年国家认同的政治功能。法律的阶级性直接决定了法治教育的政治性和时代性，要求公民学法守法，开展青少年法治教育一直是国家意志和国家行为。如美国始终将自己引以为傲的宪法作为教育的核心内容，美国大部分州的法律都要求学校必须进行美国宪法教学，学生要学习独立宣言、联邦宪法、人权宣言等这些被认为承载着美国精神、美国价值的重要法律文本。[1] 法国是通过立法来明确作为法治教育重要载体的公民教育的课程地位。[2] 德国议会等国家机构则承担了法治教育的任务。有专门的机构负责接待市民和学生团体，讲解其民主法治运行体

---

〔1〕 王琪编著：《美国青少年公民教育理论与实践研究》，北京理工大学出版社2011年版，第90页。

〔2〕 陈勇春：《中小学法治教育：来自国外的启示》，西南师范大学出版社2018年版，第69页。

系。[1]我国《宪法》《教育法》亦明文规定国家要开展纪律、法制教育。[2]

青少年法治教育作为自上而下的国家行为，其教育内容、方式等也随着时代的发展而变化。在西方国家，法治教育一开始从属于公民教育，而后其逐渐具有独立于公民教育的重要地位，这深刻反映了社会发展的时代需求。我国青少年法治教育是与国家法治建设同兴衰、共命运的，教育理念、内容甚至称谓界定都随着国家法治进程在不断发展变化。通过法治教育，青少年了解法律，认同以宪法为核心的法律制度、国家政治制度和治理方式，形成国家所期望的政治意识，以高度爱国心和责任心积极参与到国家政治生活中来，为国家做出贡献。

第二节　青少年法治教育的目标和内容

一、青少年法治教育的目标

培养什么样的人，是教育的根本问题。正如邓小平同志所指出的"加强法制重要的是要进行教育，根本问题是教育人"。[3]青少年法治教育要实现其价值功能，首要解决的亦是"培养什么样的人"这一问题，即青少年法治教育要达成何种目标，对其造就的社会个体质量规格有何基本设想或规定。[4]

教育目标在青少年法治教育中具有重要地位，其作为青少年法治教育活动所要达到预期结果的标准，提供了青少年法治教育的蓝图，是青少年法治教育的出发点和归宿，其集中反映了一个国家青少年法治教育的性质和方向，并指导、协调、控制了整个过程，决定了内容的确定，途径和方法的选择，效果的评估，保证了青少年法治教育活动的自觉性和目的性。[5]

---

[1] 马金祥、宋秋英："加强青少年法治教育 建设新时代法治强国—访北京师范大学法学院副院长、北京教育法治研究基地副主任袁治杰"，载《基础教育》2019 年第 24 期。

[2] 《宪法》第 24 条第 1 款，国家通过普及理想教育、道德教育、文化教育、纪律和法制教育，通过在城乡不同范围的群众中制定和执行各种守则、公约，加强社会主义精神文明的建设。《中华人民共和国教育法》第 6 条第 2 款，国家在受教育者中进行爱国主义、集体主义、中国特色社会主义的教育，进行理想、道德、纪律、法治、国防和民族团结的教育。

[3] 《邓小平文选》（第三卷），人民出版社 1993 年版，第 163 页。

[4] 参见袁世勋、吴永忠主编：《教育学新编》，西南交通大学出版社 2017 年版，第 30 页。

[5] 参见王琪：《美国青少年公民教育理论与实践研究》，北京理工大学出版社 2011 年版，第 93 页。

当前因各国政治制度、法治形态、教育模式等差异，导致青少年法治教育的目标定位大相径庭，目前，主要有以下两种认识：

1. 法治教育和公民教育具有一致目标，即旨在培养能承担责任的理想公民。此类观点在法治教育融入公民教育的国家和地区占主流。该观点认为，法治教育作为公民教育的重要环节，是为了让学生了解各政府机关单位的结构，以及如何运作，同时也要让学生明白，社会上每个人都有此权利和责任，去了解并参与民主的过程，进而影响政府的决策过程。有限的法治教育只会制造出冷感、低参与度且时而不具公民权意识的国民，而对政府原则、价值和组织给予广泛的教育则可以产出优秀、高参与度且有能量的公民。法治教育必须从小开始给予所有国民适当的训练，才能期待健全法治社会的诞生。

2. 法治教育旨在培养受教育者的法律认知、技能和意识。该观点更侧重于青少年法律意识的塑造，认为青少年法治教育是让学生要了解法治的基本含义和正确法律知识，形成法律的伦理观念，并懂得掌握运用法律。美国《法治教育法案》就将法治教育定义为"使非法律专业者获得与法律、法律程序、法律系统有关的知识和技能并领会其赖以建立的基本原则和价值的教育"。美国联邦政府教育部在其规章中进一步规定，法治教育要帮助学生"在这个复杂和多变的社会中更加有效地与法律打交道"。

我国青少年法治教育目标是随着我国法治建设和全民法治教育的深入而不断发展并逐步确立的。在"一五"普法期间，党和国家明确了法治教育的目标是"通过普及法律常识教育，使全体公民增强法制观念，知法、守法，养成依法办事的习惯"[1]。随着全民法治教育的深入，法治教育目标逐渐从普及法律知识，到增强公民法律意识和法制观念，[2]再到提高公民法律意识和法律素质的转变[3]。而在《中共中央关于全面推进依法治国若干重大问题的决定》提出"增强全民法治观念，推进法治社会建设"的重要论断后，青少年法治教育目标最终明确为培养青少年社会主义法治观念。

对培养青少年社会主义法治观念这个目标，《青少年法治教育大纲》进行了深刻和全面的阐释，即"以社会主义核心价值观为引领，普及法治知识，

---

〔1〕《中央宣传部、司法部关于向全体公民基本普及法律常识的五年规划》。

〔2〕《中央宣传部、司法部关于在公民中开展法制宣传教育的第三个五年规划》。

〔3〕《中央宣传部、司法部关于在公民中开展法制宣传教育的第五个五年规划》。

养成守法意识，使青少年了解、掌握个人成长和参与社会生活必需的法律常识和制度、明晰行为规则，自觉尊法、守法；规范行为习惯，培育法治观念，增强青少年依法规范自身行为、分辨是非、运用法律方法维护自身权益、通过法律途径参与国家和社会生活的意识和能力；践行法治理念，树立法治信仰，引导青少年参与法治实践，形成对社会主义法治道路的价值认同、制度认同，成为社会主义法治的忠实崇尚者、自觉遵守者、坚定捍卫者"。考虑到青少年身心发展不同阶段的特点，《青少年法治教育大纲》在总体目标的基础上，还设义务教育阶段、高中教育阶段和高等教育阶段等阶段性目标。

综上，我国青少年法治教育在借鉴各国经验基础上，在设定目标时既尊重青少年法治教育的普遍规律，又立足国情，凸显中国特色，更具有科学性和合理性。

1. 我国青少年法治教育目标是以马克思主义的"人的全面发展"的学说为理论基础。教育目标的设定，都并非自在之物，都有着现实的社会根源，体现着一定价值取向。[1]对于青少年开展法治教育实质上是青少年法律社会化和政治社会化的过程，这不仅要满足社会发展的需要，还要满足青少年个人发展的需要。我国青少年法治教育以马克思主义的"人的全面发展"学说为理论基础，以立德树人，促进青少年德智体美劳全面发展为宗旨，从法治知识、法治意识、法治能力、法治信仰等多维层面设定青少年法治教育目标，鼓励引导青少年既要学习法律知识，还要投身法治实践，实现知行合一，激发起他们自觉学法、尊法、守法、用法、护法，对于提升青少年的综合素质，实现全面发展具有重要意义。

2. 我国青少年法治教育目标以社会主义核心价值观为价值统领。道德和法律的关系是法治的核心问题。如何平衡道德和法律、个人和国家社会、权利和义务之间的关系，实现法治教育和道德教育之间目标协调、内容融合，是以自由主义为核心的西方公民教育一直在摸索解决的难题。当前西方国家青少年法治教育地位日益重要，价值品格教育的复兴等均反映出其对公民教育不足的反思和应对。我国青少年法治教育坚持以社会主义核心价值观为统领，"三个倡导"从国家、社会、个人层面重构道德和法律之间的关系，实现了从"法律是

---

〔1〕 王道俊、郭文安主编：《教育学》，人民教育出版社 2016 年版，第 82 页。

最低限度的道德"，到"法律是成文的道德，道德是内心的法律"[1]价值理念的转变，实现道德教育和法治教育相辅相成，以道德滋养法治精神，以法治体现道德理念，[2]培养青少年德法兼修的社会主义法治信仰和法治理念。

3. 我国青少年法治教育目标是以中国特色社会主义法治理念为实践指导。从历史上看，法治教育是法治国家加快法治现代化进程的必由之路。[3]而法治作为人类长期探索并孜孜以求的理想，蕴含着全人类的共同智慧。塑造青少年的法治信仰，就需要青少年理解法治背后深厚的历史积蕴和思想基础，以正确法治理念指导法治实践，要能从历史现实等多维度把握法治的本质、内涵，尤其要理解法治并没有唯一正确的普世模式，不同的国情决定了适用不同的法治理论、法治模式和法治形态。我国的青少年法治教育作为"法治中国"建设的关键环节和基础工作，始终坚持以社会主义法治理念为指导，服务于、服从于中国特色社会主义法治建设。我们培养的青少年是社会主义法治的忠实崇尚者、自觉遵守者、坚定捍卫者，是认同社会主义法治道路、忠诚祖国的接班人和建设者；绝非是所谓西方普世价值的认同者和宣扬者，更不是社会主义法治建设和中华民族伟大复兴的旁观者和反对者。

4. 我国青少年法治教育目标以我国青少年的成长规律为现实依据。因不同社会经济文化条件，各国青少年的成长特点和规律不尽相同，其法治教育模式和目标设定亦应有所不同。我国青少年法治教育立足当代我国青少年的身心发展规律，依据不同年龄阶段和教育阶段的青少年认知规律和心智特点制定阶段性目标，其目标的层次性设定更加符合我国国情。同时，《青少年法治教育大纲》充分考虑到我国社会文化传统和教育特点，并没有将青少年法治教育局限在未成年人的范畴，明确了高等教育阶段的法治教育目标，充分体现了党和国家对高等教育人才培养和大学生思想政治教育工作的重视。

二、青少年法治教育的内容

青少年法治教育目标明确了青少年法治教育的结果和标准。但目标的实现，离不开教育内容的选择。教育内容作为解决青少年法治教育"教什么"

---

〔1〕 习近平："加强党对全面依法治国的领导"，载《求是》2019年第4期。

〔2〕《新时代公民道德建设实施纲要》。

〔3〕 王俊杰："高校法治教育的现实困境与应对策略"，载《韶关学院学报（社会科学）》2014年第3期。

的问题，其关键是要把何种法治理念、法治知识传授给青少年。

法治作为人类重要的文明成果之一。因历史国情等原因，其并非有着固定的模式和严格的定义。法治被认为"一个无比重要，一个未被定义，也不能被随便定义的概念"。[1]古往今来对法治的思考涉及政治制度、法律体系，社会文化等，内容丰富，体系庞大，理论深厚。如何从中选择适合的内容向青少年传授，一直是法治教育的核心和关键问题。

当前因青少年法治教育模式和目标定位的差异，对法治教育内容选择亦不同。如有的观点认为，法治教育应包括守法观念的培养、宪法基本概念、人民与国家以及人民与人民权利义务关系、法律处分程序与国际法等内容。有的观点认为，法治教育包括法律基本概念、探讨法律争议的问题，法律的程序与法律未来的四个层面。有的观点认为，法治教育的范围包罗万象，可以是条文记诵记忆之学，也可以是法律概念（例如，人权、自由、公平、正义、隐私、责任、权威等）自然而然发展出来的价值应用之学。有的观点认为，法治教育范围和法律本身一样范围广泛，他不仅涵盖如何阅读合同、面对逮捕如何应对，如何避免法律纠纷等法律实际操作层面的运用，也包括着法的社会功能、如何协调执法效率和个人隐私权利之间冲突，法律的边界等法律价值概念层面的关注焦点。[2]

同样，政治制度和法治形态的差异也直接影响了青少年法治教育内容的选择：美国的青少年法治教育主要有以下三个内容：一是传授知识，即传授宪法法律、权力、公正、自由、平等、重要文献等知识；二是培养技能，培养包括研究、思考、交流、社会的法律参与等技能，三是培养态度、信念和价值观。其中美国宪法意识是青少年法治教育的重要内容，美国法律制度和政治制度权威性和合法性的教育是核心内容。[3]日本的青少年法治教育则是从规则意识的形成、司法和消费者保护、宪法教育等主要方面开展。法国青少年法治教育融入公民教育之中，其旨在培养法国统一价值观，其不仅开展

---

〔1〕［英］戴维·M. 沃克主编：《牛津法律大辞典》，北京社会与科技发展研究院组织编译，光明日报出版社1989年版，第790页。

〔2〕Norman Gross Law related Education：*Current Trends*，*Future Directions Peabody Journal of Education*，Oct，1977，Vol，55，No. 1（Oct. 1977）. pp. 2 ~ 5。

〔3〕参见王琪编著：《美国青少年公民教育理论与实践研究》，北京理工大学出版社2011年版，第117页。

法律知识教育，还开展国家制度、国家法律体系以及公民权利义务等方面的教育。考虑到青少年的身心特征，每个国家的法治教育内容都会根据学段而设置不同内容，最终形成完整的教育体系。[1]如美国青少年法治教育内容就体现在"K—12"[2]各年级的公民课、社会课等教学内容里。

我国青少年法治教育内容是随着法治建设进程而不断丰富完善的。"一五"普法中明确了法治教育内容是"十法一例"，即我国宪法、刑法、刑事诉讼法、民法通则、民事诉讼法、婚姻法、继承法、经济合同法、兵役法、治安管理处罚条例以及其他与广大公民有密切关系的法律常识。青少年作为普法的重点，是通过法制教育课程，结合思想品德课，分层次普及"十法一例"的内容：向小学生进行法制的启蒙教育，普及交通管理规则和治安管理处罚条例中的有关常识；在小学高年级学生中进行有关违法犯罪的简单概念教育；中学重点普及宪法和刑法等有关法律知识；大学学生学习法学基础理论和同本专业有关的法律知识。所有大、中、小学都要向学生进行积极同违法犯罪行为作斗争的教育。[3]

历经二十多年的全民普法运动之后，我国法治教育内容逐渐完善，形成了较为完备的法制宣传教育内容体系：以学习宣传宪法为核心，学习宣传中国特色社会主义法律体系和国家基本法律、开展社会主义法治理念教育，学习促进经济发展、保障和改善民生、社会管理的法律法规，深入开展反腐倡廉法制宣传教育和积极推进社会主义法治文化建设。在此基础上，青少年法治教育内容则特别注重引导高校学生牢固树立社会主义法治理念，加强青少年权益保护、预防和减少青少年违法犯罪等有关法律法规的宣传教育。[4]

党的十八届四中全会《中共中央关于全面推进依法治国若干重大问题的决定》明确"把法治教育纳入国民教育体系，从青少年抓起，在中小学设立

---

〔1〕 参见陈勇春：《中小学法治教育：来自国外的启示》，西南师范大学出版社2018年版，相关章节。

〔2〕 "K－12"教育是美国基础教育的统称。其中"K"代表Kindergarten（幼儿园），"12"代表12年级（相当于我国的高三）。"K－12"是指从幼儿园到12年级的教育，因此也被国际上用作对基础教育阶段的通称，载 https://baike.so.com/doc/3945236－4140219.html；最后访问日期：2021年12月14日。

〔3〕《中央宣传部、司法部关于向全体公民基本普及法律常识的五年规划》。

〔4〕《中央宣传部、司法部关于在公民中开展法制宣传教育的第六个五年规划（2011－2015年）》。

法治知识课程"，《青少年法治教育大纲》颁布后，我国青少年法治教育内容进一步明确，形成了完整的新时代青少年法治教育内容体系：[1]

总体内容更加聚焦。青少年法治教育涵盖法律常识、法治理念、法治原则、法律制度四个层面，涉及青少年与家庭、学校、社会、国家的关系四个领域，覆盖公民基本权利义务、家庭关系、社会活动、公共生活、行政管理、司法制度、国家机构等领域的主要法律法规以及我国签署加入的重要国际公约等八个方面的核心内容。

阶段内容更加明确。基于总体内容，根据青少年的身心特点和成长需求，还设置了义务教育阶段、高中教育阶段、高等教育阶段等分学段的内容，实现统筹安排、层次递进。而义务教育阶段作为青少年法治教育的关键期，进一步细化小学低年级、小学高年级、初中等三个分阶段的教学内容，实现了从法治启蒙到法治认知再到法治实践的基础建构。

从整体来看，我国青少年法治教育在内容选择上紧扣培养青少年社会主义法治观念这一目标，在涵盖层面、契合需求、核心聚焦以及逻辑体系上具有鲜明的时代特征和中国特色。

1. 我国青少年法治教育法治内容涵盖层面更加多维丰富。长期以来，对于青少年法治教育是"法治教育"，还是"法制教育"未达成共识。而认为是"法制教育"的观点曾一度占据主流，青少年法治教育内容基本被局限在知法和守法教育的层面。正如"法制是法治的基础，法治是法制的深化"。[2]新时代青少年法治教育内容涵盖了法律常识、法治理念、法治原则、法律制度四个层面，是对"法制教育"的升级重构，实现从法律常识、法律知识、以案释法的学习到法律意识、法治观念、法律素质养成的转变，这符合法治建设内在逻辑。[3]法治教育内容的丰富不仅使青少年知法、守法、不违法，更使得青少年对于法律有关的重要原理、原则、观念、程序、人员都有基本认识，进而能有效参与现实社会的法律生活。

2. 我国青少年法治教育内容更加契合主体需求。青少年法治教育作为国

---

〔1〕　以下参见教育部、司法部、全国普法办制定的《青少年法治教育大纲》。

〔2〕　张文显主编：《法理学》，高等教育出版社、北京大学出版社2018年版，第369页。

〔3〕　许晓童："从法制教育到法治教育的历史意蕴及实践策略——基于《青少年法治教育大纲》视角"，载《教育评论》2017年第4期。

民教育体系组成部分，并不是为了培养法律专家的专业教育或是职业教育，[1]其内容也并非法律职业教育的浓缩版或是缩略版。我国青少年法治教育的学习应当符合青少年认知成长规律的内容，而非系统专业的法律知识、法律原理的学习。我国青少年法治教育内容聚焦青少年与家庭、学校、社会、国家的关系四个领域，覆盖公民基本权利和义务等八大方面，这些领域和内容与青少年的日常学习生活密切相关，青少年能够亲身体会和深刻感知法治的存在，进而激发起自觉学法、守法、用法、信法的主体意识，依法维护自身权益，以权利义务相统一的观念指导处理人际关系。[2]

3. 我国青少年法治教育内容是以宪法教育为核心。依法治国首先是依宪治国。[3]宪法作为国家根本法和最高法，确定了国家生活和社会生活的根本制度、基本制度和基本原则。[4]我国青少年法治教育以宪法为核心内容，并贯穿始终：自由、平等、公正、民主、法治等法治理念首先是宪法的价值追求；宪法法律至上、权利保障、权力制约、程序正义等法治原则为宪法所确立；立法、执法、司法以及权利救济等法律制度是依据宪法所构建，并受到宪法制约和监督；涉及公民基本权利和义务等法律法规以及重要的国际公约等法律内容也以宪法规定为基础，是宪法规定的具体化。青少年法治教育以宪法为核心内容，是培养和增强青少年的国家观念和公民意识的必然要求。

4. 我国青少年法治教育内容形成了层次衔接有效、内在逻辑统一的完整体系。教育活动必须尊重教育的规律，我国青少年法治教育内容从教育目标出发，设置三个阶段的分内容，并进一细化了义务教育阶段三个学段的内容要求，其层次递进、由低到高、由浅入深，结构合理、衔接有效，螺旋上升，符合青少年认知规律和成长特点。无论是法治启蒙的小学阶段，还是塑造法治信仰的高等教育阶段，"有权利就有义务、有权力就有责任"——权利义务教育为本位的内在逻辑贯彻于各阶段内容之中。这充分体现我国青少年法治

---

[1] 林华："青少年法治教育的逻辑：历史、现实与未来"，载《教育家》2019 年第 22 期。

[2] 余琪："法治教育的概念辨析"，载《北京印刷学院学报》2017 年第 5 期。

[3] 见习近平就纪念现行宪法公布施行 30 周年大会上讲话。

[4] 参见《宪法学》编写组：《马克思主义理论研究和建设工程重点教材——宪法学》，高等教育出版社、人民出版社 2011 年版，第 23 页。

教育的特色，内容选择上充分考虑我国历史文化传统和现有国情，纠正了以往"法制教育"即"守法教育"的理念偏差，又避免陷入法治教育即公民教育、权利教育的认识误区。

【概念辨析】

法学教育与法治教育

法学教育作为我国高等教育的重要组成部分，其属于人文社会科学范畴的专业教育。法学教育是以法学作为自己专业领域和知识范畴，面向法学专业的大学生、研究生，并以培养德法兼修的高素质法律专业人才为基本目标和规格。[1]

法治教育作为国民教育体系的组成部分，其面向对象是社会公众，其中以领导干部和青少年为重点，更类似法律通识教育，其旨在深入开展法治宣传教育，引导全民树立社会主义法治观念，自觉守法、遇事找法、解决问题靠法。[2]

法学教育和法治教育在教育受众、教育目标和教育内容方面大相径庭，两个概念不能等同使用。但法学教育和法治教育本身亦有互动和关联，基础教育阶段的法治教育为高等教育阶段的法学专业教育提供后备人才和知识储备，法学教育中专业人才培养和理论研究则为法治教育深入全面开展提供了师资资源和智识支持。

第三节　青少年法治教育途径、方法和评价

一、青少年法治教育途径

青少年法治教育目标明确了"培养什么样的人"的问题，教育内容解决了"教什么"的问题，教育途径作为教育目标得以实现，教育内容得以传授

---

〔1〕　参见张文显主编：《法理学》，高等教育出版社、北京大学出版社2018年版，第19～21页相关内容。

〔2〕　李子涵："法学教育和法治教育的互动机制探索"，载《四川职业技术学院学报》2019年第6期。

的基本渠道和组织形式，[1]解决的是青少年法治教育"怎么教"的问题。教育途径是青少年法治教育的根本保障，再好的目标，再好的内容，如果没有合适的教育途径就无法实现。[2]青少年法治教育必须创设、选择和运用科学有效的途径，并以此承载各种丰富多样的教育活动，才能让广大青少年在其中受教育、有感悟，有提升。

青少年法治教育作为一项系统工程，构建家庭、学校、社会分层立体、协同合作的教育模式已经成为世界各国的共识，并被实践所证明为成功模式。

（一）家庭是青少年法治教育的摇篮

家庭是人生的第一所学校，父母是儿童不可选择、不可替代的第一任教师。家庭教育作为培育人的社会实践活动，对于青少年个性等方面的影响是深远和全面的。家庭教育的目的是引导子女从"自然的人"向"社会的人"转变。[3]"有什么样的家教，就有什么样的人"[4]是教育的必然规律。

家庭教育是青少年法治教育的重要途径和起步阶段，对于青少年法治观念的养成具有重要意义。研究表明，家庭教育的缺失是未成年人犯罪的重要原因之一。家庭开展青少年法治教育方式也是多样的。首先是直接讲授。如传授日常行为规范一样，家长有意识地向孩子讲授法律常识和开展品德教育，对青少年进行法治启蒙，让青少年了解法律，对法治产生兴趣，为学校系统的法治教育打下基础。其次是榜样示范。家长自觉学法、守法、用法，注重家教，养成良好家风，为青少年树立良好榜样。青少年在长期耳濡目染过程中，潜移默化地接受父母的法治观念，并反映为自己的行为。最后是共同参与。家长参与法治教育中是当前世界各国的通行做法。如成立于1897年的美国家长教师协会，就积极参与到学校教育中来，家长志愿者会协助课堂教学、学校筹资，开设法律知识讲座，等等，和学校、社区形成合力。[5]日本每所学校都有"家长教师协会"，主要任务是推动良好教育环境和社会环境的形

〔1〕 常春元：《教育原理》，湖北教育出版社1986年版，第402页。

〔2〕 夏思永：《少数民族传统体育实现教育功能途径的研究》，西南师范大学2016年版，第13页。

〔3〕 陈苏珍、潘玉腾："马克思恩格斯的家庭教育观及其当代价值——纪念马克思诞辰200周年"，载《学术交流》2018年第2期。

〔4〕 参见2016年12月12日，习近平在会见第一届全国文明家庭代表时的讲话。

〔5〕 王琪编著：《美国青少年公民教育理论与实践研究》，北京理工大学出版社2011年版，第130页。

成，防止欺侮、不良行为、拒绝到校等问题。[1]

我国历来高度重视青少年法治的家庭教育。早在"一五"普法期间，家长学校就成了开展青少年法治教育的重要方式。《青少年法治教育大纲》亦明确指出，要办好家长学校、制定家长法治教育手册以及推广成功经验等方式，形成法治教育的合力。而从我国法治建设现状出发，《青少年法治教育大纲》还专门指出要发挥学生法治教育对家长的作用，实现青少年法治教育反哺家庭法治观念的养成，促进全民树立法治观念。

但也必须看到，因历史文化传统以及社会经济现状，我国家庭教育重智育、轻德育，忽视法治教育的情况还较为普遍。家长本身不懂法、不守法，对于青少年有着很大负面影响。同时留守儿童、孤儿等特殊群体因种种原因，缺少家庭的关爱和关心，在一定程度上成为青少年法治家庭教育的薄弱环节。对此，要进一步强化青少年法治教育的家庭阵地，积极教育引导广大家长教之以方，重言传、重身教，教知识、育品德，塑造优良家风，时时处处给孩子做榜样，用正确行动、正确思想、正确方法教育引导孩子，[2]培育孩子优良品德和法治意识，帮助孩子扣好人生的第一粒扣子，迈好人生的第一个台阶。

（二）学校是青少年法治教育的主阵地

学校教育是对青少年进行长期、连续、系统、正规、有意识、有目的塑造过程。在义务教育已经普及，高等教育迅速发展的今天，学校教育，尤其是基础教育阶段的学校教育，是青少年法治教育的主阵地。其中，课堂教学和课外活动是学校开展青少年法治教育两种基本途径。

1. 课堂教学是通过课程讲授对青少年进行法治教育的方式，可分为专门课程以及其他课程渗透教育两种形式。课堂教学是最能体现青少年法治教育政治性和方向性的途径，其课程标准、教材内容都充分体现了国家的意志。在中小学设置专门课程开展青少年法治教育，将法治内容融入历史、地理等人文社科领域以及自然科学领域课程已经成为世界各国的通行做法。美国、日本、法国、德国等国家都着完善的公民教育课程体系，全面系统地进行青

---

[1] 参见陈勇春：《中小学法治教育：来自国外的启示》，西南师范大学出版社 2018 年版，第 130 页。

[2] 参见 2014 年 5 月 30 日，习近平在北京市海淀区民族小学主持召开座谈会时的讲话。

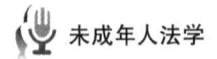

少年法治教育。

我国青少年法治教育课堂教学建设起步较晚，并长期从属于学校德育课程或思想政治理论课，课程标准、教材内容以及课时安排等相对滞后，不能适应现实需要。在党的十八届四中全会作出"把法治教育纳入国民教育体系，从青少年抓起，在中小学设立法治知识课程"的决定后，当前义务教育阶段全面革新了德育课程，"道德与法治"课作为兼有"品德与社会""品德与生活"等思想品德课程的升级和重构，其中法治教育内容的课程标准、课程内容以及课时安排有了明确要求。尤其是六年级上、八年级下两部教育部统编法治教育专册教材的投入使用，有力推进了法治教育的课堂教学。同时，对于高中和高等教育阶段的思想政治理论课，法治教育的要求也进一步得到强化。中共中央办公厅、国务院办公厅《关于深化新时代学校思想政治理论课改革创新的若干意见》就明确指出课程内容要以政治认同、家国情怀、道德修养、法治意识、文化素养为重点，明确"思想道德修养与法律基础"作为专科和本科阶段的必修课。在其他课程渗透教育中，《青少年法治教育大纲》则提出了多学科协同，在各学科课程中挖掘法治教育因素。并明确了在课程建设和课程标准修订中要强化法治教育内容，并将法治教育内容落实到各学科课程的教育目标之中。

2. 课外活动作为正规课程的重要补充，是学校通过组织科技学术、文体、社团等活动将青少年法治教育延伸到课外，让学生在参与体验中接受教育的途径。课外活动是当前青少年法治教育不可或缺的内容，法治教育与各种重大纪念日活动、参观体验等社会实践、演讲竞赛等校园活动相结合在世界各国学校都非常普遍。

当前，我国的学校法治教育课外活动十分丰富，各类主题教育、校园文化、党团队活动、学生社团活动、社会实践活动形式多样，内容丰富。学校借助国家宪法日、国防教育日、国家安全教育日、全国消防日、全国交通安全日、国际禁毒日、世界知识产权日、消费者权益日等重要节日以及入学仪式、开学典礼和毕业典礼、成人仪式等青少年成长的关键环节，将法治教育和安全教育、廉政教育、民族团结教育、国防教育、交通安全教育、禁毒教育等专题教育紧密结合，引导学生自主参与，体验感悟，并取得不错效果。

这其中，校园法治文化建设作为法治教育的"隐性课程"影响并不亚于正式课程。法治教育融入学校教育管理服务的全过程，推进依法治校，引导学生参与学生民主管理；精心设计模拟法庭、法治竞赛、审判旁听等法治文化活动，让学生积极参与法治实践中来；将法治元素融入校园景观设计、文化宣传等载体上，形成良好法治教育氛围，使学生在潜移默化中接受其中蕴含的法治精神，提升其法治观念。

近年来，各级各类学校作为实施法治教育的重要主体，虽然取得的成绩显著，但相对于我国法治建设的发展以及青少年成长成才的需求，还存在着不小差距。其中，青少年法治教育地区、校际发展不均衡的现象比较突出，尤其是农村、边远地区因基础教育薄弱等因素，法治教育开展不力。同时，法治教育的师资配备、课程实施、经费支持、制度机制等保障还不健全，最为突出的就是师资队伍匮乏问题。高水平的师资队伍是学校开展法治教育的关键和前提，但当前青少年法治教育的专职教师队伍无论是在数量和质量上都存在着巨大缺口。现有中小学从事道德与法治教学的教师基本上是从德育课或者相关学科转岗而来，缺少系统的法学知识培训，开展法治教育有诸多困难。借助高校、社会力量，加强现有师资培训，全面提升法治教育教师队伍的专业化水平十分必要。而着眼长远，加强青少年法治教育的理论研究，创新法学教育人才培养机制，培养既懂法律又懂教育的复合型专业人才，积极引导法律专业的毕业生前往中小学从事法治教育，为青少年法治教育提供全方位的智识支持，亦成为时代赋予法学理论研究和专业人才培养的新任务。

（三）社会教育是青少年法治教育的全面延伸

社会教育是指通过国家机关、社会团体、大众媒体等家庭、学校以外的途径构建全方位的法治教育氛围和环境。相对于家庭教育和学校教育而言，社会教育具有覆盖性和渗透性的特性。

1. 政府、国家机关是青少年法治教育主导力量。一般而言，各国的教育部门是青少年法治教育的主责部门，相关政策的出台、考核的实施等，多由教育部门来承担或组织。法院等司法机关以及警察等执法机关作为与法治教育密切相关的部门，是青少年法治教育的主力军。参观司法机构，法官、检察官等到学校授课，警察机关开展未成年人犯罪预防教育是各国青少年法治教育的保留项目。

当前，我国的各级教育部门是青少年法治教育政策的执行者，其在指导学校开展法治教育，协调相关部门，动员社会力量开展法治教育等方面发挥了组织作用。各级教育部门通过组建青少年法治教育实践基地，开展法治教育社会实践，组织"学宪法、讲宪法"等系列活动推进青少年法治教育健康有序发展。法院、检察院、公安机关、司法行政机关等国家机关则按照"谁执法、谁普法"的原则，通过和教育部门、学校的合作，开发法治教育项目，入校进行法治教育，工作人员担任法治副校长（辅导员）、提供实践平台等方式给学生们提供了解法律实际运作，增长见识和能力的平台。

各级各类国家机关落实"谁执法、谁普法"责任，始终坚持开展青少年法治教育工作，为我国青少年法治教育事业的发展做出了巨大贡献。但国家机关因其职能定位和人员组成等方面的特点，开展青少年法治教育内容的针对性和科学性还有待提升，活动形式还有待丰富；相关部门之间配合协调还有待加强。因此，进一步理顺机制，明确职责，构建教育、司法行政部门以及其他机关部门分工负责、各司其职、齐抓共管、精准实施的青少年法治教育的新格局，是推动青少年法治教育深入发展的必然要求。

2. 社会团体、志愿者等社会力量是青少年法治教育的积极助力。社会组织、民间团体、志愿者的参与是青少年法治教育的常态。美国、日本的律师协会就是青少年法治教育项目的积极推动者，各类教育机构、基金会、民间志愿团体、社区在青少年法治教育中也贡献颇多，如美国法律教育委员会、日本法律教育研究会，英国公民教育基金会等以资金、人员支持等方式开展专项的青少年法治教育项目。除此之外，高校的法律学者和大学生也是青少年法治教育重要力量，如日本的法律学者前往中小学讲授法治教育课程；美国高校专门开设街头法律"Street Law"项目[1]，将法律专业大学生视为青少年法治教育的重要资源，[2]将法学专业教育和青少年法治教育相结合。

当前，我国全社会关注青少年法治教育的良好局面业已形成。妇联、共青团等群团组织，关心下一代工作委员会、律师协会、法律援助志愿服务等社会团体、组织机构在青少年法治教育中发挥了不可替代作用。以法学专业

---

〔1〕 王胤颖："美国的街道法与青少年法制教育"，载《青少年犯罪问题》2001年第6期。

〔2〕 Wiilam M Gibson. Law Sutdents：*A Valued Resource for Law Related Education Programs.* Law Related Education，Vol25. 1973.

师生为主的高校志愿者在青少年法治教育中的作用也越来越得到体现，支教普法等法治宣传活动不仅促进了青少年法治教育，也提升了高校师生的综合素质。但不可否认的是，我国仍缺乏青少年法治教育的专业社会机构，青少年法治志愿者教育志愿服务体系也有待于健全，青少年法治教育的研究还处于经验层次，理论探索滞后；高校师生尤其是法学专业学生参与青少年法治教育的程度和我国法学教育的规模和人才培养的目标不相称。对此，北京市举办的"青春船长"以及中国政法大学开展的"社会主义法治教育进校园"等活动，作为融合法学人才培养和青少年法治教育的有益探索，组织法学专业学生走进中小学开展法治教育宣传的志愿活动，实现了青少年法治教育和法学专业人才培养的双赢。

3. 大众传媒是青少年法治教育的重要力量。随着信息技术的快速发展，大众传媒尤其是网络成为青少年获取信息的重要途径。传媒和家庭、朋辈一起，被视为影响青少年社会化的三大要素。[1] 大众传媒所传递的价值观对于青少年的影响是无时无刻的，尤其是在审美、价值观由此带来行为方式方面的影响更是深远。[2] 研究显示，青少年暴力犯罪等严重越轨行为受到不良传媒的影响很大。书报、电影分级以及儿童网络保护等制度在现代西方国家虽已非常完善，但其主流媒体对于青少年开展法治观念和政治制度的宣扬则是无孔不入。

当前，我国注重发挥大众传媒在青少年法治教育中的积极作用，尤其注重互联网媒体对于青少年法治教育的正向引导作用。宣传、文化、新闻出版广电、网信等相关主管部门加强对报刊、广播电视、网络等媒体的引导和管理，营造风清气正的媒体环境。主流媒体和网络媒体关注青少年法治教育，打造一批优秀栏目和新媒体平台，推出很多精品内容；一大批弘扬法治精神的图书、期刊、网络游戏、动漫作品、少儿节目等文化产品以及创意作品也纷纷面世，获得社会公众的广泛认可。但相对于青少年的需求而言，我国法治教育文化产品在原创性、针对性和亲和力上还有待于提升。尤其在网络文化传播方面，青少年法治教育更是缺乏精品爆款和拳头产品，对于青少年的

---

〔1〕　檀传宝：《大众传媒的价值影响与青少年德育》，福建教育出版社 2011 年版，第 8 页。

〔2〕　媒体与未成年人发展论坛组委会编：《媒体与未成年人发展论文集》，中共党史出版社 2005 年版，第 61 页。

吸引力和覆盖面还不够。

对此，大众传媒要不断在创新方式、方法上下功夫，在贴近青少年上下功夫，做到润物细无声，运用各类文化形式，生动具体地表现社会主义核心价值观，[1]传递社会主义法治观念。要充分利用网络上的优质法治教育资源，丰富教学的形式和内容，建立学校、社会、家庭共同参与的立体教育网络。利用学校网站、官方微博、微信等平台及教师、班主任或辅导员的个人社交平台进行法治宣传，增强网络法治教育的吸引力，引导学生正确理解法律规范，理性思考和正确认识法治事件、现实案例。[2]

案 例

"莎姐"不是一个人，而是一支优秀的检察团队，是一群检察官。从重庆市大渡口区检察院"莎姐"检察官梅玫当选全国"群众最喜爱的检察官"，到重庆两名"莎姐"检察官入选最高人民检察院、教育部联合主办的"法治进校园"全国巡讲团，再到"莎姐"两次被写入最高人民检察院工作报告，如今重庆市检察系统已有416名"莎姐"检察官及千余名"莎姐"志愿者。

"莎姐"全称"'莎姐'青少年维权岗"，是重庆市检察机关在依法履行各项检察职能，特别是批捕、起诉等职能过程中，大力开展对涉罪未成年人的司法保护、犯罪预防、心理矫治、帮扶挽救工作的平台。

2012年8月，重庆市检察院结合大渡口区检察院的工作经验，决定在全市三级检察院统一全面设立"莎姐"青少年维权岗，创建具有重庆特色的未成年人刑事检察工作品牌。自2013年开始，重庆市检察院联合市教委持续开展"莎姐"检察官送法进校园活动，联合团市委在市民学校设立了"莎姐"法制副校长，采取法制讲座、模拟法庭、问卷调查、编排情景剧、微电影等多种形式增强学生的守法意识与自我防范能力。重庆检察院还联合重庆晨报出版重庆首部普法系列漫画读本《莎姐讲故事》，推出的"莎姐讲故事"专栏被誉为"最鲜活的普法教材"，获评全国法制好新闻三等奖。

---

〔1〕 习近平在中共中央政治局第十三次集体学习时的讲话（2014年2月24日）。
〔2〕 《青少年法治教育大纲》。

"莎姐"公益宣传片在央视新闻频道向全国播出，电影《莎姐日记》亦公开播映。

通过多年坚持不懈的努力，"莎姐"已成为重庆市检察机关帮助、挽救、教育、预防青少年犯罪的形象代言人。

二、青少年法治教育的方法

教育方法作为教育活动目标达成的方式和手段，是有效教育活动的重要条件，离开一定的教育方法，教育过程就无法真正实现。教育方法是否得当，直接关系到教育的效果。[1]目前，在青少年法治教育中有被广泛运用，并在《青少年法治教育大纲》里着重提到的有以下方法：

1. 直接讲授法。直接讲授作为传统的教育方法，即教师在课堂上通过口头语言表述、讲解、讲演等形式系统向学生传递法治教育知识。直接讲授法主要运用在学校，其优缺点都比较明显。优点在于可以系统讲授，完成讲授内容；缺点在于可能千篇一律的灌输，照顾不到学生个性，不能激发学生的兴趣和思维。对此，教师可以在讲授时，通过穿插法治小故事的方式，注解、说明或是强调所讲内容，吸引学生注意、激发学生听课兴趣、启发学生思考，从故事中悟到蕴涵的道理。故事教学法在吸引学生注意，激发兴趣，启发思考方面具有较好效果。

2. 讨论教学法。讨论教学法是指在教师组织和引导下，师生之间以及学生之间对于实现某个教学目标或是解决问题进行合作探讨，分享观点的方法。分组讨论和自由讨论是常用的两种形式。讨论法优点在于"能够更好发挥学生主动性、积极性，有利于培养学生的独立思考能力、口头表达能力和创新精神，有利于促进学生灵活运用知识和提高分析问题、解决问题的能力"。[2]但因其对参与学生有一定知识储备要求，适宜运用在中高年级学生身上。讨论教学法可灵活选择主题，可以选择真实案例，也可以选择两难的法律命题，还可以选择寓言故事，引发学生开展讨论，甚至是开展法治辩论，让学生在互动中深化思考。

---

〔1〕 成有信主编：《教育学原理》，辽宁大学出版社2007年版，第263页。

〔2〕 顾明远：《教育大辞典》（第一卷），上海教育出版社1989年版，第202页，转引自王琪编著：《美国青少年公民教育理论与实践研究》，北京理工大学出版社2011年版，第142页。

3. 角色扮演法。角色扮演是指通过特定的或创设的情境，让受教育者在其中扮演某一角色，使其认清角色的理想模型，了解社会对角色的期望和自己应尽的角色义务，从而有助于他们去控制或改变自己的态度与行为的方法。[1]角色扮演具有很强的实践性，通过法律情景剧、模拟法庭等方式，学生可以身临其境，对问题有更深入的认识，能够多角度地看待问题，增强处理问题的能力。但角色扮演无论是对教师还是学生都要求较高，情景的创设要真实科学，角色的扮演要准备充分和尺度得当。否则，就容易沦为表演的走过场。如一些模拟法庭上，学生只是在背诵法律条文，并非真正理解条文背后的含义。

4. 价值辨析法。价值辨析抑或价值澄清法，是指不先入为主地将观点正确与否传授给学生，而是通过暗示、询问、激励、说服、树立榜样等手段，引导学生学会分析、评价，提升自主选择价值和形成行为习惯的能力，作出合理的选择，在内化与外化过程中逐渐形成适合自己的价值认知和观点。[2]价值辨析法没有道德说教和强制灌输，注重发挥学生主体性，学生通过思考选择自己的价值认识，就会珍视自己的价值选择并在现实生活中付诸行动。但价值辨析法对于教师的引导方法和学生自身理解能力提出了较高要求。

除此之外，案例教学、实地调查、服务学习等方法[3]也被运用在青少年法治教育中。而要将这些方法有效地运用在青少年法治教育之中，就需要立足学科性质，充分考虑教育目标、教育内容、学生的身心特点乃至师资等实际诸多复杂因素。[4]

我国的青少年法治教育，由于师资等原因，长期以来是以课堂直接讲授为主，虽然也有故事教学、讨论教学以及模拟法庭等情景模拟、角色扮演方法的运用，也取得了一定效果。但整体来说，形式还是比较单一，实践式、体验式、参与式的教学方式运用不充分，学生的参与、互动、思辨不足，法

---

〔1〕 章志光：《社会心理学》，人民教育出版社 1996 年版，第 67 页。

〔2〕 黄伟："例谈基于价值澄清理论的价值观教学"，载《中学政治教学参考》2020 年第 5 期。

〔3〕 P. Tongy Graham and Paul C. Cline：*LAW RELATED EDUCATION in the Middle School：Why and How Middle School Journal*，Vol. 13，No. 1（NOVEMBER 1981），pp. 26～27.

〔4〕 郭瑞英主编：《教育学原理》，长征出版社 2004 年版，第 124 页。

治教育的质量和实效性都有待于提高。

正如怀特海而言，"学生是有血有肉的人，教育目的是为了激发和引导他们的自我发展之路"。[1]综合运用各种教育方法，借助现代信息技术手段，将多种法治教育资源、形式予以整合、提升，形成以学习者为中心的教育环境，引导学生自主学习，培养学生学习法律的兴趣是每个青少年法治教育工作者的使命所在。

【延伸阅读】

价值澄清教学法[2]

价值澄清教学法是20世纪五六十年代由拉斯（L. Rath）提出，经西蒙和哈明（S. Simon & M,Harmin）等加以发展的一套方法。他们认为，任何一种观念要真正成为个人的价值观，须经三大阶段七个步骤，即：①选择——自由选择，在多种可选范围内，考虑各种后果之后才选择；②赞赏——珍爱自己的选择并感到满意，愿公开承认自己的选择；③行动——按自己的选择行事，作为生活方式重复施行。

价值澄清法最基本、最主要的技术是"澄清反应"。在教学过程中，它是指教师抓住个别学生表示某种态度、志向、目的、兴趣及活动的时机，作出适当而简短的语言反应，以促使学生对自己的所说所为作进一步的省察与探讨，达到澄清或养成价值观的目的。例如，教师在课间听到一位学生说："我喜欢孩子，将来要当个山村教师。"他应及时地提出供思考的问题，如"你喜欢孩子的哪些方面？有些孩子叫人讨厌怎么办？""你去过山村吗？"等。谈话须适时、适地、适人，还可设法中止，留给学生自己去回味这段谈话内容。在以后交谈中相继地提出如下问题："你一定得选择这个吗？是你心甘情愿的吗？""你有没有想过其他可能呢？""你愿不愿将这种决定告诉大家？""你有没有采取行动呢？"等。实际上，这是用语言促使学生完成三阶段七步骤的价值澄清的过程。

---

〔1〕［英］怀特海：《教育的目的》，庄莲平、王立中译注，文汇出版社2012年版，前言。
〔2〕下面引用自林振海、陈传锋主编：《中学心理学》，广东高等教育出版社1997年版，第117～118页。

三、青少年法治教育评价

教育评价是根据一定的教育价值观和教育目标，运用可行的科学手段，在系统收集材料的基础上分析解释，对于教育现象进行价值判断，从而为不断的优化教育和教育决策提供依据的教育活动。[1]教育评价对整个教育活动具有导向、改进、反馈、展示、激励、展示、监控等功能。[2]教育评价作为教育活动体系中必不可少的部分，对于优化管理，提升教育质量具有重要意义。对于青少年法治教育而言，科学的青少年法治教育评价机制，全面考察青少年法治教育效果，有利于激发青少年学习法治知识、发展法治能力、提高法治素养、参与法治实践的自觉性；有利于激发学校、教师开展法治教育的主动性和创造性，促进青少年法治教育形式与内容的不断改进和创新。[3]

长期以来，我国青少年法治教育缺乏科学体系化的评价机制，基本沿用全民普法活动中传统的考评模式：通过测试、考试看青少年法律知识掌握的程度，通过看材料、听汇报来了解课程开展、师资建设、措施保障、活动数量，参与人数等方面的落实情况，另外就是通过走现场，直接观察具体的法治教育活动开展情况。其形式上，多以教育、司法等政府部门组织的各类专项检查、评比为主，评选范围也主要针对各级各类学校。这种评价机制在早期普及法律知识和开展法制教育宣传阶段对于青少年法治教育具有重要的促进作用。但随着社会主义法治建设的深入以及对全民法治素养要求的过度提高，其问题也逐渐暴露：缺少整体化、体系化的统筹安排，缺乏后续激励保障的措施跟进，考核要求形式大于内容，等等。

因此，坚持立德树人的宗旨，以培养青少年社会主义法治观念为教育目标，结合社会诚信体系建设、精神文明创建等机制，探索建立综合性的青少年法治素养评价机制成为新时代青少年法治教育发展的要求。

当然，我们也必须认识到教育评价作为一项具有权威性和政策性的系统工程，[4]合理的指标体系、客观的评价方法以及公正的评价主体是构建科学的青少年教育评价机制的关键核心。

---

〔1〕 胡中锋主编：《教育评价学》，中国人民大学出版社 2013 年版，第 3 页。
〔2〕 肖远军：《教育评价原理及应用》，浙江大学出版社 2004 年版，第 58～63 页。
〔3〕 参见《青少年法治教育大纲》。
〔4〕 张祥明：《教育评价的理论与实践》，福建教育出版社 2005 年版，第 76 页。

指标体系解决的是"评什么"的问题。评价指标体系是对教育目标的具体化和系统化,可从定量和定性两个方面完整准确地反映评价客体和本质属性。[1]青少年法治教育作为一个过程和结果、主体和客体、主观和客观相统一的教育活动,其评价指标应当是综合多元的,能够体现法治知识习得、法治意识塑造和法治能力培养等青少年法治教育的总体以及分阶段目标的基本内涵,实现分层分级的评价。宏观层面对青少年法治教育整体效果评价,侧重青少年群体法治观念的水平,以未成年人犯罪率、青少年权益保护情况作为重要量化指标。对于学校开展评价,要将学校法治教育实施情况作为依法治校的重要方面,纳入学校年度考核的内容;作为预防青少年违法犯罪和"平安校园"创建工作内容,纳入综合(平安建设)工作考评。对于青少年个体评价,则将知识、技能、理解、价值观以及行动事实融合起来,将外在客观评价和内在认知统一起来,实现对学生法治观念知行合一的全面评价。

评价方法解决的是"怎么评"的问题。教育评价方法的种类繁多,但基本可分为定量和定性两种。青少年法治教育评价中较为常用的方法有观察法、问卷法、座谈访问法、测试法、听取汇报法以及收集文件资料法。对青少年法治教育应当综合和科学运用各种方法,将必要的法律常识纳入不同阶段学生学业评价范畴,在中、高考中适当增加法治知识内容,将法治素养作为学生综合素质的重要组成部分。例如,可以借鉴美国 NAEP 公民教育进步评估(NAEP in Civics)、[2]澳大利亚全国中小学公民教育评价等评价方法,[3]结合青少年的学习和生活,将反映法治思维、法治观念的行为、态度和实践作为评价的重要方面,开展区域乃至全国范围的抽样问卷,增强评价的科学性和有效性。

评价主体解决的是"谁来评"的问题。教育评价主体是对青少年法治教

---

[1] 涂恒汉:《创新教育评价》,东方出版中心 2001 年版,第 85 页。

[2] 全国教育进步评估组织(National Assessment of Education Progress,简称 NAEP)是美国测试学生学业的权威机构之一。该机构由美国国会授权、教育部所属的全国教育统计资料中心管理,是美国惟一具有国家权威性的、持续的教育质量评估机构。它对学生在校所学的各门课程,比如阅读、写作、数学、科学、美国史、艺术、公民及其他一些学科的知识和能力进行全面测试,主要调查学生对各个学术主题领域的了解程度及其相关的活动情况。引自马文琴:"NAEP 美国公民教育进步评估",载《外国教育研究》2008 年第 6 期。

[3] 王建梁、岳书杰:"澳大利亚中小学公民教育评价研究",载《中小学教育》2011 年第 3 期。

育达成的效果程度，作出专业性和权威性的组织或人员。[1]一般而言，评价主体应当具备相应的专业知识技能，深入了解青少年法治教育的规律和实践，具备法学、教育学等专业知识，有能力完成工作。除此之外，还应当具备一定的资格，即其具有从事法治教育的法定职业资格，以及教育部门、学校以社会公众的身份认可。对于评价主体而言，最为重要的是具备公正品质，能够秉承倡导、践行法治的初心以公正公平的态度进行评价。对此，教育部门可以联合司法部门组织或者委托第三方对学校、区域的青少年法治教育的整体情况进行评价。有条件的高等学校、科研组织也可以充分发挥专业开展青少年法治教育评价的研究与实践。近年来，中国政法大学青少年法治教育中心相继发布《我国青少年法制教育调查报告 2013》《我国青少年法治教育发展报告（2018）》，为高校、科研机构服务青少年法治教育做出了很好的示范。

课后学习

推荐阅读

1. 艾其来、李长涛主编：《青少年法治教育读本》，中国民主法制出版社 2016 年版。

2. 何方、张娜编著：《青少年看图学法律》，中国法制出版社 2015 年版。

3. 黑静洁主编：《青少年法治教育培训读本》，中国政法大学出版社 2019 年版。

4. 陈春勇：《中小学法治教育：来自国外的启示》，西南师范大学出版社 2018 年版。

5. 律豆博士：《正义岛儿童法治教育绘本》，北京师范大学出版社 2018 年版。

6. 张永然编著：《经典法律格言解读（社会主义法治理念青少年普法读物）》，中国政法大学出版社 2018 年版。

---

〔1〕 金娣、张远增："青少年法治教育效果评价的维度、标准及实施"，载《江西社会科学》2018 年第 3 期。

第三编

未成年人犯罪与司法

第九章　未成年人犯罪预防

学习提示

　　未成年人的健康成长不仅关系着人类血脉的传承与延续，也是万千家庭的希望所在，更关系着能否担负国家发展的历史使命。多年来，未成年人犯罪已经成为全球三大公害之一，与环境污染和吸毒贩毒一样给社会造成了难以言表的深重危害。未成年人犯罪给社会安定与发展带来影响与挑战，预防未成年人犯罪问题一直都是整个社会关注的焦点之一。

第一节　未成年人犯罪概况

　　近年来，我国未成年人犯罪人数虽有所下降，但出现低龄化的发展趋势。除此之外，未成年人犯罪具有低学历化、智能化、团伙化、残忍化等特征。本节主要通过引用相关数据阐述未成年人犯罪的发展趋势与犯罪特征，认识犯罪预防工作的紧迫性和重要性。

一、我国未成年人犯罪基本状况

（一）未成年人犯罪的概念

　　未成年人犯罪是指未成年人实施的犯罪行为。根据我国《刑法》的规定，已满 16 周岁的人犯罪，应当负刑事责任。已满 14 周岁不满 16 周岁的人，犯故意杀人，故意伤害致人重伤或死亡、强奸、抢劫、贩卖毒品、放火、爆炸、投放危险物质的，应当负刑事责任。已满 12 周岁不满 14 周岁的人，犯故意杀人、故意伤害罪，致人死亡或者以特别残忍手段致人重伤造成严重残疾，情节恶劣，经最高人民检察院核准追诉的，应当负刑事责任。已满 12 周岁不满 18 周岁的未成年人犯罪，应当从轻或减轻处罚。在我国，未满 12 周岁的未成年人犯罪不需要承担刑事责任，而已满 12 周岁未满 16 周岁的未成年对较为严重的犯罪行为承担刑事责任。本节中的未成年人犯罪，主要是指 12 周岁 ~18 周岁的人所实施的犯罪。

（二）未成年人犯罪的基本特征

1. 低龄化。我国未成年人犯罪呈低龄化的发展趋势。相关资料显示，目前我国未成年犯罪人的初犯年龄均值为 15.2 岁；初犯高峰年龄段为 14 岁 ~16 岁，占 71.4%；[1]而改革开放初期我国未成年犯罪人的初犯高峰年龄段为 16 岁 ~18 岁。[2]二者相比，未成年犯罪人的年龄高峰期已由改革开放初期的 16 岁 ~18 岁提前至现阶段的 14 岁 ~16 岁。

2. 低学历化。低学历化也是当前我国未成年人犯罪比较突出的一个特征。未成年犯罪人文化程度普遍偏低，他们中的大多数人不能明确辨别是非，不能抵制外界诱惑，缺乏法律知识，不能认识自己的行为的危害后果。

3. 智能化。随着经济、科技的高速发展，计算机网络不断普及，智能化电子设备走进千家万户。在信息时代，互联网给人们带来巨大便利的同时也带来了一些社会问题。互联网的普及在一定层面上使得犯罪形式不再受空间与时间的限制，实施犯罪不必再要求罪犯必须与受害人面对面，大量不法分子利用新的犯罪平台，在网络世界肆意妄为，新型的犯罪模式层出不穷。正处于人生观、价值观形成的关键时期的未成年人成长于互联网快速发展的环境之中，相较于成年人，未成年人更容易受到互联网上不良信息的影响，网络空间的无限精彩一方面满足了未成年人的好奇心，另一方面也给未成年人的健康成长带来了隐患。

4. 团伙化。在人际交往中，人们总是倾向选择与自己志趣相投的人进行交往。而现实中，大部分未成年人并不能认清自己所交往的人会给自己带来怎样的影响，存在由于交友不慎而走向歧途的情况。司法实践中，未成年团伙犯罪的比例居高不下。造成该现象主要是因为未成年人年龄较小，心智尚未发育成熟，辨别意识及自控能力较弱，缺乏法律意识，易受他人煽动及蛊

---

〔1〕 昝宝毅、杨华军：“未成年人犯罪家庭因子调查与预防对策建议”，载《新生代》2020 年第 2 期。

〔2〕 丛梅：“新时代未成年人犯罪发展趋势及防控对策——基于犯罪调查的三十年比较”，载《预防青少年犯罪研究》2018 年第 1 期。

惑等教唆而实施违法犯罪行为。

5. 残忍化。2012 年，我国广西发生一起 13 岁小学生杀害并肢解同学案件，犯罪手段极其残忍，社会影响极其恶劣。[1]犯罪人残忍的作案手法让社会震惊。从近年来我国发生的未成年人犯罪案件来看，犯罪手段有明显的暴力性质，而其残忍的作案手段的背后往往是幼稚的作案动机。

（三）未成年人犯罪主体特征

1. 性别特征。在未成年人犯罪案件中，以男性未成年人为主体实施的犯罪居多。最高人民法院发布的《从司法大数据看我国未成年人权益司法保护和未成年人犯罪特点及其预防》显示，2016 年至 2017 年，全国法院所收未成年人犯罪案件中，男性未成年人的数量占总体未成年犯罪人比例高达93.44%，女性未成年人的数量仅占总体未成年犯罪人的6.56%。[2]

此外，男性未成年人和女性未成年人所实施的具体犯罪行为也存在差异，男性未成年犯罪人以暴力犯罪类型居多，涉及的主要罪名有抢劫罪、故意伤害罪、强奸罪和盗窃罪等，其中以抢劫罪占比最高；而女性未成年犯罪人多以非暴力犯罪为主，主要包括毒品犯罪和性犯罪，包括贩毒罪，强迫、组织卖淫罪，诈骗罪，抢劫罪等。

2. 年龄特征。在年龄结构方面，目前我国未成年犯罪人的年龄以 16 周岁和 17 周岁为主，根据最高人民法院的数据统计分析报告，在 2016 至 2017 年度，17 周岁的未成年犯罪人人数最多，占比 1/2 以上，16 周岁未成年犯罪人的人数位居第二，占比 1/3 以上，其余年龄段的未成年犯罪人人数仅占总人数的 1/6。[3]

3. 性格特征。犯罪未成年人的性格与普通未成年人的性格相比，具有明显差异。未成年犯在未成年时期的负面性格特征占48.2%，其中，19.4%的未成年犯认为自己暴躁，偏执的占8.9%，孤独的占6.9%，冷酷的占6.3%，

---

〔1〕 "广西 13 岁少女肢解同窗好友、理由竟然是这样?"，载搜狐网，https://www.sohu.com/a/381849794_334936，最后访问日期：2020 年 8 月 19 日。

〔2〕 "从司法大数据看我国未成年人权益司法保护和未成年人犯罪特点及其预防"，载最高人民法院网：http://www.court.gov.cn/zixun-xiangqing-99402.html，最后访问日期：2020 年 7 月 1 日。

〔3〕 "从司法大数据看我国未成年人权益司法保护和未成年人犯罪特点及其预防"，载最高人民法院网：http://www.court.gov.cn/zixun-xiangqing-99402.html，最后访问日期：2020 年 7 月 1 日。

自卑的占 5.7%，抑郁的占 4.7%，懦弱的占 2.6%。未成年犯的积极性格特质比普通未成年人低，负面的性格特质高。[1]一般而言，犯故意伤害罪的未成年人，孤独、暴躁的性格特征十分明显；犯强奸罪的未成年人，大多具有强烈的自卑感；犯寻衅滋事罪、强迫组织卖淫罪的未成年人，更多的是缺乏正义感，大多具有孤独、暴躁、偏执、自卑等性格特征。

（四）犯罪客体特征

犯罪客体是指被刑法所保护但是为犯罪行为所侵害的社会关系。人的权利包括人身权利和财产权利。公民的人身权利是公民最基本的权利，是与公民的人身直接相关，但并没有直接财产内容的权利，它主要是指人的生命、健康、人格、名誉和自由等权利。财产所有权是指所有人依法对自己的财产所享有的占有、使用、收益和处分的权利，所有权表明人对物具有最充分、最完全的支配。未成年人实施的犯罪行为多为同时侵害上述两个犯罪客体，即未成年人犯罪侵害的多为复杂客体。

（五）犯罪客观方面特征

1. 犯罪手段。犯罪手段是指未成年人进行犯罪活动时所采用的具体方式方法，不同的犯罪手段体现出未成年犯罪人不同的主观恶性与社会危害性。未成年人实施犯罪的方法和手段呈复杂化和成人化的显著态势，与其单纯幼稚的犯罪动机之间存在着极大的矛盾性。

2. 犯罪地点。未成年人对作案地点的选择多为自己熟悉或者曾经去过的地点，多为网吧、KTV、酒吧等娱乐场所。

（六）法律后果

1. 触及罪名。一般而言，未成年人犯罪所涉及的罪名中盗窃罪、抢劫罪、故意伤害罪、寻衅滋事罪、聚众斗殴罪和强奸罪所占比例较大。除此之外，未成年人在作案过程中容易触犯多个罪名，如未成年人在实施侵犯财产犯罪时又实施故意伤害等犯罪行为。

2. 刑罚。我国法律规定的刑事责任的承担方式包括定罪判刑式、定罪免刑式、消灭处理方式和转移处理方式。除了转移处理方式是针对在我国具有

---

〔1〕 路琦等："2017 年我国未成年人犯罪研究报告——基于未成年犯与其他群体的比较研究"，载《青少年犯罪问题》2018 年第 6 期。

外交特权和豁免权的外国人的刑事责任实现方式外，其余三种均是关于我国公民的刑事责任实现方式。定罪判刑式是指法院对犯罪人认定有罪而作出有罪判决并同时宣告适用相应的刑罚，这是刑事责任承担的最常见、最基本的方式。定罪免刑式是指法院对犯罪人认定有罪作出有罪判决但是免除刑罚适用。免除处罚，决不意味着行为人的刑事责任不存在，而是在确定行为人的行为构成犯罪、应负刑事责任的前提下，以免除刑罚处罚的方式解决行为人的刑事责任问题。消灭处理方式是指行为人的行为已经构成犯罪，应当负刑事责任，但是由于法律规定的阻却刑事责任的事由的存在，使刑事责任归于消灭的处理方式。[1] 在我国未成年犯罪人的刑事责任承担方式主要是定罪判刑式和定罪免刑式。我国坚持贯彻"教育、感化、挽救"的方针和"教育为主、惩罚为辅"的原则，犯罪未成年人被判处有期徒刑以下刑罚的比例较大。

（七）未成年人犯罪影响因素

1. 家庭状况。在未成年人的心智发展与行为习惯的养成过程中，家庭教育占据重要地位。家庭状况不同造成父母对子女抚养教育的差异，父母的受教育程度影响其对子女教育的意识和能力的高低；家庭经济状况和居住状况对未成年人健康成长具有直接影响。家庭监护功能不足，如父母教育观念落后、教育方式不当，对未成年人的健康成长会产生不利影响；而监护功能缺失的家庭，如流动、离异、留守、单亲家庭的未成年人更容易误入歧途。

2. 区域环境。在我国城乡二元化的发展结构之下，农村地区的未成年人犯罪所占比例高于城市地区的未成年人。根据最高人民法院发布的《从司法大数据看我国未成年人权益司法保护和未成年人犯罪特点及其预防》，在 2016 年至 2017 年间，全国法院新收未成年人犯罪案件中，农村地区未成年人犯罪人数占总未成年犯罪人数的 82.06%，城市地区未成年人犯罪人数仅占总体人数的 17.94%。[2]

3. 学校。学校是未成年人学习和成长的重要场所，是未成年人接受教育的主课堂。现实中，校园暴力与欺凌事件屡禁不止，是影响未成年人健康成

---

〔1〕　高铭暄、马克昌主编：《刑法学》，北京大学出版社、高等教育出版社 2019 年版，第 211 页。

〔2〕　"从司法大数据看我国未成年人权益司法保护和未成年人犯罪特点及其预防"，载最高人民法院网：http://www.court.gov.cn/zixun-xiangqing-99402.html，最后访问日期：2020 年 7 月 1 日。

长的一个顽疾。校园暴力与欺凌案件起因多为同学间的小矛盾和小摩擦，而未成年的学生往往不知道如何寻求正确的处理方式。

4. 媒体与网络。互联网是一把"双刃剑"，在便利千家万户的同时，也引发了一些难以解决的问题。例如，缺乏公德心与正义感的不良媒体为了牟取暴利通过传播大量的涉黄、涉黑题材的影片或信息，给未成年人的健康成长带来了不利影响，甚至在一定程度上诱发未成年人产生模仿犯罪行为的错误想法。不少学者曾对犯罪与媒体间的关系做过大量实证研究，揭示了如果媒介在传播过程中包含大量暴力内容，未成年人在观看后极易效仿并实施暴力行为。

5. 自身因素。未成年人处于身体和心智发育迅速的青春期，身体在形态、结构和机能方面均产生较大变化。未成年人在学校接受教育的同时，社会阅历与经验严重不足，世界观、价值观、人生观尚未完全形成，面对社会各界的不良诱惑及怂恿教唆，往往不能做出正确判断。

二、国外未成年人犯罪概况

（一）美国

自20世纪60年代以来，美国未成年犯罪人数不断上升，1965年至1980年间，未成年人暴力犯罪以及杀人犯罪的数量均成倍数增长。[1]自1996年开始，未成年人犯罪人数持续下降，但是从某些单个罪名来看，美国未成年人犯该罪的数量仍然呈上升态势。一般而言，美国未成年人易犯盗窃罪以及实行简单攻击、滥用药物、行为不检、酒精违法行为。自2013年以来，因盗窃机动车而被捕的未成年人数在逐年增加，到2017年上升了39%。在2013年至2017年间，未成年人因严重侵犯人身罪被捕人数下降了9%，因抢劫被捕人数上升了约1%，因谋杀被捕人数上升了23%。自1980年以来，女性未成年人犯罪人数占比有所上升，2017年，美国女性未成年犯罪在总体未成年人犯罪案件中占比较高，达到29%，女性犯罪类型主要为盗窃罪、其他违法行为包括实施酒类违法行为、简单殴打和扰乱治安。由于种族、教育以及宗教等因素的差异，美国黑人未成年人暴力犯罪比例较高，超过未成年犯罪人总数的50%。财产类犯罪以及涉酒类犯罪，美国白人未成年人占比则高于黑人

---

〔1〕 姚建龙："美国少年司法严罚刑事政策的形成、实践与未来"，载《法律科学》2008年第3期。

未成年人。[1]

（二）日本

日本的未成年人犯罪状况一般在《少年法》的框架之下进行考察。日本《少年法》的对象是非行少年（中文翻译为罪错少年或越轨少年），非行少年是"触法少年""犯罪少年"以及"虞犯少年"的总称。其中，触法少年是指违反刑罚法令时未满14周岁的少年，犯罪少年是指14周岁以上未满20周岁的犯罪少年，虞犯少年则是指有下列四种情形之一，根据其性格或环境，将来可能犯罪或者触犯刑罚法令的少年：有不服从监护人正当监督的习性；无正当理由有家不归；与容易犯罪的人或不道德的人交往，或者进出可疑的场所；有干扰自己或者他人道德的行为的习性。

有日本学者参考2010年之前的犯罪白书和警察白书，根据社会形势对日本各个时代的未成年人犯罪进行深入分析，将其划分为四个阶段：第一阶段（1945年至1955年），日本非行少年中以财产犯罪居多；第二阶段（1959年至1972年），日本非行少年中以暴力、恐吓、强奸等犯罪居多；第三阶段（1973年至1990年），日本非行少年中以盗窃和校园暴力犯罪居多；第四阶段（1991年至今），日本未成年人犯罪呈现出低龄化、团伙化的特点，暴力犯罪有增加的趋势。[2]

日本未成年人犯罪率自1983年达到高峰点后一直持续减少，除1998年略有上升外，至今仍呈下降趋势。尽管日本未成年人犯罪率不断降低，犯罪未成年人的年龄却出现低龄化的特征。日本未成年人最易犯盗窃、侵占、伤害以及欺诈类型犯罪，其中盗窃罪占比最高，其余占比依次递减。[3]

第二节　未成年人犯罪原因

未成年人存在个体差异，未成年人犯罪的具体原因各不相同。本节主要

---

〔1〕　参见美国司法部网站，https://ojjdp.ojp.gov/sites/g/files/xyckuh176/files/pubs/252713.pdf，最后访问日期：2020年7月10日。

〔2〕　［日］丸山雅夫：《少年法讲义》，成文堂2010年版，第37~39页。

〔3〕　"日本《令和元年版犯罪白書》"，载日本法务省网站，http://hakusyo1.moj.go.jp/jp/66/nfm/mokuji.html，最后访问日期：2020年7月13日。

从理论层面探讨未成年人犯罪的一般原因。关于未成年人的犯罪原因，存在诸多理论，涵盖生物学、心理学、社会学等学派，具体包括：遗传学说、体质说；精神分析学理论、社会学习理论、差别交往理论、中和理论；社会失范理论、社会控制理论、亚文化理论、标签理论、社会冲突理论；权益侵害理论、社会化理论；犯罪原因系统理论等内容。

一、生物学的犯罪原因理论

生物学的犯罪原因理论认为，犯罪是天生的，一个人会实施犯罪行为，与其遗传基因和体质特征密切相关。现代生物学派的犯罪理论主要包括了遗传生物学研究和体质生物学研究，分别提出遗传说与体质说。[1]

遗传说通过孪生子研究、养子女研究、染色体研究等科学实验，证明了未成年人的犯罪行为与先天性的遗传物质有关。德国精神病学家朗格通过证明同卵孪生子犯罪行为的一致性高于异卵孪生子犯罪行为的一致性，得出遗传因素对犯罪行为起着决定性影响的结论。

体质说认为未成年人的生理结构决定了犯罪的发生。德国精神病学医生恩斯特·克雷奇默将人按体型分为四类：瘦长型的人易于实施盗窃罪和诈骗罪；健壮型的人易于实施暴力犯罪或性犯罪；肥胖型的人犯罪的可能性较小；异常型的人主要易于实施性犯罪。也有学者认为中枢神经系统技能异常与犯罪之间有紧密关系。

二、心理学的犯罪原因理论

这一学派的理论，主要从未成年人的心理特质、品德素养、学习模仿等方面探究未成年人的犯罪原因。

（一）精神分析学理论

犯罪心理学中的精神分析学理论，是以奥地利精神分析学家西格蒙德·弗洛伊德创立的精神分析学为基础发展起来的犯罪心理学学说。[2]弗洛伊德的心理结构学说将成年人的心理分成三个部分组成：一为"本我"，它是与生俱来的本能，婴儿的整个心理都由"本我"组成，"本我"奉行快乐原则，要求立即满足肉体的需要。二为"自我"，它是从"本我"中分化出来的，

---

〔1〕 参见周振想主编：《青少年犯罪学》，中国青年出版社2004年版，第162~167页。

〔2〕 参见吴宗宪：《西方犯罪学》，法律出版社2006年版，第240页。

它既要使"本我"的需求得到满足，又要引导"本我"按照社会规范行事，"自我"是把个体与社会连结起来的纽带。三为"超我"，它是道德的维护者，如果只有"本我"和"自我"，那么社会个体将沦落为快乐至上的机体，"超我"的存在使儿童天生而来的欲望、贪婪、享乐得到制约。"超我"引导社会个体遵循社会规范的管理，一旦违反规范约定，"超我"会让个体遭受良心的谴责和不安。"超我"形成于儿童的成长过程中，与家长、学校、社会的教育和引导息息相关。

奥古斯特·艾希霍恩是瑞士精神病学家，他对弗洛伊德的学说进行拓展和延伸，从精神分析学的角度，进一步解释了未成年人的犯罪成因。艾希霍恩发展了"潜伏型少年犯罪"的概念，具有潜伏型少年犯罪状态的青少年，以冲动的方式来获得本能的需要，他们认为自我满足比满足他人更为重要。这种状态的形成，不是来源于天生和遗传，而是由周围的环境因素造成的，如破裂的家庭、宠溺的家庭氛围等。因为在儿童成长过程中，其"超我"没有得到很好的培养和发展，属于缺乏"超我"的未成年人，没有形成正确的道德观念，只求满足自身需要而拒绝遵守社会规范，最终会做出越轨行为。

（二）社会心理学理论

社会心理学理论主要从社会学和心理学的角度分析未成年人犯罪，通过未成年人与社会之间的关联，寻找未成年人犯罪的原因。

1. 社会学习理论。美国心理学家阿尔伯特·班杜拉提出的社会学习理论认为，犯罪不是由遗传因素导致的，而是社会个体在社会学习中获得的。未成年人在成长的过程中，很容易受到周围环境的影响，他们通过观察、体会身边的群体、社会成员的言行举止和思想观念，掌握犯罪的手段和技能，模仿犯罪人的行为方式，做出犯罪行为。

未成年人往往通过家庭成员、网络媒体和社会环境模仿犯罪。家庭成员是未成年人接触犯罪活动的最初起点，未成年人很容易学习和模仿家庭成员惩罚性的、攻击性的言行。随着网络的快速普及，未成年人在观看影视作品、媒体新闻时，会被其中带有暴力色彩的图片、视频深刻影响，容易接受和模仿这种暴力行为。除此之外，未成年人所处的社会文化环境对其成长发展也具有重要影响，对于厌恶学习、拒绝约束的未成年人，他们很难获得主流文化价值的肯定，基于相同的低级趣味和互相支持的精神慰藉，他们拉帮结伙，形成自己的团体帮派。在这种亚文化的环境之中，他们互相交流违法乱纪的思想，学习模仿对方的作案手段，在犯罪的道路上越走越远。简单来说，社会学习理论主张，未成年人往往在后天的亲密关系或密切接触的事物中学习犯罪。

2. 差别交往理论。差别交往理论由美国犯罪学之父埃德温·哈丁·萨瑟兰创立，该理论聚焦于普通的正常人是如何通过社会交往习得犯罪行为的。这一理论主张，未成年人的犯罪意图是在与他人进行社会交往中形成的。在社会交往中，未成年人会接触到形形色色的思想观念和价值标准，正确、有益的思想会给未成年人带来积极向上的影响，指引他们树立正确的价值观；错误病态、违法乱纪的思想会给未成年人带来消极负面的影响，诱使他们做出越轨行为。积极健康的社会交往和消极不良的社会交往会在未成年人的成长过程中相互碰撞。一旦未成年人陷入持续时间更长、接触频率更高、影响程度更大的负面交往中，他们就会更趋向于形成违法乱纪、打架斗殴的生活习惯。在社会交往中，如果未成年人接触到的赞同违法的观念比不赞同违法的观念更加深入人心，他们深受违法犯罪观念的影响，内心会逐渐认同违法行为，并把这种状态当作一种常态。在这个过程中，他们形成犯罪的动机和意图，掌握犯罪的技能和手段，最终走向犯罪的道路。

3. 中和理论。中和理论的代表人物是美国社会学家戴维·马茨与雷沙姆·赛克斯。该理论认为，部分未成年人在进行犯罪活动的时候，学会了一些抵消其犯罪行为的恶劣性质，将犯罪行为合理化的技巧，通过运用这些技巧来消除心理上的罪恶感，从而保证犯罪活动的顺利进行。[1]

这些技巧具体包括：其一，否认责任。犯罪未成年人否认自己应对其犯罪行为承担责任，他们认为自己也是社会环境的牺牲者。其二，否认损害。犯罪未成年人否认自己的行为损害了他人的利益。其三，否认被害人。犯罪未成年人认为自己的行为是进行惩罚或报复的正义行为，错误的、该受谴责的是对方。其四，谴责那些谴责他们的人，认为惩罚、谴责自己的人都是恶人。其五，高度效忠群体。在青少年犯罪的亚文化群体中，犯罪未成年人认为自己作为群体的一员，应该服从该群体的规则，即便违反法律的规范也在

---

〔1〕 吴宗宪：《西方犯罪学》，法律出版社 2006 年版，第 309～310 页。

所不惜。

中和理论是论述未成年人如何运用技巧，将其犯罪行为合理化的一种理论，未成年人运用这些技巧缓解内心的罪恶感，进而实施犯罪活动。

三、社会学的犯罪原因理论

社会学的犯罪原因理论关注社会个体与社会整体之间的连结关系，从社会结构与文化氛围等方面分析未成年人的犯罪原因。

（一）社会失范理论

美国社会学家罗伯特·金·默顿的社会失范理论指出，越轨行为来源于社会文化目标与社会制度之间的差距。每一种社会文化都涵盖了社会文化目标以及实现该目标的手段两个维度。该理论认为，在美国社会中，追求财富是主要的社会目标，社会成员应该在社会规范的约束下，通过合法的手段追求财富。然而在过分渲染、强调实现目标却无法为实现目标提供充足机会的社会里，不同社会成员可接触到的教育、劳动资源不尽相同。在可掌控资源方面处于劣势地位的社会成员，他们要么教育水平较低、要么劳动能力较弱，很难通过合法有效的方式获得金钱，这样一来，社会文化目标与社会制度手段之间出现不协调，也就会出现社会失范。与此同时，失范结构下的社会成员由于自己的预期与实际状况不相匹配，他们会产生紧张、焦虑等受挫情绪，这种紧张情绪会导致越轨行为的发生，最终导致犯罪行为的产生，因此社会失范理论又被称为紧张理论。

对于未成年人而言，由于自身年龄、经历的限制，他们对整个社会的文化氛围和奋斗目标缺乏完全、透彻的理解，加之他们实现目标的手段和方法十分有限，未成年人很容易就会陷入这种失范状态中，最终走上犯罪的道路。

默顿认为，个人缓解紧张情绪，适应社会的方式主要有五种类型：

1. 革新型。该类社会个体认同社会目标，但是拒绝采取合法的方式实现目标。即只使用合法方式，该类社会个体无法实现社会目标，他们不得不采用非法的手段，来扭转社会目标与社会制度之间的失衡，进而实施越轨行为。这种手段非常适合解释青少年由于贫穷而实行的犯罪。[1]也就是说，贫穷本身并不会导致犯罪，但在以追求财富为目标的社会当中，青少年由于缺乏合

---

[1]　周振想主编：《青少年犯罪学》，中国青年出版社 2004 年版，第 179 页。

法有效的方法和手段，很自然地就会实施违法犯罪行为，如盗窃、抢劫等。

2. 仪式型。该类社会个体拒绝接受社会目标，但他们选择社会认可的合法制度。该类社会个体不想要实现社会的目标，他们安分守己、日复一日重复自己的工作。由于对社会目标缺乏必要的热情和动力，他们不会采取非法的手段，也不会实施越轨行为。

3. 退缩型。该类社会个体拒绝社会目标，拒绝社会认可的制度。他们放弃合法的方式和实现社会目标，退缩到社会的一角，不过，这种逃避和放弃的态度是完全合法的。

4. 叛逆型。该类社会主体不仅拒绝社会目标和社会制度，他们还极力推行一套与之不同的社会目标与制度的构建。他们中的一些人主张使用暴力的方式推翻现有社会秩序，另一部分人则使用消极的方式抵制社会。

5. 遵从型。该类社会个体认同社会目标，并运用合法的方式和手段实现目标。不会出现社会目标和制度的失范。

（二）社会控制理论

美国社会学家、犯罪学家特拉斯维·赫希的社会控制理论认为，社会成员与社会之间的连结关系不够紧密，即社会的控制力量较弱，是造成偏差犯罪行为的主要原因。该理论主张，人性是追求快乐和利益的，犯罪通常可以产生立即快乐或相应利益，未成年人的犯罪行为是自然而然、不需要解释的。相反，社会成员遵守社会秩序，服从社会规范的行为是需要解释的。赫希认为，较低的犯罪率依赖于社会成员与社会之间强有力的连结，依赖于社会对社会成员的约束力。大多数社会个体害怕失去自己同社会之间的连结，他们会抑制自己的犯罪意图，不参与犯罪活动。但是，如果个体与社会之间的连结力量变差，社会对个体的控制和约束力量降低，个体从井然有序地社会中脱离出来，犯罪行为也就相应产生。对此，赫希提出4个连结个体和社会的要素：依恋、奉献、参与、信仰。通过分析这4个连结要素的具体含义，能够更好地理解未成年人犯罪的原因。

1. 依恋。这是指社会个体对他人或其他社会群体的情感依附，包括依附于父母，依附于学校，依附于同伴朋友。未成年人这种依附情感越强烈，就会越加在乎他人的感受和评价，就越难以走上犯罪的道理。首先，在良好家庭氛围中成长的未成年人，父母给予他们足够的监督、尊重、交谈，他们在萌发犯罪动机的时候，会主动考虑到父母对自己倾注的心血和努力，从而阻断犯罪意图。其次，学校在教育、引导未成年人健康成长方面发挥着重要的作用，如果未成年人对学校具有较强的情感依恋，他们会自觉遵守校规校纪，在学校的规范之下行事，很难做出违法举动。最后，当未成年人依恋于自己的朋友，他们会听取朋友的建议和忠告，降低了从事违法活动的概率。

2. 奉献。这是指社会个体在追求较高文化教育水平的过程中，奉献的时间和精力。如果未成年人对自己的追求投入较多努力，那么当他们从事犯罪活动时，就会考虑到该犯罪活动可能给自己带来的恶劣影响，因而停止犯罪。[1]

3. 参与。这是指社会个体从事社会传统活动的参与程度。如果未成年人积极投身学校课业活动和社会实践活动，那么，他们的时间和精力都被集中在积极有益的事物当中，很难有机会去接触违法犯罪活动。

4. 信仰。这是指社会个体对道德体系和价值观念的认同。未成年人如果能够从内心深处建立正确完善的道德观念，能够做到明辨是非，对社会制度、社会观感具有强烈的正义感，那么就不会轻易走上犯罪道路。

（三）亚文化理论

亚文化是有别于社会主文化而独立存在的文化体系。在社会形态中占据主要地位的主文化，一般代表统治阶级的意志，而亚文化则与之相反，通常体现社会主流意识形态之外的价值，代表一小部分群体的文化趋向。

美国犯罪学家艾伯特·科恩提出的青少年犯罪亚文化理论主张，在美国下层阶级贫民区中存在着一种青少年犯罪亚文化。因为处于下层阶级的青少年很难在主流的文化价值体系中实现自身意义，他们无法在主文化体系中，通过合法的方式追求财富，成为中产阶级。于是，他们需要一种另外的文化体系来缓解自己在主文化中的挫败感和无助感，青少年犯罪亚文化应运而生，这种亚文化是下层阶级青少年对主文化的冲击和对抗，也是抚慰挫败感的精神依托。这种亚文化环境会诱使青少年的性格发生扭曲，他们通过实施越轨行为，追求群体内部的认同感和虚荣心，以此肯定自己所处的亚文化氛围，维护亚文化群体的利益。

---

〔1〕 江志华：" '社会键' 理论与青少年犯罪预防"，载《当代青年研究》2004年第6期。

具有这种特质的青少年聚集在一起，他们秉持着相同的文化价值和是非观念，构成了青少年犯罪亚文化群，在如此冲动、暴力的群体氛围之下，这些青少年非常容易滋生团伙犯罪的意图，进而实施违法犯罪行为。

案 例

2002 年的 6 月中旬，16 岁的少年陈某伙同 15 岁的黄某和 17 岁的任某等人在某间网吧对受害人李某实施勒索抢劫并将其残忍杀害。据陈某交代，他们都是农民工子弟到外地来打工，因为沉迷网络游戏而钱财耗尽，于是联合起来出去"搞点钱"。[1]本案中犯罪的未成年人具有一些显著的共同特征：他们的父母忙于工作，并未提供良好的家庭教育；他们处于求学的年纪，却极早脱离学校，提前进入社会；他们成群结队，以小群体为单位进行活动。本案的行为人缺乏与父母、学校的依恋情感，很少投身传统的学业、实践活动，他们并未与社会建立起正常健康的连结，因此拒绝社会的规范和约束，最终做出犯罪行为。并且，从亚文化理论的角度来看，本案为团伙作案。这些行为人本身都难以获得主流文化的肯定，于是他们组成群体，在群体中相互鼓励支持，彼此交流作案的手段和体会，以追求内心的满足感和认同感，这样的亚文化氛围容易滋生暴力和犯罪。

（四）标签理论

在解释偏差行为的社会学理论中，大多数理论把焦点聚集在产生偏差的原因上，而标签理论却拒绝各种偏差原因理论，将注意力集中在偏差的形成过程中。标签理论的代表人霍华德·贝克指出，行为人的偏差行为与先天性体质和社会化结构都无关，偏差行为来源于他人在公开场合对行为人做出了否定性评价，也就是说公开给行为人贴上偏差的标签，是导致偏差行为的重要原因。

"贴标签"可以分为两个过程，包括初级越轨和次级越轨。[2]初级越轨是

---

〔1〕 "青少年犯罪案例分析"，载华律网：https://www.66law.cn/laws/109541.aspx，最后访问日期：2020 年 7 月 18 日。

〔2〕 Lermert，Social Pathology（New York，Mcgraw-Hill，1951），转引自赵秉志、廖万里："论未成年人犯罪前科应予消灭——一个社会学角度的分析"，载《法学论坛》2008 年第 1 期。

指每一个社会个体都会经历的越轨行为，这类越轨行为通常是微不足道的、不足导致惩戒的、一般不会引起关注的微小行为。未成年人由于自身价值体系的构建尚未成熟，很容易会做出此类轻微的越轨行为，这类越轨行为一旦被他人发现，并在公开场合被予以否定性的评价，那么该未成年人就会被贴上负面的标签。该未成年人周围的群体会以此推断，认为其品行不端，甚至可能做出嘲讽、歧视的行为。长此以往，被贴上标签的未成年人在负面消极的生活环境中会逐渐习惯不同种类的越轨行为，最终导致次级越轨，成为习惯性的越轨者。

（五）社会冲突理论

社会冲突理论是通过社会冲突来解释犯罪行为的理论，代表人物科塞认为社会冲突来源于不同利益集团对社会稀缺资源的争夺，该稀缺资源包括权力、地位等物质资源和价值观念等非物质资源。在资源竞争中处于劣势地位的下层未成年人，他们自身经济物质基础较差，无法与上层阶级对抗，会因此遭受歧视和压迫。另外，法律规范的制定体现着统治阶级的意志，未成年人的好坏由统治阶级文化标准评判，这使得部分青少年很难获得社会的肯定与认可，形成严重的不平衡感。于是，这些未成年人逐渐通过暴力的方式缓解内心的压力，以违法乱纪的行为获得内心的满足感，最终走向犯罪的道路。

四、其他学派的犯罪原因理论

除去生物学派、心理学派、社会学派的角度，还存在其他理论对未成年人的犯罪原因做出了合理解释。

（一）权益侵害理论

权益侵害理论的主旨含义在于，权益是每一个社会成员赖以生存和发展的基础，也是未成年人成长过程中不可或缺的内容。如果未成年人应得的权益被侵犯，他们内心的需要无法得到满足，为了实现内心所想，这部分未成年人会通过不合法的方式去维护自己应有的权益。在这个过程中，他们会摒弃道德的约束，违反法律的规定，希望以此获得与其他人同等的机会来弥补自己缺失的权益，并逐渐走上犯罪的道路。

未成年人由于年龄、生理、心理上的限制，其权益很难得到有效维护，具体表现为：其一，他们实现内心需要的途径和方法较少；其二，青少年需要的满足主要依靠社会和他人供给，对他人的依附性较强；其三，他们无力抗衡权益的侵害，只能铤而走险使用非法手段维护自身权益；其四，权益侵害容易引发心理扭曲和变态，未成年人因为自己是非观念尚不成熟，在权益受损后很容易产生心理压力和心理病态。[1] 在这些因素的影响下，当未成年人自身权益受损后，很可能会通过违法犯罪的手段来实现内心需要，该理论认为权益的损害是诱发未成年人犯罪的根本原因。

（二）社会化理论

社会化理论认为，社会个体的成长过程是个体融入社会的过程。这个社会化的过程包含了两个阶段，即未成年人从外在的监督约束转为内在的自我监督约束，也就是从依靠外界的施压、奖惩从事日常活动，转为依靠内心的价值判断和是非标准，做出符合道德和法律规范的行为。在这个过程中，社会个体应该接受教育和培养，提升品德修养和辨别是非的能力，掌握生存技能，从自然人转变为社会人。但是这个过程中如果发生偏差，未成年人会受到负面消极因素的影响，他们无法明确是非善恶或是不能控制情感表达，最终将会做出越轨行为。因此，未成年人的成长中需要良好的环境和氛围，包括家庭环境、学校环境和社会环境。如果未成年人处在支离破碎的家庭中，在学校没有得到正确的指引和帮助，所处环境缺乏积极向上的引导，那么，他们在融入社会的过程中，就没有办法形成正确的思想观念，其行为会打破道德、法律的约束，最终导致犯罪行为的产生。

五、犯罪原因系统理论

我国学者一般认为，犯罪原因是一个多质多层次性的、综合的、变化的、彼此互为作用的相关系统，包括社会因素、心理因素、生理因素等多种因素。

犯罪原因系统的第一个层次是犯罪根源，是所有犯罪的最根本原因。一定的生产力状况及与之相适应的生产关系是犯罪产生的历史根源，这是一个国家或某一社会形态在一定历史阶段犯罪的原因，而并非是某一具体犯罪行为的原因。

犯罪原因系统的第二个层次，可以分为两个部分，其一，社会原因；其二，个人原因。社会原因又可以被称为客观原因，它包括宏观社会因素与微

---

〔1〕 陈如：《未成年人犯罪与社会治理》，人民出版社 2013 年版，第 22 页。

观社会因素两个部分。宏观社会因素包括社会结构变迁、社会腐败、经济贫穷等，微观社会因素包括不良传媒、学校、家庭、不良交往等。个人原因也称主观原因，它也包括两个层次，一是生理原因，二是心理原因。

在未成年人成长过程中，对其影响最为深刻的两个环境当属家庭和学校，如果家庭和学校没有充分发挥积极的指引作用，那么未成年人则很有可能走上犯罪道路。

在家庭的影响因素方面，家庭结构、家庭关系、教育方式、家长的不良行为、父母的文化程度、家庭经济状况等方面是影响未成年人犯罪的重要因素。[1]不良的家庭结构包括单亲家庭、再婚家庭和父母双亡的家庭、隔代教养家庭和"隐性"残缺家庭；家庭关系紧张包括关系紧张、家庭暴力等；家庭教育不当包括过分溺爱的教育方式、简单粗暴的打骂教育、自由放任的教养方式、矛盾的家庭教育方式等。此外，家庭教育能力、教育水平和教育态度、家长的不良行为都可能对未成年人犯罪产生影响。

在学校的影响因素方面，主要是部分地区教育体制不够完善，导致很多未成年人难以得到继续升学的机会，他们流入社会更容易引发犯罪问题。如划分重点学校、重点班级、单一重视成绩容易引起未成年人厌恶学习、厌恶社会的情绪，不利于身心的健康发展。在部分学校，法治教育的缺失致使未成年人难以形成遵纪守法的价值观念。部分学校甚至放任学生的流失，对于成绩不好、品行不好的学生任由其辍学，对违纪学生缺乏思想和行为上的管理和矫正，[2]最终可能引发未成年人的犯罪行为。

案　例

2011年10月25日23时许，被告人吴某某和同学从校外返回学校门口时，被一群男青年冲过来追打，吴某某等人逃入校园。随后，吴某某打电话叫被告人陈某某来报复对方。陈某某接到电话后叫被告人张某某与其一起去现场，并找朋友取来一支猎枪，到达附近某小吃店。此时，被害人吴某儒、林某奋（同校同学）二人正在小吃店门前。张某某取出猎枪先后向林某奋、

---

〔1〕　张远煌主编：《未成年人犯罪专题整理》，中国人民公安大学出版社2010年版，第110～123页。

〔2〕　张远煌主编：《未成年人犯罪专题整理》，中国人民公安大学出版社2010年版，第135～140页。

吴某儒开了两枪，随后逃离现场。林某奋颈部中枪，当晚经抢救无效死亡。[1]该校园枪击案件当时在广东省全省范围内引起高度关注，也引起了人们对校园教育、校园安全的深刻思考。学校是为未成年人提供学业帮助、品德培养、价值观引导的场所。但是目前部分地区的部分学校，并没有很好地完成这一任务。有的学校过分重视学业成绩，忽视法治教育、思想品德课程的开展，没能帮助未成年人建立起基本完善的思想观念，致使部分学生在遇到问题时优先考虑暴力的方式，最终走向犯罪的道路。另一方面，学校作为教书育人的场所，应该确保学校内部和学校附近环境的安全性，坚决杜绝校园斗殴、校园霸凌等现象的发生，为未成年人提供健康安全的教育环境。

第三节　未成年人犯罪预防

未成年人受到《未成年人保护法》《预防未成年人犯罪法》等多部法律保护，根据我国《刑法》的规定，行为涉及触犯刑法规定但未达到刑事责任年龄的未成年人免除其刑事责任。未成年人身心尚未成熟、仍需家庭、学校以及社会的正确引导，对于未成年人而言，犯罪预防比惩治犯罪更加重要。预防是治理犯罪的根本之策，涉及国家立法、社会环境、媒体舆论等各个方面的影响，需要多方同步协调进行。

一、未成年人犯罪的一般预防

一般预防以塑造未成年人良好品格、提高道德素养、增强法律意识为目标，通过家庭、学校、社会的规范教育与正确引导，帮助未成年人塑造正确的行为观念，以避免其实施不良行为的犯罪预防措施。

（一）加强家庭保护

对于未成年人而言，家庭环境是其成长过程中探索和发现世界的起点。我们无法期待未成年人一出生便具有辨别是非、分辨善恶的能力，在家庭教育中，未成年人处于被动接受的一方，他们无法选择自己的家庭、父母，他们的人格和思想所面对的首次"雕刻"是其出生和成长的原生家庭。"蓬生麻

---

〔1〕 李艳艳："最高院通报的十四起未成年人犯罪的典型案例（三）"，载华律网，https://www.66law.cn/domainblog/82943.aspx，最后访问日期：2020 年 7 月 18 日。

中，不扶而直；白沙在涅，与之俱黑"，家庭对于未成年人价值观的形成，对于未成年人心智发展都具有重要影响。联合国《儿童权利公约》第 27 条明确规定各缔约国应当确认每个儿童均享有足以促进其生理、心理、精神、道德和社会发展的生活水平。父母或其他负责照顾儿童的人负有在其能力和经济条件许可范围内确保儿童发展所需生活条件的首要责任。预防未成年人犯罪，家庭应当肩负起帮助未成年人树立独立人格的责任，父母应以身作则。我国的犯罪未成年人中来自流动家庭、离异家庭、单亲家庭、再婚家庭、留守家庭的未成年人占据很大比重，由此可见家庭环境对于未成年人犯罪产生的影响不容小觑。新修订的《未成年人保护法》16 条规定，未成年人的父母或者其他监护人应该履行下列监护职责，并以列举式立法说明在哪些方面应给予相关保护。

（二）保障学校教育

学校教育是未成年人在正式迈入社会前所接受的专业的知识培养和人格养成阶段。心理学的研究发现，人的绝大多数行为都是以人的认识和观念为先导的，行为是认识和观念的外化。因此，帮助青少年树立恰当的认知观念，对于预防青少年犯罪而言十分重要，学校应当重视起对于未成年人正确认知的培养。[1]学校教育对于预防未成年人犯罪具有重要的影响。首先，国家坚定实施九年义务教育，保障未成年人获得平等地接受教育的权利，近年来我国开展了许多针对中小学生的法治教育活动，如法治进校园、法治进课堂等。学校教育不再仅仅关注对未成年人的知识传授与智力开发，也将思想品德和法治教育融入课堂学习。其次，丰富课余生活，培养学生积极的兴趣爱好。学校如果仅以成绩好坏对学生进行评价，将十分片面地为学生贴上"优秀学生""差生"等标签，被评价为"差生"的孩子大多会面临来自老师、家长、同学等各方面压力。根据未成年人自身特长的不同，鼓励各学生发挥自身优势，可以有效减少学生因为学习成绩带来的自卑感，塑造更加积极向上的思想，避免学生产生自我贬低的消极情绪，肯定自我价值。同时，应当对学生的心理健康提供专业的指导和帮助。未成年人遇到超出自身能力范围的问题或压力时，若缺失正确的引导将迫使其自己寻找解决内心困惑的方式，极有

---

〔1〕参见吴宗宪："论社会力量参与预防青少年犯罪的长效机制"，载《华东政法大学学报》2013 年第 5 期。

可能受到不良诱惑而误入歧途，因此，学校应当开展心理咨询等形式帮助遇到心理困惑学生及时找到正向的疏解方式，保证未成年人的心理健康。

（三）规范社会环境

除学校、家庭之外，社会环境亦时时刻刻影响着未成年人的身心发展。首先，应当净化未成年人成长过程中所容易接触的现实环境与网络虚拟环境，创造适合其健康成长的良好氛围。随着互联网时代的到来，未成年人的课程学习突破传统课堂教学的局限，通过网络学习课程的形式逐渐普遍。在互联网上很容易接触到大量繁杂的信息，对于尚缺乏辨别能力的未成年人而言，极有可能受到不良信息的误导，网络甚至成了一些人利用未成年人犯罪的工具。新修订的《未成年人保护法》新增第五章节网络保护内容，目的就是使未成年人在享受到信息时代发展的便利的同时，保证其享有一个健康良好的网络环境。其次，未成年人所处的社区环境对未成年人的健康成长也很重要。秩序井然的社区环境会对未成年的不良行为起到约束作用。未成年人所处的社区应当加强法治宣传，营造健康向上、遵纪守法的社会环境。

二、偏常未成年人的临界预防

未成年人犯罪的一般预防是针对所有未成年人而言的，而临界预防是针对特定的未成年人，对于显露部分偏常行为的未成年人，为避免其实施更为劣性的行为而及时实施教育矫治等措施。法律宣传等一般预防有时无法有效地防止部分未成年人的违法犯罪行为，甚至少数未成年人在实施违法犯罪行为时因为知道有刑事责任年龄的限制而知法犯法。因此，对于展现出犯罪趋势的未成年人而言，有针对性的临界预防措施尤为重要。

（一）偏常行为的发现

未成年人因具有个体特征而表现出不同的行为习惯、处事态度等，但均应是在一般社会标准之上的自由发展，对于违背常理的行为，家庭、学校、社会均应当予以及时关注与纠正。比如，未成年人饮酒、逃学、沉迷网络、与有不良习性的人交往以及一些违反治安管理的行为，均属于应当及时纠正的偏常行为，不予干预可能会造成更为严重的后果。[1]应加强家校联系，发

---

[1] 周少华、王传斌："未成年人临界预防制度研究"，载《青少年犯罪问题》2020 年第 2 期。

挥社区积极作用，发现未成年人实施偏常行为或存在其他反常状态时应及时沟通，寻求解决措施。未成年人应增强自我保护意识，大多数未成年人的偏常行为发生在校园，在受到侵犯时应及时告知老师。学校与社区应建立预防未成年人犯罪工作协调机制，系统全面地掌握实施偏常行为的未成年人的成长环境、生活状况、学习情况等，实现家、校之间信息互通，完整准确地寻找出进行何种措施更有利于对未成年人的偏常行为进行纠正。

（二）偏常行为的教育矫治

一般而言，公安机关与学校在未成年人犯罪的临界预防中能够发挥主要作用。对于未成年人实施的轻微违法活动，治安警察负有阻止义务；对于偏常行为尚未达到需要进行强制纠正程度的未成年人，公安机关可以责令家长加强管教、及时与未成年人所处学校沟通并提出意见；对于确有生活困难的未成年人提供实际帮助等。其次，学校对于未成年人的临界预防也发挥举足轻重的作用。未成年人实施了偏常行为后，学校处分权和管教权具体落实在偏常行为的矫正过程中，学校根据问题严重程度来采取不同的处分和管教措施，如安排专业教师予以训导、告知问题严重性，要求其参加特定专题教育并借助专业知识进行帮教。学校对未成年人进行处分时应当综合考虑各方面因素后慎重作出决定，因为学校的处分档案在警示学生的同时，也可能在一定程度上影响其今后升学和发展。对于偏差行为已经达到较为严重程度的未成年人，应当送至专门学校进行教育引导。专门学校采取有针对性的约束措施，对未成年人的偏常行为和心理问题等进行专业性教育矫治。决定未成年人是否需要进入专门学校需要经过严格的筛查程序，应当结合公安、社区、学校等多方提供的有关该未成年人的背景及生活状态等，由公安机关、教育专家及其他社会工作者共同评估。与此同时，对于已经接受专门学校教育的偏常未成年人进行及时关注和信息更新，对教育矫治情况进行规范化评估。

三、犯罪未成年人的再犯预防

（一）社区矫正

社区矫正充分体现了我国司法实践中对于未成年人犯罪"教育为主，惩罚为辅"的原则，为再犯预防提供了有效保障。未成年人不适用监禁刑不代表其违法行为不严重，其行为已然造成了对他人、社会的危害，仍然需要强制性措施进行纠正。社区矫正机构根据未成年人即矫正对象的年龄、心理特点、发育需要、成长经历、犯罪成因、家庭监护、教育条件等情况采取具有针对性的矫正措施，确定矫正小组并吸收熟悉未成年人身心特点的人员参加。为防止未成年人在经历社区矫正后被贴上负面标签，丧失改过自新的希望，我国法律规定未成年人社区矫正对象在未来复学、升学、就业等方面应与其他未成年人享有同等权利，任何个人或单位均不得歧视。

（二）监禁刑

根据我国《刑法》关于刑事责任年龄的规定，16周岁至18周岁的未成年人实施犯罪行为不免除其刑事责任，12周岁至16周岁未成年人实施部分犯罪行为不免除刑事责任，即12周岁以上未成年人可能因实施了不法行为而被判处监禁刑。首先，从侦查、审查起诉阶段开始至审判阶段，公安、检察机关和法院都应当对未成年人进行引导，使其对自己的犯罪行为的危害性有正确的认识。其次，在刑罚执行期间，未成年人犯管教所在保证犯罪未成年人遵守监狱管理规则的同时，应当充分利用社会支持，及时协助未成年人调整服刑心理，提供心理疏导。

四、国外与预防未成年人犯罪相关的少年司法制度概况

（一）美国

1899年，美国伊利诺伊州制定了世界上第一部《少年法院法》，之后芝加哥设立第一个少年法院，这被认为是少年司法制度的起源，其理论根基即为国家监护原理。美国各州存在不同的法律制度，相互之间自成比较法研究的对象，总体而言美国少年法的特色体现在以下几个方面：其一，设置专门的少年法院，或者家庭法院来处理与未成年人相关的案件；其二，少年法院及家庭法院管辖的案件包括：对象为罪错少年、需要监管的少年、被放任忽视的少年、被虐待的少年以及需要扶助的少年的案件；其三，少年法院及家庭法院往往配置有专职的调查人员，对涉案少年进行全方位的调查以及不间断的帮助和教育；其四，案件的审理以及案件记录一律采用非公开的形式。[1]即便未成年人没有实行侵害他人利益的行为，如果其缺少适当的监护

---

〔1〕 参见〔日〕平场安治：《少年法》，有斐阁1987年版，第18～19页。

与教育，放任不管将会不利于其自身的发展，则需要对其采取一定的干预与保护措施。少年法制度设立之初，美国绝大多数的少年法院和家庭法院排除了刑事法院对于罪错少年的案件的干预，具有绝对的优先管辖权。这一制度安排，是基于把罪错少年视为与需要监管的少年、被忽视放任的少年、被虐待的少年、需要扶助的少年在本质上相同的主体——监护的缺失或不当的受害者，因此对于罪错少年，国家与政府应当提供一个正常的成长环境，弥补缺失的监护并给予适当的教育，而不是一味追究其罪错行为的责任。

（二）日本

日本《少年法》对具有偏常行为的未成年人进行何种矫治措施作出了细致的规定。日本《少年法》的特色是确立了"虞犯少年"这一概念，凸显出对未成年人犯罪防患于未然的预防理念。"虞犯少年"未实施犯罪行为，但具有实施不法行为倾向，不加以干预可能导致其误入歧途而实施犯罪行为。在日本《少年法》中，虞犯行为与轻微违法行为不同，法律对于虞犯行为进行了明确列举，包括离家出走行为、不良交游行为、消极怠学行为、不纯异性交友行为、不健康娱乐行为、夜游行为及其他行为。这种列举式立法有助于法官准确地判断未成年人的行为是否构成虞犯行为。日本设有儿童商谈所、以警察为首的少年商谈（电话商谈）窗口以及教育部门进行的教育窗口。家庭裁判所在初步审理有关虞犯少年的案件时以 14 周岁为界限，对于 14 岁以上的未成年人可直接受理，对于 14 周岁以下的未成年人需要经由儿童商谈所交送方可审理。虞犯少年制度体现了日本在未成年人司法保护中的细节化处理，体现了对预防未成年人犯罪的重视。

课后学习

一、推荐阅读

1. 陈如：《未成年人犯罪与社会治理》，人民出版社 2013 年版。

2. 周振想：《青少年犯罪学》，中国青年出版社 2004 年版。

3. 康树华：《青少年犯罪与治理》，中国人民公安大学出版社 2000 年版。

4. 吴宗宪：《西方犯罪学》，法律出版社 2006 年版。

5. 戴秀英、汤波主编：《100 例少年犯罪纪实》，宁夏人民出版社 2009

年版。

6. 张远煌主编:《中国未成年人犯罪的犯罪学研究》,北京师范大学出版社 2012 年版。

二、电影赏析

1.《四百击》,1959 年,导演:[法] 弗朗索瓦·特吕弗。

2.《大象》,2003 年,导演:[美] 格斯·范·桑特。

3.《羁押》,2018 年,导演:[爱尔兰] 文森特·赖博。

第十章　未成年人司法保护机制

未成年人因其身心处于发育阶段，各方面都不是很成熟。但其仍然可能因为各种原因参与到司法活动过程中。尤其是在刑事司法领域，未成年人既可能成为被追诉的对象，也可能以被害人、证人的角色参与其中。司法活动具有专业性、严肃性等特点，即使对于成年人，也具有很强的威慑作用。未成年人——尤其是涉罪未成年人在刑事诉讼过程中会面临很大的压力，诉讼活动会对其身心健康发展造成不利的影响，因此，我国刑事诉讼制度中对未成年人制定了特殊的诉讼程序和诉讼制度。其中最主要的制度包括：强制辩护制度（法律援助制度）、合适成年人参与讯问制度、附条件不起诉制度、犯罪记录封存制度等。对于未成年证人（被害人）则制定了隔离作证等特殊保护的手段。

第一节　未成年人刑事司法制度的特殊性

一、未成年人特殊的身心特点

（一）未成年人认知能力特点

未成年人的认知能力、表达能力和记忆水平相较于成年人较低是未成年人刑事司法制度存在特殊性的一个重要原因。综合而言，未成年人的认知能力、表达能力和记忆水平主要存在以下三个方面的弱点：

1. 易受干扰。未成年人的认知能力处于成长阶段，在事件发生时感受到的信息量较少，在回忆时受到外界环境的影响，表达时对成年人又有依赖心思，证言容易被暗示和引导所影响而发生变更。心理学家采用实验研究的方式，设计了某些事件，采用自由联想和提示访问的办法，让未成年人在一段时间之后回忆这些事件，研究发现"年幼的孩子在接受提问时更容易受到别人的影响。当被问到一些误导性的问题时，他们很容易被提问者吓到并因此改变回答。这种暗示感受性取决于很多因素，包括提问进行的方式，问题的类型和提问者被认为所处的地位"。

2. 准确性低。未成年人证言的准确性与其对问题的理解程度密切相关。实验研究表明，如果问题复杂、抽象，出现未成年人无法理解的词语、情境等，证言的准确性会大打折扣。即使无法理解问题，未成年人依然会积极地作出回答，很少表示自己并不明白或者不清楚。有时，未成年人也会掩盖自己的真实情绪，被害者大多不愿意再次回忆案发经过，在陈述时会出现语言重复、内容混乱、情绪激动的状况，无意识或故意省略、夸张案件细节，对案件侦破、定罪量刑造成困扰。

3. 表达主观、笼统。未成年人在陈述时，往往会以自我为中心，对事件的描述和对他人的判断主观、笼统，如"他真好，给我许多糖吃""我害怕他，他长得好可怕"等。心理学家从描述与解释他人两个方面，对未成年人的思维方式进行了研究，发现未成年人对他人的描述会因年龄的不同而在很多方面有所不同，年龄大的未成年人，能够意识到他人的心理特征，而不仅仅集中在外部特征上，年幼的孩子往往不能理解一个人的好坏，如果对方是一个外表斯文，言语温柔的人，那么他们就会认为他是好人，随着年龄的增长，社会阅历更加丰富，他们会渐渐意识到人性的复杂性，知道辨别是非。

虽然未成年人心理对于其证言的可靠性有很大的影响，但是未成年人依旧有能力扮演目击者的角色，"至于未成年证人不具备完全的行为能力，心理状况不稳定，认识感知事物的能力较弱，独立判断能力不强，以及其证言的可靠性和可采性不高等等，其实是未成年人证言的证明力问题，应由法官在庭审中加以审查判断"。[1]因此我们对于未成年人被害人、未成年证人的作证制度需要有独立的规范。

---

〔1〕 何杰："英国儿童证人制度对我国未成年人作证之借鉴"，载《昆明学院学报》2010年第1期。

（二）未成年人司法制度需要考虑的因素

1. 未成年人诉讼参与能力的特殊性。未成年人具有不同于成年人的特殊性，其身心发展的不完全对其诉讼活动的能力产生很大的影响。未成年人虽然具有一定的辨识和控制能力，但其身心、智力还处于发育中，看待问题、处理事情还不够成熟全面，面对复杂、专业、严肃的诉讼环境，他们比成年人更容易陷入茫然、恐慌或手足无措中。他们脱离其熟悉的生活、学习环境，面对公检法机关，容易在心理上、精神上受到极大的冲击，可能无法准确理解司法机关提出的问题和供述案件事实。

2. 未成年人司法目的的特殊性。未成年人犯罪多是因为冲动、叛逆、辨识能力差被误导等而造成的，主观恶性相对较小，并且未成年人的人生观、价值观尚未完全形成，具有重塑改造的可能性，能够对其教育、感化、挽救。而未成年人一旦被贴上"坏孩子"或"罪犯"的标签，容易受到其他同龄人和社会的排斥、歧视，不利于未成年人身心发育和重新回归社会。因此，诉讼程序——尤其是刑事诉讼程序对于未成年人要有更多的保护和照顾。尽量减少未成年人进入刑事诉讼程序，如果对未成年人启动刑事诉讼程序，也要给予其特殊的关注和照顾，尽量减轻刑事诉讼程序对未成年人身心造成的冲突和影响。这就有必要通过设立更为人性化的刑事政策、诉讼程序、审理模式、执行方式等，实现刑罚的一般预防和特殊预防目的。给未成年人提供法律帮助、在讯问未成年人时让成年人陪同、不公开审理未成年人案件、对未成年人犯罪记录进行封存等措施都是对涉罪未成年人的有利帮助与保护，能更好地疏导未成年人的紧张、抗拒情绪，配合司法机关办案，推进未成年人刑事诉讼的顺利进行，也能更好地教育感化涉罪未成年人，让涉罪未成年人意识到自己行为错误的同时，也感受到司法的关怀和温度，坚定接受改造重新回归家庭、学校和社会的信心和决心，从而实现挽救未成年人的目的，达到良好的诉讼效果。

二、刑罚目的与国家亲权理论

（一）刑罚目的的变迁对未成年人司法制度的影响

1. 非罪化刑罚目的的影响。在"以牙还牙，以眼还眼"的同态复仇时期，私人报复是朴素的刑罚观念。随着国家和社会的发展，国家报应取代了私人报复。19世纪末，刑事实证学派逐渐兴起，从生理、心理、精神等方面探索犯罪原因，提出刑法谦抑性、法益保护主义、自由主义等刑法理论，发展和形成了不同于古典报应刑罚理论的新的刑罚观，即强调惩罚、震慑不是刑罚的唯一功能，还应注重刑罚的预防功能。随着刑罚观念的变迁，"非犯罪化理论""非刑罚化理论""刑罚个别化理论"和"轻刑化理论"等新的现代刑罚理论，极大地推动了未成年人刑事诉讼立法和司法实践的演变。[1]

非犯罪化理论强调将一些本作为犯罪处理的行为不再作为犯罪对待和处理，改采行政处罚或是不追究责任。犯罪学研究表明，对于未成年人犯罪，家庭、学校、社会等各方面都有责任，从这个角度而言，涉罪未成年人既是加害人也是受害者，社会应当以矜恕之心待之，不能一味强调惩罚。非犯罪化理论要求未成年人刑事诉讼法应抛弃惩罚为主的立法理念，坚持教育为主的理念实行教育、感化、挽救的基本方针，设定缓起诉、附条件不起诉，通过刑事和解不起诉或免予刑事处罚，从而减少未成年人进入刑事诉讼程序。

2. 刑罚个别化理论的影响。由于受刑事实证学派的预防刑罚观点的影响，刑罚个别化理论认为为实现特殊预防目的，应当以被告人犯罪行为的社会危害性为基础，先考虑被告人的人身危险性再确定具体刑罚。因此，通过建立专门的未成年人刑事诉讼制度，在未成年人刑事诉讼中实行社会调查制度，根据未成年人的性格、成长背景、犯罪原因等制定个性化对待措施，均是刑罚个别化理论对未成年人刑事诉讼产生的深刻影响。非刑罚化理论认为监禁刑并不能达到减少再犯的目的，因而强调通过非刑罚化、非监禁刑的方法来改造和挽救罪犯。轻刑化理论则强调根据刑法谦抑性原则，依法或酌情对被告人从轻、减轻处罚。针对未成人教育、改造、犯罪预防等，各国建立了更生保护制度，设置少年教养院，实行以罚金、赔偿、不拘禁的强制劳动等非刑罚方法代替短期自由刑等。

（二）国家亲权理论对未成年人司法制度的影响

国家亲权理论（parentspatriae）为未成年人刑事诉讼制度的建立提供了重要的理论基础。国家亲权理论认为未成年人身心发育还不成熟，需要得到父

---

〔1〕 参见翁跃强、雷小政主编：《未成年人刑事司法程序研究》，中国检察出版社2010年版，第12～13页。

母的照顾。国家国王是一国之君，国王亲权高于父母亲权，因而国家对那些没有能力照管自己及财产的未成年人，有最终的保护责任和干预权力。但是，国家介入未成年人刑事诉讼程序的目的是给未成年人提供帮助而非控告其构成犯罪，国家应当为未成年人提供个性化的对待而非惩罚或报应。[1]国家亲权理论以追求实现未成年人的最大利益为原则，构建有别于成年人刑事诉讼程序的未成年人刑事诉讼程序。通过设立独立的少年法院、少年法庭，组建专业的侦查人员、检察官、法官、观护人员等办案队伍，推行仅适用于未成年人的社会调查制度、圆桌审判的非正规性庭审、制定专门的未成年人刑事诉讼程序等方式将未成年人和成年人的刑事司法程序区分开来，体现了国家亲权理论指导下具有福利色彩的司法制度。

国家亲权理论在指导未成年人刑事诉讼立法和司法方面也存在一定限制。以美国《少年法院法》为例，立法将罪错未成年人之外的一些其他身份违法行为（如旷课、违反宵禁）也纳入少年法院的管辖范围，由于受案范围过于宽泛，致使很多因身份违法的未成年人受到刑事干预而被贴上犯罪标签，影响到未成年人的健康成长。同时，国家亲权理论过于强调关注未成年人的福利，忽视了未成年人本应享有的正当刑事诉讼权利；部分矫正机构的环境恶劣，矫正措施并不能有效发挥教育改造效果。因此，为消除国家亲权理论造成的理论与司法实践的脱节，美国相继引入了责任理念、司法模式，对国家亲权理论进行修正，美国联邦最高法院也通过一系列判例确立了未成年人在刑事诉讼中享有的正当诉讼权利和宪法权利，实现了未成年人刑事诉讼福利色彩和司法色彩的融合。

第二节　刑事司法中涉罪未成年人的保护

一、未成年人的强制辩护制度

（一）未成年人辩护制度概述

未成年人在生理和心理方面都尚未发育成熟，在刑事诉讼中，未成年被告人面对司法机关，更容易因为畏惧心理不敢行使权利、维护个人利益，在

---

[1]　See Mack，TheJuvenileCourt，23 Harv L Rev 1990，p.104.

缺乏外界帮助的情况下，未成年被告人可能会变相沦为诉讼客体。而且，未成年人的知识水平和社会阅历均低于成年人，对于复杂的诉讼程序和法律概念更加难以理解，其本身也更加容易因为威胁和引诱而作出不利于己的陈述，因此，给与未成年被告人律师帮助是极其必要的。

1. 未成年人辩护制度受未成年人特点影响。未成年人律师辩护仍属于刑事辩护范畴，但也具有一定的特殊性。首先，未成年时期是介于未成年期与成年期的过渡阶段，其认知能力和行为能力都比未成年时期有了明显的发展，能够在一定程度上独立思考并有效地采取行动。但与成年人相比，未成年人在各个方面仍处在发展阶段，在很多方面都尚未完全定型，知识储备和社会经验也不丰富，这使其容易受幼稚判断左右。他们很难分清法律中的违法和犯罪的区别，甚至不知道民事和刑事责任的关系，只具有朴素的是非观。在未成年人违法行为中，很多都是因为一时冲动或为谋取蝇头小利而试试的违法或民事侵权行为，他们即使采用了暴力手段，但也常常达不到成年人在抢劫罪中的恶性。[1]因此，涉及未成年人的刑事案件不仅仅是惩罚犯罪，更重要的是拯救和帮助被告人。对未成年被告人的辩护也需要基于其特殊生理、心理状态，以及相关犯罪内容的特殊性而体现出不同于普通刑事辩护的特点。

2. 未成年人辩护制度受特殊刑事政策影响。刑事诉讼法对于未成年人的刑事政策是特殊的。针对未成年人心理、性格可塑性强的特点，以联合国为代表的国际组织也制定了一系列旨在处理未成年人犯罪问题的国际公约，包括《北京规则》《利雅得准则》《联合国保护被剥夺自由少年规则》等。其价值取向主要是帮助未成年犯"改过自新"，重新融入社会，而惩罚仅是次要手段。涉及未成年人的刑事辩护必须充分认识和利用国家对于未成年人的特殊刑事政策，强调未成年人的可塑造性以及未来良好发展的可能性，更加积极地进行轻罪化辩护，同时也可以利用辩护的机会对未成年人进行法制教育，促其悔罪并重新走上生活正轨。

（二）未成年人强制辩护的内容

1. 未成年人强制辩护的法律规定。我国《刑事诉讼法》第 278 条规定："未成年犯罪嫌疑人、被告人没有委托辩护人的，人民法院、人民检察院、公

---

〔1〕 参见吴羽："论未成年人律师辩护的专业化"，载《青少年犯罪问题》2017 年第 3 期。

安机关应当通知法律援助机构指派律师为其提供辩护。"法律对未成年被告人给予了强制辩护的法律保障制度。在侦查阶段，从未成年被告人被采取强制措施或者第一次讯问时起，侦查人员应当告知被告人及其法定代理人有权聘请律师担任辩护人，对于因故没有聘请辩护人的，侦查机关应当通知法律援助机构为被告人指派律师担任辩护人。在审查起诉阶段和审判阶段，人民检察院和人民法院分别在移送审查起诉及收到起诉材料之日起3日内向被告人及其近亲属告知上述权利。被告人及其近亲属要求法律援助的，人民检察院和人民法院也应当及时通知法律援助机构指派律师为其辩护。

2. 未成年人强制辩护制度涵盖所有诉讼阶段。从诉讼阶段上来讲，未成年人强制辩护涵盖从侦查、审查起诉、审判等所有诉讼阶段。当然，在实践中，侦查和审查起诉阶段获得法律援助的案件数量要远远低于审判阶段。在很多案件中，未成年犯罪嫌疑人在审前阶段并没有得到充分的律师帮助和辩护，很多案件到了审判阶段才由法庭通知法律援助机构，更有个别案件直到开庭之时援助律师才被通知到庭。据统计，有约6%的未成年被告人在审判阶段都没能获得律师辩护。[1]由于我国的刑事诉讼模式具有侦查中心的特点，侦查的结果往往决定了一个案件的最终走向。律师的实际辩护效果也主要体现在侦查阶段。未成年人心智尚未成熟，很容易在侦查人员的威逼利诱下作出不真实的供述。因此，在侦查阶段律师的参与必不可少，他可以帮助未成年人理解诉讼程序并有效行使各项诉讼权利。其次，审前阶段律师帮助的缺位也将导致辩护人没有充足的时间进行社会调查，难以就有利于未成年人身心健康的相关问题提出有效的辩护意见。最后，实践中有大量的未成年人案件在审查起诉阶段以附条件不起诉的方式结案，不会进入审判，这也决定了审前阶段的律师辩护对未成年人的重要性不容忽视。因此，我们应当加强审前强制辩护介入的力度，对于公安、司法机关怠于履行通知强制辩护职责的，应以相应的惩戒措施予以纠正，必要时，可通过程序性制裁措施否定相应的侦查成果。

3. 未成年人强制辩护以法律援助为主。辩护人既可以由未成年人的法定代理人、近亲属委托，也可以由公安机关、司法机关依职权通知法律援助机

---

〔1〕　参见曾利娟："未成年人刑事辩护实证研究"，载《预防青少年犯罪研究》2017年第6期。

构指派辩护人。在实践中，法律援助已经成为未成年被告人获得辩护的主要途径。但从法律援助质量上来讲，律师的激励机制不完善，影响了对未成年人辩护权的保障。法律援助不仅是一种形式上的帮助，更需要实现实质辩护。徒有形式的律师辩护是无法帮助未成年人保障自己合法诉讼权利的。但是，由于法律援助律师资源的缺乏，我国未成年人法律援助的质量不容乐观，很多情况下其仅仅是"过场性"，难以起到实质的辩护效果。造成这个现象的原因主要有两个：一方面，法律援助律师主观态度并不积极。不会见、不调查的情况普遍发生，甚至有的援助律师直到开庭时都不知道被告人是未成年人。[1]另一方面，辩护缺乏有效意见，形式化严重，轻定罪辩护、重量刑辩护，往往起不到实质效果。

因此，在现有法律援助供给制度的基础上，建立未成年人法律援助专门通道。可以在法律援助机构内新增部门，专门负责未成年人法律援助的指定、申请和指派工作，并在法律援助资源上给予一定的倾斜，保障未成年犯罪嫌疑人、被告人能够及时获取法律援助。此外，国家应当提高法律援助的资源投入，激励律师群体参加到未成年人法律援助案件的积极性，除了加强律师的公益责任心以外，还要适当提高法律援助工作的回报。这种回报包括物质和精神两个层面，在物质上能使律师拥有一定的获得感，在精神层面上，要给予积极参与未成年人法律援助的律师更多的荣誉感。

二、合适成年人制度

（一）合适成年人制度概述

合适成年人参与制度是指合适的成年人参与未成年人刑事诉讼程序，以维护未成年人的诉讼权利的制度。"合适成年人"制度最早起源于英国。随着世界各国对于未成年犯罪嫌疑人、被告人权利的愈加重视，合适成年人制度也逐渐被推广到了全世界。我国《刑事诉讼法》第 281 条第 1 款规定："对于未成年人刑事案件，在讯问和审判的时候，应当通知未成年犯罪嫌疑人、被告人的法定代理人到场。无法通知、法定代理人不能到场或者法定代理人是共犯的，也可以通知未成年犯罪嫌疑人、被告人的其他成年亲属，所在学校、

---

〔1〕 参见解宝虎、王晓刚："法律援助未成年人律师为何不积极"，载《检察日报》2014 年 7 月 9 日，第 7 版。

单位、居住地基层组织或者未成年人保护组织的代表到场，并将有关情况记录在案。到场的法定代理人可以代为行使未成年犯罪嫌疑人、被告人的诉讼权利。"这一条款即是我国的合适成年人条款。

合适成年人制度的功能。合适成年人制度主要适用于未成年犯罪嫌疑人、被告人接受讯问和审判的过程中。该制度有以下的几点功能：

1. 安抚功能。维护未成年人在讯问及审判中的权益，改善其处境。讯问和审判对于涉世未深的未成年人来说是充满巨大压力的环境。由于未成年人社会经验不足、身心发展不完全，其面对这种压力的能力是很弱的，往往会感到彷徨无措、害怕，甚至会由于恐惧而匆忙认罪，这势必会损害触法未成年人的合法权益。在无外界帮助的情况下，未成年人很容易受不当讯问的影响，在遭遇侵权时也不懂得如何进行维权。合适成年人制度可以打破传统讯问的二元对立的封闭空间，形成一个三方格局。合适成年人处于中立的地位，不像辩护人具有明显的利益倾向性，基于其特殊的地位，其在讯问过程中在场既可以让司法机关接受，也可以让未成年人接受，有起到帮助缓解气氛的作用，同时对未成年人在讯问过程中遇到的问题给予适当帮助，为未成年人解说司法机关提出的问题以及在司法机关存在不当行为时帮助未成年人进行维权，缓解两者之间紧张的气氛，实现对未成年人的特殊保护。

2. 监督功能。减少刑事诉讼中的差别对待，实现未成年犯罪中的平等对待。相比较成年犯罪嫌疑人，未成年人始终属于弱势群体。在实践中经常有侦查、司法机关因犯罪嫌疑人、被告人年龄尚小而对其不公平对待，例如不告诉他们应有的权利——如申请回避、核实笔录等；甚至一些地区出现针对未成年人的非法取证行为，过分追求办案效率，忽视程序正义，给未成年人身心发展造成极其恶劣的影响。在合适成年人制度下，合适成年人可以起到一个很好的监督者的作用。合适成年人在场制度的一个最大优势就是打破了传统询问程序密闭的僵局，使司法机关丧失了刑讯逼供的可能性，在一定程度上保障了口供的真实性以及若发现司法机关存在违法之处或者不当行为，可以立即提出纠正意见并责令其改正，监督司法机关办案的合法化与正规化，同时也可为未成年人追求他们应当享有的权利，实现未成年人与成年人的统一对待。

3. 教育功能。面对公安机管的讯问，未成年人往往会出现忤逆、不配合的心理，从而产生叛逆、憎恨之心递增的情绪，极有可能会在成年之后再次向社会进行犯罪报复。在合适成年人在场制度下，合适成年人可以在讯问的第一时间接触触法未成年人，与他进行沟通交流，向他灌输正确思想，引导他正确的认罪态度，解开未成年人心中的心结，鼓励其如实陈述、认罪认罚，协助办案人员帮助触法未成年人改过自新，起到一个积极正面的教育作用，帮助触法未成年人改正自己的违法行为，从而再次步入正轨。

（二）合适成年人制度的历史发展

1. 国外合适成年人制度的发展历史。合适成年人制度肇始于 20 世纪 80 年代。1972 年，一名叫 Maxwell Confait 的男子被人谋杀，警方在犯罪现场附近抓获 3 名嫌疑人，18 岁的 Colin Lattimore 和他两个朋友——15 岁的 Ronnie Leighton 和 14 岁的 Ahmet Salih。Lattimore 的智力年龄只有 8 岁，属于智能较弱的人。警方在对他们 3 人进行讯问的时候没有通知 3 人的父母，也没有邀请其他非警员以外的人士在场。最终，Lattimore 和 Salih 承认了在犯罪现场附近纵火，Lattimore 承认了杀害 Maxwell Confait。

案件一审后，陪审团裁定 3 名被告有罪。因为 Lattimore 属于限制刑事责任能力人，认定其过失杀人和两宗纵火罪罪名成立，要求进入医院进行不定限期治疗；认定 Ronnie Leighton 两宗纵火罪罪名成立，判处无期徒刑；Ahmet Salih 构成过失杀人罪和两宗纵火罪，被判处进入皇家慈善学校学习，以替代其 4 年的有期徒刑。

该案后被发回上诉法院重审。上诉法院在经过几星期的举证与合议后认为，3 名被告人中，两人为未成年人，一人为智力迟钝人士，3 名少年在侦查讯问中不同程度地受到了刑讯，警察没有通知 3 名少年的家属，更没有通知其他成年人来参与诉讼，从而导致了 3 人的虚假供述。上诉法院最终裁定 3 名被告人无罪。

案件判决后，内政大臣要求警方对该案做全面的报告。该报告促成了皇家刑事诉讼委员会的成立。皇家刑事诉讼委员会在《1984 年警察与刑事证据法执行手册》（*Policeand Criminal Evidence Act 1984 Code of Practice*）中首次确立了合适成年人的概念。[1]

---

〔1〕 参见中国政法大学刑事法律研究中心编译：《英国刑事诉讼法（选编）》，中国政法大学出版社 2001 年版，第 420～421 页。

到 1998 年，《犯罪和骚乱法》（*Crime and Disorder Act 1998*）正式将合适成年人的参与作为未成年人讯问的一种法定要求。该法要求警方在未成年人案件的讯问中必须提供合适成年人的服务，并建立了青少年犯罪工作小组（youth of fending team）进行协调。

2. 我国合适成年人制度的发展历史。我国也很早就制定了未成年人接受讯问时有成年人帮助的规定。公安部在 1962 年发布的《预审工作细则（试行草案)》中规定："对少年犯的审讯，在必要的时候，可以邀请他的父母或监护人以及所在学校的代表参加讯问。"[1] 1979 年制定刑事诉讼法时，该条款被吸收。此时，成年人在场权只是一种酌定的权利，公安机关并没有义务一定要通知犯罪嫌疑人的父母、监护人或学校代表。在 1996 年修改《刑事诉讼法》的过程中，有学者就已经提出了设立合适成年人在场制度的建议，但因种种原因，该建议并未被采纳，讯问时通知成年人到场仍然是种授权性条款。当然，公安机关在这个问题上先行了一步。公安部当时颁布的《公安机关办理刑事案件程序规定》（1998 年版，已失效）第 182 条第 1 款规定："讯问未成年的犯罪嫌疑人，应当针对未成年人的身心特点，采取不同于成年人的方式；除有碍侦查或者无法通知的情形外，应当通知其家长、监护人或者教师到场……"将"可以"的授权性规范变成了"应当"的义务性规范。2002 年，公安部又发布了《公安机关刑事法律文书格式（2002 版)》，其中要求各地公安机关在讯问未成年犯罪嫌疑人时，如果需要通知其法定代理人到场，应当制作《法定代理人到场通知书》，为通知成年人到场提供了程序性的保障。

我国正式在刑事诉讼法中提出合适成年人概念的是昆明市盘龙区人民法院。2002 年 6 月昆明市盘龙区政府与英国救助未成年人会合作在昆明市盘龙区开展未成年人司法试点项目。其中，合适成年人参与未成年人案件的讯问工作也是其中一项重要的试点内容。紧接着上海市浦东新区、厦门市同安区都陆续展开试点，分别形成了"盘龙模式""上海模式"和"同安模式"。[2]三种模式都为后来的刑事诉讼法的修改提供了宝贵的经验。2012 年修改《刑

---

〔1〕　参见郝银钟、盛长富："谈合适成年人参与制度"，载《人民司法（应用)》2013 年第 1 期。

〔2〕　参见刘立霞、郝小云："论未成年人刑事案件中的合适成年人制度"，载《法学杂志》2011年第 4 期。

事诉讼法》时设立了未成年人刑事案件诉讼程序的特别程序，在该程序中，正式确立了合适成年人制度。

（三）我国合适成年人制度的内容

《刑事诉讼法》281 条虽然未明确提及"合适成年人"这一概念，但从条文表述上为法定代理人以外的合适成年人讯问时在场提供了明确的法律依据，概括了这一制度的基本精神。最高人民法院、最高人民检察院和公安部也都在各自的司法解释和相关规定中进一步具体化了相关制度。

1. 合适成年人制度的适用范围。我国合适成年人制度可以归纳为以下几个方面的内容：其一，该制度所适用的对象为讯问时不满 18 周岁的未成年人。对于作案时不满 18 周岁但讯问时已满 18 周岁的犯罪嫌疑人并不适用。其二，合适成年人属于补充性要求。在讯问和审判未成年人时，应当首先通知其法定代理人到场。当无法通知、法定代理人不能到场或者法定代理人是共犯时才通知其他合适成年人到场。这实际上将法定代理人纳入了合适成年人的范围，并对合适成年人的类别做了明确的区分。其三，该制度的适用于审前讯问和法庭审理阶段。其四，法定代理人和其他合适成年人的权限有所区别。法律规定到场的法定代理人可以代为行使涉罪未成年人的诉讼权利，换言之，法定代理人可以行使未成年犯罪嫌疑人、被告人在讯问和审判时能够享有的诉讼权利，包括质询、申诉、控告、申请回避、申请变更强制措施等，而普通合适成年人则无法代为行使上述权利，他们只能就侦查人员、司法人员在讯问中侵犯未成年犯罪嫌疑人合法权益提出意见。

2. 合适成年人的选任。按照法律和司法解释的规定以及实践操作惯例，我国合适成年人的选任主要考虑以下几个方面的问题：首先，未成年人的法定代理人是第一顺位的合适成年人。当法定代理人不适合或无法担任合适成年人时，可以选择其他人担任合适成年人。但目前在实践中，其他合适成年人的选任具有较大的裁量空间。根据法律规定，未成年犯罪嫌疑人、被告人的其他成年亲属、所在学校、单位、居住地基层自治组织或者未成年人保护组织代表都可以成为其他合适成年人。但是，上述人员中如何选择法律并没有明确规定。从司法实践的情况来看，办案人员选择其他合适成年人的随意性比较大，办案人员往往会选择更加容易"配合"，不会制造"麻烦"的人担任合适成年人，这大大减弱了合适成年人制度的监督作用。这种随意性还导致合适成年人的不稳定性。对同一犯罪嫌疑人的数次讯问可能会用到不同的合适成年人，这将无法使未成年人与合适成年人建立信任关系。使其难以进行有效的沟通，也使合适成年人的效果大打折扣。

3. 合适成年人的权利义务。我国刑事诉讼法尚未将合适成年人纳入诉讼参与人的范围，但合适成年人在诉讼过程中也享有一定的权利，承担一定的义务。根据法律和司法解释的规定，当法定代理人担任合适成年人时，其可以代未成年人行使所有诉讼权利。其他合适成年人有提出意见的权利。但是，我国法律赋予合适成年人权利还相对较窄，很多内容缺乏规定。比如，如果其他合适成年人发现办案人员在讯问过程中存在违法或侵权的情形，其是否可以代犯罪嫌疑人或以自己名义向有关部门控告、申诉？在未成年人需要行使诉讼权利维护自己利益时，法定代理人以外的其他合适成年人只能对其进行提醒而不能直接向办案人员主张。很多地方对合适成年人参与施加了很多限制，主要包括部分地区不允许合适成年人打断讯问人员的询问、发言必须经过询问人员的允许等。部分地区办案的警察表示，对于合适成年人打断其讯问会有抵触情绪。[1] 合适成年人只能成为讯问的"旁观者"，无法最大程度地维护未成年人的利益。

与之相对应的，法律也没有赋予合适成年人相应的责任和义务。有些临时被邀请参加讯问的合适成年人本着多一事不如少一事的心态走过场，对于合适成年人在讯问过程中应当帮助而没有帮助的行为，法律也无明确的后果。合适成年人制度很可能沦为单纯帮助讯问机关劝说犯罪嫌疑人认罪的工具，无法全面实现监督讯问过程、保障未成年人权利的主要职责，产生本末倒置的不利影响。

（四）我国合适成年人制度的完善

1. 规定其他合适成年人参与的强制性。按照目前《刑事诉讼法》的规定，在法定代理人无法到场的情况下，办案机关"可以"通知其他合适成年人到场。这使得其他合适成年人的到场不具有强制性。进一步削弱了合适成年人制度的效果。对此，立法应当有所改变。办案人员在确认未成年人的法

---

〔1〕　参见何挺："'合适成年人'参与未成年人刑事诉讼程序实证研究"，载《中国法学》2012年第6期。

定代理人无法到场后应当及时启动合适成年人的选择与通知程序，并给合适成年人留出合理的到场时间。依法通知合适成年人到案而其无法到案或不到案的，应当立即联系其他人员到场，以确保诉讼顺利进行。对于无正当理由缺少合适成年人参加的讯问笔录，可以学习英国经验，原则上予以排除。[1]

2. 规范其他合适成年人的范围与标准。各国以及我国之前的不同试点对于合适成年人的范围界定各不相同。盘龙模式下父母和监护人不得担任合适成年人，上海模式下则将合适成年人作为法定代理人不能到场时的一种补充。就目前法律规定而言，我国采用的是法定代理人优先、其他合适成年人补充的模式。目前刑事诉讼法对于其他合适成年人的范围采用的是列举法，范围较为狭窄而封闭，并不利于合适成年人制度的健康发展。在确定其他合适成年人的范围时应当保留一定的灵活性。

在个案中，选取其他合适成年人应当依次根据以下几个标准进行：①亲和性。合适成年人制度要发挥作用，选择未成年人信任的人担任合适成年人至关重要。在法定代理人之外选择合适成年人首先应当询问未成年人的意见。未成年人虽然心智未成熟，但已经具备了判断善意和关怀的能力，如果一味排除未成年人对合适成年人的选择，将不可避免地将未成年人推进更为不利的境地。[2]所以首选其信赖、亲近的人担任合适成年人，将更好地发挥合适成年人的安抚、教育和说服作用。②适任性。在保证亲和性的基础上，尽可能让具有相关专业能力或者工作背景的人担任合适成年人。合适成年人履行监督等职责最好能够具备法律基础、心理学等相应的知识作为重要支撑。实证调研发现，绝大部分的办案人员、合适成年人和未成年人都认为合适成年人应当具备一定的法律基础并加强法律知识的培训。[3]③便利性。由于侦查讯问往往存在紧急性，在选任合适成年人的时候也需要考虑到诉讼活动进行的效率。办案机关在对候选合适成年人的亲和性、专业性进行综合评估的基础上，应选择能够尽快到场的人担任合适成年人。必要时可以通知多人，以

---

〔1〕 参见姚建龙：《权利的细微关怀———"合适成年人"参与未成年人刑事诉讼制度的移植与本土化》，北京大学出版社2009年版，第20页。

〔2〕 参见汪建成："论未成年人犯罪诉讼程序的建立和完善"，载《法学》2012年第1期。

〔3〕 何挺："合适成年人讯问时在场的形式化倾向及其纠正"，《中国刑事法杂志》2012年第11期。

最先到场者为合适成年人。

3. 明确其他合适成年人的地位及权利义务。由于法定代理人多数是未成年人的直系亲属，其彼此间的信任度远高于合适成年人，加上法定代理人本身就享有法律规定的监护权，《刑事诉讼法》可以对法定代理人与其他合适成年人在诉讼中的权利进行区分，但是也应当赋予其他合适成年人必要的诉讼权利和诉讼义务，以确保其作用的实现。

除现行《刑事诉讼法》规定的提出意见权外，其他合适成年人还应当享有如下诉讼权利：①诉讼知情权。合适成年人有权了解触法未成年人犯罪案件的相关信息及其家庭背景、成长经历等信息，以期对未成年人有一个更为透彻的了解，以期在诉讼中更好地帮助他。②交流权。合适成年人应当有权在询问前与未成年人进行单独的交流。这不仅能够保障未成年人的身心健康，还有助于消弭未成年人的抗拒心理，有利于讯问的顺利进行。在讯问过程中，如果未成年人或合适成年人认为需要进行单独交流的，合适成年人可以申请中止讯问，让其进行单独的交流。交流的过程侦查机关可以监视但不能监听。③笔录阅读核对权。讯问结束后，合适成年人有权代替未成年人阅读笔录。对于讯问人员有不当行为、笔录与供述不符、合适成年人未全程参与讯问等情况的，合适成年人有拒绝签字的权利。对于缺少合适成年人签字的讯问笔录，原则上应予以排除。④监督与申诉权。合适成年人制度存在的一个重大意义就是为了监督在审讯过程中办案人员的行为及审讯程序是否合法，若在讯问过程中发现不当的违法行为，应赋予合适成年人不同梯度的监督权和申诉权。

合适成年人的义务具体包含以下几个方面：①教育的义务。严禁帮助触法未成年人掩盖罪行，严禁与办案机关一起对未成年人采取刑讯逼供，应对触法未成年人实施感化教育，帮助其早日改过自新。②保密的义务。合适成年人参与诉讼，在获取案件信息后，也应当对未成年人个人信息以及案件信息予以保密，不得公开。③无正当理由不得干涉讯问机关正当的讯问活动。不得借与未成年人私下交流的过程教唆未成年人串供、做虚伪供述。

三、附条件不起诉制度

（一）附条件不起诉制度概述

附条件不起诉是指对于可能判处 1 年有期徒刑以下刑罚、涉嫌《刑法》

第四章、第五章、第六章规定的犯罪的未成年人，虽符合起诉条件，但有悔罪表现的，人民检察院可以作出附条件不起诉决定的制度。我国附条件不起诉制度是在长期的缓起诉、暂缓不起诉等制度试点的基础上建立起来的。附条件不起诉制度对刑事诉讼审查起诉阶段贯彻宽严相济的刑事司法政策，落实"教育、感化、挽救"方针，预防和减少青少年犯罪，减少未成年人犯罪交叉传播，及时化解社会矛盾，帮助未成年人及早回归社会具有重要作用。同时，该制度也在一定程度上实现部分未成年人刑事案件的提前分流，有助于缓解案多人少的矛盾。

附条件不起诉制度有以下几个特点：

1. 适用范围有限性。适用范围限定性体现在适用主体特定与罪名适用范围特定两个方面。从适用主体而言，为体现对未成年人的特殊保护，我国附条件不起诉制度只针对犯罪行为时年满 14 周岁尚不足 18 周岁的未成年犯罪嫌疑人，而设置考察期和考察条件也是为帮助未成年犯罪嫌疑人早日回归社会的基本手段。就适用罪名而言，附条件不起诉只适用于《刑法》分则第四章、第五章、第六章规定的侵犯公民人身权利、财产权利或者妨害社会管理秩序的罪名，且依法被判处 1 年有期徒刑以下刑罚的犯罪。

2. 案件本身可诉性。附条件不起诉本质上和酌定不起诉是类似的。两者是对原本构成犯罪、符合起诉标准的案件进行除罪化处理的方式。区别在于，酌定不起诉主要考虑行为人的恶意大小与犯罪行为社会危害性的大小，附条件不起诉还需要考虑涉案未成年人的改造可能性及其身心发展需要。因此，附条件不起诉对于犯罪行为本身严重程度的适用标准要比酌定不起诉更宽。适用附条件不起诉的前提是案件本身的犯罪事实已经清楚、证据确实充分，已经达到了起诉的法定条件，属于可以起诉的案件。如果案件本身事实不清、证据不足，或者属于《刑事诉讼法》第 16 条所规定的法定不起诉情形的，不能适用附条件不起诉制度。

3. 决定非终局性。附带一定条件是附条件不起诉制度的核心，也是其区别于法定不起诉、酌定不起诉等制度的重要特点。犯罪嫌疑人是否最终能够得到不起诉的结果并不是在附条件不起诉决定作出时确定的。附条件不起诉的适用必须附带一定的条件，并要求犯罪嫌疑人在设置的考察期限内严格遵守。在考察期内，未成年犯罪嫌疑人必须遵守法律法规，按照检察机关要求完成相应任务或满足相应条件的，才可获得不起诉的最终结果。如果被不起诉的未成年人有违反禁令、再次犯罪或实施其他导致条件不能成就的行为的，那么检察机关也可以撤销附条件不起诉的决定，将案件依法移送起诉。

4. 结果无罪性。当涉案未成年人在考察期过后达到了不起诉的条件时，检察机关将对其作出正式的不起诉决定。适用附条件不起诉的案件虽然达到了起诉条件，但是由于我国《刑事诉讼法》规定，未经人民法院判决，对任何人都不得确定有罪。附条件不起诉决定由检察机关作出，并未经过法庭的审理，更不是由法院作出的判决决定的，因此，其决定的法律性质属于无罪决定。不起诉结果无罪性也是激励犯罪嫌疑人摒弃错误行为，进行自我改造的最大原动力。在考察期限内，未成年犯罪嫌疑人如积极履行所附义务，满足考察要求及条件，完成相应的教育和矫治，附条件不起诉便与法定不起诉具有同样的法律效果，诉讼程序终止。在未成年犯罪嫌疑人完成所附义务的情况下，不再追究其法律责任，避免了其"犯罪人"的标签效应，给未成年人改过自新的机会，体现了"教育为主，惩罚为辅"的原则。

（二）附条件不起诉的条件

1. 附条件不起诉的罪名条件。根据法律规定，未成年人适用附条件不起诉需要具备三个基本条件。

首先，涉嫌犯罪类型为《刑法》第四章、第五章、第六章中的个罪，即侵害公民人身权、财产权或者妨害社会管理的犯罪。立法者将适用附条件不起诉的罪名限定在这三章是因为此类犯罪在青少年群体中高发，且社会影响较小、影响范围可控，适宜适用附条件不起诉。

附条件不起诉的罪名条件存在两个方面的问题。首先，以类罪作为案件范围的限制并不科学。我国《刑法》分则体系以法益为基础，将罪名大致划分为十类，从重到轻排列为危害国家安全、危害公共安全、破坏社会主义市场经济秩序、侵犯公民人身民主权利、侵犯财产权利、妨害社会管理秩序、危害国防利益等。除了有特殊主体身份要求的罪名以外，未成年人在理论上有可能触犯所有罪名。刑法第一章、第二章、第三章中的罪名虽然大多涉及国家利益和社会利益，但这并不能说明触犯这类犯罪的人都是罪大恶极的。未成年人也可能因为受到蛊惑、威逼利诱等原因参与到危害国家安全、危害社会安全的犯罪中，这类犯罪的整体危害性比较强，但就个案、个人而言，其主观恶性和社会危害性未必比侵犯个人权益的犯罪严重。仅仅规定触犯第四章、第五章、第六章的罪名可以适用附条件不起诉，虽然基本囊括了未成年人犯罪的常见类型，但并不完整，从逻辑上来说至少是不严密的，从保护未成年人、教育未成年人的角度而言也是存在瑕疵的。

2. 附条件不起诉的量刑条件。适用附条件不起诉的案件必须是所犯罪行可能判处 1 年有期徒刑以下刑罚，包括 1 年以下有期徒刑、拘役及管制。可能判处的刑罚在一定程度上体现了犯罪嫌疑人的人身危险性及犯罪行为的社会危害性。因此，将适用的刑罚条件限定为 1 年有期徒刑以下，是为了确保适用的未成年犯罪嫌疑人的确是罪行较轻、社会危害性较小、人身危险性较低，从而可以也应当让其尽快回归社会，以免定罪可能导致的标签化及羁押可能导致罪犯之间的恶习传染，使得未成年人"一失足成千古恨"，终身受到影响。

学界有一种意见认为附条件不起诉中对于"可能判处一年有期徒刑以下"的使用条件也限制过窄，应当适当放宽。首先，横向比较各国刑法规定，我国《刑法》的量刑是比较重的，属于重刑主义国家。3 年有期徒刑一般被认为是轻刑的标准，且大量的罪名中都以 3 年作为有期徒刑量刑的一个界限。由于 3 年有期徒刑作为量刑档是法定刑期，检察机关在适用附条件不起诉时所面临的裁量因素大大减少，还扩大了该制度的适用空间。其次，3 年有期徒刑是我国刑法规定可以适用缓刑的上限。缓刑与附条件不起诉相比有异曲同工之妙。将附条件不起诉的适用范围扩大至法定刑 3 年有期徒刑以下，实现了起诉与量刑的统一，同时也能够最大程度地保护未成年人的利益，最大限度地帮助未成年犯罪嫌疑人重新回归社会。

3. 附条件不起诉的犯罪嫌疑人主观条件。附条件不起诉的第三个条件是积极悔罪。这要求未成年人真诚地认识到错误的严重性，对自己的行为感到愧疚且愿意付出相应的行动换取被害人一方的谅解。最高人民检察院《未成年人刑事检察工作指引（试行）》第 181 条中对此条件进行了细化，对悔罪表现等作了较为广泛的解释，未成年犯罪嫌疑人认罪认罚、退赔退赃、积极悔罪、自首、立功、取得被害人谅解等情况，均可视为具有悔罪表现。

（三）附条件不起诉的法律后果

未成年犯罪嫌疑人在经过一定考验期考验后，没有违反考验期义务或者完成考验条件的，检察机关应当作出不起诉的决定。附条件不起诉的法律后果与酌定不起诉的法律后果类似，均是一种无罪化的处理方式。附条件不起诉和酌定不起诉具有内在的关联。对于未成年人而言，在"可能被判处 1 年有期徒刑以下刑罚"和"犯罪情节轻微，依照刑法规定不需要判处刑罚或者免除刑罚"之间往往难以划定一条清晰的界限，这就不可避免地导致两者适用上的竞合。酌定不起诉通常适用于以下情形：犯罪情节轻微的胁从犯、过失犯、教唆犯、预备犯、中止犯、未遂犯、从犯；犯罪嫌疑人为又聋又哑的人或者盲人的；犯罪嫌疑人有其他自首或者立功表现，依照刑法规定不需要判处刑罚或者可以免除刑罚，如犯罪嫌疑人真诚悔罪，双方当事人达成和解协议并切实履行，或经被害人同意并提供有效担保的，检察机关根据案件情况可以作出酌定不起诉的决定。因此，从制度设立本意来看，酌定不起诉主要着力于诉讼经济和刑事法谦抑性的自觉，而附条件不起诉更多是着眼于未成年人的教育与改造。

2017 年，最高人民检察院发布的《未成年人刑事检察工作指引（试行）》第 184 条规定："人民检察院对于既可以附条件不起诉也可以起诉的未成年犯罪嫌疑人，应当优先适用附条件不起诉。对于既可以相对不起诉也可以附条件不起诉的未成年犯罪嫌疑人，应当优先适用相对不起诉。如果未成年犯罪嫌疑人存在一定的认知偏差等需要矫正，确有必要接受一定时期监督考察的，可以适用附条件不起诉。"这一条文间接地承认了在未成年人案件中，附条件不起诉与酌定不起诉在适用范围上存在重叠，部分未成年人犯罪的社会危害性较小，但其因不在附条件不起诉的适用范围之内，又不满足酌定不起诉的适用条件，而不得不起诉，如此，附条件不起诉制度就无法发挥应有的作用，不利于未成年人的教育、挽救。

案　例

2015 年初，牛某初中三年级辍学后开始打工，其间经人介绍加入某传销组织，后随该组织到某市进行传销活动。2016 年 4 月 21 日，被害人瞿某（男，成年人）被其女友卢某（另案处理）骗至该传销组织。4 月 24 日上午，瞿某在听课过程中发现自己进入的是传销组织，便要求卢某与其一同离开。乔某（传销组织负责人，到案前因意外事故死亡）得知情况后，安排牛某与卢某、孙某（另案处理）等人进行阻拦。次日上午，瞿某再次开门欲离开时，在乔某指使下，牛某积极参与对被害人瞿某实施堵门、言语威胁等行为，程某（另案处理）等人在客厅内以打牌为名义对瞿某进行看管。15时许，瞿某在其被拘禁的4楼房间窗户前探身欲呼救时不慎坠至1楼，经法医鉴定，瞿某为重伤二级。[1]

本案检察机关通过走访牛某父母、邻居、村委会干部及打工期间的同事了解到，牛某家庭成员共5人，家庭关系融洽，母亲常年在外打工，父亲在家务农，牛某平时表现良好，服从父母管教，村委会愿意协助家庭对其开展帮教，且牛某家庭与被害人达成赔偿协议，经过不公开听证，检察机关在综合考虑其一贯表现和犯罪性质、情节、后果、认罪悔罪表现及尚未完全履行赔偿义务等因素的基础上，参考同案人员判决情况以及其被起诉后可能判处的刑期，确定了为期1年的考验期，并对牛某作出了附条件不起诉的决定。

四、犯罪记录封存制度

（一）犯罪记录封存制度概述

1. 犯罪记录封存制度的法理依据。所谓犯罪记录，是指关于犯罪人员信息的客观记载。犯罪记录封存则是指国家对符合特定条件的犯罪记录进行暂时的保密，不予公开与披露。[2]我国《刑事诉讼法》第286条规定："犯罪的时候不满十八周岁，被判处五年有期徒刑以下刑罚的，应当对相关犯罪记录予以封存。犯罪记录被封存的，不得向任何单位和个人提供，但司法机关为办案需要或者有关单位根据国家规定进行查询的除外。依法进行查询的单位，应当对被封存的犯罪记录的情况予以保密。"

未成年人犯罪记录封存制度主要有两个功能：其一，巩固刑事诉讼过程中已经实现的对未成年人的教育功能；其二，有利于体现刑事司法制度对未成年人的人文关怀，以贯彻落实"教育、感化、挽救"的方针和体现"教育为主、惩罚为辅"的原则。此外，该制度是依据双向保护理念设立的一项少年司法制度。

双向保护原则作为一项惩治与预防未成年人犯罪的特有原则起源于1985

---

〔1〕 最高人民检察院第二十七批指导性案例。
〔2〕 参见叶青主编：《未成年人刑事诉讼法学》，北京大学出版社2019年版，第274页。

年联合国大会第 40 届会议通过的《联合国少年司法最低限度标准规则》(《北京规则》)。该规则第 5 条的说明中指出,对犯罪的未成年人适用刑法,"不仅应当根据违法行为的严重程度而且也应根据本人的情况来对少年犯做出反应……应当确保对罪犯的情况和对违法行为、包括被害人的情况所做出的反应也要相称"。这段表述,便确定了对未成年人刑事立法与司法最终的一项原则,即保护社会利益与保护未成年犯罪人的双相保护原则。

国际上许多国家基于"犯罪标签理论"[1]早于我国立法规定了未成年人轻罪记录消灭制度,如美国《青少年犯教养法》(1964 年)、联邦德国《青少年刑法》(1974 年)、英国《前科消灭法》(1974 年)、法国《刑事诉讼法典》(1970 年)、日本《少年法》(1948 年)、澳大利亚《青少年犯罪起诉法》(1997 年)、瑞士《瑞士联邦刑法典》(1971 年)等。我国未成年人犯罪记录封存制度的确立,也是践行联合国少年司法准则最低限度标准的重要体现。《北京规则》确立了一系列有关少年司法的最低限度标准,其中即明确规定了对于少年犯犯罪记录的使用与保密。该规则第 8.1 条、第 8.2 条规定:"应在各个阶段尊重少年犯享有隐私的权利,以避免由于不适当的宣传或加以点名而对其造成伤害。""原则上不应公布可能会导致使人认出某一少年犯的资料。"第 21.1 条、第 21.2 条又规定:"对少年罪犯的档案应严格保密,不得让第三方利用。应仅限于与处理手头上的案件直接有关的人员或其他经正式授权的人员才可以接触这些档案。""少年罪犯的档案不得在其后的成人讼案中加以引用。"[2]

2. 我国犯罪记录封存制度的发展历史。我国也一直将犯罪记录封存制度视作是落实对未成年人的"教育、感化、挽救"方针,巩固转化中央司法改革成果的重要体现。[3]早在 2003 年,河北省石家庄市长安区人民法院率先尝试,出台实施办法,首启了我国未成年人犯罪记录消灭实践的先河。之后在江苏、浙江、四川、广东、福建、山东等地的司法机关分别采取"发放前科

---

〔1〕 李冬梅:"标签理论的犯罪观对我国青少年犯罪防治的启示",载《青少年犯罪研究》2003 年第 3 期。

〔2〕 程味秋、[加]杨诚、杨宇冠编:《联合国人权公约和刑事司法文献汇编》,中国法制出版社 2000 年版,第 221、232 页。

〔3〕 朱锡平:"宜教不宜罚:未成年人轻罪记录封存制度的走向选择",载《青少年犯罪问题》2013 年第 6 期。

消灭证明书""犯罪记录归零""犯罪记录封存"等举措，并取得了较好的试点效果。2008年12月《中央政法委员会关于深化司法体制和工作机制改革若干问题的意见》（以下简称《意见》）中明确提出："按照教育为主，惩罚为辅的原则，探索处理未成年人犯罪的司法制度。为促进确已改过自新的未成年人犯罪人员更好地融入社会，有条件地建立未成年人轻罪犯罪记录消灭制度，明确其条件、期限、程序和法律后果。"这些举措都为2012年刑事诉讼立法规定未成年人犯罪记录封存制度的构建提供了实践准备和立法素材。社会历史表明，在中国有着几千年有罪推定的思想是根深蒂固的，社会公众倾向于将已有犯罪记录之人视为有罪之人。一旦，在这些人身边发生了违法犯罪事件，首先被怀疑的人就是有前科的人，"一日为贼，终身为贼"已然成了大众普遍的心态。所以讲，犯罪记录的存在，确会给判处刑罚的未成年人在升学、就业、生活等方面带来难以低估的消极影响，甚至为他们重新犯罪埋下隐患。通过立法确立未成年人犯罪记录封存制度，很好地体现了"教育、感化、挽救"的方针，以及"教育为主，惩罚为辅"的司法保护原则，为那些曾经犯有轻罪的未成年人"去标签"，不被歧视地顺利复学、升学、就业而重新回归社会提供了法制保障。

（二）犯罪记录封存制度的内容

1. 犯罪记录封存的范围。对符合《刑事诉讼法》规定的未成年犯的犯罪记录，国家应当不予公开与披露，限定知晓犯罪记录的主体范围，并建立允许其依法进行查询的未成年人刑事司法制度。该制度由两部分内容构成：一是关于对犯罪时不满18周岁，并且被判处5年有期徒刑以下刑罚的未成年人犯罪记录予以封存的规定；二是关于不得向任何单位、个人提供犯罪记录及例外的规定。刑事诉讼法一方面对未成年人犯罪记录封存作了明确的适用规定，同时也为合理的需求留有余地，作了封存例外的规定，也即司法机关为办案需要或者有关单位根据国家规定可以查询已被封存的犯罪记录。

现行犯罪记录封存制度的适用范围还相对较窄。首先，封存制度并未包括检察机关作出的相对不起诉和附条件不起诉的记录。相对不起诉和附条件不起诉虽然在法律上均属于无罪决定，但是都属于未成年人人生道路上的瑕疵。被相对不起诉或附条件不起诉的往往是情节轻微、涉案未成年人认错、悔过态度较好的案件。犯罪的未成年人的记录都要封存，那犯错的未成年人记录也应当予以封存。《刑事诉讼法》应当在此问题上作进一步的完善。其次，在推行认罪认罚从宽制度的司法背景下，凡是以认罪认罚结案的未成年人犯罪案件，应当不受"被判处五年有期徒刑以下刑罚的"限制，一律适用犯罪记录封存制度。这样不仅对认罪认罚的未成年犯罪人在实体法的量刑上给予从宽处理，还可以体现程序法的保护性程序适用的从宽精神，使未成年犯罪人在适用认罪认罚从宽制度时，具有了实体法与程序法的双重从宽意义，也可为最终完全对接《北京规则》，建立未成年人犯罪记录消灭制度创造立法条件。

2. 犯罪记录解封的条件。我国刑事诉讼法及相关司法解释对"为办案需要"的理解作了以下几点规定：①解封的前提必须是被封存犯罪记录的未成年人实施新的犯罪，且新罪与封存记录之罪数罪并罚后被决定执行 5 年有期徒刑以上刑罚的；②被封存犯罪记录的未成年人又被发现漏罪，且漏罪与封存记录之罪数罪并罚后被执行 5 年有期徒刑以上刑罚的。"根据国家规定进行查阅"的解封情形作出细化规定。

刑事诉讼法及司法解释对于"有关单位根据国家规定"中的"国家规定"并没有作出明确的界定，按照学理一般理解，这里的"国家规定"主要是指含有从业资格限制的法律规范。据有关学者初步统计，法律、国务院法规和行政规章，其中含有从业资格限制的规范达到 51 条之多，[1]这仅涉及全国层面的法律规定，不包括省、自治区、直辖市等地方性法规的规定。有关单位一旦依据这些"国家规定"，向有关司法机关提出申请查阅当事人未成年时的犯罪记录，那么对其进行就业限制就会被视作合法。但是，如果不当地扩大"国家规定"的范围，将导致与确立未成年人犯罪记录封存制度的立法本意相悖。所以，从司法实践看，我们有必要对"根据'国家规定'进行查阅"作出限缩性规定，以确保未成年人犯罪记录封存制度立法目的真实地达成。

3. 犯罪记录封存效力及于当事人终身。根据《人民检察院刑事诉讼规则》第 487 条规定，"被封存犯罪记录的未成年人或者其法定代理人申请出具无犯罪记录证明的，人民检察院应当出具。需要协调公安机关、人民法院为

---

〔1〕　袁婷："公民职业资格该不该受限"，载《民主与法制时报》2011 年 1 月 31 日，第 A06 版。

其出具无犯罪记录证明的，人民检察院应当予以协助"。实践中，对于该规定中的"未成年人或其法定代理人"是指其犯罪时的状态还是目前的状态存在一定的争议。按照狭义的文义解释，该条款中的"未成年人或其法定代理人"是主语，那么检察院仅对如何受理未成年人及其法定代理人申请出具无犯罪记录证明时的职责作出了明确的规定，即出具无犯罪记录证明仅针对申请时仍然为"未成年人"的当事人。但现实情况是，已成为成年人的当事人因就业所需而申请无犯罪记录证明的难度远比未成年人因复学、升学所需申请无犯罪记录证明的难度大的多，"一失足成千古恨"，他们在反歧视的"再社会化"之路上更需要人民检察院予以协助。因此，有必要从实质含义上对该条文进行解释，被封存犯罪记录的未成年人成年后仍然有权申请司法机关出具无犯罪记录证明，这种理解也与犯罪记录封存制度的立法目的相适应。

（三）犯罪记录封存制度实践的完善

作为一项新的刑事诉讼法制度，现有的犯罪记录封存仍然存在较大的完善空间，尤其是相关配套措施的缺乏使该制度的实践价值打了很大的折扣。具体而言，主要有以下几个方面的内容：

1. 实现未成年人犯罪记录的充分隔离。《刑事诉讼法》第286条将"司法机关为办案需要或者有关单位根据国家规定进行查询"作为未成年人犯罪记录封存的例外规定，其目的在于维护未成年人隐私利益与打击违法犯罪及其他国家事务正常开展之间的价值平衡。司法机关和国家有关单位依法查询未成年人犯罪信息也必须在贯彻落实"教育、感化、挽救"的方针和体现"教育为主、惩罚为辅"原则的基础之上进行。该例外条款适用的前提是"办案需要"，而非"司法机关"，换言之，即使是公安、司法机关工作人员需要查询未成年人犯罪信息的，也必须处于相关办案状态之下。但在实践中司法机关内部并没有有效地隔离未成年人的犯罪记录。比如，公安机关的交通警察在临检酒驾时，可以通过PDA现场执法仪直接查询到被检查对象未成年时的犯罪信息，且查询也无内部报批程序的限制。再比如，派出所民警在受理已刑满释放多年的未成年人（现在已为成年人）要求开具无犯罪记录证明的申请时，可以从内部信息中查询到该申请人已被封存的犯罪记录，一些地方的派出所民警便以此拒绝向申请人开具无犯罪记录证明。这种做法显然与《刑事诉讼法》的立法原意相悖。公安机关的网上查询系统显然成了未成年人犯罪记录封存的一个漏洞。

对此，公安机关、司法机关应加强未成年人犯罪信息网上隔离系统的管理，同步封存纸质档案与网上数据。在线上和线下建立统一规范的启封程序。加强公安机关、检察机关和法院的系统联动及共享，统一犯罪记录封存的执行和管理主体，避免三机关各自为政，这也有利于检察机关对未成年人犯罪记录封存工作进行法律监督。

2. 严格界定"有关单位"的范围。实践中，一些地方的公证机构在申请人因就业单位要求对公安机关出具的"有无违法犯罪记录证明"进行公证审核时，常常能够轻易获悉申请人在未成年时的犯罪记录信息。造成这个现象的重要原因是法律对于"有关单位"的界定不清楚。根据《公证法》第29条的规定："公证机构对申请公证的事项以及当事人提供的证明材料，按照有关办证规则需要核实或者对其有疑义的，应当进行核实，或者委托异地公证机构代为核实，有关单位或者个人应当依法予以协助。"公证机构为了确保公证申请人提供的证明材料是否真实、合法、充分，是否可以否启封已经封存的未成年时的犯罪记录？《公证法》以及最高人民法院、最高人民检察院、公安部、国家安全部、司法部联合印发的《关于建立犯罪人员犯罪记录制度的意见》中都没有明确的规定。"有关单位"是哪些单位？"国家规定"是哪些规定？相关立法和文件均语焉不详。据有关学者初步统计，法律、国务院法规和行政规章中含有从业资格限制的规范达51条之多，这还不包括各省、市、州制定的地方性法规中的相关规定。这些从业资格限制是否属于法律规定的"国家规定"，需要立法机关进一步明确。

《刑法》第96条对"国家规定"的范围予以界定，即"本法所称违反国家规定，是指违反全国人民代表大会及其常务委员会制定的法律和决定，国务院制定的行政法规、规定的行政措施、发布的决定和命令。"我们认为《刑事诉讼法》第286条但书中的"国家规定"应当参照《刑法》界定。禁止在一般领域的升学资格、从业资格审查中申请查询未成年人犯罪记录。因为我国法律已经明确未成年人在入伍、就业时可免除前科报告义务。参军服役的政治性、纪律性、敏感性要求远比一般的职业要求高，举重以明轻，对"国家规定"的查询范围应在国家利益和未成年人利益最大化的原则下保持谦抑性。

五、未成年人作证保护制度

（一）未成年证人的作证资格

随着刑事诉讼的不断发展，未成年证人的地位在司法实践中日益提升，对于查清案件事实、认定刑事责任等方面发挥着重要作用，特别是在性侵案、虐待案这些隐私性极强、证据种类单一的案件中体现得尤为明显。在实践中，针对未成年人证人证言、被害人陈述的争议主要集中于其作证能力、证言证明力以及在证言没有得到完全相互印证的情况下是否适用补强规则等方面，理论界和实务界对此也尚未形成统一意见。有观点认为，只要其能够感知、回忆并将感知和回忆的有关案件情况表述出来就可以认定其有作证能力，至于未成年人是否能够"辨别是非"应该作为判断其证言是否具有可靠性的标准，未成年人的表达是否正确则需经过刑事审判由法官予以认定，并作为判断其证明力的标准。有观点主张，未成年人的作证能力不能照搬民事行为能力与诉讼能力的判断标准，应采取年龄标准与抽象内涵相结合的判断方法，就证明力层次而言，应在完善未成年人证人质证规则的前提下，容留法院自由判断证明力的空间。笔者认为这两种观点都有可取之处，确定未成年证人是否具有作证能力，应当从其所陈述的内容是否为其直接感知以及年龄、记忆和表达能力等是否影响作证，作证程序是否合法等方面去判断，对于证明力的探讨应当通过庭审质证，交由法官自由心证审查裁决。

（二）未成年证人证言的特征

未成年人证言是直接性与间接性的结合。若未成年人是案件的亲历者或目击者，那么他对案件的感知是直接、全面的，证言内容是案件情况的直接、客观反映，若未成年人并非直接遭遇犯罪，或未与犯罪嫌疑人发生接触，其证言只能间接反映案件内容。

同时，未成年人证言比成年人证言有着更大的非故意性主观失真的风险。实践中经常出现被害人在接受其他问题的询问过程中，精神状态平静，情绪自然、客观，但在被问及相关犯罪问题时就表现出了严肃、不愉快、吞吞吐吐、躲避、不愿交流的情况，这种精神状态既可以解释为证人、被害人回避发生过的痛苦记忆，也可以解释为其因认知、记忆或表达能力的缺陷而不足以回复事实，很大程度上降低了证言内容真实性。即便是成年证人，也有可能因为与案件之间的利害关系，或者心理调节能力较差，不能直接陈述或拒绝陈述，但这种现象在未成年人身上表现得尤为明显。

对于证据真实性的判断，可借助未成年人被询问时的情态表现作为判断虚假证据的线索，比如年幼的未成年人在撒谎时，因为不熟练往往会语言混乱，眼神闪烁，逃避对视。当然，情态表现也存在一定缺陷，随着年龄的增长、心理能力和表达能力的逐渐增强，掩饰谎言更加熟练，年长的孩子表现更加真实，通过情态表现来判断其陈述真实性的难度会更大，因此借助庭审质证审查判断必不可少。

（三）未成年人证言的补强规则

补强规则的必要性。在性侵、虐待未成年人等案件中，直接证据本身比较少，一般仅有被害人陈述这样的单一证据，未成年人证言的证明力较为薄弱，需要依靠其他证据佐证补强证明效力。

未成年人证言的真实性往往是控辩双方争议的焦点，侦查人员和父母有没有夸大或错误引导未成年人作虚假陈述是不能直接判断的，需要结合具体陈述内容。虽然很多时候未成年人对他人实施的侵害行为性质不清楚，但其对基本行为和事实是能够认知的，并非完全不能陈述，并且陈述细节非常的私密、具体，能够用自己的语言、动作予以表达或演示，如果不是案件的直接亲历者或接触者，是无法作出这些描述的。

如果一起案件有多名被害人或证人，法官可以通过证言之间的相互印证审查判断未成年人陈述内容的证明力。如果未成年证人没有串通、相互影响或者被诱导，证言应当不是整齐一致的，除了基本的犯罪行为外，报案时间、具体的行为方式不同，犯罪的时间、地点应当也不一样。如果是只有单独受害者没有目击证人的案件，可以借助被告人与被害人陈述内容的细节吻合度和矛盾可能性来证实陈述的真实性与关联性。例如，在一起虐待未成年人案件中，被告人对被指控的犯罪行为予以否认，但是被害未成年人能够清楚地说出被告人行为特征、犯罪工具或是环境特点等，合理有据，与案发情况相吻合，法官可以借此认定未成年人的陈述具有证明效力。

（四）未成年证人作证保护

1. 未成年人可以豁免出庭作证的义务。针对未成年证人的特殊性，美国、英国、德国等国家实行脆弱证人审前证言录像的作证方式，日本《刑事诉讼法典》则规定审判人员可以在庭外询问脆弱证人，法典第 158 条规定，"法院审酌证人的重要性、年龄、职业、健康状况、其他情况及事实的轻重，并征求检察官及被告人或其辩护人的意见后，认为必要时，可以传唤证人到法庭外进行询问或到证人的住处进行询问。有前项情形的，法院应事先给公诉人、被告人及其辩护人了解询问事项的机会。公诉人、被告人及其辩护人可以申请法院增加对必要事项的询问"。第 159 条规定，"如果公诉人、被告人或其辩护人在法院询问前项证人时不在场，法院应给予其了解证人陈述内容的机会。如果前项证人的陈述，对被告有无法预期的显著不利情形的，被告或辩护人可以申请法院再次就必要事项询问证人。法院认为申请没有理由的，可以驳回"。

经过法庭调查，如果未成年证人出庭作证不利于身心健康成长的，不必强制其履行到庭义务的规定在我国也是有法律依据的，《人民检察院办理未成年人刑事案件的规定》第 57 条第 2 款规定，"公诉人一般不提请未成年证人、被害人出庭作证。确有必要出庭作证的，应当建议人民法院采取相应的保护措施"。事实上，法官应当结合案情，进行多方面综合评判未成年人出庭作证是否有必要，如通过犯罪情节、未成年人心理状况、证人重要性等因素判断未成年人没有必要出庭的，可以通过审前证言录像、审前庭外询问等替代出庭作证。出庭作证的未成年人也可以通过双向视听传输技术作证，尽最大可能在保障控辩双方质证权利、实现庭审实质化的基础上，对未成年人的伤害降低至最小。

2. 尽量采用技术手段隔离未成年人与被告人。在法庭审判过程中，被告人的直接询问对于未成年人来说无疑是"二次伤害"，如果未成年人和被告人同时出现在法庭上，应当在两者之间设置屏风。但是屏风只能在有限的范围内进行空间上的隔断，未成年人依然清楚地知道屏风背后是被告，在庄严肃穆的法庭环境下更是难以缓解紧张的情绪。相较于"遮挡作证"，录像作证方式是庭审实质化的充分体现，将未成年证人安置在另外一个房间里，法官、公诉人、被告人、辩护人都可以在屏幕里看见未成年人，但是未成年人所在房间里的屏幕显示角度避开了被告人，能在一定程度上缓解未成年人情绪，避免其为逃避紧张的对话氛围而按提问者的意图回答问题。

关于录像方式作证是否侵犯了被告人的质证权，1990 年马里兰州诉克雷格一案[1]对此问题作出了回答。该案被告人被指控对一名 6 岁女童实施侵犯罪，根据马里兰州的立法规定，作为控告者的证人可以借助闭路电视作证。证人被带到与法庭相邻的房间作证，同时与证人在房间里的还有检察官和律师，证人在这个房间中接受了主询问和反询问，法庭在场人员可以借助闭路电视观察到证人作证的情况，被告人也能够通过闭路电视在整个询问过程中与辩护律师进行交流，唯一被禁止的是被告人不能与这名 6 岁的证人在法庭上面对面地对质。该案上诉至美国联邦最高法院，美国联邦最高法院维持了对被告人的有罪判决，并认为初审法官发现该证人在法庭上情绪激动并不是由自身的紧张和兴奋造成的，而是因为与被告人在场与其面对多导致的，因此如果让证人面对被告人作证，很可能会造成证人在法庭上不能进行理性的交流。在克雷格一案中，美国联邦最高法院的意见隐含着对公共利益的保护：防止未成年证人在作证过程中受到再次伤害。

3. 禁止对未成年人诱导性询问。禁止诱导性询问是确保未成年人证言真实性，确认证明效力的重要庭审规范，《人民检察院刑事诉讼规则》规定，"讯问被告人、询问证人不得采取可能影响陈述或者证言客观真实的诱导性发问以及其他不当发问方式。辩护人向被告人或者证人进行诱导性发问以及其他不当发问可能影响陈述或者证言的客观真实的，公诉人可以要求审判长制止或者要求对该项陈述或者证言不予采纳"。相对成年人来说，未成年人只有很短的时间才能够集中注意力，如果未成年人被不停的要求其回答同一个或者同类问题，他们很可能会为了寻求缓解，逃避询问来改变答案迎合提问者，因此在有未成年证人作证的案件里，法官应当在合适的时机宣布休庭，给予未成年人休息的时间。

4. 强化未成年证人作证保护。对未成年证人作证保护不仅包括事后保护，更重要的在于事前预防机制。扩大保护区间不仅极大地限制并在很大程度上杜绝了有加害意图的人员实施打击报复证人的行为，同时也扩大了证人保护的时间和打击对象，间接减少了事后保护的工作量。[2]

在传统证人保护的基础上，事前预防应当注重未成年证人的特殊性。在

---

〔1〕　Maryland v. Criag, 497 U. S. 836（1990）.

〔2〕　参见王进喜、高欣："未成年证人基本问题研究"，载《政法论丛》2016 年第 2 期。

未成年人出庭作证前，司法机关应当安排专业的心理医师，向未成年人解释作证程序，但是不参与案件内容的讨论，确保询问人员提出的问题得到了充分的理解和真实的回答。澳大利亚强调需要形成受害人影响报告，该报告不仅能够使未成年人告诉法庭罪行对他们的影响，也能够帮助他们更正自己的错误想法（一些犯罪嫌疑人会主张是未成年人很有性吸引力才会犯罪，未成年人对此也认为是自己的过错），侦查人员、公诉人和法官也能更加重视未成年人受害情况以及受到保护的需要。同时，应当完善受害未成年人隐私保护机制，保护未成年人被害人或证人的身份不被公开，司法人员、合适成年人或心理医师都不得向外界透露案件情况和个人信息，法庭审判也不对外公开。

事后救济制度不仅在于提供一定的物质支持，更在于帮助未成年人受害人康复，因为受过伤害的未成年人经常说自己感到无助与孤单，让未成年人感受到自己可以控制已发生的事情十分重要。确保审判结束后并没有给未成年人留下心理阴影，能够正常进行日常生活，并且愿意接受外界帮助，不再压抑掩盖内心的伤痛是未成年人作证事后保护制度的重要内容。

案 例

被告人A（男，33岁）在学校任教期间，涉嫌多次猥亵班级里的男、女学生，法院一审认定A犯猥亵未成年人罪，被告人不服提出上诉，二审裁定驳回上诉，维持原判。被告人及其辩护人主要从三个方面诉称被指控的犯罪事实存在疑点。首先，被告方主张被害人是低龄未成年人，所作事实陈述受到侦查人员、父母的暗示和引导，无法保证客观、真实，不宜作为证据使用；其次，被告方提出被害人的说法只是得到了部分印证，无法证明被告人有罪事实；最后，被告方认为本案缺乏有效的书面证据、鉴定意见及其他客观证据证明被告人有罪。被告人及其辩护人所提出的理由是否成立？

在本案中，证明被害人B（女，7岁）被侵害事实的证据里，有证人C（女，7岁）的证言，其陈述道，"……有时A老师惩罚学生时，会让其他学生全部转过去，并且让我们把眼睛蒙起来，然后我就会听到好像有在打人的声音，其中有过一次我偷偷转过去看到B在那里好像快要哭出来了。A老师打B的脸和屁股，打得她脸上都有红印子了，还把内裤脱下来，后来我看到就害怕地把脸转过去了……"，在C的证言里出现了"好像""害怕地把脸转过去了"等词语，将 A 的行为描述成"老师在惩罚学生时……打 B 的脸和屁股"，说明他没有直接意识到被告人是在对 B 实施猥亵等行为。即使未成年人是直接亲历者或目击者，由于其感知、表述能力尚不成熟，记忆容易发生篡改，有些情况下，未成年人对案件的陈述也会从直接转向间接，如被害人 B 母亲的证言提到，"……我在得知女儿可能被侵害的情况后，问过她是不是有类似的事情，她只是说 A 老师碰过她……"，并没有直接陈述其被侵害的事实。但是，未成年人所受的生理和心理伤害后果可以间接证明犯罪行为存在。在本案中被害人父母证实，"……看到他（受害未成年人之一）独自一人在房间内看以前班级的照片，指着被告人自言自语，说一些'这个老师经常骂我''活该被抓起来'的话……"，"……疼痛、尿床、脾气暴躁，甚至不敢带孩子去博物馆，因为害怕小朋友看到生物体的肛门引起心理痛苦……"，可见伤害后果是确实发生的，间接证明了犯罪行为的存在。

课后学习

推荐阅读

1. 姚建龙："国家亲权理论与少年司法——以美国少年司法为中心的研究"，载《法学杂志》2008 年第 3 期。

2. 何挺："'合适成年人'参与未成年人刑事诉讼程序实证研究"，载《中国法学》2012 年第 6 期。

3. 龙宗智："未成年人司法改革的意义与方向"，载《人民检察》2011 年第 12 期。

4. 姚建龙等："中国未成年人刑事司法制度的完善"，载《国家检察官学院学报》2011 年第 4 期。

5. 汪建成："论未成年人犯罪诉讼程序的建立和完善"，载《法学》2012 年第 1 期。

6. 叶青主编：《未成年人刑事诉讼法学》，北京大学出版社 2019 年版。

第十一章　未成年人行为矫正

　　未成年人行为矫正是对未成年人实施的问题行为进行具体分析、矫正的过程与活动，应以教育、保护而非控制、惩罚未成年人作为目标追求，并在条件作用理论、社会学习理论等心理学的学习理论指引下具体展开。未成年人行为矫正应由家庭、学校、社区、特定机构或者组织、有关国家机关等对实施了不良、严重不良、犯罪行为的未成年人采取具体矫正措施。其中，谈话、训诫和警告，责令向被害人赔礼道歉或者赔偿损失，保护性管束，责令父母或者其他监护人严加管教，责令接受必要教育与责令参加社区服务或者公益劳动等社区性行为矫正措施因更有利于保护未成年人身心健康、促使其正常回归社会而应成为更优选择，而感化、教育、约束未成年人等拘禁性行为矫正措施则因具有针对性、系统性、连贯性、持久性而更能满足矫正未成年人严重心理障碍和顽固行为恶习的需要。

第一节　未成年人行为矫正的基本理论

一、未成年人行为矫正的内涵解析

（一）行为矫正的内涵解析

　　1. 人的行为的概念与特征。人的根本属性是社会性，其可以且必须通过语言和行动将思想外化，来与他人构建一定的社会关系，进而开展社会生产与生活。在此过程中，人所说和所做的，即受思想支配表现出来的言行活动，就是行为。它与认知和情感共同构成了人类心理结构的三个最重要系统，并显示出如下两方面显著特征：

（1）它是在特定环境中产生的，且能对该环境发生反向作用。行为是人在特定的时空场域中进行的具体言行活动，该场域的自然、人工环境，都将给人决定实施何种行为以及如何实施该行为带来较大影响。例如，在安静的教室或者整洁的书房中，学生更可能会主动、认真地阅读书籍，而在嘈杂的走廊或者脏乱的街道上，学生则更可能会选择疯跑、打闹。而行为发生后，通常也会反过来对它周围的环境产生一定影响，尽管有时该影响并不明显。例如，自习课开始后，教室逐渐安静下来，部分学生开始了自主阅读，这些行为使得教室愈发安静，而那些还在聊天说笑的学生很可能受到周遭环境变化的感染也陆续加入到阅读的行列中，这又促使教室最终变得鸦雀无声。

（2）它可以由行为人自己或者他人进行感知、观察，并在此基础上从不同维度进行测量、评价。行为是人借助语言和行动来表达思想的过程，不仅行为人可以感知、看到自己说和做的过程、结果，而且他人也可以体会、观察行为人说和做的方式、效果。通过感知和观察，他们都可以对行为形成更加深刻的认识，进而从不同维度对其开展量化测评：既可以从强度、速度、频率、持续时间等自然维度来测量行为，如提出打人力度大小、逃跑速度快慢、撒谎频率高低、游戏时间长短的论断；又可以从目的、性质、效果等社会维度来评价行为，如指出为了提高数学成绩而在课余时间多做习题是自我激励行为，有助于激发人的学习动力与潜能，应予以提倡，而为了泄私愤而持刀砍死人的行为是犯罪行为，会给相关当事人与社会公众都带来负面影响，应予以惩罚等。

2. 行为矫正的概念与特征。由于人的行为是在特定环境中产生且能对环境发生反向作用的，是可以感知、观察、测量、评价的，那么当我们发现有人实施了不利于自身成长、发展的，可能或者已经具有反社会性的行为时，就可以采取适当的手段和措施，识别行为人所处的环境与其实施该行为之间的相互关系，分析行为产生的深层次原因和主要影响因素，进而对症下药对环境和行为人施加适当影响，对行为人的心理进行干预，促使其逐步控制、纠正不良或者错误行为，并建立起新的行为方式与习惯。此一过程即为行为矫正的要义。换言之，行为矫正是对人类行为进行分析和矫正的心理学领域。[1] 为

---

〔1〕〔美〕Raymond G. Miltenberger：《行为矫正——原理与方法》，石林等译，中国轻工业出版社 2020 年版，第 4 页。

了更好地理解这一概念，我们再从以下三个方面，具体解析其特征：

（1）行为矫正致力于改变人的行为本身而非人通过行为表现出来的某种特征。例如，对学生旷课逃学的行为进行矫正，主要是想改变该学生不到学校进行课堂学习的行为。在矫正过程中，虽然也可能同时产生改变了学生注意力不集中等特征的效果，但是此种改变仅为附属性成果，并非行为矫正的直接目标。在此，需要通过矫正加以改变的行为是目标行为，它们存在着行为过度或者行为不足的问题。前者形成了在强度、速度、频率、持续时间等方面超出实际需求或者产生令人不快结果的目标行为，如学生时不时偷拿同学文具、课后浏览网页时间过长等；后者形成了在强度、速度、频率、持续时间等方面尚不足以满足实际需求或者无法产生令人愉快结果的目标行为，如学生完成作业很慢、锻炼身体时间较短等。行为矫正就是通过一定的程序和方法来调整这些指标，以使目标行为转变为能够符合实际需求或者产生令人愉快结果的新行为。

（2）行为矫正以对目标行为的形成环境及其相互关系进行识别、分析和调整为前提。人的行为在特定环境中产生，并受其影响和控制。不将环境对行为的影响因素和控制变量识别出来，就不可能真正发现目标行为的形成原因；不把环境与行为的相互关系分析清楚，也不可能顺利找到改变目标行为的方向与途径；不对行为人所处环境进行适当调整，更不可能最终实现改变目标行为的预期。所以，成功的行为矫正，只有在环境对行为的影响因素和控制变量都被有效认识和利用的情况下才可能出现。不过，在行为矫正的具体实施过程中，对影响因素和控制变量进行认识与利用并非易事，很容易出现偏差。故此，为了确保行为矫正的效果与效率，就必须对认识内容与利用方式等及时进行调整。

（3）行为矫正是由具有专门知识的实施主体以行为学原理为基础帮助行为人科学、有序改变目标行为的过程与活动。人的行为方式与习惯，经历了漫长的形成过程，通常较为稳固，能给行为人带来强大惯性，使其不愿或者难以改变正在、将要实施的相同行为。鉴于此，要通过行为矫正改变已经形成甚至固化的目标行为，就应由受过专门训练的专业人员主持，制定科学的矫正计划，遵循严格的矫正流程，采取适当的矫正方法，引领、指导行为人分阶段、有节奏地参与矫正活动，以确保矫正过程能够始终沿着正确的方向有控制地向前推进，且在出现偏差或者其他需要调整的因素时能够及时、有效处理问题，最终促使行为人破旧立新，形成良好的行为方式与习惯。

（二）未成年人行为矫正的内涵解析

1. 未成年人行为矫正的概念界定。未成年人行为矫正，是在行为矫正的总体框架下，聚焦未成年人这一特殊群体，针对个体的目标行为进行具体分析、矫正的过程与活动。详言之，它是指为了帮助未成年人改正不良、严重不良、犯罪等问题行为，发展起符合社会需求或者产生令人愉快结果的良好行为，而由家庭、学校、社区、特定机构或者组织、有关国家机关等相关主体，在充分识别问题行为产生环境、分析问题行为形成原因的基础上，结合未成年人特点与行为人个体特征，遵循行为学原理与规律，采取科学、适当的方法，对行为人进行有计划的心理干预，促使其逐步改变目标行为的过程与活动。从这一概念来看，未成年人行为矫正问题的辐射范围非常广泛。不过，目前法学理论界和实务界对该问题的研究与实践，还主要集中于未成年人犯罪行为分析与矫正领域，而对未成年人不良、严重不良行为矫正的问题则关注较少，相关研究与实践也较为薄弱。

就本书研究范围而言，虽然在编写体例上，"未成年人行为矫正"一章位列第三编"未成年人犯罪与司法"之中，且排于有关未成年人犯罪预防、司法处置机制等内容之后，从逻辑层面看，将未成年人行为矫正的相关内容局限在犯罪行为领域较为顺畅、合理。但是考虑到现实生活中，未成年人不良、严重不良行为不仅大量存在，而且往往是未成年人犯罪行为的前期表现形式，二者之间存在一定的内在联系。例如，2001 年～2002 年中国青少年研究中心"未成年人权益保护与犯罪预防课题组"进行的全国未成年犯抽样调查结果显示，"未成年人的一般不良行为演变为严重不良行为是一个逐渐发展的过程"，"未成年犯群体基本上属于严重不良行为的重度感染群"[1]；2014 年北京超越青少年社工事务所对 233 名京籍未成年犯罪嫌疑人进行的调查结果也显示，他们中的所有人在此次涉案前都曾有过不良行为。[2]故此，本书也设定了相对宽泛的研究范围，即将未成年人行为矫正的目标行为扩展至未成年人实施

---

〔1〕　关颖、鞠青主编：《全国未成年犯抽样调查分析报告》，群众出版社 2005 年版，第 97 页。

〔2〕　席小华、金超然："社会工作在不良行为青少年群体中的应用"，载《预防青少年犯罪研究》2019 年第 1 期。

的不良、严重不良、犯罪等问题行为。

2. 未成年人行为矫正的特征分析。尽管未成年人行为矫正仅为行为矫正的一个分支，须受其基本原理和总体要求的制约，但是未成年人本身具有心智不成熟、好奇心强且善于模仿、自我中心意识明显、与人沟通能力和技巧欠缺、易于冲动和产生情绪波动、抗打击和受挫折能力较差等鲜明特点，对其问题行为进行矫正也常会呈现出不同于成年人行为矫正的如下特征：

（1）行为人可塑性强但对矫正活动的接受度、配合度不一定高。未成年人心智不成熟、好奇心强、善于模仿，在不良环境影响下，很容易受到他人的迷惑、引诱、教唆，做出不良或者错误行为。但是，如果能有效利用未成年人的这些特点，有意识地调整环境影响因素，并采取适当方式吸引其注意、提高其兴趣，引导其积极参与矫治活动，也同样容易促使其改变不良或者错误行为、塑造新的行为方式与习惯。不过，未成年人自我中心意识明显、与人沟通能力和技巧欠缺，通常不愿意主动改变自我、迁就他人，也不知道如何表达自身想法、接受他人建议。这也使得在矫正活动开展初期，行为人无动于衷、应付了事甚至拒绝参与的情况时常发生。鉴于此，在对未成年人实施行为矫治时，实施主体一定要充分做好准备，既要保持足够的热情与耐心，又要制定周密的计划和预案，通过与未成年人不断沟通、磨合，逐渐提升其参与矫正活动的积极性、主动性。

（2）矫正过程易反复且矫正效果不稳定。按照行为学原理的要求，以未成年人为对象开展行为矫正，一般要经历识别环境因素、分析问题行为、制定矫正计划、开展矫正活动、巩固矫正成果等多个阶段，耗费时间较长，效果显现较慢。在开展矫正活动阶段，实施主体还要向未成年人提出若干指令，要求其反复实践某些任务，以逐步接近并最终实现减弱、增强或者发展某一行为的目标。这一漫长而复杂的过程，对易于冲动和产生情绪波动、抗打击和受挫折能力较差的未成年人来说，是很具有挑战性的。期间，如果未成年人出现无法理解或者不愿接受指令，没有足够能力或者抗拒、怠于完成任务等状况，矫正过程就很可能会暂时停滞，需待实施人员采取措施消除状况后才能重新开启，而这也往往会给矫正效果带来不确定性。鉴于此，在对未成年人实施行为矫正时，实施主体要尽量与未成年人建立良好的互动关系，及时发现其情绪波动苗头和可能遇到的困难，及早采取措施帮助其克服消极、畏难情绪，确保矫正活动能正常推进且产生预期效果。

二、未成年人行为矫正的目标定位

（一）以教育未成年人为直接目标

未成年人行为矫正的核心是对未成年人心理进行干预，促使其改变不良、严重不良或者犯罪行为，塑造新的行为方式与习惯。矫正过程中，为帮助未成年人克服实施问题行为的惯性，通常需要对其采取一定的强制性手段，甚至还要对其予以适当期限的监管或者拘禁。这容易使人们对未成年人行为矫正的目标定位产生误解，认为行为矫正的直接目标是控制、监管未成年人。但事实上，强制性、监禁性措施的采取仅是表象，行为矫正的真正目的是借助上述措施对未成年人施以教育、引导，使其从内心深处真正认识到自身行为的危害性，主动放弃在亚文化群体中接受的错误观念，逐步树立起正确的善恶观、是非观、价值观、人生观和世界观，并逐渐掌握改变问题行为、重建与家庭和社会的正常联系、开展社会生产和生活的知识与技能。从此种角度看，将教育而非控制定位为未成年人行为矫正的直接目标才是科学的，而这一目标定位也获得了国内外的广泛认可。

国际层面，1959 年由联合国大会通过的《儿童权利宣言》即指出，身心或者所处社会地位不正常的儿童，应根据其特殊情况的需要给予特别的治疗、教育和照料；1989 年由联合国大会通过并于 1990 年生效的《儿童权利公约》也明确，在儿童被指称、指控或者确认触犯刑法时，缔约国"应采取多种处理办法，诸如照管、指导和监督令、辅导、察看、寄养、教育和职业培训方案及不交由机构照管的其他办法，以确保处理儿童的方式符合其福祉并与其情况和违法行为相称"[1]。由于上述文件所称的儿童系指 18 岁以下的任何人，其所提及的"身心或者所处社会地位不正常的儿童""被指称、指控或者确认触犯刑法的儿童"与本书所指的实施了不良、严重不良、犯罪行为的未成年人具有较高的一致性，因此这些条款内容也清楚地表明，联合国是鼓励、支持且要求相关国家以教育未成年人为直接目标去处理行为方式与习惯有问题的未成年人的。

国内层面，我国立法机关陆续修订的《未成年人保护法》《预防未成人犯

---

〔1〕　盛长富：《未成年人刑事司法国际准则研究》，法律出版社 2018 年版，第 200~201 页。

罪法》等相关法律，都鲜明地表现出以教育理念引领未成年人行为矫正工作的目标导向。例如，《未成年人保护法》既要求未成年人的父母或者其他监护人对有不良行为和违法犯罪行为的未成年人进行合理管教；又规定对违法犯罪的未成年人实行"教育、感化、挽救"的方针，坚持"教育为主、惩罚为辅"的原则。《预防未成人犯罪法》也要求学校对有不良行为的未成年学生，应当加强管理教育，不得歧视；同时规定专门学校应对有严重不良行为且在接受专门教育的未成年人有针对性地开展道德教育、法治教育、心理健康教育，并根据实际情况进行职业教育等。立法机关之所以作出这些规定，显然也是认识到未成年人行为矫正的直接目标应当是教育未成年人正确认知自身行为的性质与后果，引导其真诚认错、悔罪并主动学习文化知识和劳动技能，进而为顺利融入社会、回归正常生活奠定基础。

（二）以保护未成年人为终极目标

如果说教育未成年人是鉴于未成年人享有受教育权且具有较强可塑性而天然赋予未成年人行为矫正的直接目标追求，那么保护未成年人就是基于未成年人的福利是国家的根本利益所在、应给予未成年人特殊保护的认识而必然赋予未成年人行为矫正的终极目标追求。特别是考虑到未成年人心智尚不成熟、认知能力有限，所处的家庭和社会环境不佳往往是造成其不良、严重不良、犯罪行为的重要原因，就更不应该藉由行为矫正措施对未成年人施加惩罚，而应该遵循法社会学理论所强调的"社会对个人的保护责任要求对于犯罪（尤其是少年犯罪），不能一罚了之，而应肩负起保护的职责，探寻其犯罪的原因，矫正其不良言行，使犯罪人重归社会"的观点[1]，在行为矫正的过程中，为未成年人充分创造接受教育的条件、纠正问题行为与塑造良好行为的环境，以使未成年人身心获得健康发展、合法权益受到应有保护。

从国际视角来看，将保护而非惩罚定位为未成年人行为矫正的终极目标，是完全符合《儿童权利公约》所确立的"儿童利益最大化原则"的基本精神和具体要求的。该公约第3条指出，"关于儿童的一切行为，不论是由公私社会福利机构、法院、行政当局或立法机构执行，均应以儿童的最大利益为一种首要考虑"，且缔约国应"承担确保儿童享有其幸福所必需的保护和照料，

---

〔1〕 姚建龙：《少年刑法与刑法变革》，中国人民公安大学出版社 2005 年版，第 31 页。

考虑到其父母、法定监护人，或任何对其负有法律责任的个人的权利和义务，并为此采取一切适当的立法和行政措施"。[1]将这些规定落实到未成年人行为矫正领域，该公约缔约国的立法、行政、司法机关与其他社会机构等相关主体，显然都有责任在各自的职权或者权利范围内，于法律制定、政策执行、措施实施等方面尽力发挥作用，在对未成年人的问题行为进行矫正时，对未成年人进行充分保护，确保其利益得到最大化实现。

从国内视角来看，我国对上述公约的规定和要求，不仅早已有了明确认知，而且一直在积极予以落实。特别是近几年来，有关机关在诸多层面还进行了不少有益探索。例如，立法上，《刑法》《未成年人保护法》《预防未成年人犯罪法》的修订与《社区矫正法》的制定，都突出了对实施了不良、严重不良或者犯罪行为的未成年人应予以保护的理念；行政上，民政部增设儿童福利司，负责统管全国儿童福利工作，其职能设定和发挥对于保障孤弃儿童、困境儿童、农村留守儿童等所处家庭和社会环境不佳的未成年人的利益，并与司法行政机关等协调一致帮助未成年人矫正受环境影响而实施的问题行为等，都具有非常积极和现实的意义；司法上，专门针对未成年人的公诉、审判、执行制度都陆续建立、完善起来，未成年人检察部、少年法庭、社区矫正机构等有关部门在作出行为矫正决定、采取行为矫正措施时也都十分注重对涉案未成年人的保护。此外，团中央亦对维护青少年权益部的职责做了优化，增设了中长期青年发展规划的职能，推动社会支持体系建设，与行政、司法机关衔接，共同保护未成年人。可以说，保护未成年人已经成为立法、行政、司法机关与社会各界开展未成年人相关工作的普遍共识。鉴于此，将保护未成年人定位为未成年人行为矫正的终极目标也更加合法合理。

三、未成年人行为矫正的理论基础

（一）未成年人行为矫正的理论假设

行为矫正肇始于对如何解决儿童各种心理问题的研究，后逐渐发展为心理治疗的一个分支领域，于临床上广泛应用于帮助人们戒除不良嗜好、消除问题行为、降低不良行为发生率、提升良好行为发生率、训练适当的行为反应、训练生活或者劳动技能等方面。由于实施效果较好，行为矫正引起了法

---

[1] 盛长富：《未成年人刑事司法国际准则研究》，法律出版社 2018 年版，第 193 页。

律界的关注。相关主体开始尝试运用行为矫正的方法，解决个体的涉法问题行为，减少或者预防违法犯罪行为的发生，而未成年人行为矫正也在此过程中获得发展。

作为一种心理干预的途径和手段，行为矫正之所以能够对未成年人发挥作用，促使其纠正问题行为、塑造良好行为，主要是基于以下四方面理论假设：[1]

1. 问题行为是后天习得的。行为矫正理论认为，人的行为都是学习的结果，问题行为也不例外。问题行为既不是先天决定或者遗传造成的，也不是潜意识的矛盾冲突引发的，更不是本能欲望得不到满足的结果，而是个体后天在所处环境中通过学习获得的，是其心理异常、心理障碍或者心理问题的集中反映和外在表现。

2. 各种问题行为是分别习得的。行为矫正理论认为，人的若干问题行为，是个体在特定环境中，分别通过学习获得的。不同问题行为之间并不存在必然关联或者因果关系。若个体实施了多个问题行为，则不能直接推断是其中某一问题行为的出现导致了另一问题行为的发生。

3. 问题行为与个体所处环境紧密联系。行为矫正理论认为，任何行为的习得都不会是在真空中而应是在具体情境中发生的，即每一行为的习得均有其特定的环境条件。问题行为即是个体在不良环境的影响下进行了某种不适当的学习的结果。因此，考察问题行为决不能离开个体所处的环境。只有仔细了解问题行为发生的环境因素，如时间、空间、人物、事件等，才能准确把握问题行为的来龙去脉，也才能通过有针对性地控制、改变个体所处环境来对其问题行为实施有效干预。

4. 重新学习可以矫正问题行为。行为矫正理论认为，既然问题行为是通过学习获得的，那么个体也能够通过重新学习矫正问题行为、习得良好行为。故此，行为矫正就是要改变不良环境条件或者创设良好环境条件，并采取特定措施安排个体进行重新学习，以促使问题行为发生积极的、有意义的、符合预期的变化。

简言之，未成年人行为矫正能够顺利展开并产生实效的基础，是人们在

---

[1] 岑国桢：《行为矫正：原理、方法与应用》，上海教育出版社 2013 年版，第 13～15 页。

理论上假设：未成年人是在特定环境的影响下，通过不适当的学习产生了问题心理、形成了问题行为；如果能有意识地控制、改变问题行为发生的环境条件，安排未成年人重新学习，就可以逐渐减弱直至消除不适当的学习结果，使未成年人用新的良好行为取代原来的问题行为。当然，这一假设不是凭空想象的，而是以大量观察和研究为前提作出的，且是与心理学的学习理论密切相关的。

（二）未成年人行为矫正的理论原理

在行为矫正领域，无论是分析问题行为的习得过程，还是考察问题行为与特定环境的关联，亦或是安排个体重新进行系统学习，通常都需要以心理学的学习理论为指导，未成年人行为矫正也是如此。实践中，指导行为矫正的学习理论主要指向条件作用理论与社会学习理论，它们都为行为矫正的具体展开提供了基本原理。

条件作用理论，由美国行为主义学派提出。美国心理学家华生，在俄国生理学家、心理学家巴甫洛夫关于条件反射的经典实验与研究成果的基础上，创建了行为主义学习理论。他提出把条件运动反射作为一种测量感觉反应的客观方法，把条件反射作为形成一切习得性行为的基础，认为人类和动物的行为都可以用"刺激—反应"来解释。[1]这种强调条件刺激与条件反应之间紧密联系并遵循刺激替代原理的理论，被称为经典条件作用理论。此后，美国心理学家斯金纳又创建了新行为主义学习理论。他指出一切行为均由反射构成，而刺激和反应则是反射的基本单元；有机体的行为可以分为由已知刺激引起的应答性行为和由有机体主动操作或者活动引起的操作性行为，前者产生刺激型即经典条件作用，后者产生反应型即操作条件作用。他认为操作条件作用具有工具性功能，能有效地应对有机体的环境，在有机体的行为中占据重要地位。[2]这种站在操作主义的立场对行为进行科学研究并遵循反应替代原理的理论，被称为操作条件作用理论。两种条件作用理论虽然在功能上有较大不同，如经典条件作用有助于有机体辨识周围事物之间的关系、预见不同刺激，更好地适应环境；操作条件理论有助于有机体了解自己行为与

---

〔1〕　岑国桢：《行为矫正：原理、方法与应用》，上海教育出版社 2013 年版，第 30 页。
〔2〕　岑国桢：《行为矫正：原理、方法与应用》，上海教育出版社 2013 年版，第 32 页。

其后果之间的关系，并按照预期采取行动、操纵环境，更加主动地满足自身需求。但是二者在本质上都是条件作用，仍有诸多共同之处。特别是在条件作用的过程中，它们都要遵守习得与消退、泛化与分化、强化与惩罚等原理和规律，而这些正是行为矫正若干具体措施的重要理论依据。

社会学习理论以美国心理学家班杜拉的观察学习理论为典型代表。班杜拉以行为、人的内部因素和环境影响的交互决定论来解释学习的人性基础和行为的因果关系，认为人的行为模式实际上都来自观察别人的行为及其后果，来自替代性基础上发生的经验。[1]此外，该理论进一步指出，人的学习除了可以直接经验为基础、通过对反应后果的体验来实现外，更多情况下还要以间接经验为基础、通过对示范行为的观察来进行；观察了他人行为后，个体可能会抑制或者促进自己的特定行为，也可能会习得新行为；在整个过程中，个体还可能利用思维表征活动明确当前行为性质、树立理想行为目标、支配以后行为活动，并且激发出自我管理的强大动力，去主动改变问题行为、塑造良好行为。很显然，社会学习理论的上述内容，为行为矫正提供了非常直接的理论依据，并具体演化出观察学习、思维表征、自我管理等多种行为矫正具体措施操作的理论原理。

第二节　未成年人行为矫正的参与主体

案　例

小程，男，初中二年级学生，系家中独子，父母对其特别溺爱、言听计从。小学阶段，小程就开始上课交头接耳、课后不写作业，后来还经常欺负女同学、逃课去游戏厅打游戏，班级中品行端正的同学都不愿与其交往。可父母并未意识到问题的严重性，只是偶尔对其进行轻微说教，老师也没有及时对其进行严格教导。初中阶段，小程变本加厉，不仅荒废学业，经常辱骂、殴打同学，而且还结交不良社会青年，出入不良活动场所，攻击性、反社会性倾向愈发明显。为避免问题进一步恶化，父母、教师在专业人员的指导下

---

〔1〕 岑国桢：《行为矫正：原理、方法与应用》，上海教育出版社2013年版，第37页。

对其进行了行为矫正。矫正过程中，专业人员在充分了解了小程的家庭结构、在校表现后，认为其不良行为的产生与发展主要源于家庭、学校教育的不到位；于是综合运用认知行为疗法和示范模式疗法，帮助其分析学习的重要性与学习态度、品行端正对改善与同学关系的重要作用，让其观看与浪子回头有关的电影；在其重获了进取心与学习动力后，安排老师给其补习课程，并要求老师在其遇到学习上的困难时及时给予关怀、提供帮助；生活中也让父母加强对其的管教，督促其多做家务并彻底断绝与不良社会青年的联系。经历行为矫正后，小程取得了较为全面的进步。[1]

一、未成年人行为矫正的适用对象

（一）实施了不良行为和严重不良行为的未成年人

未成年人不良行为是指未成年人实施的不利于其健康成长的行为。主要包括吸烟、饮酒；多次旷课、逃学；无故夜不归宿、离家出走；沉迷网络；与社会上具有不良习性的人交往，组织或者参加实施不良行为的团伙；进入法律法规规定未成年人不宜进入的场所；参与赌博、变相赌博，或者参加封建迷信、邪教等活动；阅览、观看或者收听宣扬淫秽、色情、暴力、恐怖、极端等内容的读物、音像制品或者网络信息等。这些行为往往违反了未成年人应予遵守的一般生活准则或者公共道德规范，但是尚未违反法律法规的规定。[2]未成年人严重不良行为一方面是指未成年人实施的由刑法规定、因不满法定刑事责任年龄不予刑事处罚的行为；另一方面是指未成年人实施的结伙斗殴、寻衅滋事、扰乱社会治安，非法携带枪支、弹药或者弩、匕首等国家规定的管制器具，殴打、辱骂、恐吓或者故意伤害他人身体，盗窃、哄抢、抢夺或者故意损毁公私财物，传播淫秽的读物、音像制品或者信息，卖淫、嫖娼或者进行淫秽表演，吸食、注射毒品或者向他人提供毒品，参与赌博且赌资较大等严重危害社会的行为。与未成年人不良行为一样，这些行为均具有反社会性，但是危害程度更深。

由于未成年人自控力差、可塑性强，在没有外力介入的情况下，一旦身处不良社会环境、沾染不良行为习惯，开始实施不良或者严重不良行为，就

---

〔1〕　周武："青少年轻度品行障碍行为矫正的个案研究"，载《中国校外教育》2016 年第 24 期。

〔2〕　赵志宏：《未成年人违法犯罪处置措施研究》，群众出版社 2011 年版，第 11 页。

很容易越陷越深、难以自拔，以致成为潜在的具有犯罪危险的人。因此，很多国家都将实施了不良或者严重不良行为的未成年人纳入少年司法及行为矫正的对象范畴，以采取有力措施帮助他们及时认清自身行为的严重性与危害性，主动切断这些行为与犯罪行为的联系，避免最终走向犯罪。例如，欧洲大陆刑事原型少年司法制度的主要特色之一就是发展出了有悖于罪刑法定原则的"虞犯"概念，把有犯罪之虞的少年纳入少年审判机构的管辖范围，对他们施以保护处分，以阻止这些少年进一步向犯罪的方向发展。[1]英美法系福利原型少年司法制度中规定的"身份犯罪"，即仅因行为人的未成年人身份而对其实施的旷课、夜不归宿、离家出走、违反宵禁令、购买或者饮用酒精饮料以及轻微违反治安行政法的行为等予以类似于犯罪行为的处罚，也同样带有预防少年发生更严重犯罪行为的目的。我国法律界虽未明确提出"虞犯""身份犯罪"等概念，但《预防未成年人犯罪法》等相关法律也明确提出了对未成年人不良行为进行干预与严重不良行为进行矫治的具体要求与措施。

尽管未成年人开始实施不良、严重不良行为并且越陷越深是多方面因素造成的，但不可否认的是，家庭、学校未能尽到对未成年人的教育、保护责任，往往是最主要原因。多项研究成果均表明，近些年来脱离家庭和学校监管的闲散、流浪未成年人犯罪比重呈增长趋势[2]，且其中多数未成年人在实施犯罪行为前就已经养成了不良行为习惯或者多次实施过不良、严重不良行为，但却并未得到家庭、学校的充分关注和及时管教。而那些尚在家庭和学校中生活、学习的未成年人，也大多身处于不完整家庭、问题家庭或者管理松散、混乱的学校中。家长不关心未成年人的生活、学习情况，漠视其生理和情感需求，甚至对其进行身体、精神上的伤害、虐待。学校对未成年人的学习、心理状态和家庭、社会交往情况了解不深入，忽视其问题行为的苗头和表现，不对其进行应有的纪律约束和规范引导。这些都容易使未成年人产生心理和社交能力上的障碍，进而导致其行为失控。鉴于此，家庭、学校应在未成年人行为矫正中发挥更加积极的作用，适当采取非监禁性矫正措施，帮助未成年人改变不良、严重不良行为。

---

〔1〕 姚建龙：《长大成人：少年司法制度的建构》，中国人民公安大学出版社 2003 年版，第123 页。

〔2〕 张远煌主编：《未成年人犯罪专题整理》，中国人民公安大学出版社 2010 年版，第 83 页。

（二）实施了犯罪行为的未成年人

未成年人犯罪行为是指由未成年人实施的具有严重社会危害性、刑事违法性和刑罚当罚性的行为。由于未成年人心智不成熟，通常被推定为没有或者不具备完全的辨认和控制能力，因此大多数国家都以年龄为标准对未成年人实施的行为是否构成犯罪以及应否、如何承担刑事责任进行判断，只有少数国家在以年龄为主推断未成年人刑事责任能力的同时还辅之以对其辨认和控制能力的实际判断。[1]根据《刑法》的有关规定，我国对未成年人犯罪行为成立与否、刑事责任能力有无和大小的界定，也采取了年龄划分标准。其中，未满14周岁的未成年人实施具有严重社会危害性和刑事违法性的行为，一般不负刑事责任；但已满12周岁不满14周岁的未成年人，犯故意杀人、故意伤害罪，致人死亡或者以特别残忍手段致人重伤造成严重残疾，情节恶劣，经最高人民检察院核准追诉的，应当负刑事责任。已满14周岁不满16周岁的未成年人，实施故意杀人、故意伤害致人重伤或者死亡、强奸、抢劫、贩卖毒品、放火、爆炸、投放危险物质的犯罪行为，应承担相应的刑事责任。已满16周岁的未成年人，应对其实施的所有符合《刑法》规定的犯罪构成要件的行为负刑事责任。从司法实践情况来看，我国未成年人实施的犯罪行为种类具有多样化特征，抢劫、强奸、盗窃、故意伤害致人重伤或者死亡、故意杀人、聚众斗殴、贩毒、放火、赌博、诈骗等不同类型均有涉及，但以侵犯公民人身权利和民主权利、侵犯财产、妨害社会管理秩序的犯罪为主，且抢劫、强奸、盗窃占比较高。[2]

走上犯罪道路的未成年人，大部分是长期处于不良社会环境中，不良行为习惯积习已久的。他们通过实施犯罪行为，要么能够缓解经济上的困顿以满足生活所需或者畸形的消费欲望，要么能够获得性体验以消除对性的渴望与冲动，要么能够展示自身力量、引起他人注意、树立团体权威以抑制自卑感、无能感和被排斥感，要么能够宣泄情感、寻得刺激以缓解精神的空虚、生活的无趣等。总之，这部分未成年人已经沉浸在借助犯罪行为解决各种生活问题的社会心理中。对于他们而言，依靠自身力量克服问题行为惯性的意

---

〔1〕　姚建龙：《少年刑法与刑法变革》，中国人民公安大学出版社2005年版，第111页。
〔2〕　关颖、鞠青主编：《全国未成年犯抽样调查分析报告》，群众出版社2005年版，第22页。

愿和能力已经明显不足。为避免他们自暴自弃、重复实施犯罪行为以致成为危险的、顽固的累惯犯，需要由特定机构或者组织、有关国家机关等主动作为，对其进行行为矫正，适度采取专业的、有针对性的矫正措施，逐步消除其实施犯罪行为的心理诱因，促使其回归正常生活轨道。

除此之外，还有小部分未成年人，在多数情况下，他们是遵守法律的；但是在某些特定环境因素的激发下，他们会因一时冲动、报复社会、他人教唆等实施偶发性犯罪行为；而且在有适当机会时，他们还可能去重复实施犯罪行为，然后又回到遵守法律的状态。[1]对于这部分未成年人而言，实施犯罪行为并非其生活常态，他们主观恶性不大，不宜被贴上犯罪人的标签；但若对他们的行为不及时予以矫正，也难以从心理上拔除其犯罪的根源。如果相关主体能够根据个案和个体的具体情况，综合运用各种行为矫正措施，帮助他们真诚悔罪，是可以有效纠正其问题行为、避免其在犯罪道路上越走越远的。

二、未成年人行为矫正的实施主体

（一）家庭

家庭是未成年人最主要的活动与成长空间，其对未成年人社会化进程的重要性不言而喻。[2]与未成年人共同生活的家庭成员的个性特征与行为方式、家庭成员之间的关系、父母等监护人的教养手段与能力等，都会对未成年人的行为习惯产生重要影响。可以说，未成年人的顺利成长和健康发展，是与父母等监护人有效履行监护职责、适当进行教育和引导密不可分的；而未成年人实施不良、严重不良与犯罪行为，也是与父母等监护人未能创造良好家庭环境、适当开展家庭教育有紧密关联的。如果父母等监护人能及时发现未成年人的问题行为苗头，主动探寻引发这些行为的环境因素，有针对性地对未成年人进行心理疏导和行为矫正，通常都能在较大程度上预防未成年人初次和再次实施问题行为。因此，家庭应是未成年人行为矫正最重要的实施主体。对此，《儿童权利公约》也是充分认可的，该公约第18条已经明确指出，

---

〔1〕 刘强编著：《美国犯罪未成年人的矫正制度概要》，中国人民公安大学出版社2005年版，第12页。

〔2〕 赵军：《未成年人犯罪相关因素定量研究》，人民日报出版社2017年版，第45页。

"父母、或视具体情况而定的法定监护人对儿童的养育和发展负有首要责任。儿童的最大利益将是他们主要关心的事"。[1]

不过，在现实生活中，很多家庭都存在一定问题。如父母自身行为失范，时常酗酒、赌博、虐待家庭成员；家庭成员之间关系紧张，经常恶语相向甚至大打出手；父母性格急躁、教养手段简单粗暴，不具备抚养、教育子女的基本知识和技能等。这样的家庭是无法对未成年人实施有效的行为矫正的。鉴于此，有关机关正在大力推行强制亲职教育制度，即对未能有效履行监护职责以致未成年子女违法、犯罪的监护人进行强制教育，以帮助其形成正确的家庭教育观念，获得帮助未成年人矫正问题行为的方法与技能。[2]

（二）学校

家庭之外，学校便是未成年人的主要活动场所。与家庭相比，学校提供的社会化背景更为复杂。在这里，学生、教师、学校管理者乃至家长、其他行政或者社会力量等都会相互作用、相互影响；学生之间也能够通过各种活动来实现相互关注、相互信赖。[3]未成年人有很多机会尝试与他人建立顺畅的社会联系，并在积极向上、充满活力的氛围中，融入主流同龄文化，确立正确的价值观，逐步改变问题行为、习得良好行为。所以，学校也是重要的未成年人行为矫正实施主体。正因如此，《儿童权利公约》第28条才特别强调缔约国尤应发展学校教育，第29条也明确规定了教育的目的应包括"最充分地发展儿童的个性、才智和身心能力""培养对人权和基本自由以及《联合国宪章》所载各项原则的尊重""培养对儿童的父母、儿童自身的文化认同、语言和价值观、儿童所居住国家的民族价值观、其原籍国以及不同于其本国的文明的尊重""培养儿童本着各国人民、族裔、民族和宗教群体以及原为土著居民的人之间谅解、和平、宽容、男女平等和友好的精神，在自由社会里过有责任感的生活"等。[4]

---

〔1〕 盛长富：《未成年人刑事司法国际准则研究》，法律出版社2018年版，第195页。

〔2〕 吴宗宪、张雍锭："未成年缓刑犯社区矫正中强制亲职教育的制度构建"，载《江西社会科学》2018年第8期。

〔3〕 ［美］Peter C. Kratcoski，Lucille Dunn Kratcoski：《青少年犯罪行为分析与矫治》，叶希善等译，中国轻工业出版社2009年版，第159页。

〔4〕 盛长富：《未成年人刑事司法国际准则研究》，法律出版社2018年版，第198页。

当然，学校能够对未成年人进行有效的行为矫正，前提是其自身已经建立了完善的管理制度，设定了明确的纪律、奖惩规则，形成了良性的师生互动、家校联系机制，为未成年人树立规则意识、责任意识提供了必要的环境条件。如果学校不能维持良好的校内秩序，无法制止校园暴力的发生、校园帮派的形成，难以避免不良文化的传播与不良交往的影响，未能遏制师生情感恶化与家教沟通不畅，则不仅无法对未成年人的问题行为展开矫正，还可能沦为滋生、助长未成年人不良、严重不良、犯罪行为的温床。因为未成年人在学校里的密集、高频接触，很容易造成问题行为的"交叉感染"。所以，如何加强学校的制度、环境建设，提升学校对未成年人实施行为矫正的能力，亦是不容忽视的课题。

（三）社区

社区是聚集在一定地域范围内的个体组成的生活上相互关联的集体，是社会有机体最基本的构成单位。生活在其中的个体，一般都会通过社会交往，形成一定的利益关联和文化共识。因此，社区的生活设施、环境秩序、管理规范，以及社区居民的人员构成、基本素质、行为习惯等，也构成了未成年人成长的重要外部环境，会对他们的心理状态是否正常、行为方式是否恰当产生直接影响。从这一层面来看，社区作为一个整体，本身即具备通过群体力量共同构建良好生活环境和秩序，为未成年人改变问题行为、习得良好行为提供示范和指引的功能，同样应当成为未成年人行为矫正的实施主体。

除此以外，直接参与社区治理的居民委员会、村民委员会、业主委员会等较为重要的自治性社区组织，也能够在未成年人行为矫正过程中发挥重要作用。因为居民委员会的主要工作任务就包括宣传宪法法律和国家政策、教育居民依法履行应尽义务、办理相关公共事务和公益事业、协助维护社会治安和做好青少年教育工作等，村民委员会的主要工作任务也包括加强村环境建设、提高村民素质和文明程度、督促村规民约的落实、关心支持青少年教育事业等，业主委员会的主要工作职责亦包括协助维持秩序、调解物业纠纷、落实业主共同制定的管理规约要求、配合相关社区组织做好社区建设工作等。也就是说，如果居民委员会、村民委员会和业主委员会能够较好地完成工作任务、履行工作职责，就可以为社区内的人们创造安定有序的生活环境与和谐友好的邻里氛围，使大家都能自觉诚信守法、主动团结互助，为未成年人作出正面表率，让他们在充满爱和关怀的环境氛围中健康成长，养成正常社会心理、形成良好行为习惯。即使未成年人因一时冲动而误入歧途，实施了不良、严重不良乃至犯罪行为，大家也能够为他们提供逐渐减弱、消除问题行为的有利外部环境，促使其及时纠正问题行为、恢复生活常态。

（四）特定机构或者组织

如果未成年人实施的问题行为性质比较严重、社会危害性比较大，矫正起来周期长、难度高，那么仅由未成年人熟悉的家庭、学校、社区等主体对其采取相对宽缓的措施开展矫正活动，就很难达到预期效果了。于是，一些国家很早便开始了借助特定机构或者组织力量对未成年人开展专门性、专业性行为矫正的尝试。例如，教皇克利蒙十一世在 1704 年就曾于罗马的圣密启尔建立教养院，收容游荡无业之少年，施以训导。[1]日本 1923 年《少年法》也曾规定，可以充分利用民间资源，委托寺院、教会、民间慈善家等保护团体对少年实行集体生活，并对其进行职业训练，以陶冶性格、规范行为；而成立于该年的财团法人日本少年保护协会，也从整体上加强了各团体之间的相互联系，促使此类团体发挥了重要作用。[2]美国于 19 世纪中叶起大力发展训练学校，让未成年人在其中一边学习一边劳动；至 20 世纪 20 年代，训练学校已经成为该国未成年人行为矫正的基础力量，且矫正方式也更为科学、灵活，如注意对未成年犯进行分类，强调对他们采取个别化的诊断和处遇，并对其开展有针对性的治疗等。[3]

在我国，目前针对未成年人实施行为矫正的特定机构主要是由地方人民政府依法设立的专门学校。它们是对存在严重不良行为的未成年人分级分类进行教育和矫治的专门场所，对就读其中的未成年人既实施基础教育又实施矫治教育，将他们置于教育和保护之中，并以预防他们犯罪为重要目标。虽然新修订的《预防未成年人犯罪法》已明确提出国家将加强专门学校建设，对有严重不良行为的未成年人进行专门教育，但是实践中近些年来专门学校的性质和发展方向已日渐模糊，各地专门学校的总体数量、办学质量、师资

---

〔1〕　林培栋：《少年事件处理与感化教育》，汉林出版社 1980 年版，第 166 页。转引自姚建龙：《少年刑法与刑法变革》，中国人民公安大学出版社 2005 年版，第 164 页。

〔2〕　尹琳：《日本少年法研究》，中国人民公安大学出版社 2005 年版，第 48～49 页。

〔3〕　刘强编著：《美国犯罪未成年人的矫正制度概要》，中国人民公安大学出版社 2005 年版，第 119 页。

力量、招生情况等也差距悬殊，不少专门学校还呈现出普通学校化、职业技术学校化或者监狱化倾向[1]，导致专门学校未能充分发挥出未成年人行为矫正实施主体的应有作用。再者，在未成年人行为矫正专业社会组织建设方面，我国也发展缓慢。当前能够集中专业力量开展未成年人行为矫正项目研发、实施、评估、反馈的营利或者公益组织都不多。这与相关国际发展趋势及国内实际需求都是不相吻合的，尚需尽快采取措施，加强政策引导，加大扶持力度，加快建设进程。

（五）有关国家机关

国家机关是从事国家管理和行使国家权力的机关，按照国家亲权理论之保护主义观念，其既有权力又有责任对缺乏家庭、学校有效照管、监护进而实施了问题行为的未成年人予以特殊教育、保护，并对其进行适当的监管、治疗。《儿童权利公约》的多个条款，都对缔约国及其有关机关的此项权责作出了相关规定。如该公约第 18 条第 2 款规定，"为保证和促进本公约所列举的权利，缔约国应在父母和法定监护人履行其抚养儿童的责任方面给予适当协助，并应确保发展育儿机构、设施和服务"；第 19 条第 1 款规定，"缔约国应采取一切适当的立法、行政、社会和教育措施，保护儿童在受父母、法定监护人或其他任何负责照管儿童的人的照料时，不致受到任何形式的身心摧残、伤害或凌辱，忽视或照料不周，虐待或剥削，包括性侵犯"；第 20 条第 1 款规定，"暂时或永久脱离家庭环境的儿童，或为其最大利益不得在这种环境中继续生活的儿童，应有权得到国家的特别保护和协助"；第 25 条规定，"缔约国确认在有关当局为照料、保护或治疗儿童身心健康的目的下受到安置的儿童，有权获得对给予的治疗以及与所受安置有关的所有其他情况进行定期审查"；等等。[2]

在上述基本精神的指引下，不少国家都结合本国国情设置了相应机关，对未成年人的问题行为进行专门处置。例如，美国所有州都设立了未成年人法院，虽然其具体制度在各司法管辖区内有很大不同，但是通常会对大部分初次实施犯罪行为或者社会危险性不大的未成年人处以保护观察、家庭

---

[1] 姚建龙、孙鉴："从'工读'到'专门'——我国工读教育的困境与出路"，载《预防青少年犯罪研究》2017 年第 2 期。

[2] 盛长富：《未成年人刑事司法国际准则研究》，法律出版社 2018 年版，第 195～197 页。

监禁、电子监控、支付罚金、赔偿损失等刑罚替代性措施，以使他们能够在更为适宜的环境中矫正问题行为，避免因被投入监狱而习得更多问题行为。[1]德国不仅在州法院内设有专门的少年法庭，由少年法官从有利于少年的教育角度出发，广泛采用教育处分、科处惩戒措施等非刑罚措施来处理少年实施的犯罪行为；而且还同时设有少年福利局，与少年帮助协会共同完成对少年犯的帮教，由它们派出的少年帮助代表通常会参加所有涉及少年的诉讼程序，并向少年法院提供有关教育的、社会的和帮助的观点，供少年法院参考。[2]

我国一直以来也十分重视对未成年人给予特殊保护和实施行为矫正的有关机关的建设：传统上设置专门的收容教养机构和未成年犯管教所，分别对实施了较为严重的问题行为但因未满刑事责任年龄而不予刑事处罚的部分未成年人与实施了犯罪行为的部分未成年人进行有针对性的教育和矫正；近几年在司法系统内陆续设立未成年人检察部、少年法庭，以便在对涉嫌犯罪的未成年人进行公诉、裁判时能够充分考虑如何定罪、量刑可以更为有效地促使他们改变问题行为、避免重新犯罪；《社区矫正法》实施后，由县级以上地方人民政府根据需要设置的社区矫正机构，也要采取分类管理、个别化矫正的方针，通过委托司法所、组建矫正小组、组织具有专业知识或者实践经验的社会工作者承担具体矫正工作等途径，对包括未成年人在内的社区矫正对象开展教育、帮扶，指导、帮助其改变问题行为、消除可能重新犯罪的因素、成为守法公民；《预防未成年人犯罪法》修订后，公安机关、司法行政部门和教育行政部门亦需对实施了严重不良行为的未成年人共同开展专门矫治教育，即在实行闭环管理的专门学校中，由公安机关、司法行政部门负责未成年人的矫治工作，由教育行政部门承担未成年人的教育工作。不过从实践情况来看，目前有关机关在开展未成年人行为矫正工作时，还面临着不同程度的困境。如社区矫正机构中符合条件的专门工作人员力量还比较薄弱，与专业社会组织的有机衔接机制也没有建立起来等。这些问题都有待于通过顶层设计与基层探索协力加以解决。

---

〔1〕 赵志宏：《未成年人违法犯罪处置措施研究》，群众出版社 2011 年版，第 1/5 页。

〔2〕 樊荣庆："德国少年司法制度研究"，载《青少年犯罪问题》2007 年第 3 期。

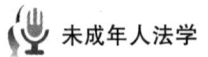

第三节　未成年人行为矫正的具体措施

一、社区性行为矫正的具体措施

案　例

　　小星、小璐、小荣、小青4名未成年人因没钱打游戏机抢劫同龄人被提起公诉。为了教育、挽救他们，少年法庭决定暂缓判决，并针对4人表现出的"缺乏爱心、损人利己"等不良思想以及由此引发的问题行为，向他们发送了社会服务令，指令4人到上海市长宁区特殊青少年劳动教育考察基地无偿为老年人提供服务1个月，以转变思想、矫正行为。服务期间，4名未成年人看到护工们任劳任怨、全心全意照顾生活无法自理的老人，内心受到很大震撼，服务上逐渐从刚开始的抗拒、懈怠变为主动、认真，不仅为老人们喂饭送药、叠被铺床、清理病房，还时常与他们聊家常。通过这次服务，他们感受到了劳动的价值和荣耀，认识到了不劳而获思想的危害，改掉了游手好闲的不良行为习惯。1个月期满后，他们还主动要求延长半个月的服务期。[1]

（一）适用范围

　　未成年人行为矫正是对实施了不良、严重不良或者犯罪行为的未成年人进行有计划的心理干预，促使其逐步改变这些行为的过程与活动。它需由家庭、学校、社区、特定机构或者组织、有关国家机关等相关主体，根据未成年人的具体情况，在一定的时空范围内，采取合适的手段和方法，来完成矫正过程、开展矫正活动。其中，在家庭、学校、社区等人身自由基本不受限制的场所实施的行为矫正，可称为社区性行为矫正；而在专门学校或者未成年犯管教所等人身自由受到一定限制或者剥夺的场所实施的行为矫正，可视为拘禁性行为矫正。

　　考虑到未成年人心智不成熟、善于模仿，在集中拘禁的环境中对其进行

---

　　〔1〕　钱晓峰："长宁区法院：'社会服务令'矫治迷途少年"，载中国法院网，https://www.chinacourt.org/article/detail/2003/07/id/68732.shtml，最后访问日期：2020年8月15日。

行为矫正，较难控制不良环境因素对其产生的负面影响，还可能造成问题行为的"交叉感染"，加之拘禁的经历也容易给未成年人带来"标签效应"，使其身心遭受更大伤害，难以正常回归社会，所以在未成年人日常生活的社区场域中对其心理进行干预，帮助其逐渐纠正问题行为，通常被认为效果更加明显、稳固，也更符合教育、保护未成年人的目标定位。对此，不少国际公约和准则都给予了充分肯定。如《儿童权利公约》就要求缔约国采用多种不交由机构照管的办法来处理被指称、指控或认为触犯刑法的儿童；《北京规则》也规定会员国应采取能充分调动家庭、志愿人员及其他社区团体、学校和其他社区机构等所有可能资源的积极措施，在少年触犯法律时对他们加以有效、公平及合乎人道的处理。[1]可以说，与拘禁性行为矫正相比，社区性行为矫正应为更优选择，这已经成为国际社会的广泛共识。

在这一认知的影响下，社区矫正制度快速发展起来，并成为国际社会刑事司法领域的重要实践。[2]该制度主要是为包括未成年人在内的犯罪人提供替代性刑罚措施，以使其能够在社区中接受适当的制裁与服务，从而达到监督、教育、治疗犯罪人，修复犯罪行为对被害人和社区造成的损害，维持犯罪人与社区的积极联系等多重效果。我国也于 2003 年开始了社区矫正试点工作，并于 2019 年正式颁布《社区矫正法》以明确社区矫正制度的主要内容。根据该法规定，被判处管制、宣告缓刑、假释和暂予监外执行的罪犯是社区矫正对象。未成年人如符合这一条件，也应被纳入其中，接受社区矫正机构的监督管理、教育帮扶，但要与成年人分别进行。社区矫正机构应根据未成年人的年龄、心理特点、发育需要、成长经历、犯罪原因、家庭监护教育条件等情况，对其采取针对性的矫正措施；还应为其确定有熟悉未成年人身心特点的人员参加的矫正小组，具体落实相应的矫正方案。这些规定为我国相关主体更好地利用社区和社会资源，矫正未成年人的犯罪心理和行为恶性，促使其真正回归社会奠定了较为坚固的基础。

不过，社区矫正制度的适用对象并不能涵盖社区性行为矫正及其具体措施的所有适用范围。因为除犯罪行为外，未成年人的不良、严重不良行为等也可以在社区环境中获得相当程度的矫正。据此，在综合考量前文所述未成

---

〔1〕　盛长富：《未成年人刑事司法国际准则研究》，法律出版社 2018 年版，第 215 页。
〔2〕　吴宗宪：《社区矫正比较研究（上）》，中国人民大学出版社 2011 年版，第 1 页。

年人行为矫正的适用对象与各类不同实施主体的优势、专业程度、力量对比情况等因素的基础上，可将社区性行为矫正及其具体措施的适用范围界定如下：一是实施了不良行为特别是具有养成不良行为习惯趋势的未成年人；二是实施了严重不良行为的未成年人；三是实施了犯罪行为但罪行较轻、主观恶性较小、社会危害性不大或者经过监管改造、确有悔改表现、不致再危害社会的未成年人，主要指被判处管制、宣告缓刑和假释而成为社区矫正对象的未成年人；四是刑满释放后仍未彻底戒除不良行为习惯、尚有重新犯罪可能性的未成年人。

（二）具体措施

在未成年人熟悉的场域中对其展开社区性行为矫正，总体思路是通过教育感化未成年人，帮助其消除心理障碍、纠正问题行为，提高其重返社会和进行正常社会生活的能力。在具体措施的运用上，应尽量避免采用强制性、惩罚性的手段，而应多采取灵活、宽缓的方法，与未成年人共同认识问题行为的严重后果、识别问题行为的产生环境、分析问题行为的形成原因、探寻问题行为的改变路径，以激发其参与行为矫正的自觉性、主动性，进而提升行为矫正的实际效果。在此方面，《北京规则》为各国提供了基本指引。该规则第18条规定，主管当局可以灵活采取照管、监护和监督的裁决，缓刑，社区服务的裁决，罚款、补偿和赔偿，中间待遇和其他待遇的裁决，参加集体辅导和类似活动的裁决，有关寄养、生活区或其他教育设施的裁决等多种多样的处理措施，最大限度地避免监禁少年；除非案情需要，否则不应使少年部分或完全地离开父母的监管。[1]鉴于该规则是联合国在充分考虑未成年人犯罪的特殊性、吸取世界上多数国家少年司法有益经验的基础上制定的，且已经成为诸多国家制定未成年人犯罪制裁体系的重要指南[2]，故此也应当成为各国对未成年人犯罪行为进行矫正的行动纲领，而不良、严重不良行为作为犯罪行为的前期表现形式亦可按此精神加以处理。

就我国社区性行为矫正而言，可以在借鉴上述国际公约规定的基础上，综合考量实施主体、适用范围等因素，从强化认错悔罪态度、承担问题行为

---

〔1〕 盛长富：《未成年人刑事司法国际准则研究》，法律出版社2018年版，第224页。
〔2〕 赵志宏：《未成年人违法犯罪处置措施研究》，群众出版社2011年版，第190页。

后果、切断不良环境影响、进行必要教育管控、构建正常社会联系等 5 个方面层层递进，分别设置如下具体措施。

1. 谈话、训诫、警告。谈话、训诫和警告都是通过口头形式与未成年人进行信息沟通，向其传递相关主体有关问题行为的认知或者态度，以使其意识到问题行为的严重性与危害性，进而真诚认错悔罪、形成改变问题行为的决心和动力的行为矫正措施。但三者在具体实施主体、沟通传递内容、引起直接效果等方面均存在一定差异。谈话可由家长、教师、居民委员会或者村民委员会组成人员、社区矫正小组成员等单独或共同、一次或多次实施，旨在详细了解未成年人的个性特征、生活履历、家庭情况、生活现状与实施问题行为的具体环境、心理动因、具体情节，以便与其建立信任关系和沟通渠道，帮助其确立矫正目标、制定矫正计划；训诫和警告应由国家机关工作人员——如社区矫正机构工作人员、法官等——实施，前者旨在通过对已经实施了问题行为的未成年人进行批评教育以劝其改过自新、避免再犯，后者旨在向处于再次实施问题行为边缘的未成年人发出严正预警以促使其提高警惕、准确预见实施问题行为可能承担的严重后果并及时停止行动。

2. 责令向被害人赔礼道歉或者赔偿损失。责令向被害人赔礼道歉或者赔偿损失，是通过让未成年人切身感受其所实施的问题行为给自己、被害人乃至社会带来的严重不利后果或者影响，来帮助其产生敬畏之心、树立责任意识的行为矫正措施。在具体实施层面，未成年人可以独自或者在家长、社区矫正小组成员等相关主体的陪同下，向被害人正式表示歉意和忏悔，求得其原谅，但应以被害人同意且不对其造成二次精神伤害为前提，此为赔礼道歉。同时，未成年人也可以独自或者在父母及其他监护人的帮助下，于经济承受能力范围内，就其问题行为给被害人造成的损害进行多种形式的赔偿，如将犯罪时取得的财物归还给被害人、向蒙受经济损失或者人身伤害的被害人支付赔偿金或者以个人劳动服务进行补偿等，此为赔偿损失。二者都有利于未成年人形成主动抑制问题行为冲动、避免不利后果再次发生的内心动力，也有利于未成年人在矫正过程中逐渐破除心理障碍，领悟并亲身实践社会交往的基本准则，积极修复与被害人和社会的关系，最终顺利回归社会。

3. 保护性管束。保护性管束是对未成年人的活动时间和场所、交往对象和形式等进行一定程度的限制，以为其提供良好社会环境、更好约束其日常行为的行为矫正措施。它与英国的监管令和宵禁措施、美国和日本的保护观察措施等相类似，旨在确保相关主体随时了解未成年人的学习、生活情况，切断未成年人与不良环境、不良人群、不良信息之间的联系，帮助未成年人逐渐养成良好行为习惯、形成健康生活方式。该措施的实施，一般需先由人民法院作出决定，再由未成年人的父母或者其他监护人、社区矫正机构及其确定的社区矫正小组等予以落实，具体要求通常包括但不限于如下四个方面：一是未成年人需定期向人民法院或者社区矫正机构等相关主体汇报学习、生活情况；二是未成年人在工作日的白天可以正常离家参加学习或者工作，但晚上、周末休息日、法定节假日等外出则要受到一定限制或者需要监护人陪同、监督；三是未成年人不得进入酒吧、歌舞厅、网吧等特定场所，不得接触校园帮派、校外违法犯罪团伙组成人员或者有吸烟、酗酒、吸毒、偷盗、抢劫、打架斗殴等常见恶习的未成年人，不得接触特别是上网浏览暴力、色情、毒品、赌博等不良资讯；四是相关主体应及时向未成年人提供必要的咨询，帮助其解决在家庭或者学校中遇到的问题，防止其再次实施问题行为。

4. 责令父母或者其他监护人严加管教。责令父母或者其他监护人严加管教，是指通过督促未成年人的监护人充分发挥家庭教育的作用，加强对未成年人日常学习、生活的管理与教导，从而间接促使其养成良好行为习惯的行为矫正措施。采取该措施，一方面是考虑到父母或者其他监护人与未成年人长期共同生活，对其个性特征、心理状态、行为方式最为了解，能够在未成年人最为熟悉的环境中、最为放松的状态下，对其进行有针对性的心理疏导和行为引导，避免给其带来过大压力以致引起逆反心理；另一方面也是考虑到未成年人不良行为习惯的养成，往往与其家庭环境不佳、家庭教育不力密切相关，责令父母或者其他监护人对未成年人严加管教，能够促使监护人深刻反思家庭环境、家庭教育的问题所在，从而更为主动地关注未成年人成长、学习教养未成年人的知识与技能，为未成年人改变问题行为提供有力的外部环境支撑。管教过程中，父母或者其他监护人既可以加强对未成年人的学习辅导、生活关怀，陪伴其进行疾病治疗、心理康复、项目训练等，以增进亲子关系；又可以与未成年人一起制定学习计划、行为准则、奖惩制度，以逐步约束其行为；还可以向未成年人提出明确指示，要求其参与家庭劳动，承担力所能及的家庭责任，以培养其责任感。必要时，父母或者其他监护人亦应向作出责令严加管教决定的有关机关定期汇报管教进展情况与实际效果。

5. 责令接受必要教育。责令接受必要教育，是通过为未成年人创造学习机会与条件，确保其接受必要的教育，掌握必备的生活知识与技能，形成正常社会心理，避免再次实施问题行为的行为矫正措施。教育的主体和内容可以是多种多样的，具体应根据未成年人的实际需求而设定；尚未完成义务教育的未成年人，应将其送入普通学校继续完成学业，或者在综合考虑其不良行为习惯程度、矫正难度以及家庭、学校、社区进行管教、提供帮助的能力和意愿的基础上，决定是否将其送入专门学校同时接受基础教育和矫治教育；情绪、精神、心理存在问题的未成年人，自我保护能力、社会适应能力严重欠缺，道德与法律常识、知识储备不足的，应由学校、社区矫正机构等通过自行开发或者择优购买社会服务等途径，提供集成化、模块化、类型化的教育培训项目，对其进行情绪控制与心理建设技能提升、人际交往意识与能力培养、道德素质与法治观念增强等方面专业化、个性化的辅导；有就业意向但存在就业困难的未成年人，可由社区或者社区矫正机构采取邀请企事业单位、委托社会组织开展讲座、实践活动等方式，为其提供就业指导和职业技能训练。在提供必要教育的过程中，相关主体应特别注意协同配合、因材施教，以帮助未成年人树立参与社会生活的信心、具备开展社会交往的能力，不要仅走过场、流于形式。

6. 责令参加社区服务或者公益劳动。责令参加社区服务或者公益劳动，是指通过颁布社区服务令或者公益劳动令，要求未成年人在规定的时空范围内，完成一定时数不付报酬的服务或者劳动，以培养其参与劳动的意识和认真做事的能力的行为矫正措施。该措施为很多国家在实施社区矫正时所采取，旨在打破未成年人不劳而获的观念与养尊处优的恶习，帮助其感知劳动的价值与荣耀，戒除不切实际的消费观、享乐观，树立依靠劳动获取生活资源和社会认可的意识，养成脚踏实地、勤恳负责完成工作任务的习惯。具体实施时，一般由人民法院作出决定，根据未成年人的问题行为性质、严重程度、心理诱因等情况，为其确定适当的服务或者劳动内容与期限。考虑到服务或者劳动强度过低、周期过短难以起到教育、锻炼未成年人的效果，而强度过高、周期过长又容易引发未成年人的排斥、厌烦心理，因此实践中人民法院确定的服务或者劳动内容应以符合未成年人身心发育阶段及其特征的清洁环境、布置场馆、照顾他人、接待访客等为主，期限也以 1~6 个月内完成 20~100 小时的服务或者劳动且不与未成年人正常工作、上学或者接受其他教育的时间相冲突为宜。为了确保上述服务或者劳动的决定得到切实落实，社区矫正机构等相关主体也须配合制定或者适时调整具体的实施方案，并采取报告、抽查等方式强化过程监督。未成年人如在提供服务或者劳动的过程中创造了经济价值，相关机关也可以协助其将所获款物交给公益机构或者组织，以提升其劳动的获得感与荣誉感。

二、拘禁性行为矫正的具体措施

案 例

张某 16 岁在外打工时，将克扣其工资的老板打死，犯故意杀人罪被判处无期徒刑。在未成年犯管教所服刑之初，张某不适感严重，情绪不稳定，无法与民警正常交流，攻击倾向明显，时常出现习艺劳动不认真且唆使他人破坏习艺劳动、与他人争执并动手打人、以割腕和超剂量服药等方式自伤自残等状况，监所决定对其实施行为矫正。民警首先对张某服刑前的犯罪行为和服刑后的不良行为产生原因进行深入分析，认为家庭环境的不良影响是主要影响因素，即张某父亲经常对其说，"作为一个男人，决不能向欺侮你的人低头，只有'打垮'他们才能保护自己"，鼓励其用暴力方式解决问题，导致其形成偏执性、边缘性人格，难以与他人正常交往。明确了问题症结后，民警制定了详细的矫正计划，分三期引导张某改正不良行为：初期采取心理辅导与包夹帮教相结合的方式，多与其谈话，让其感受到被关心、被爱护，然后帮其制定切实可行的学习、劳动计划和成长规划；中期实行行为训练，通过情景建构、小组讨论、开帮教会等形式，逐步提升其自我开放与人际交往能力；后期施行家庭帮教，让其与家人多沟通联系，消除亲子间的隔阂，提升其改造信心和自觉性，进而巩固矫正成果。经过矫正，张某的行为习惯逐渐向好。[1]

---

〔1〕 戴相英等：《未成年人犯罪与矫正研究》，浙江大学出版社 2012 年版，第 241~246 页。

（一）适用范围

就实施了较为严重的问题行为的未成年人而言，虽然对其实施社区性行为矫正可以在很大程度上避免其受到"交叉感染"或者"标签效应"的负面影响，但是如果家庭、学校、社区均已无法为其提供能够有效阻隔不良环境因素影响的、持续稳定的矫正场所，或者无力对其采取具有相当强度和频次的、有威慑力的矫正措施，来帮助其克服心理障碍和问题行为惯性，那么就只能在一定时期内将其带离原来的生活环境或者人身自由相对不受限的场所，由更为专业的人员在专门的场所内对其实施系统性行为矫正了。不过，考虑到对未成年人应尽量少用、慎用拘禁性行为矫正及其具体措施，故此可将其适用范围限缩至如下两个方面：一是实施了严重不良行为，其父母或者其他监护人、所在学校无力管教或者管教无效的未成年人，对其实施行为矫正的主体应为专门学校；二是实施了犯罪行为且罪行严重、主观恶性和社会危害性均比较大、悔罪态度也不明显，应在监狱内服刑改造的未成年人，对其实施行为矫正的主体应为未成年犯管教所。

尽管拘禁性行为矫正及其具体措施的适用范围已经被限缩至最小，但是对该范围内的未成年人予以拘禁和施加行为矫正措施，仍有可能对其身心健康造成一定伤害。所以《儿童权利公约》第 37 条与《北京规则》第 26 条都对受拘禁未成年人应享受的待遇进行了细致规定，主要包括未成年人"应同成人隔开"拘禁且"期限应为最短的适当时间"，在拘禁期间内应"有权通过信件和探访同家人保持联系"且"不受酷刑或其他形式的残忍、不人道或有辱人格的待遇或处罚"等。[1] 由于这些规定能最大限度地保障受拘禁未成年人的合法权益免受非法侵害，因此实施拘禁性行为矫正的相关机关也应在工作中充分借鉴并尽量落实。

（二）具体措施

通过限制或者剥夺未成年人的人身自由而在陌生、封闭、专门的场域中对其进行心理干预、行为引导的拘禁性行为矫正，虽然在实施原理、总体思路方面与社区性行为矫正相比并无显著差别，但是在具体措施设置方面通常比其更具有针对性、系统性、连贯性与持久性，以便应对上述适用范围内未

---

[1]　盛长富：《未成年人刑事司法国际准则研究》，法律出版社 2018 年版，第 199、227 页。

成年人的严重心理障碍和顽固行为恶习。为了更直观地体会这些显著特征，可从感化、教育、约束等三个维度，对拘禁性行为矫正的具体措施予以类型化阐释。

1. 感化措施。以真诚、宽容的态度积极与未成年人建立良性互动关系，运用适当的语言、行动与其进行情感交流、对其进行善意劝导，促使其思想、行为逐渐向好的方面转变、发展，这是进一步采取其他种类的措施对其展开行为矫正的重要前提。建立在共情基础上的聊天、座谈，可以让未成年人真切地感受到自己被关怀、被理解、被接纳，从而产生自我表达、自我探索、自我进步的意愿和动力。所以，行为矫正的实施主体应当根据未成年人的个体情况，在不同阶段分别设计有针对性的主题，与其开展系统、连贯的谈话和讨论：对处于拘禁初期的未成年人，可与其重点谈论兴趣爱好或者被拘禁前的生活、学习、工作情况以及遇到的问题和困难等，以了解其个性特征、思想状态、情感需求，消除其思想负担、减轻其心理压力；对情绪已经相对平稳、可以正常参加学习、劳动的未成年人，可与其重点谈论问题行为发生的场景和经过、剖析其走上违法犯罪道路的原因等，以帮助其认清问题行为性质、探寻自身不足与缺陷，唤醒其认错悔罪意识；对产生了改过自新意愿的未成年人，可与其重点谈论成长规划、行为矫正计划等，以引导其主动参与、配合行为矫正活动。

2. 教育措施。根据行为矫正的理论假设与理论原理，对未成年人展开行为矫正的主要方法，应是有意识地控制、改变问题行为发生的环境条件，安排未成年人在其中重新参加社会学习，以使其逐渐用新的良好行为取代原来的问题行为。拘禁性行为矫正已经为未成年人创造了免受外界不良因素打扰的，有规律的生活、学习、劳动环境，如果还能向其提供适当教育，以使其通过重新学习学得良好行为、获得生存技能，将有效促使未成年人改变不良行为、重新回归社会。因此，相关主体应根据行为矫正的实际需要，从以下三个方面重点强化对被拘禁未成年人的必要教育：一是开展知识、品行、技能教育，主要包括文化知识、道德规范、法律常识、交往规则、职业技能等教育，以使未成年人具备基本的文化、道德、法律素养与生活技巧、生存技能，确保其在解除拘禁后能够正常完成学业或者有能力依靠合法劳动获取生活物资、满足精神需求，不致再因衣食无着、精神空虚而走上违法犯罪道路；

二是开展专项矫正教育，主要是针对未成年人表现出的特殊心理问题与特别行为倾向，采取房树人测验技术、意象对话技术、沙盘游戏治疗等专业手段，对其进行有计划、分步骤的项目训练，以使其在专业指导下彻底消除心理障碍、纠正问题行为；三是在适宜的情况下开展警示教育，让未成年人通过参观基地、观看影片、听取报告等途径，深入了解他人实施违法犯罪行为后遭受的严重不利后果，并由此产生对法律的敬畏感，主动控制自身的问题行为惯性，避免再次实施问题行为。

3. 约束措施。为了配合感化、教育措施的使用，还应设定训诫、责令具结悔过或者向他人赔礼道歉、用额外劳动赔偿损失、关禁闭反思等约束措施，以使相关主体在未成年人拒不接受甚至暴力抵抗行为矫正并造成较为严重后果的情况下，能够借助一定的惩罚性、强制性手段对其进行处置、震慑，及时避免该行为给未成年人自己和他人带来更大伤害，并督促其深刻反思自身思想、行为的错误以及该行为与自己遭受的不利后果的必然联系。不过，考虑到被拘禁未成年人已被要求遵守诸多规章制度，并需承担大量学习劳动任务，若再随意对其施加额外的约束措施，很可能给其带来过大心理压力和身体负担，因此相关主体在决定采取此类措施时，一方面应在事前严格评估适用该措施的必要性及其与未成年人实施行为的性质、程度的匹配度，并为未成年人提供说明情况、发表意见的充分机会，以避免权力被过度使用；另一方面还应在事中严格按照预先设定的操作规程推进该措施，并根据进展情况及时调整或者停止措施的执行，以避免权力被滥用。

课后学习

一、推荐阅读

1. 王贞会：《涉罪未成年人司法处遇与权利保护研究》，中国人民公安大学出版社、群众出版社 2019 年版。

2. 戴相英等：《未成年人犯罪与矫正研究》，浙江大学出版社 2012 年版。

3. ［美］Peter C. Kratcoski，Lucille Dunn Kratcoski：《青少年犯罪行为分析与矫治》，叶希善等译，中国轻工业出版社 2009 年版。

4. 夏菲："美国矫正型少年司法的科学回归——发展型少年司法"，载《青少年犯罪问题》2020 年第 3 期。

5. 姚建龙、孙鉴："触法行为干预与二元结构少年司法制度之设计"，载《浙江社会科学》2017 年第 4 期。

6. 高维俭、胡印富："少年虞犯制度比较研究"，载《预防青少年犯罪研究》2013 年第 4 期。

二、电影赏析

《铁腕校长》，1989 年，导演：〔美〕约翰·G. 艾维尔森。

附录：儿童权利宣言

〔联合国大会1959年11月20日第1386（XIV）号文件通过〕

序言

兹鉴于联合国人民曾于宪章中重申其对基本人权及人格尊严与价值之言念，并决心促成大自由中之社会进步和较善生活之民生；

复鉴于联合国曾于世界人权宣言中宣布人人皆有权享受该宣言所载一切权利与自由，不因种族、肤色、性别、语言、宗教、政见或他种意见，族国或家世、财产、出生或其他身份等而分轩轻；

复鉴于儿童因其身心尚未成熟，于出生前及出生后均需特别保障与照料，包括适当之法律保护在内；

复鉴于此种特别保障之需要业经一九二四年日内瓦儿童权利宣言载明，并经世界人权宣言及办理儿童福利各专门机构与国际组织之规章予以承认；

复鉴于人类对于儿童负有尽其所能善为培养之义务。

大会爰于此，

颁布儿童权利宣言，以期儿童能有愉快之童年，并为其自身利益及社会利益而享受本宣言中所载之权利与自由，同时促请父母、男女个人以及自愿组织、地方当局与国家政府，依据下列原则逐渐采取立法及其他措施以承认并竭力维护此等权利：

原则一

儿童应享有本宣言所载之一切权利。所有儿童，绝无例外，一律有权享受此等权利，不因其本人或其家族之种族、肤色、性别、语言、宗教、政见或他种意见、族国或家世、财产、出生或其他身分而有所轩轻或歧视。

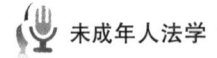

原则二

儿童应享受特别保护，并应以法律及其他方法予儿童以机会与便利，使其能在自由与尊严之情境中获得身体、心智、道德、精神、社会各方面之健全与正常发展。为达此目的，制订法律时，应以儿童之最大利益为首要考虑。

原则三

儿童出生时应即有权取得姓名及国籍。

原则四

儿童应享受社会安全之利益，儿童应有权在健康中生长发展；为此目的，应予儿童及其母亲以特别之照料与保护，包括出生前和出生后之适当照料在内。儿童应有获得适当之营养、居住、娱乐及医药之权利。

原则五

儿童在身体、心智或社会方面有缺陷者，应按其各别情形，予以所需之特殊矫治、教育及照料。

原则六

儿童需要爱与了解，以利其人格之充分及和谐发展。凡属可能，儿童应在父母照料及负责之情形下成长，无论如何，应在慈爱及道德与物质安全之气氛中成长；幼龄儿童除特殊情形外不应使其与母亲分离。社会及政府当局对无家庭之儿童或无适当赡养之儿童，负有特别照料之义务。对于人口众多家庭儿童之赡养，宜由国家及其他方面拨款补助之。

原则七

儿童有受教育之权，至少在初等阶段应为免费强迫制。儿童所受之教育应足以促进其一般陶冶并使其能在同等机会之下发展其能力，其个人判断力、其道德及社会责任心而成为社会之有用分子。

负儿童教育与辅导责任者应以儿童之最大利益为其指导原则；此种责任首应由父母负之。

儿童应有游戏娱乐之充分机会，此种游戏与娱乐之目标应与教育之目标相同；社会与政府当局应尽力促进此项权利之享受。

原则八

儿童在一切情形之下应在最先受保护与救济之列。

原则九

儿童应加保护，使不受一切形式之漠视、虐待与剥削。儿童不得以之为任何方式之贩卖对象。

儿童在未达最低适当年龄前不准雇用；无论如何，不得令其或许其从事任何妨碍其健康或教育，或阻碍其身心或道德发展之职业或工作。

原则十

儿童应加保护，使不受可能养成种族、宗教及其他各种歧视之习俗之熏染。儿童之抚育应陶冶其了解、容忍、各国人民间友谊、和平与博爱之精神，并使其充分明了所具精力与才干悉应为人类而服务。